Hallesche Beiträge
zur Europäischen Aufklärı

Schriftenreihe des Interdisziplinären Zentrums
für die Erforschung der Europäischen Aufklärung
Martin-Luther-Universität Halle-Wittenberg

26

Jürgen Overhoff

Die Frühgeschichte des Philanthropismus (1715-1771)

Konstitutionsbedingungen, Praxisfelder
und Wirkung eines pädagogischen Reformprogramms
im Zeitalter der Aufklärung

Max Niemeyer Verlag Tübingen

Für Julius und Konstantin

Bibliografische Information der Deutschen Bibliothek

Die Deutsche Bibliothek verzeichnet diese Publikation in der Deutschen
Nationalbibliografie; detaillierte bibliografische Daten sind im Internet über
http://dnb.ddb.de abrufbar.

ISBN 3-484-81026-2   ISSN 0948-6070

© Max Niemeyer Verlag GmbH, Tübingen 2004
http://www.niemeyer.de
Gedruckt auf alterungsbeständigem Papier.
Printed in Germany.
Druck: Gulde-Druck, Tübingen
Einband: Geiger, Ammerbuch

Inhalt

Vorwort

Die Entstehungsgeschichte dieses Buches reicht zurück bis zum Jahr 1996. Zu dieser Zeit hatte ich an der Universität Cambridge gerade eine größere historische Studie über das politische Denken des englischen Philosophen Thomas Hobbes zum Abschluß gebracht. Auf der Suche nach einem neuen Forschungsprojekt, das sich mit den pädagogischen Ideen der deutschen Aufklärung befassen sollte, sichtete ich die Forschungsliteratur zur Erziehungslehre Immanuel Kants. Dabei stieß ich auf einen Aufsatz des amerikanischen Kant-Forschers Lewis White Beck mit dem Titel *Kant on Education*. In diesem Aufsatz war viel von dem philanthropischen Pädagogen Johann Bernhard Basedow die Rede, den Kant offensichtlich sehr geschätzt und nach Kräften gefördert hatte. Von Basedow hatte ich bis dahin nur eine äußerst unpräzise Vorstellung. Neugierig geworden, versuchte ich mehr über diesen Schulmann in Erfahrung zu bringen. Eine erste Recherche vermittelte mir schon bald den Eindruck, daß die Forschungsliteratur zu Basedow großenteils veraltet und eine aktuelle Darstellung seiner pädagogischen Projekte durchaus geboten war. Als ich dann erste Auszüge aus Basedows Schriften gelesen hatte, stand mein Entschluß, über die Erziehungstheorie dieses Aufklärers arbeiten zu wollen, rasch fest.

Um ganz sicher zu gehen, daß die Erziehungslehre Basedows wirklich genug Stoff für eine neue und umfassende Monographie bieten würde, wollte ich jedoch noch einen ausgewiesenen Kenner der europäischen Aufklärungsforschung zu meinem Forschungsvorhaben befragen. Hans Erich Bödeker vom Göttinger Max-Planck-Institut für Geschichte, der sich im Herbst 1996 auf einer Vortragsreise in England befand, war erfreulicherweise bereit, mich in dieser Angelegenheit zu beraten. Wir trafen uns in einem Londoner Pub, wo Bödeker zunächst – völlig zurecht – darauf hinwies, daß es *so* wenige neuere Arbeiten über Basedow nun auch wieder nicht gebe. Andererseits könne man aber sicherlich noch einiges über die bisher vernachlässigten Aspekte der Basedowschen Pädagogik zu Papier bringen. Ich deutete diese eher zurückhaltenden Worte als energische Aufforderung, mich des gewünschten Themas anzunehmen. Beim Leeren unserer Gläser riet mir Bödeker dann noch, mich unmittelbar nach meiner Rückkehr nach Deutschland bei Hanno Schmitt und Franklin Kopitzsch, den beiden besten Kennern der philanthropischen Pädagogik, vorzustellen.

Diesen Rat beherzigte ich dann im Sommer 1998, als ich als wissenschaftlicher Mitarbeiter am Institut für Geschichte der Technischen Universität Berlin Anstellung fand. Von Berlin aus fuhr ich zu Hanno Schmitt ans Institut für Pädagogik der Universität Potsdam und stellte ihm mein Forschungsvorhaben vor. Er war an meinem Konzept sofort interessiert und stellte mir in Aussicht, das Projekt gemeinsam mit Franklin Kopitzsch von der Universität Hamburg zu betreuen. Nachdem es Hanno Schmitt und Franklin Kopitzsch gelungen war, bei der Deutschen Forschungsgemeinschaft Gelder zur Finanzierung meines Forschungsvorhabens einzuwerben, konnte ich ab Herbst 1999 als wissenschaftlicher Mitarbeiter an der Universität Potsdam mit meinen Nachforschungen zu den Konstitutionsbedingungen der von Basedow propagierten philanthropischen Pädagogik beginnen.

Seither haben mich bei der Erforschung der philanthropischen Pädagogik viele Wissenschaftler und Institutionen unterstützt. Danken möchte ich an erster Stelle den Professoren Hanno Schmitt und Franklin Kopitzsch für ihre gewissenhafte, geistreiche und freundschaftliche Betreuung des Forschungsprojekts. Ohne ihre im besten Sinne kollegiale Verbundenheit wäre das vorliegende Buch nicht entstanden. Auch Dr. Hans Erich Bödeker gebührt mein Dank für seine stets gerne und prompt gegebenen Antworten auf meine zahlreichen Fragen zum Netzwerk der internationalen Aufklärungsforschung. Professor Dr. Volker Hunecke möchte ich für seine langjährige Begleitung meiner Studien und für die mir seit 1998 regelmäßig erteilten Lehraufträge am Institut für Geschichte der Technischen Universität Berlin danken. Ebenfalls mit Rat und Tat zur Seite gestanden haben mir meine Kollegen an der Universität Potsdam. Zu besonderem Dank bin ich Judith Büschel verpflichtet, die die oft mühselige Transkription der Archivalien übernommen und zugleich eine umfangreiche Datenbank zur Entstehungsgeschichte der philanthropischen Pädagogik angelegt hat. Dankbar bin ich auch den Kopenhagener Professoren Ole Feldbæk und Ingrid Markussen, die mir bei meinen verschiedenen Forschungsaufenthalten in Dänemark immer ein großes wissenschaftliches Interesse entgegengebracht und eine herzliche Gastfreundschaft erwiesen haben.

Für die großzügige Erlaubnis einer freien Einsichtnahme in ihre Privatarchive danke ich den dänischen Grafen Bernstorff-Gyldensteen und Moltke auf Bregentved. Weiterhin danke ich den Bibliothekaren und Archivaren der von mir besuchten Archive in Kopenhagen, Kiel, Hamburg, Oldenburg, Jena, Dresden und Berlin. Besonderer Dank gebührt dabei Christian Ritzi, dem Leiter der Bibliothek für Bildungsgeschichtliche Forschung in Berlin, der mir immer wieder bereitwillig für Gespräche zur Verfügung stand.

Der Deutschen Forschungsgemeinschaft danke ich für die Finanzierung weiter Abschnitte meines mehrjährigen Forschungsprojekts. Dr. Jörn Garber danke ich für sein erfolgreiches Bemühen, diese Studie, die dem Fachbereich Sozialwissenschaften der Universität Hamburg im Herbst 2003 als Habilitationsschrift vorgelegen hat, in die Schriftenreihe *Hallesche Beiträge zur Europäischen Aufklärung* des Interdisziplinären Zentrums für die Erforschung der Europäischen Aufklärung der Martin-Luther-Universität Halle-Wittenberg aufzunehmen.

Schließlich gilt mein Dank selbstverständlich auch meiner Familie. Meiner Frau Kerstin danke ich für ihre uneingeschränkte, liebevolle und treue Unterstützung meiner wissenschaftlichen Vorlieben und Neigungen. Unsere beiden Kinder haben mich wiederum nie vergessen lassen, daß eine historische Arbeit über Pädagogik im 18. Jahrhundert – also ein Buch über Kinder – erst dann wirklich gelingen kann, wenn die Kinder nicht nur als historisches Thema, sondern zugleich auch als quicklebendige Wirklichkeit verstanden und geschätzt werden. Ein gutes historisches Werk über menschenfreundliche und tolerante Kindererziehung muß demnach zuallerst auch für Kinder – die damaligen, heutigen und noch kommenden – geschrieben sein und ihnen gerecht werden. Meinen Kindern Julius und Konstantin sei dieses Buch daher gewidmet.

Berlin, im Dezember 2003   Jürgen Overhoff

Verzeichnis der Abkürzungen und Siglen

AC	Archiv des Christaneums, Hamburg
ADB	Allgemeine Deutsche Biographie
AGJ	Archiv der Gelehrtenschule des Johanneums, Hamburg
AGO	Archiv des Alten Gymnasiums zu Oldenburg
DBL	Dansk Biografisk Leksikon
KoBK	Königliche Bibliothek, Kopenhagen
LAK	Landesarchiv für Seeland, Lolland-Falster und Bornholm, Kopenhagen
LAS	Landesarchiv Schleswig-Holstein, Schleswig
NSO	Niedersächsisches Staatsarchiv Oldenburg
RK	Reichsarchiv, Kopenhagen
SLD	Sächsische Landesbibliothek, Dresden
StO	Stadtarchiv Oldenburg
StAH	Staatsarchiv der Freien- und Hansestadt Hamburg
SUBH	Staats- und Universitätsbibliothek Hamburg
ThULB	Thüringer Universitäts- und Landesbibliothek, Jena
TRE	Theologische Realenzyklopädie
UBK	Universitätsbibliothek Kiel

Hinweis
Alle Titel werden bei der ersten Nennung vollständig zitiert. Danach werden sie mit dem Verfassernamen und einem Kurztitel aufgeführt. Zitate aus Archivalien und gedruckten Quellen wurden unverändert übernommen. Lediglich offensichtliche Schreib- und Druckfehler wurden stillschweigend korrigiert.

Ein treu und redlich Herz wohnt bei Vernunft in dir;
Allein du denkst, du sprichst, du *glaubst* nicht so wie wir:
So siehst du deine Qual in blinder Eifrer Händen,
Die redend heilig sind, und Gott durch Taten schänden.
Aus Eifer für den Gott, der nichts als Liebe beut,
Verfolgt und drängt man dich und stößt aus Heiligkeit
Dich schäumend von sich aus, und suchet durch Verheeren,
Durch Martern des Barbars, dich christlich zu bekehren, [...],
So lieblos macht der Mensch den Menschen unglücksvoll,
Statt, daß er ihn als Freund mit Sanftmut tragen soll.
Komm wieder, glücklich Jahr, du goldne Zeit der Alten,
Da Wahrheit, Treu und Recht und *Menschenliebe* galten!

> Christian Fürchtegott Gellert, Menschenliebe (1743),
> in: ders., *Die Fahrt auf der Landkutsche*, hg. v. Karl
> Wolfgang Becker. Berlin 1985, S. 18.

Gleichwie wir mit Recht wünschen, daß die Heiden, Juden,
Türken [...], wenn sie in irgend einem Lande die Oberhand
haben, nicht durch Gewalt und Verfolgung unsre Mißionarien hindern, die wir zu ihrer Bekehrung absenden, [...]; also
müssten wir uns nicht weigern, magische, braminische, chinesische, mahomedanische und andre Mißionarien an uns in
unserm Lande zu dulden, wenn sie keine friedensstörerische
Mittel [...] anwendeten, und wir müßten [...] dieselben weder
verfolgen, noch von bürgerlichen Vorrechten ausschliessen
[...] Man erstaunt und wird noch lange erstaunen über diese
Wahrheit.

> Johann Bernhard Basedow, *Betrachtungen über die
> wahre Rechtgläubigkeit und die im Staate und in der
> Kirche nothwendige Toleranz*. Altona 1766, S. 90.

Könnten wir nicht neben dem Katholiken, Juden und Lu-
therano-Hamburger [...], so wie an der Seite des Braminen,
Japonesen etc. Gott leben und durch sanfte schonende Liebe
gegen unsere Mitmenschen beweisen, daß die Liebe Gottes
wirklich in unserm Herzen ist? Lasset uns kein Gewissen
machen über – oder sonst etwas; denn – das wahre Wesen
der Religion ist etwas ganz anders.

> Friedrich Eberhard von Rochow an Johann Bernhard
> Basedow, 21. Mai 1774, in: *F. E. von Rochows sämt-
> liche Schriften*, 4. Bd. Berlin 1910, S. 61.

I. Einleitung

1. Forschungsstand, Problemstellung und Forschungsaufgabe

1.1. Rezeption und Erforschung des Philanthropismus im 19. und 20. Jahrhundert

In einem brieflichen Gedankenaustausch über Wert und bleibende Bedeutung des Philanthropismus, eines der wesentlichsten Zweige der deutschen Pädagogik im Zeitalter der Aufklärung, gelangte der Oxforder Polyhistor und Religionshistoriker Friedrich Max-Müller Ende der 1880er Jahre gegenüber dem Pariser Germanisten und Bildungshistoriker Auguste Pinloche zu der Einschätzung, daß die philanthropische Erziehungsbewegung als ein „most important subject"[1] der europäischen Bildungsgeschichte zu gelten habe. Leider fehle jedoch immer noch ein diesen Namen wirklich verdienendes „independent historical treatment"[2] der philanthropischen Pädagogik. Weil Pinloche nun aber offensichtlich im Begriff stehe, die schon lang herbeigesehnte größere Arbeit über die Entstehung und Entwicklung des Philanthropismus in Angriff zu nehmen, sehe er mit einem entsprechenden „great interest" dessen „forthcoming work" entgegen.[3]

Was er sich von einer wirklich ‚unabhängigen historischen Darstellung' des Philanthropismus erhoffte, hatte Max-Müller nur wenige Jahre zuvor in einem längeren Beitrag für den zweiten Band der *Allgemeinen Deutschen Biographie* zum Ausdruck gebracht. In seiner detaillierten Lebensbeschreibung Johann Bernhard Basedows, des Initiators und wichtigsten Impulsgebers der philanthropischen Erziehungsbewegung, bemängelte er nämlich, daß die philanthropische Pädagogik bis dahin „viel zu hart und ungerecht beurtheilt worden ist", wohl nicht zuletzt wegen der „übertriebenen Erwartungen", die man anfangs bezüglich dieser Erziehungstheorie gehegt hatte.[4] Tatsächlich war es ja, insbesondere durch eine einseitige Rezeption von Friedrich Immanuel Niethammers im Jahr 1808 veröffentlichter Kampfschrift *Der Streit des Philanthropinismus und Humanismus in der Theorie des Erziehungs-Unterrichts unsrer Zeit*, zu einer dauerhaften Verunglimpfung und

---

[1] Max-Müller, Friedrich an Auguste Pinloche, 10. März 1888. Ein Teilabdruck des Briefes findet sich in: Auguste Pinloche, *La réforme de l'éducation en Allemagne au dix-huitième siècle*. Basedow et le Philanthropinisme. Paris 1889, S. 464. Eine deutsche Übersetzung dieses Werks erschien sieben Jahre später: Auguste Pinloche, *Geschichte des Philanthropinismus*. Leipzig 1896.
[2] Max-Müller an Pinloche, 10. März 1888, in: Pinloche, *La réforme*, S. 464.
[3] Ebd.
[4] Max-Müller, Friedrich, Johann Bernhard Basedow, in: *ADB*, Bd. 2, 1875, S. 113.

1

Verdrängung philanthropischer Fragestellungen gekommen.[5] So beklagte Johann Friedrich Herbart bereits 1813, daß „die große Einseitigkeit, welche bei Pestalozzi herrscht, verbunden mit entschiedener Verachtung dessen, was schon früher der pädagogische Sinn in Deutschland gewirkt hatte",[6] Schuld daran sei, daß über Pestalozzis Reform der Gewinn der philanthropischen Pädagogik abhanden komme. Stattdessen solle man aber endlich wieder anerkennen, so Max-Müller, daß die von Basedow formulierten Erziehungsprinzipien im 18. Jahrhundert eine wichtige Rolle „im Kampf für Menschenrechte und Menschenwürde, für Wahrheitstreue und Geistesfreiheit" gespielt hätten, was doch schon „durch die Stimme der Besten seiner Zeit" in eindrucksvoller Weise „bekräftigt worden" sei.[7]

Als Pinloche dann 1889 seine umfangreichen Nachforschungen zum Philanthropismus unter dem Titel *La réforme de l'éducation en Allemagne au dix-huitème siècle. Basedow et le Philanthropinisme* veröffentlichte, machte er sich Max-Müllers Ruf nach einer „unparteiische[n]"[8] Beurteilung der philanthropischen Pädagogik vorbehaltlos zu eigen. Mit seiner Schrift, so Pinloche, strebe er eine „histoire complète" der philanthropischen Erziehungsbewegung an, wobei es von höchstem Interesse sei, „d'étudier en lui-même ce mouvement considérable".[9] Nicht im Vergleich zu späteren, neuhumanistischen Bildungsidealen wollte er den Philanthropismus also deuten, sondern, ganz im Gegenteil, als eine ihrer Zeit gemäße Antwort auf Erziehungsfragen, die vor allem den Bedürfnissen der Epoche der Aufklärung entsprach. Nur eine profunde Kenntnis der historischen Entstehungsbedingungen des Philanthropismus, der „causes auxquelles il se rattache",[10] erlaube es mithin, ein wirklich befriedigenden Verständnis von „oeuvres, théoriques ou pratiques"[11] der philanthropischen Erziehungstheoretiker zu erlangen. Die angemessene Würdigung der philanthropischen Erziehungsbewegung als „véritable révolution pédagogique"[12] konnte somit nur auf der Grundlage einer soliden Kenntnis der Pädagogikgeschichte des 18. Jahrhunderts erfolgen.

---

[5] Vgl. Friedrich Immanuel Niethammer, *Der Streit des Philanthropinismus und Humanismus in der Theorie des Erziehungs-Unterrichts unsrer Zeit*. Jena 1808. Ein fotomechanischer Nachdruck der Schrift findet sich in: Friedrich Immanuel Niethammer, *Philanthropinismus – Humanismus*. Texte zur Schulreform, hg. v. Werner Hillebrecht. Weinheim 1968, S. 79–445. In dieser Schrift führte Niethammer zugleich die Bezeichnung „Philanthropinismus" ein, eine unglücklich-umständliche Begriffsbildung, die in der Geschichtsschreibung der Pädagogik zeitweilig verbreitet war. Heute wird aber wieder zunehmend von „Philanthropismus" oder „philanthropischer Pädagogik" gesprochen.

[6] Johann Friedrich Herbart, Bericht über ein nach Pestalozzis Grundsätzen geleitetes Waisenhaus in Königsberg [1813], in: ders., *Sämtliche Werke*, Bd. 15, hg. v. Karl Kehrbach, Otto Flügel und Theodor Fritzsch. Langensalza 1909, S. 198.

[7] Max-Müller, *Basedow*, S. 113.

[8] Ebd.

[9] Pinloche, *La réforme*, S. VII.

[10] Ebd.

[11] Ebd., S. VIII.

[12] Ebd.

2

Max-Müllers und Pinloches von England und Frankreich aus begonnene Bemühungen um eine neue, vorurteilsfreie Sicht auf den Philanthropismus fanden schon bald auch in Deutschland Gehör. Flankiert und unterstützt von Hugo Görings umsichtiger Neuedition der Schriften Basedows,[13] leiteten ihre wegweisenden Vorarbeiten gleichsam den Beginn der modernen Philanthropismusforschung ein. Neben den Arbeiten von Johann Ferdinand Bessler, David Stern, Walter Vorbrodt und Johannes Rammelt[14] war es vor allem Theodor Fritzsch, der nach der Jahrhundertwende den bedeutendsten Beitrag zur angestrebten Neueinschätzung der philanthropischen Pädagogik leistete.[15] Vornehmlich mit Blick auf die bleibenden Errungenschaften des Philanthropismus stellte Fritzsch in seiner kleinen Schrift *Philanthropismus und Gegenwart* bündig fest, daß es „nicht nur an sich von Interesse" sei, „die Vergangenheit aufzusuchen und in ihr sinnend zu verweilen", sondern „historische Beschäftigung" gerade für den Erzieher „zur Pflicht" werden müsse, „denn jede Gegenwart arbeitet mit den Erfahrungen der Vergangenheit".[16] Insbesondere die spezifischen Anforderungen und Probleme seiner eigenen Zeit, so Fritzsch, verlangten es, eine Parallele zu ziehen, „zwischen der Gegenwart und jener großen Epoche der deutschen Pädagogik, die unserer Zeit vielfach verwandt ist, der des Philanthropismus".[17] Fritzsch war also nicht zuletzt deswegen an einem vertieften historischen Verständnis für Programmatik und Gestalt der philanthropischen Pädagogik gelegen, weil er aus einem so gewonnenen reichen Vorrat an pädagogischen Reformideen erneut schöpfen wollte.

Trotz ihrer verdienstvollen Neubesinnung auf die historische Bedeutung der philanthropischen Erziehungslehre, folgte die seit den 1880er Jahren so rege forschende Generation von Bildungshistorikern aber nun ihrerseits durchweg einem von Max-Müller und Pinloche vorgegebenen Interpretationsmuster, das nur einen sehr verengten Blickwinkel auf die Entstehung und Entwicklung des Philanthro-

---

13 Vgl. Johann Bernhard Basedow, *Ausgewählte Schriften*. Mit Basedow's Biographie, Einleitungen und Anmerkungen, hg. von Hugo Göring. Langensalza 1880. In der Einleitung dieser Ausgabe knüpfte Göring explizit an Max-Müllers Studien zum Philanthropismus an. „Neuere Darstellungen", schrieb er dort, „behandeln Basedow nicht immer ohne eine gewisse Antipathie". Eine „günstige Ausnahme davon" mache aber „der berühmte Sprachforscher Max-Müller in Oxford", (S. XIX).

14 Johann Ferdinand Bessler, *Unterricht und Übung in der Religion am Philanthropinum zu Dessau*. Niederlössnitz 1900; David Stern, *Johann Bernhard Basedow und seine philosophischen und theologischen Ansichten*. Königsberg 1912; Walter Vorbrodt, *Basedow's Leben und Werke*. Halle a.d. S. 1920; Johannes Rammelt, *J. B. Basedow, der Philanthropismus und das Dessauer Philanthropin*. Dessau 1929.

15 Vgl. vor allem Fritzschs Neubearbeitung von Basedows *Elementarwerk* und *Methodenbuch*: Johann Bernhard Basedow, *Elementarwerk mit den Kupfertafeln Chodowieckis u. a.* Krit. Bearbeitung in 3 Bdn., hg. v. Theodor Fritzsch. Leipzig 1909; Johann Bernhard Basedow, *Methodenbuch für Väter und Mütter der Familien und Völker*, mit Einl., Anm. u. Reg. hg. v. Theodor Fritzsch. Leipzig 1913.

16 Theodor Fritzsch, *Philanthropismus und Gegenwart*. Leipzig 1910, S. 5.

17 Ebd., S. 6.

pismus gestattete. Skizzieren läßt sich dieses Interpretationsschema wie folgt: Als einsamer und genialischer Vordenker der philanthropischen Pädagogik galt Basedow. Mit einer charismatischen Sprengkraft, die Fritzsch mit der Wirkung Martin Luthers verglich,[18] habe Basedow seit 1768 in wenigen, schnell aufeinander folgenden programmatischen Schriften ganz allein die Grundlagen der philanthropischen Erziehungstheorie gelegt.[19] Weder habe er selbst vor 1768 in nennenswerter Weise erziehungstheoretische Vorarbeiten geleistet,[20] noch sei er während der Entstehung seiner Schriften in einen fruchtbaren Gedankenaustausch mit anderen pädagogischen Denkern eingetreten. Erst als er 1774 in Dessau seine ‚Philanthropin‘ getaufte Schule gründen konnte, habe er mit Carl Friedrich Bahrdt, Joachim Heinrich Campe, Christian Gotthilf Salzmann, Johann Stuve und Ernst Christian Trapp eine neue Generation von Pädagogen für sein Anliegen interessieren können, welcher es schließlich gelang, die philanthropische Pädagogik eigenständig weiterzuentwickeln.[21] Diese Fortentwicklung des Philanthropismus, die ihren schönsten Ausdruck in der von Campe herausgegebenen *Allgemeinen Revision des gesammten Schul- und Erziehungswesens* gefunden habe,[22] sei dann sogar insgesamt reifer, ausgewogener und vor allem auch wirksamer[23] gewesen als Basedows originäre, manchmal etwas zu erratisch geratenen Anschauungen.

Daß Basedow durchaus schon vor 1768 – und zwar in enger Zusammenarbeit mit Johann Andreas Cramer, Martin Ehlers und Friedrich Gottlieb Klopstock – als pädagogischer Schriftsteller tätig geworden war und in diesem Zusammenhang bereits seit den späten 1750er Jahren eine nicht zu übersehende Wirkung erzielt hatte, wurde von Max-Müller, Pinloche, Göring, Fritzsch und den ihnen folgenden Wissenschaftlern kaum beachtet. Lediglich Karl Adolf Schmid, Armin Basedow sowie der dänische Bildungshistoriker Olaf Carlsen wiesen in ihren Arbeiten zumindest im Ansatz darauf hin, daß Basedow schon gegen Ende der 1750er Jahre, also während seines langjährigen Wirkens an der Ritterakademie im dänischen

---

[18] Fritzsch, *Methodenbuch*, S. V.

[19] Gemeint sind hier vor allem Johann Bernhard Basedow, *Vorstellung an Menschenfreunde und vermögende Männer über Schulen und Studien und ihren Einfluß in die öffentliche Wohlfahrt.* Hamburg 1768 und Johann Bernhard Basedow, *Vierteljährliche Unterhandlungen mit Menschenfreunden über moralische und dennoch unkirchliche Verbesserungen der Erziehung und Studien.* Altona / Bremen 1768/69 (mehrere Stücke).

[20] Vgl. z.B. Pinloche, *La réforme*, S. 44. Vgl. auch Fritzsch, *Elementarwerk*, S. VII. Dort stellt Fritzsch fest, daß „erst mit dem Jahre 1768 eine neue Periode in Basedows Leben" angefangen habe, „da er sich von da ab fast ganz Schul- und Erziehungsfragen widmete."

[21] Vgl. Pinloche, *La réforme*, S. 291–488.

[22] *Allgemeine Revision des gesammten Schul- und Erziehungswesens von einer Gesellschaft praktischer Erzieher*, hg. v. Joachim Heinrich Campe. 16 Bde., Bde. 1–5 Hamburg 1785, Bde. 6–7 Wolfenbüttel 1786–1787, Bde. 8–9 Wien / Wolfenbüttel 1787, Bde 10–16 Wien / Braunschweig 1788–1792. Reprint, hg. v. Ulrich Herrmann. Vaduz 1979 [AR, 1–16].

[23] Pinloche etwa erkennt eine nennenswerte Wirkung der philanthropischen Pädagogik frühestens seit 1774. Vgl. Pinloche, *La réforme*, Livre III: Les doctrines philanthropinistes et leur influence, S. 491ff.

4

Sorö, ein weitreichendes und insgesamt schlüssiges Programm einer neuartigen Pädagogik entworfen hatte.[24] Allerdings wurden diese Einsichten in der Folge nicht weiter vertieft, denn als die Philanthropismusforschung nach 1945 neu aufgenommen wurde – zunächst in der DDR, seit den 1960er Jahren dann auch in der Bundesrepublik Deutschland – orientierten sich die entstehenden Arbeiten im Grunde fast einheitlich an dem einmal etablierten Deutungsmuster Pinloches.

Mit dieser Feststellung soll nicht in Abrede gestellt werden, daß sich das Wissensspektrum zum Phänomen der philanthropischen Pädagogik, sowohl im Detail als auch im größeren Zusammenhang, seit 1945 beständig und zum Teil auch erheblich erweiterte. Bereits 1945 beendete Bernhard Basedow bei Peter Petersen eine Dissertation, die Campes Wirken am Dessauer Philanthropin zum Thema hatte.[25] Seine Schrift bildete zugleich den Auftakt zur recht ertragreichen Erforschung des Philanthropismus in der DDR. Günter Ulbricht, Walter Schöler, Erhard Hirsch und Rosemarie Ahrbeck-Wothge veröffentlichten in den 1950er und 1960er Jahren die wichtigsten und repräsentativsten Beiträge der DDR-Forschung, deren Erkenntnisse zur philanthropischen Erziehungslehre der Dessauer Periode noch heute bedeutsam sind.[26] Insbesondere Hirsch hat die Bedeutung des Dessau-Wörlitzer Kulturkreises für die Entwicklung des Philanthropismus nachdrücklich herausgearbeitet. In der Bundesrepublik war es dann die von Albert Reble im Jahr

---

[24] Karl Adolf Schmid, Der Philanthropinismus, in: ders. (Hg.), *Geschichte der Erziehung vom Anfang an bis auf unsere Zeit*, Bd. 4,2. Stuttgart 1898, S. 27–445; Armin Basedow, *Johann Bernhard Basedow (1724–1790)*. Neue Beiträge, Ergänzungen und Berichtigungen zu seiner Lebensgeschichte. Langensalza 1924; Olaf Carlsen, Über Basedow und seine Bedeutung für Dänemark. Ein dänischer Forschungsbericht, in: *Zeitschrift für Geschichte der Erziehung und des Unterrichts* 25 (1935), S. 211–213 und ders., *Über J[ohann] B[ernhard] Basedows Entlassung von der Ritterakademie zu Sorö*. Kopenhagen 1937.

[25] Bernhard Basedow, *Joachim Heinrich Campe und das philanthropische Erziehungsinstitut in Dessau*. Diss. (Masch.), Jena 1945. Der Dissertation ließ Basedow später noch zwei weitere Aufsätze folgen: Bernhard Basedow, Die Entwicklung des philanthropischen Erziehungsinstituts zu Dessau im Spiegel der Lehrer- und Schülerbewegung, in: *Jahrbuch für Erziehungs- und Schulgeschichte* 14 (1974), S. 219–238 und ders., Untersuchungen über die Entwicklung des Dessauer Philanthropinums und des Dessauer Erziehungsinstituts 1775 bis 1793, in: *Jahrbuch für Erziehungs- und Schulgeschichte* 23 (1983), S. 30–61.

[26] Günter Ulbricht, *Das Spiel in der Pädagogik der Philanthropisten – ein Beitrag zur Untersuchung des pädagogischen Erbes*. Diss. Berlin 1953 und ders., Der Philanthropismus – eine fortschrittliche Reformbewegung der deutschen Aufklärung, in: *Pädagogik* 10 (1955), S. 750–764; Walter Schöler, *Der fortschrittliche Einfluß des Philanthropismus auf das niedere Schulwesen im Fürstentum Anhalt-Dessau 1785–1800*. Diss. Greifswald 1955; Erhard Hirsch, *Halberstadt und Dessau. Zwei Kulturkreise der Goethezeit in ihren Wechselbeziehungen*. Festschrift zur 250. Wiederkehr der Geburtstage von Johann Wilhelm Ludwig Gleim und Magnus Gottfried Lichtwer. Beiträge zur deutschen Literatur des 18. Jahrhunderts, hg. v. Gleimhaus und Museum der Stadt Halberstadt. Halberstadt 1969, S.123–156 u. ders., ,Zierde und Inbegriff des XVIII. Jahrhunderts'. Der Dessauer Kulturkreis im Spiegel der zeitgenössischen Urteile, in: Rosemarie Ahrbeck-Wothge (Hg.), *Studien über den Philanthropismus und Dessauer Aufklärung*. Halle a.d. S. 1970, S. 100–149; Rosemarie Ahrbeck-Wothge, Die Erziehung zur allseitig entwickelten Persönlichkeit als Zentrum von J.B. Basedows Pädagogik, in: dies., *Studien über den Philanthropismus*, S. 55–80.

1965 herausgegebene Textauswahl der pädagogischen Schriften Basedows, die den eigentlichen Auftakt und Anstoß für eine Fülle von neuen Studien zum Philanthropismus abgab.[27] Vor allem in den 1970er Jahren wurde die Forschung durch die Arbeiten von Herwig Blankertz, Ludwig Fertig, Ulrich Herrmann, Franklin Kopitzsch und Hanno Schmitt vorangetrieben.[28] In diesen Studien wurden insbesondere die in Basedows Nachfolge stehende Pädagogengeneration in ihrem Einfluß auf die in den 1780er Jahren in Deutschland begonnenen Schulreformen untersucht. Dabei wurden Leistungen und Grenzen philanthropischer Reformvorhaben auf der Grundlage umfangreicher ungedruckter Archivbestände analysiert.

Auch in den 1990er Jahren sind in Deutschland, Dänemark und Frankreich noch einmal wichtige Arbeiten zur philanthropischen Reformbewegung in der Spätaufklärung vorgelegt worden.[29] Christa Kersting ist es in ihrem Buch über die Genese der Pädagogik im 18. Jahrhundert gelungen, die besonderen Leistungen der *zweiten* Generation des Philanthropismus herauszuarbeiten und Michael Niedermeier hat kenntnisreich und eindrücklich rekonstruiert, wie es zur Kontroverse innerhalb

---

[27] Johann Bernhard Basedow, *Ausgewählte pädagogische Schriften*, hg. von Albert Reble. Paderborn 1965.

[28] Herwig Blankertz, *Bildung und Brauchbarkeit*. Texte von J[oachim] H[einrich] Campe und P[eter] Villaume zur Theorie utilitärer Erziehung. Braunschweig 1965 u. ders., *Berufsbildung und Utilitarismus*. Problemgeschichtliche Untersuchungen. Düsseldorf 1963; Ludwig Fertig, *Campes politische Erziehung*. Eine Einführung in die Pädagogik der Aufklärung. Darmstadt 1977; Ulrich Herrmann (Hg.), *Ernst Christian Trapp*. Versuch einer Pädagogik mit einem Nachwort: Person und Werk. Paderborn 1977; Franklin Kopitzsch, Reformversuche und Reformen der Gymnasien und Lateinschulen in Schleswig-Holstein im Zeitalter der Aufklärung, in: ders. (Hg.), *Erziehungs- und Bildungsgeschichte Schleswig-Holsteins von der Aufklärung bis zum Kaiserreich*. Neumünster 1981, S. 61–88, bes. S. 67–70; Hanno Schmitt, *Schulreform im aufgeklärten Absolutismus*. Leistungen, Widersprüche und Grenzen philanthropischer Reformpraxis im Herzogtum Braunschweig-Wolfenbüttel 1785–1790. Frankfurt a.M. 1979; Johann Stuve, *Kleine Schriften gemeinnützigen Inhalts*, hg. v. Hanno Schmitt. Vaduz 1982 [unveränderter Neudruck d. Ausgabe Braunschweig 1794. Mit einer Einleitung von Hanno Schmitt].

[29] Erhard Hirsch, *Dessau-Wörlitz: Aufklärung und Frühklassik*, Leipzig ²1987; Ulrich Herrmann, Die Pädagogik der Philanthropen, in: Hans Scheuerl (Hg.), *Klassiker der Pädagogik*, Bd. 2: Von Erasmus von Rotterdam bis Herbert Spencer, 2. überarb. Aufl. München 1991, S. 135–158; Jörn Garber / Hanno Schmitt, Affektkontrolle und Sozialdisziplinierung. Protestantische Wirtschaftsethik und Philanthropismus bei Carl Friedrich Bahrdt, in: Gerhard Sauder / Christoph Weiß (Hg.), *Carl Friedrich Bahrdt (1740–1792)*. St. Ingbert 1992, S. 146–149; Hanno Schmitt, Philanthropismus und Volksaufklärung, in: Rudolf Vierhaus (Hg.), *Das Volk als Objekt obrigkeitlichen Handelns*. Tübingen 1992, S. 171–195; ders. (Hg.), *Visionäre Lebensklugheit*. Joachim Heinrich Campe in seiner Zeit 1746–1818 [Ausstellung des Braunschweigischen Landesmuseums und der Herzog-August-Bibliothek Wolfenbüttel vom 29. Juni bis 13. Oktober 1996]. Wiesbaden 1996; Rudolf W. Keck (Hg.), *Spätaufklärung und Philanthropismus in Niedersachsen*. Ergebnisse eines Symposions. Hildesheim 1993; Bernd Feige, *Philanthropische Reformpraxis in Niedersachsen*. Johann Peter Hundeikers pädagogisches Wirken um 1800. Köln / Weimar / Wien 1997.

des Lehrerkollegiums am Dessauer Philanthropin kam.[30] Einflüsse des Philanthropismus auf Schulversuche in Frankreich und Dänemark im 18. Jahrhundert behandeln neuere Arbeiten von Catherine Duprat, Gilbert Py und Ingrid Markussen.[31]

Unschwer zu erkennen ist jedoch in all diesen Studien die bleibende Fokussierung auf das Jahr 1768 als entscheidende Zäsur in der Geschichte der deutschen Aufklärungspädagogik, auf Basedow als alleiniger Urheber des Philanthropismus und auf die erst von Basedows Dessauer Mitarbeitern seit Ende der 1770er Jahre betriebene Weiterentwicklung der philanthropischen Pädagogik. So sei Basedow, der das philanthropische Reformprojekt gänzlich „aus eigener Initiative"[32] begonnen habe, „erst durch das Werk von 1768" zum „pädagogischen Programmatiker" geworden.[33] Zwar habe er auch schon vor dem Erscheinen seiner *Vorstellung an Menschenfreunde* „auf dem Feld theologischer und popular-philosophischer Publizistik"[34] eine gewisse Wirksamkeit erzielt, doch sei diese schriftstellerische Tätigkeit vergleichsweise erfolglos und vor allem ohne wirklichen Bezug zu seinem später verfolgten pädagogischen Anliegen geblieben. Schließlich sei Basedow wegen seines noch „keineswegs ausgereiften Konzept[s]"[35] zwar als Begründer, nicht aber „als zentrale Figur für die entstehende Pädagogik zu werten,"[36] da die Philanthropen der Folgegeneration – vor allem durch ihre Herausgabe der *Allgemeinen Revision des gesammten Schul- und Erziehungswesens* – weitaus mehr für eine erfolgreiche Systematisierung und Verbreitung des Philanthropismus getan hätten. Zusammenfassend heißt es daher bei Kersting lakonisch, aber für die gegenwärtige Forschung durchaus repräsentativ: „[Die philanthropische] Reformbewegung existierte von 1768, als Basedow seine ‚Vorstellung an Menschenfreunde und wohlhabende Männer' publizierte, bis 1792 bzw. 1793, dem letzten Erscheinungsjahr der ‚Allgemeinen Revision'.[37]

---

[30] Christa Kersting, *Die Genese der Pädagogik im 18. Jahrhundert*. Campes ‚Allgemeine Revision' im Kontext der neuzeitlichen Wissenschaft. Weinheim 1992; Michael Niedermeier, Campe als Direktor des Dessauer Philanthropins, in: Schmitt, *Visionäre Lebensklugheit*, S. 45–65.

[31] Catherine Duprat, *Le temps des philanthropes*. La philanthropie parisienne des Lumières à la monarchie de Juillet. Paris 1993; Gilbert Py, *Rousseau et les éducateurs*. Etude sur la fortune des idées pédagogiques de Jean-Jacques Rousseau en France et en Europe au XVIIIe siècle. Oxford 1997; Ingrid Markussen, *Til Skaberens Ære, Statens Tjeneste og Vor Egen Nytte*. Pietistiske og kameralistiske idéer bag fremvæksten af en offentlig skole i landdistrikterne i 1700–tallet. Odense 1995, bes. S. 116ff. u. dies., Friedrich Eberhard von Rochows Einfluss in Dänemark, in: Hanno Schmitt / Frank Tosch (Hg.), *Vernunft fürs Volk*. Friedrich Eberhard von Rochow (1734–1805) im Aufbruch Preußens. Berlin 2001, S. 221–229.

[32] Kersting, *Die Genese der Pädagogik*, S. 46.

[33] Reble, *Basedow*, S. 258.

[34] Herrmann, *Die Pädagogik der Philanthropen*, S.142.

[35] Ebd.

[36] Kersting, *Die Genese der Pädagogik*, S. 22.

[37] Ebd., S. 10.

1.2. Problemstellung und Forschungsaufgabe

Diese schon von Pinloche gewählte und bis heute geläufige Periodisierung ist jedoch problematisch und im Grunde sogar irreführend, konnten doch, wie wir gesehen haben, schon Schmid, Armin Basedow und Carlsen wenigstens andeuten, daß die Anfänge des philanthropischen Reformprogramms bis mindestens in die 1750er Jahre zurückreichen. Immerhin wurde ja auch in der neueren einschlägigen Forschung schon mehrfach moniert – wenn auch nur am Rande –, daß die Konstitutionsbedingungen der philanthropischen Pädagogik im Gegensatz zur gut bearbeiteten spätaufklärerischen Phase bisher noch völlig unzureichend untersucht worden sind. Bereits zu Anfang der 1980er Jahre hat Kopitzsch darauf hingewiesen, daß vor allem eine Untersuchung der theologischen Motivation des Philanthropismus, insbesondere der Basedowschen Schriften, dringend geboten sei, da nur so die Streitigkeiten um Basedows pädagogisches Wirken in den 1760er Jahren in Hamburg und Altona verständlich würden.[38] Eine ähnliche Form der Kritik übte jüngst auch Schmitt als er feststellte, daß man „die späteren Schriften" der „Philanthropen nur dann adäquat deuten" könne, wenn man „ihren inneren Bezug zur theologischen Aufklärung" als praktische Reformbewegung „für eine Deutung fruchtbar macht".[39] Tatsächlich sind die für die Entwicklung der philanthropischen Theorie grundlegenden theologischen Frühschriften Basedows, die zu seiner Versetzung von der Ritterakademie Sorö nach Altona, zu seinem Ausscheiden als Lehrer am Altonaer Christianeum sowie zu seinem Auschluß vom Abendmahl in Altona und zum Verbot seiner Schriften in Hamburg geführt haben, bisher niemals ernsthaft analysiert worden. Zu diesen kaum bekannten Frühschriften zählt beispielsweise auch Basedows *Practische Philosophie für alle Stände* von 1758, von der Schmitt zu recht sagt, daß sie bereits „den Kern der späteren Schriften zur Verbesserung des Unterrichts enthält".[40]

Weiterhin muß festgestellt werden, daß aufgrund einer zu späten Datierung der Anfänge des Philanthropismus auch Johann Andreas Cramers und Martin Ehlers' Anteil an der Gestaltung der philanthropischen Pädagogik noch längst nicht genug untersucht worden ist, denn Basedow hatte in diesen Männern schon lange vor 1768 bedeutsame Mitstreiter. So haben erst jüngst die literaturwissenschaftlich orientierten Arbeiten von Klaus Bohnen, Dieter Lohmeier und Ursula Goldenbaum auf die Bedeutung von Cramers teilweise in Absprache mit Basedow verfaßten Texte zur christlichen Kindererziehung aufmerksam gemacht. Bohnen hat gezeigt, daß Cramer zu Beginn der 1750er Jahre von Klopstock gezielt nach Kopenhagen

---

[38] Vgl. Franklin Kopitzsch, *Grundzüge einer Sozialgeschichte der Aufklärung in Hamburg und Altona*. 2. ergänzte Aufl. Hamburg 1990, S. 233.

[39] Hanno Schmitt (Hg.), *Briefe von und an Joachim Heinrich Campe*, Bd. 1: 1766–1788. Wiesbaden 1996, Einleitung, S. 29.

[40] Hanno Schmitt, Basedow, in: *Biographisches Lexikon zur Geschichte der demokratischen und liberalen Bewegungen in Mitteleuropa*, Bd. 1: 1770–1800. Frankfurt a.M. 1992, S. 9.

geholt wurde, um – neben anderen für ihn als Hofprediger vorgesehenen Aufgaben – eine Erziehungsreform in Dänemark anstoßen zu helfen.[41] Noch gründlicher als Bohnen hat Lohmeier die religiösen und erziehungstheoretischen Interessenlagen jener von Klopstock nach Kopenhagen gerufenen Theologen und Pädagogen betont.[42] Schließlich konnte Goldenbaum zeigen, wie Cramer bereits 1758 in der von ihm herausgegebenen Zeitschrift *Der Nordische Aufseher* in mehreren Stücken die Theologie Klopstocks verteidigt und gemeinsam mit Basedow das Programm einer neuartigen christlichen Kindererziehung formuliert hat.[43]

Daß auch Ehlers als Rektor der Segeberger und Oldenburger Lateinschulen bereits seit Anfang der 1760er Jahre – also ebenfalls mehrere Jahre vor dem Erscheinen von Basedows *Vorstellung an Menschenfreunde* – wichtige programmatische Schriften zur philanthropischen Pädagogik verfaßte, die den Altonaer Gymnasialprofessor Basedow nachweislich beeinflußten und einen kontinuierlichen Ideenaustausch beider Schulmänner erst begründeten, hat bisher erst Kopitzsch betont.[44] Wie im Falle Basedows wurden auch Ehlers' theologische Prämissen der neuen Pädagogik, vor allem seine Forderung nach überkonfessioneller Erziehung zur Toleranz, so gut wie gar nicht in ihrer Bedeutung für die Ausformung des philanthropischen Reformprojekts beachtet. Nicht zuletzt durch die in der Segeberger und Oldenburger Schulpraxis gewonnenen Einsichten nahm Ehlers eine wichtige Rolle als Vorreiter der philanthropischen Pädagogik ein.

Zusammenfassend läßt sich festhalten, daß die Bedeutung der theologischen Grundlagen sowie der äußeren Entstehungsbedingungen der philanthropischen Pädagogik für die spätere Entwicklung des Philanthropismus noch ganz unzureichend ermessen und beschrieben worden ist. Vor allem die Untersuchung der philanthropischen Frühschriften Basedows, Cramers und Ehlers sowie eine Analyse ihrer ideengeschichtlichen Herleitung und Motivation fehlt. Da aber die philanthropische Pädagogik nur dann adäquat gedeutet werden kann, wenn zuvor deutlich geworden ist, welcher Personenkreis diese neuartige Erziehungslehre ursprünglich auf den Weg brachte und welche theologischen und gesellschaftspolitischen Ziele

---

[41] Klaus Bohnen, Der Kopenhagener Kreis und der ‚Nordische Aufseher‘, in: Klaus Bohnen / Sven-Aage Jørgensen (Hg.), *Der dänische Gesamtstaat. Kopenhagen – Kiel – Altona.* Tübingen 1992, S. 161–179, bes. S. 162–165.

[42] Dieter Lohmeier, Kopenhagen als deutsches Kulturzentrum des 18. Jahrhunderts, in: Dietrich Jöns / Dieter Lohmeier (Hg.), *Festschrift für Erich Trunz zum 90. Geburtstag.* Vierzehn Beiträge zur deutschen Literaturgeschichte. Neumünster 1998, S. 167–198.

[43] Ursula Goldenbaum, Lessing contra Cramer zum Verhältnis von Glauben und Vernunft. Die Grundsatzdebatte zwischen den Literaturbriefen und dem *Nordischen Aufseher*, in: Dies: *Die öffentliche Debatte in der deutschen Aufklärung 1687-1796.* Mit Beiträgen von Frank Grunert u.a. Berlin 2004, S. 653–728.

[44] Kopitzsch, *Grundzüge*, S. 363; ders., Altona – ein Zentrum der Aufklärung am Rande des dänischen Gesamtstaats, in: Bohnen / Jørgensen, *Der dänische Gesamtstaat*, S. 91–118, bes. S. 101ff. Vgl. aber zum Werk von Martin Ehlers auch Felix Kelle, *Martin Ehlers' pädagogische Reformbestrebungen.* Ein Beitrag zur Geschichte der Pädagogik im achtzehnten Jahrhundert. Diss. Leipzig / Grimma 1890.

mit dieser neuen Pädagogik verfolgt wurden, ist eine gründliche Analyse der Konstitutionsbedingungen des Philanthropismus ein mit Dringlichkeit zu behandelndes Desiderat der historisch-pädagogischen Aufklärungsforschung.

2. Quellenlage

Die Erkenntnis, daß die Anfänge der philanthropischen Pädagogik bis weit vor das Jahr 1768 zurückzudatieren sind, hat nun notwendigerweise zur Folge, daß nicht allein die frühen *gedruckten* Schriften des Philanthropismus, sondern auch zahlreiche einschlägige, von der historischen Bildungsforschung bislang übersehene, *archivalische Quellenbestände* neu in den Blick geraten und umfassend ausgewertet werden müssen. Wichtigen Aufschluß über die ideengeschichtliche Herleitung der philanthropischen Pädagogik, wie sie zunächst von Basedow in Sorö und dann, gemeinsam mit Cramer, in Kopenhagen konzipiert worden ist, bietet der unveröffentlichte und bislang völlig unbeachtet gebliebene Briefwechsel zwischen Basedow und seinem ehemaligen Lehrer Hermann Samuel Reimarus aus den 1750er Jahren. Daß Basedows Lehrer am Hamburger Gymnasium Johanneum, zu denen zwischen 1734 und 1746 neben Reimarus auch Michael Richey und Johann Samuel Müller zählten, als pädagogische Vorbilder einen entscheidenden Einfluß auf seine intellektuelle Entwicklung ausgeübt haben, hat Basedow mehrfach in verschiedenen autobiographischen Passagen seines Werks betont. Gerade mit Blick auf diese frühe Prägung, gestattet der bisher unbekannte Briefwechsel mit Reimarus nun ganz und gar neue Einblicke in Basedows Selbstverständnis als Fortführer und Vollender eines schon von seinen Lehrern im Ansatz entwickelten pädagogischen Programms.[45]

Damit weist der im Hamburger Staatsarchiv aufbewahrte Briefwechsel zugleich auf die Bedeutung der hamburgischen Frühaufklärung für die Grundlegung philanthropischer Erziehungsprinzipien hin. Schon seit 1715 bis weit über die 1740er Jahre hinaus haben erst Richey, dann auch Reimarus gemeinsam mit Barthold Heinrich Brockes und Friedrich von Hagedorn in Hamburg Sprachgesellschaften und patriotische Vereinigungen gegründet und unterhalten, die sich unter anderem auch intensiv mit pädagogischen Reformbestrebungen beschäftigten. Zugleich wirkten diese Hamburger Frühaufklärer aber auch als Ehrenmitglieder in einigen außerhalb Hamburgs angesiedelten Gelehrtengesellschaften, die sich ebenfalls mit

---

[45] Vgl. StAH, Familie Reimarus A 23, Bd. 1, Briefe an Hermann Samuel Reimarus A–P, Unterakte: *Briefe von Johann Bernhard Basedow in Borghorst und Sorö, 1751–1758.* Einen ersten Hinweis auf die Existenz dieser Briefe verdanke ich Anke Lindemann-Stark. Die Briefe Basedows an Reimarus wurden dem Hamburger Staatsarchiv erst Ende der 1960er Jahre nebst einigen anderen Papieren und Dokumenten von der Familie Sieveking übergeben. Seither sind diese Briefe von der Philanthropismusforschung noch nicht ausgewertet worden.

pädagogischen Fragen befaßten. Handschriftliche Akten und Journale dieser Aufklärungsgesellschaften, die deren Diskussionsstand zum Thema Erziehungsreform sehr gut widerspiegeln, befinden sich in der Hamburger Staats- und Universitätsbibliothek sowie in der Thüringer Universitäts- und Landesbibliothek Jena.[46]

Zur Erforschung der Konstitutionsbedingungen der philanthropischen Pädagogik in Sorö und Kopenhagen kann auf umfangreiche und bis vor kurzer Zeit noch unbekannte Archivbestände in Dänemark zurückgegriffen werden. Seit 1993 ist das Privatarchiv des Grafen Adam Gottlob von Moltke, der zwischen 1746 und 1770 als Oberhofmarschall der mächtigste Minister Dänemarks war, verfilmt und im Landesarchiv für Seeland in Kopenhagen öffentlich zugänglich. Der in diesem Privatarchiv befindliche Briefwechsel zwischen Moltke und Basedow[47] zeigt, wie weitgehend die dänische Regierung bereit war, Basedow und das philanthropische Reformprojekt zu unterstützen. So wurden Basedow und gleichgesinnten Lehrerkollegen, wie seinem Freund Jens Schelderup Sneedorff, ein großer Spielraum bei der Unterrichtsgestaltung an der Ritterakademie zu Sorö gewährt. Diesen Sachverhalt belegen auch verschiedene Dokumente aus dem Nachlaß der Ritterakademie, die ebenfalls im Landesarchiv für Seeland verwahrt werden. Vor allem zwei Aktenbestände dieses Nachlasses erhellen, nach welchen Kriterien in Sorö Schüler ausgesucht und unterrichtet wurden.[48] Ein *Examinations-Protocoll* der Jahre 1754 bis 1780[49] zeigt beispielsweise, welche Themen und Bücher die neu ankommenden Zöglinge bereits kennen oder zukünftig kennenlernen sollten. In diesem Protokoll enthalten sind auch Kommentare Basedows und Sneedorffs zur charakterlichen und intellektuellen Vorbildung ihrer Schüler und zu den Themenbereichen, die den Akademisten verstärkt nahegebracht werden sollten. Die andere bedeutende Handschrift aus Sorö ist das Vorlesungsverzeichnis der Ritterakademie der Jahre 1760 bis 1778.[50] Aus diesem Dokument geht hervor, welche Vorlesungen und Veran-

---

46 Vgl. SUBH, Cod. hist. Litt. 2 bis 4b in 2°, *Journale und Acta der Teutsch-übenden Gesellschaft*; ThULB; *Akten der Lateinischen Gesellschaft zu Jena*, Ms. Prov. f. 70 (2), Bl. 1r–4r.
47 LAK, Bregentved-Arkivet, *Adam Gottlob Moltke (1710–1792)*: Mikrofilm: LAK 9.201, 1–2, I.A.1.–I.A.3. (Adriani-Benzon), Basedow.
48 Die Schüler, die Basedow in Sorö – wie auch später an den anderen Orten seines Wirkens – unterrichtete, waren im Zeitraum der hier vorgelegten Untersuchung stets männlichen Geschlechts. Dies lag an den überkommenen gesellschaftlichen und schulischen Verhältnissen, mit denen sich Basedow und seine philanthropisch gesinnten Kollegen zunächst zu arrangieren hatten. Erst ab Mitte der 1770er Jahre begannen Basedow und seine Kollegen am Dessauer Philanthropin damit, auch Mädchen zu unterrichten. Bemerkenswert ist, daß Basedow beim Großen Dessauer Schulexamen des Jahres 1776 ein Mädchen – seine Tochter Emilie – den öffentlichen Beweis erbringen ließ, daß die philanthropische Unterrichtsmethode mit Erfolg angewandt werden konnte. Vgl. dazu Friedrich Eberhard von Rochow, Authentische Nachricht von der zu Dessau auf dem Philanthropin den 13. bis 15. Mai 1776 angestellten öffentlichen Prüfung, in: Reble, *Basedow*, S. 225f.
49 Vgl. LAK, Sorø Akademi og Skole, *Examinations-Protocoll 1754–1780*.
50 Vgl. LAK, Sorø Akademi og Skole, *Lektions-Protocoll indrettet den 3 November 1760 for Det Ridderlige Academie paa Soröe*.

staltungen Basedow während der letzten beiden Jahre seines Wirkens in Sorö abhielt. Es belegt eindrucksvoll, daß die in seiner Antrittsvorlesung genannten pädagogischen Themenschwerpunkte auch in der Tat bis zu seinem Fortgang aus Sorö seinen Unterricht bestimmten. Die Umstände, die schließlich zu Basedows Entlassung von der Ritterakademie führten, können neuerdings mit Hilfe eines erst jüngst ans Licht gekommenen Briefwechsels zwischen Basedow und dem Ober-hofmeister der Akademie, Frederik Danneskiold-Samsöe, genauer rekonstruiert werden. Dieser Briefwechsel wird im Kopenhagener Reichsarchiv verwahrt.[51]

Wichtige Archivalien, die über die Fortentwicklung der philanthropischen Pädagogik in Altona und Hamburg in den 1760er Jahren Auskunft geben, finden sich im Bestand des Hamburger Geistlichen Ministeriums, das erheblichen Einfluß auf das Schulwesen dieser Zeit hatte. Dieser im Hamburger Staatsarchiv aufbewahrte Aktenbestand, dessen Protokolle noch immer durch die von Johan Melchior Goeze – einem der bedeutendsten theologischen Widersacher Basedows und Cramers – erarbeiteten Indices aufgesucht werden müssen,[52] erhellt ganz wesentlich, welche theologischen Strömungen des Zeitalters der Aufklärung das Entstehen einer philanthropischen Erziehungsweise zu verhindern suchten und aus welchen religiösen Gründen dies geschah. Für die weitere Klärung dieses Zusammenhangs bedeutsam sind auch Archiv und Bibliothek der Schule, an der Basedow in Altona bis 1770 wirkte. Das Archiv des 1738 gegründeten Christi-aneums, der Altonaer Gelehrtenschule, an der Basedow 1761 als Professor der Moral Anstellung fand, gehört sicherlich zu den bedeutendsten aber bedauerlicher-weise auch zu den unbekanntesten deutschen Schularchiven. Jedenfalls ist es in den letzten Jahrzehnten durchweg in und für diese Schule selbst genutzt worden. In diesem Archiv finden sich unter anderem Vorlesungsverzeichnisse und kleinere unveröffentlichte Manuskripte Basedows, die von der Entwicklung seiner Ge-danken in den 1760er Jahren Aufschluß geben. Der *Index Recitationum* von 1762 und weitere *Opuscula Nonnulla Professorum Christianei* werden in der Bibliothek des Christianeums verwahrt. Außerdem beherbergt das Archiv des Christianeums noch einen wertvollen Aktenbestand, der von Basedows theologischen Konflikten der Jahre 1765 bis 1770 Zeugnis gibt.[53]

Weitere, bisher kaum oder gar nicht beachtete Quellenbestände zur Frühge-schichte des Philanthropismus finden sich im Landesarchiv Schleswig-Holstein in Schleswig sowie im Niedersächsischen Staatsarchiv Oldenburg. Es handelt sich dabei um umfangreiche Archivalien, auf deren Grundlage eine weitgehende Re-konstruktion der Schul- und Unterrichtswirklichkeit der Stadtschule Segeberg und

---

[51] Vgl. RK, Sorø Akademies Oeconomie Regnskab 1760–1761, *Basedow til Danneskiold-Sam-soe.*
[52] StAH, 511-1 Bd. 1, Ministerium (Ministerial-Archiv) III A 1 v.
[53] AC, M 7 Basedow, M 36, R 37.

12

des Gymnasiums zu Oldenburg in den 1760er Jahren durchgeführt werden kann.[54] Eine genaue Darstellung des Schulwesens im damals dänischen Segeberg und Oldenburg ist deswegen bedeutsam, weil es dem Schulmann Martin Ehlers hier schon lange vor Gründung des Dessauer Philanthropins gelang, – und zwar im nachweislichen Austausch mit dem Altonaer Gymnasialprofessor Basedow –, philanthropischen Erziehungsprinzipien Geltung zu verschaffen. Da Ehlers in beiden Städten als Rektor wirkte – zwischen 1760 und 1768 in Segeberg sowie zwischen 1768 und 1771 in Oldenburg –, konnte er in herausgehobener Position die Praxistauglichkeit der frühen philanthropischen Pädagogik nachdrücklich unter Beweis stellen. Daß es in Segeberg und Oldenburg wie schon zuvor in Sorö und Altona bereits vor Beginn der 1770er Jahre praktische Experimentierfelder des Philanthropismus gab, die von der dänischen Regierung nicht nur geduldet, sondern auch gefördert wurden, belegt einmal mehr wie berechtigt es ist, zukünftig von einer Geschichte der philanthropischen Pädagogik vor 1768 auszugehen, oder, griffiger gewendet, von der Existenz eines „Philanthropismus vor dem Philanthropismus"[55] – auch wenn dieser frühe Philanthropismus, rein formal betrachtet, als Philanthropismus *avant la lettre*[56] beschrieben werden muß.

3. Methodische Reflexionen und Untersuchungsgang

Diesen Philanthropismus vor 1768 auf der Grundlage der genannten Quellenbestände genau und pointiert zu analysieren und – die beschriebenen Defizite der bisherigen Philanthropismusforschung ausgleichend – die noch weitgehend unbe-

---

54 LAS, Deutsche Kanzlei, Abteilung 11, Nr. 35 I (Konsistorium zu Segeberg) und Abteilung 65.2, Nr. 4510 (Stadtschule Segeberg); NSO, 160-1, Nr. 901, 902 (Oberschulkollegium Consistorialis Gymnasium zu Oldenburg).

55 Vgl. Hanno Schmitt, Der ‚Philanthropismus vor dem Philanthropismus‘. Entsteht ein neues Bild der philanthropischen Erziehungsbewegung? In: Franklin Kopitzsch / Jürgen Overhoff / Hanno Schmitt (Hg.), *Der deutsch-dänische Kulturaustausch im Bildungswesen (1746–1771).* Das Beispiel des Philanthropismus [im Druck].

56 Basedow prägte den Begriff ‚philanthropische‘ Erziehung erst kurz vor der Gründung seiner ‚Schule der Menschenfreundschaft‘, dem Dessauer ‚Philanthropinum‘, im Jahr 1774. Vgl. dazu auch Bernhard Basedow, *Untersuchungen*, S. 34: „Der erste Nachweis einer direkten Werbung Basedows für das zu gründende Philanthropinum ist aus dem Jahre 1774 erhalten, also aus der Zeit, als ihm an seinem 50. Geburtstage im Frankfurt am Main auf der bekannten Rheinreise der Name Philanthropinum in den Sinn gekommen war", S. 34. Vgl. dazu auch diesbezügliche Äußerungen Christian Heinrich Wolkes, des Mitarbeiters von Basedow in Dessau: Christian Heinrich Wolke, *Dem Andenken seiner Freunde*, in: Nachlaßakten Ch. H. Wolke, SLD, Signatur Mcsr Dresden e 166 und Adolf Bach (Hg.), *Goethes Rheinreise mit Lavater und Basedow im Sommer 1774.* Dokumente. Zürich 1922, S. 31. Die von Basedow seit 1774 als ‚philanthropisch‘ bezeichnete Pädagogik ist jedoch, wie die vorliegende Studie zeigen wird, als ausgereiftes pädagogisches System bereits Ende der 1750er Jahre existent.

kannte Frühgeschichte der philanthropischen Pädagogik möglichst umfassend darzustellen, ist die Aufgabe der vorliegenden Arbeit.

Damit leistet diese Studie zugleich einen wichtigen Beitrag zur Erforschung des vormodernen Schul- und Erziehungswesens und zur Integration der Bildungsgeschichte in die Frühneuzeitforschung. Das Themenfeld der frühneuzeitlichen Bildungsgeschichte, das in den 1970er und 1980er Jahren „überwiegend den historisch arbeitenden Pädagogen überlassen blieb",[57] hat in Deutschland nämlich erst seit Beginn der 1990er Jahre das kontinuierlich wachsende Interesse der Allgemein- und Sozialhistoriker gefunden. Insbesondere Wolfgang Schmales Erörterungen der Rahmenbedingungen und Strukturmerkmale des vormodernen Schulwesens[58] sowie Wolfgang Neugebauers programmatische Ausführungen zu Stand und Aufgaben einer Geschichte des frühneuzeitlichen Schul- und Erziehungswesens[59] haben gleichsam eine „neue Phase der Bildungsgeschichtsschreibung"[60] inauguriert, in der die Geschichtswissenschaft dazu aufgerufen wird, überall da korrigierend tätig zu werden, wo die Historische Pädagogik „moderne Kategorien und Begriffe" der Bildungsreform allzuschnell oder leichtfertig „in die Vergangenheit zurückprojiziert" hat.[61] Ein *genuin historisches* Verständnis der wesentlichen Veränderungen und Entwicklungen im Schul- und Erziehungswesen der Frühen Neuzeit sei nämlich vor allem deswegen unverzichtbar, weil man nur auf diese Weise „die Frage nach den *Kausalitäten* der neuzeitlichen Bildungsentwicklung neu und schärfer" stellen könne.[62] Gerade die Untersuchung der *Früh*geschichte des Philanthropismus sowie die Analyse seiner ideengeschichtlichen Herleitung und Motivation dient aber dieser von Neugebauer geforderten Erforschung der Kausalitäten der frühneuzeitlichen Bildungsentwicklung in besonders umfassender Weise.

Methodisch lassen sich Kausalitäten und *Früh*geschichte der philanthropischen Pädagogik am ehesten dann erschließen, wenn im Verlauf der Untersuchung ideengeschichtliche und sozialgeschichtliche Aspekte stets neu aufeinander bezogen und miteinander verwoben werden.[63] Ein ideengeschichtlicher Ansatz bei der Ana-

---

[57] Stefan Ehrenpreis, Sozialdisziplinierung durch Schulzucht? Bildungsnachfrage, konkurrierende Bildungssysteme und der ‚deutsche Schulstaat' des siebzehnten Jahrhunderts, in: Heinz Schilling (Hg.), *Institutionen, Instrumente und Akteure sozialer Kontrolle und Disziplinierung im frühneuzeitlichen Europa*. Frankfurt a. M. 1999, S. 169.

[58] Wolfgang Schmale, Die Schule in Deutschland im 18. und frühen 19. Jahrhundert, in: ders. / Nan L. Dodde (Hg.), *Revolution des Wissens?* Europa und seine Schulen im Zeitalter der Aufklärung (1750–1825). Bochum 1991, S. 627–767.

[59] Wolfgang Neugebauer, Zu Stand und Aufgaben moderner europäischer Bildungsgeschichte, in: *Zeitschrift für Historische Forschung* 22 (1995), S. 225–236.

[60] Neugebauer, *Zu Stand und Aufgaben*, S. 234.

[61] Ebd., S. 227.

[62] Ebd., S. 234.

[63] Die Frage, inwiefern die Methode einer Ideen- oder Diskursgeschichte mit der Methode der Sozialgeschichtsschreibung sinnvoll verknüpft werden kann, ist hierzulande erst seit kurzer Zeit als methodisches Problem der Geschichtswissenschaft erkannt und benannt worden. Erste Überlegungen zu neuen Konzepten und Konzeptionen für den Zusammenhang von Ideen- und

lyse des frühen Philanthropismus wird verfolgt, indem die theologischen und philosophischen Prämissen der neuen Pädagogik transparent gemacht und die Ursprünge dieser Prämissen in den Kontext der Diskursgeschichte des späten 17. und frühen 18. Jahrhunderts eingeordnet werden. Eine auf diese Weise erarbeitete ideengeschichtliche Herleitung und Interpretation der philanthropischen Erziehungslehre wird aber ohne zusätzliche Kenntnis der frühen pädagogischen *Praxis* des Philanthropismus der historischen Wirklichkeit nicht gerecht.[64] Insofern wird gemäß einem sozialgeschichtlichen Forschungsansatz überprüft, inwieweit und wo die neuen philanthropischen Ideen den Schulunterricht der 1750er und 1760er Jahre erstmals zu beeinflussen und konkret zu verändern vermochten. In diesem Zusammenhang ist es wichtig – soweit dies die Zahl und Qualität der vorhandenen Quellen erlaubt –, eine genaue Rekonstruktion des Unterrichts jener Schulen vorzunehmen, die nachweislich philanthropische Erziehungsprinzipien zur Anwendung brachten. Dieser methodologischen Vorgabe folgend, ergibt sich für die vorliegende Arbeit der nachfolgend skizzierte Untersuchungsgang:

Grundsätzlich folgt die Darstellung der Ereignisse chronologisch dem Handlungsablauf. Allerdings werden hin und wieder, zumal bei der Betrachtung ideengeschichtlicher Zusammenhänge, historische Rückblenden in die Darstellung eingerückt. Wenn beispielsweise von der Schlüsselstellung berichtet wird, die John Locke im pädagogischen Diskurs der hamburgischen Frühaufklärung in den Jahren 1720 bis 1750 einnahm, kann dies sinnvollerweise nur im Kontext einer bündigen Darstellung seiner wichtigsten Gedanken zum Erziehungswesen geschehen, die Locke schon Ende des 17. Jahrhunderts veröffentlicht hatte.

Sozialgeschichte wurden auf der 2. Tagung des Schwerpunktprogramms der Deutschen Forschungsgemeinschaft „Ideen als gesellschaftliche Gestaltungskräfte der Neuzeit" diskutiert. Die Tagung fand vom 23. bis 24. Oktober 1999 in Rauischholzhausen bei Gießen unter der Leitung von Luise Schorn-Schütte statt. Zwar liegt ein Tagungsbericht nicht vor, doch haben Luise Schorn-Schütte und Günther Lottes die Bedeutung einer neu zu konzipierenden Sozialgeschichte der Ideen in dem soeben erschienenen Handbuch *Kompass der Geschichtswissenschaft*, hg. von Joachim Eibach und Günther Lottes. Göttingen 2002, eindrucksvoll herausgearbeitet. Dabei berufen sie sich im wesentlichen auf die einschlägigen methodologischen Vorarbeiten von Quentin Skinner. Siehe Günther Lottes, Neue Ideengeschichte, in: ders. / Eibach, *Kompass der Geschichtswissenschaft*, S. 261–269 und Luise Schorn-Schütte, Neue Geistesgeschichte, in: Lottes / Eibach, *Kompass der Geschichtswissenschaft*, S. 270–280. Siehe auch James Tully (Hg.), *Meaning and Context. Quentin Skinner and his critics*. Cambridge 1988.

64 Vgl. Schmitt, *Schulreform*, S. 2: „Der spezifische aufklärerische Gehalt der jeweils untersuchten Reform kann durch eine Analyse des historischen Ablaufs der Reform nicht hinreichend erfaßt werden. Umgekehrt gilt jedoch auch, daß eine Analyse und Interpretation der durch die Aufklärung beeinflußten Erziehungsschriften ohne Kenntnis der diesen Schriften zugrundeliegenden pädagogischen Praxis zu teilweise unbefriedigenden Schlüssen führen muß." Vgl. auch Feige, *Philanthropische Reformpraxis*, S. 6, der mit Blick auf einen zu wählenden Ansatz bei der Darstellung von bedeutenden Ereignissen der Schul- und Bildungsgeschichte fordert: „Realhistorie und Ideengeschichte dürfen [...] nicht gegeneinander ausgespielt werden."

Nach dieser Maßgabe beginnt das nun folgende zweite Kapitel mit einer ausführlichen Darstellung der pädagogischen Reformbestrebungen von Basedows Hamburger Lehrern sowie mit einer gründlichen Untersuchung der theologischen und moralischen Systeme seiner Leipziger und Kieler Dozenten und Kommilitonen. Hauptanliegen dieses Kapitels ist es, zu analysieren, inwiefern der Entwurf von Basedows erstem eigenständigen Erziehungsprogramm im Jahr 1752 den theoretischen und praktischen Vorarbeiten seiner Lehrer und Freunde verpflichtet war, ob Basedow möglicherweise bei der Entwicklung seines pädagogischen Systems mit seinen Lehrern in fruchtbarem Gedankenaustausch stand und welche ihrer Ideen er selbständig weiterentwickelte. Damit steht die *ideengeschichtliche Herleitung* und *Motivation* von Basedows Erziehungsprogramm im Mittelpunkt des Kapitels.

Das dritte Kapitel widmet sich dem Prozeß der weiteren Entfaltung und Ausgestaltung von Basedows erstem pädagogischen Entwurf sowie der von ihm in Zusammenarbeit mit Johann Andreas Cramer vorgenommenen Grundlegung der philanthropischen Pädagogik Ende der 1750er Jahre in Dänemark. Da Basedow, Cramer und weitere pädagogische Mitstreiter gezielt von der dänischen Regierung nach Kopenhagen und Sorö geholt wurden, stellt sich in diesem Zusammenhang auch die Frage nach der Bedeutung der führenden dänischen Minister als entscheidende Förderer der philanthropischen Pädagogik zur Zeit ihrer Konstituierung. Gefragt wird an dieser Stelle also nach dem *politischen Kontext* der Frühgeschichte des Philanthropismus. Das Kapitel schließt dann mit einer Untersuchung der ersten öffentlichen Rezensionen und Reaktionen auf die neue Pädagogik gegen Ende der 1750er Jahre.

Das vierte Kapitel beschreibt und analysiert die Realität der ersten *Praxisfelder* der philanthropischen Pädagogik in Schleswig-Holstein und Oldenburg. Dabei wird zu fragen sein, welche *Auswirkungen* die seit Anfang der 1760er Jahre entstehende, teilweise mit großer Verbitterung geführte Debatte zwischen Fürsprechern und Widersachern des Philanthropismus auf die Möglichkeiten und Grenzen philanthropischer Schulpraxis hatte. Beendet wird das Kapitel mit der Darstellung der Umstände, die zu Basedows im Jahr 1771 vollzogenem Umzug nach Dessau führten.

Das fünfte und letzte Kapitel bietet eine Zusammenfassung der wichtigsten Ergebnisse der Studie und erörtert, inwiefern auf der Grundlage dieser Ergebnisse ein neues Bild der philanthropischen Pädagogik entsteht und ob von daher eine Um- und Neuinterpretation der philanthropischen Erziehungsbewegung am Beginn der modernen Bildungsreform erforderlich ist.

II. Die Anfänge der philanthropischen Pädagogik (1715–1752): Ideengeschichtliche Herleitung und Vorformen der neuen Erziehungslehre

1. Pädagogische Reformbestrebungen in der hamburgischen Frühaufklärung (1715–1746)

1.1. Einleitung: Basedow und seine Hamburger Lehrer

Am 10. März 1758 bringt Johann Bernhard Basedow in einem Brief an seinen ehemaligen Lehrer Hermann Samuel Reimarus, Professor für Philosophie und orientalische Sprachen am Akademischen Gymnasium zu Hamburg, seine ganz besondere Form der Verbundenheit mit diesem bedeutenden Gelehrten zum Ausdruck.[1] Zunächst berichtet er ihm von seinen jüngsten Erfolgen an der dänischen Ritterakademie zu Sorö. Basedow, der seit 1753 nun seinerseits als Professor junge dänische Adlige in der Philosophie unterweist, hat soeben, im zweiten Teil seiner Schrift *Practische Philosophie für alle Stände*, nach eigenem Dafürhalten sein erstes „vollständinge[s] System der Erziehung und des Unterrichts"[2] vorgelegt – übrigens zeitgleich mit dem Erscheinen der ersten erziehungstheoretischen Texte seines „zärtlich geliebten Freundes, des [Kopenhagener] Hofpredigers Cramer",[3] deren Inhalt er als „von ganz besonderem Werthe"[4] würdigt. Als sein „erster Lehrer in der Philosophie", glaubt Basedow, hat Reimarus einen speziellen Anspruch darauf, die neuesten Arbeiten des ehemaligen Zöglings, die im Gedankenaustausch mit seinen Freunden und Kollegen in Dänemark entstanden sind, schon unmittelbar nach ihrer Publikation in Augenschein zu nehmen und „zu beurtheilen".[5] Vor allem an der „Beurtheilung des letzten Teils" der *Practischen Philosophie*, die

---

[1] Johann Bernhard Basedow an Hermann Samuel Reimarus, 10. März 1758, StAH, Familie Reimarus, Hermann Samuel Reimarus A 23, Bd. 1.

[2] So lautet Basedows Urteil über die *Practische Philosophie* in: Johann Bernhard Basedow, *Ueberzeugende Methode der auf das bürgerliche Leben angewendeten Arithmetik zum Vergnügen der Nachdenkenden und zur Beförderung des guten Unterrichts in den Schulen.* Altona 1763, Vorrede [unpaginiert].

[3] So nennt Basedow Johann Andreas Cramer in Johann Bernhard Basedow, *Philalethie.* Neue Aussichten in die Wahrheiten und Religion der Vernunft bis in die Grenzen der glaubwürdigen Offenbarung. Altona 1764, S. 39. Cramer ist seit Beginn des Jahres 1758 als Herausgeber der moralischen Wochenschrift *Der Nordische Aufseher* tätig, in der er seinen eigenen Gedanken zur Schulverbesserung und Erziehungstheorie viel Raum gibt.

[4] Gegenüber Gotthold Ephraim Lessing äußert Basedow, daß diejenigen Stücke „des N[ordischen] Aufsehers, welche von der Erziehung und dem Unterrichte handeln" von „ganz besonderem Werthe" seien (Johann Bernhard Basedow, *Vergleichung der Lehren und Schreibart des Nordischen Aufsehers.* Sorö 1760, S. 35).

[5] Johann Bernhard Basedow an Hermann Samuel Reimarus, 10. März 1758, StAH, Familie Reimarus, Hermann Samuel Reimarus A 23, Bd. 1.

er Reimarus als Anlage zum Brief mitschickt, ist Basedow gelegen, da dieser die eigentlich neuen und wichtigen Gedanken der Schrift beinhalte.[6] Zweifelsohne spielt Basedow mit diesem Hinweis vornehmlich auf die „Von der Erziehung" und „Vom Unterrichte der Kinder" betitelten Paragraphen an,[7] in denen er, wie er dort schreibt, „besonders Locke" folgend,[8] zahlreiche eigene Überlegungen zur Verbesserung des Schulwesens zur Diskussion stellt.

Es ist nun überaus interessant zu sehen, daß Basedow, wie er in seinem Brief an Reimarus freimütig einräumt, sich bei der Verfertigung dieser Gedanken aber *nicht allein* „Locks" einschlägiger Schriften „bedient habe", sondern *eben auch* der Traktate seines ehemaligen Lehrers, um dabei „theils das Ihrige anzunehmen, theils Gelegenheit zu eigenen Gedanken dabey zu finden".[9] Mit dieser Aussage stellt er also seinen ersten systematischen Entwurf einer neuen Pädagogik explizit in die Nachfolge einer schon von Reimarus begonnenen Unternehmung. Damit bestätigt Basedow in diesem zum privaten Gebrauch bestimmten Schreiben auf eindrucksvolle Weise, was er schon einige Jahre zuvor öffentlich angedeutet hatte. In seiner an der Universität Kiel eingereichten Magisterarbeit, in der Basedow sich erstmals ernsthaft mit Vorschlägen zur Erziehungsreform beschäftigt hatte, wies er nämlich bereits 1752 darauf hin, daß sich die schon früher vom „doctissimus Reimarus" erarbeiteten Vorschläge zur Verbesserung des Unterrichts kaum von seinen eigenen Anschauungen unterscheiden würden.[10]

Diese bewußte Rückbindung der eigenen pädagogischen Auffassungen an Vorarbeiten seines Lehrers Reimarus hat wiederum eine bemerkenswerte Parallele in Basedows entsprechenden Verweisen auf Michael Richey, der als Professor für Geschichte und griechische Sprache ebenfalls Lehrer am Hamburger Akademischen Gymnasium war. Schon 1746, bei seiner Schulentlassung, hatte Basedow Richey ein Gedicht über *Die Nothwendigkeit der Geschichts=kunde* gewidmet, in dessen Vorrede er bekannte, daß er diesem „Lehrer, Gönner, Freunde und Vater" alles schuldig sei, „was ich von meinem Zustande als glücklich ansehe".[11] Vor allem blickte er mit großer Dankbarkeit auf Richeys besonders lebendige, motivierende und erfolgreiche Methode der Unterweisung zurück, die für ihn selbst, als er 1749 seine erste Hauslehrerstelle bei der Familie von Qualen im schleswigschen Borghorst antrat, Vorbildcharakter bekam. Aus diesem Grunde veranlaßte er dann im Jahre 1750 auch einen ungewöhnlichen Brief, in welchem sein achtjähriger

---

[6] Ebd.
[7] Johann Bernhard Basedow, *Practische Philosophie für alle Stände*. Kopenhagen / Leipzig 1758, S. 540–563
[8] Ebd., S. 540.
[9] Johann Bernhard Basedow an Hermann Samuel Reimarus, 10. März 1758, StAH, Familie Reimarus, Hermann Samuel Reimarus A 23, Bd. 1.
[10] Johann Bernhard Basedow, *Inusitata et optima honestioris iuventutis erudiendae methodus*. Kiel 1752, S. 40.
[11] Johann Bernhard Basedow, *Die Nothwendigkeit der Geschichts=Kunde*. Hamburg 1746.

Schüler Josias von Qualen sich bei dem Hamburger Professor artig für die an Basedow vermittelte Lehrmethode bedankte, die auf Borghorst schon zu einer außerordentlich ertragreichen Anwendung gekommen sei. Um diese Behauptung zu belegen, hatte der kleine Josias diesen Brief in fehlerfreiem Latein verfaßt. Wortwörtlich dankte er Richey, daß er seinen „praeceptorem" Basedow „tam bene" ausgebildet habe, denn „alii praeceptores non eo modo agunt cum suis discipulis"; einzig seiner freundschaftlichen Unterrichtsform habe er es also zu verdanken, „quod ego in semestris spatio multa didicerim".[12]

Daß Basedow seit Beginn seiner frühesten Unterrichtsexperimente in Borghorst bis hin zum ausgereiften Entwurf einer systematischen Erziehungstheorie in der *Practischen Philosophie* immer wieder den pädagogischen Vorbildcharakter seiner Hamburger Lehrer Richey und Reimarus zur Sprache gebracht hat, um diesen dann als Bezugspunkt und Maßstab für seine eigenen erzieherischen Bemühungen zu werten, ist von nicht zu unterschätzender Bedeutung für die Frage nach den Anfängen der philanthropischen Pädagogik. Um so erstaunlicher ist es, daß Basedows Bewertung der eigenen Arbeiten als Fortführung der pädagogischen Bestrebungen seiner Lehrer von der bisherigen Philanthropismusforschung geflissentlich ignoriert worden ist. Wohl wurde vereinzelt angemerkt, daß Basedow, ganz generell, mit Dankbarkeit seiner Schulzeit am Akademischen Gymnasium zu Hamburg gedacht hat.[13] Doch ist noch niemand im Detail der Spur nachgegangen, die Basedow selbst gelegt hat und die so offenkundig auf das Entstehen erster Vorformen einer neuartigen Erziehungslehre im von Richey und Reimarus geprägten Milieu der hamburgischen Frühaufklärung verweist. Daher soll in den nun folgenden Abschnitten in gebührender Ausführlichkeit erörtert werden, inwiefern die pädagogischen Reformbestrebungen der hamburgischen Frühaufklärung, als deren wichtigste Repräsentanten Richey und Reimarus gewirkt haben, am Anfang der philanthropischen Pädagogik stehen.

1.2. Michael Richey und die Teutsch-übende Gesellschaft von 1715

Als Michael Richey im Jahr 1717 sein Amt als Professor am Hamburger Gymnasium antrat, hatte sich der damals 39-jährige bereits mit „literarischen Ambitionen" sowie einem „pädagogische[n] und damit verbunden journalistische[m] Engagement"[14] weit über die Grenzen der Stadt an Elbe und Alster hinaus einen Namen gemacht. Der gebürtige Hamburger, der nach einem Studium in Wittenberg von

---

[12] Johann Bernhard Basedow, *Epistolae ad Michaelem Richeium II. Jo. Bern. Basedovi. Additis pueri nobilis octavum annum agentis epistolis III. non emendatis.* Hamburg 1750, S. 14.
[13] Vgl. Armin Basedow, *Johann Bernhard Basedow*, S. 22.
[14] Kopitzsch, *Grundzüge*, S. 264.

1704 bis 1713 als Rektor des Stader Gymnasiums amtiert hatte,[15] gab seit 1715 die in Leipzig verlegte literaturkritische Zeitschrift *Hamburgische Bibliotheca historica* gemeinsam mit einem Kollegium von drei weiteren Editoren heraus und zwar, wie es ausdrücklich hieß, „der studirenden Jugend zum Besten".[16] Da dem Herausgeberkollegium mit Johann Albert Fabricius und Johann Hübner auch zwei Pädagogen angehörten, die bereits zu dieser Zeit als Lehrer am Akademischen Gymnasium tätig waren, widmeten sich diese Männer gewissermaßen von Berufs wegen der literarischen Weiterbildung junger Menschen. Ziel der Zeitschrift war es, einer nachwachsenden Generation eine neue Sensibilität im Umgang mit der deutschen Literatur und Sprache beizubringen. Inwiefern ein gesteigertes Sprachbewußtsein aber auch von gesellschaftspolitischer Bedeutung sein konnte, wollten Richey und Fabricius zudem in regelmäßigen gelehrten Gesprächen im erweiterten Freundeskreis erörtern.

Zu diesem Zweck schlossen sich Richey und Fabricius gemeinsam mit den Hamburger Schriftstellern Barthold Heinrich Brockes und Johann Ulrich König schon Anfang des Jahres 1715 zu „einer Lehr=begierigen Conference" von zu „wahrer Freundschaft qualificirten Leuten" zusammen.[17] Anläßlich ihrer ersten Zusammenkunft am 12. Januar 1715 im Hause Brockes notierte Richey: „Nachdem im abgewichenen 1714ten Jahre die Herren Brockes, König und Richey, als gute Freunde, bey mehrmaligen Unterredungen, auf die Gedanken gerathen", wie es wohl möglich wäre, „alhier in Hamburg eine solche Gesellschaft aufzurichten, darin man sich um Ausübung und Verbesserung der Teutschen Sprache, Oratorie und Poesie bemühete", sei man nunmehr entschlossen, endlich „einen Entwurf einer solchen Verfassung zu machen", durch welchen „dergleichen Gesellschaft, und deren nutzbarer Unternehmungen ordentlich und beständig eingerichtet wür-

---

[15] Eine wissenschaftliche Biographie Richeys fehlt noch immer. Gute biographische Skizzen finden sich jedoch in: Max von Waldberg, Michael Richey, in: *ADB*, Bd. 28 (1889), S. 436–439; *Lexikon der hamburgischen Schriftsteller bis zur Gegenwart*, Bd. 6, bearb. v. Carl Rudolf Wilhelm Klose. Hamburg 1873, S. 262–272; F[riedrich] L[orenz] Hoffmann, Hamburgische Bibliophilen, Bibliographen und Litterarhistoriker XV. Michael Richey, in: *Serapeum* 24 (1863), S. 369–381, 25 (1864), S.17–27; Jürgen Rathje, Michael Richey, in: *Lebensläufe zwischen Elbe und Weser. Ein biographisches Lexikon*, hg. v. Brage bei der Wieden und Jan Lokers, Bd. 1. Stade 2002, S. 265–269. Alle diese biographischen Beiträge sind verpflichtet: Gottfried Schütze, Vorrede, in: Michael Richey, *Deutsche und Lateinische Gedichte*, hg. v. Gottfried Schütze. 3 Teile. Hamburg 1764–1766.

[16] *Hamburgische Bibliotheca Historica, der studierenden Jugend zum Besten zusammengetragen.* 1.–10. Centuria. Leipzig 1715–1729. Dazu schreibt Jörg Scheibe, *Der ‚Patriot' (1724–1726) und sein Publikum.* Untersuchungen über die Verfasserschaft und die Leserschaft einer Zeitschrift der frühen Aufklärung. Göppingen 1973, S. 30: „Wir müssen davon ausgehen, daß die Herausgeber der überaus materialreichen Reihe (bis 1729 erschienen 10 Bände) nicht erst 1715, sondern schon 1714 oder früher mit der Planung und Vorbereitung ihres Vorhabens begonnen haben; die Entstehung dieser ‚Gelehrtengesellschaft' ist somit früher anzusetzen als die der ‚Teutsch=übenden Gesellschaft', deren Planung in den Beginn des Jahres 1715 fällt."

[17] SUBH, Cod. hist. litt. 2 in 2°, Journale und Akten der Teutsch-übenden Gesellschaft, *Beliebte Verfassung der Teutsch-übenden Gesellschaft*, § 1

den".[18] Richey, „der es auf sich genommen", diese Verfassung auszuarbeiten und zugleich „das Journal der Societaet zu halten, und die Acta in Verwahrung zu nehmen",[19] gab der neuen Sozietät dann auch ihren etwas eigenwillig klingenden Namen „Teutsch=übende Gesellschaft", unter dem sie sich in den folgenden Jahren im gesamten Reich einen großen Bekanntheitsgrad erwarb. Bei wöchentlichen, immer Samstags im Hause eines der Sozietätsmitglieder stattfindenden Sitzungen, sollten eigene Gelegenheitsgedichte und Zuschriften für neuveröffentlichte Werke kritisch begutachtet werden.[20]

Die genaue Arbeitsweise der „Teutsch-übenden Gesellschaft" ist bereits mehrfach in zum Teil recht gründlichen Studien dargestellt und analysiert worden,[21] unter anderem auch auf der Grundlage der von Richey geführten Protokolle und Akten der Gesellschaft, die in der Hamburger Staats- und Universitätsbibliothek erhalten blieben.[22] Dabei wurde allerdings immer wieder betont, daß die „Teutsch-übende Gesellschaft" sich ausschließlich grammatischen oder poetologischen, also rein sprachwissenschaftlichen Fragestellungen gewidmet habe. Weitergehende pädagogisch-moralische Interessen hätten Richey, Brockes und König bei der Gründung dieser Gesellschaft jedenfalls nicht gehegt.[23] Immerhin läßt Jörg Scheibes eher beiläufige Erwägung, man habe sich in dieser Sozietät zumindest im Anschluß an „streng wissenschaftlich[e] Disput[e]" sehr wahrscheinlich auch „freundschaftlich über Erziehung, Gemeinwohl und Eigenarten der Mitbürger unterhalten",[24] Raum für die Vermutung, daß die Zielsetzung der „Teutsch-übenden Gesellschaft" keinesfalls eine so rein „literarisch orientierte"[25] war, wie bisher zumeist angenommen.

---

[18] SUBH, Cod. Hist. litt.2 in 2°, Journale und Akten der Teutsch-übenden Gesellschaft, *Vorläufige Zusammenkunft Anno 1715, d. 12 Januar bey H Brockes.*

[19] Ebd.

[20] Manche der in diesem Rahmen entstandenen Texte finden sich in Form von Gelegenheitsgedichten und Streitschriften wieder in Christian Friedrich Weichmann (Hg.), *Poesie der Niedersachsen.* 2 Bde. Hamburg 1721–1738.

[21] Vgl. Christian Petersen, Die Teutsch-übende Gesellschaft in Hamburg, in: *Zeitschrift des Vereins für hamburgische Geschichte* 2 (1847), S. 533–564; Rudolf A. Th. Krause, Die Teutsch-übende Gesellschaft in Hamburg, in: *Niedersachsen* 12 (1906/7), S. 186–188; Scheibe, *Der Patriot*, S. 32–36; Kopitzsch, *Grundzüge*, S. 265–269.

[22] Die Journale und Acta der Gesellschaft werden in der Staats- und Universitätsbibliothek Hamburg verwahrt im Cod. hist. litt. 2–4b in 2°, die Originalakten Nr. 1–100 im Cod. hist. litt. 4c in 2°. Eine getreue Abschrift dieser Protokolle und Akten wird aber auch in der Königlichen Bibliothek zu Kopenhagen in Dänemark aufbewahrt, KoBK, Handschriftensammlung Johann Albert Fabricius, Nr. 61 (fol.), *Journal der Teutsch=übenden; vom Jahr 1716, 1717. Adjecit Fabricius apparatum librorum ad linguae Germanicae historiam spectantium.*

[23] Vgl. Petersen, *Die Teutsch-übende Gesellschaft*, S. 540.

[24] Scheibes Vermutung stützt sich auf einen Paragraphen in der Satzung der Gesellschaft, in dem von „vergnüglichen Unterredungen" die Rede ist, die die Sitzungen der „Teutsch-übenden Gesellschaft" beendet hätten, Scheibe, *Der Patriot*, S. 42.

[25] Joachim Kirchner, Der Hamburger ‚Patriot'. Eine Untersuchung zur Frühgeschichte der Zeitschrift, in: *Publizistik* 2 (1957), S. 144.

21

Einerseits legten die Gründungsmitglieder in der „Beliebten Verfassung einer Teutsch=übenden Gesellschaft" zwar fest, daß sich die erwünschten Diskussionsbeiträge bei den geplanten allwöchentlichen Zusammenkünften der Sozietät vor allem mit „Teutschen Grammaticalischen, Oratorischen, Poetischen, und dergleichen Observationibus"[26] beschäftigen sollten. Ein wichtiges Vorbild für diese Zielvorgabe boten offensichtlich die zahlreichen Sprachpflegegesellschaften des 17. Jahrhunderts, „besonders wohl jene – ebenfalls in Hamburg gegründete – Sprachgesellschaft, die Philipp von Zesen 1643 als ‚Teutsch-gesinnte Genossenschaft' (auch ‚Rosenzunft') ins Leben gerufen hatte".[27] So warf Richey beispielsweise mit der Frage, „ob man schreiben müße Deutsch oder Teutsch",[28] ein Problem auf, daß die deutschen Sprachreformer auch schon im vorausgegangenen Jahrhundert beschäftigt hatte. Wohl sei es „fast lächerlich" zu nennen, daß die Deutschen nach wie vor „zweifeln müssen, wie wir unsern eigenen Nahmen recht schreiben sollen", doch wer die noch immer vorherrschende

> Gleichgültigkeit kennet, womit wir alles anzunehmen pflegen, was so wol der Mißbrauch, als der Gebrauch einführet, der wird sich nicht wundern lassen, daß wir in der Orthographie unsres eigenen Nahmens irre geworden, und itzo nöthig haben zu fragen, was recht über unrecht sey.[29]

Um die Schreibart „Teutsch" zu verteidigen, berief sich Richey auf die Beobachtung, daß T als dialektischer Unterschied im Hochdeutschen an die Stelle des Niederdeutschen D trete. Weiterhin wurde in der Gesellschaft ausführlich erörtert, ob man statt „für" auch „vor" schreiben könne, wie die Verbindungszeichen in zusammengesetzten deutschen Wörtern gebraucht werden sollten und welche Bedeutung der Schreibweise „Th" in Wörtern wie „Thür" oder „Thor" zukomme.

Trotz dieser in zahlreichen Sitzungen verhandelten Probleme der Synonymik und Orthographie, die auch in den älteren Sprachpflegegesellschaften vielfach schon „funfzig Jahre früher" behandelt worden waren,[30] war die „Teutsch-übende Gesellschaft" aber keineswegs nur an althergebrachten sprachlichen Spitzfindigkeiten interessiert. Letzlich zielten nämlich alle auch noch so detailverliebten Überlegungen zur sprachlichen Form darauf ab, einen wichtigen Inhalt angemessen ausdrücken und wiedergeben zu können. Welcher Inhalt und welches literarisches Sujet aber in der „Teutsch-übenden Gesellschaft" zuvörderst zur Sprache gebracht werden sollte, wurde schon in der am 19. Januar 1715 verfaßten Satzung

---

[26] SUBH, Cod. hist. litt. 2 in 2°, Journale und Akten der Teutsch-übenden Gesellschaft, *Beliebte Verfassung der Teutsch-übenden Gesellschaft*, § 1.

[27] Scheibe, *Der Patriot*, S. 32. Einen Überblick über die im 17. Jahrhundert gegründeten Sprachgesellschaften mit bibliographischen Hinweisen gibt Karl F. Otto, *Die Sprachgesellschaften des 17. Jahrhunderts*. Stuttgart 1972.

[28] SUBH, Cod. hist. litt. 3 in 2°, 9, *Zusammenkunft bei Richey, 29. Februar 1716*.

[29] SUBH, Cod. hist. litt. 3 in 2°, *Acta LXII*.

[30] Petersen, *Die Teutsch-übende Gesellschaft*, S. 558.

22

der Sozietät festgesetzt. „Die einzubringenden Piecen" der Mitglieder, heißt es in der „Beliebten Verfassung" der Gesellschaft, sollten „insonderheit" auch „Teutschlandes Alterthümer und Geschichte" behandeln, nicht zuletzt weil „historica" und „antiquaria" eine niemals auszuschöpfende Fülle von Beispielen menschlichen Zusammenlebens enthielten.[31] Aber auch die gesellschaftliche Gegenwart sollte besprochen und einer konstruktiven Kritik unterzogen werden.

Tatsächlich verhandelten die Mitglieder der Gesellschaft immer wieder auch Themen des aktuellen Zeitgeschehens, wobei sie sich mit ironischen oder satirischen Wertungen nicht zurückhielten. Anläßlich der Einführung der Lotterie in Holland verfaßte Brockes am 9. Februar 1715 ein Sinngedicht, in dem er diese neueste gesellschaftliche Errungenschaft als „Joch" der Menschheit geißelte, da nunmehr das für gemeinnützige Zwecke dringend gebrauchte Geld „aller Völcker" in den Händen weniger Lotteriebetreiber verspielt würde. Seinen Hamburger Mitbürgern gab er deswegen auch den dringenden Rat: „[Ihr] Leute, seid doch nicht so doll, Und macht, zu eurem Schimpf und Schaden, die Lotterie in Holland voll".[32]

Ganz allgemein auf die Verbesserung der gesellschaftlichen Verhältnisse seiner Vaterstadt zielte Brockes' in der Sitzung vom 26. August 1716 verlesenes Gedicht über „Die wohleingerichtete Republique". Hamburg, diese große Stadt, „wo der Festung Füß zween grosse Ströhm umfassen", wo täglich Schiffe aus so entfernten Gegenden wie „Peru Wahren bringen", sei zwar eine bedeutende Handelsstadt mit weitreichender finanzieller Macht, doch könnten sich ihre Einwohner sittlich und moralisch noch sehr viel weiter entwickeln. Denn erst wenn hier „kein Mächtiger beleidigt den geringen", wenn keiner „je den andren hasst und neidet" und selbst „die Priesterschaft durch Wercke mehr als Worte, Das fromme Volck erbaut, nichts als die Bibel lehrt, Mit Zanck und Schmählen nicht, mit Sanftmuth nur bekehrt", erst dann könne von Hamburg als von einer wohleingerichteten Stadtrepublik gesprochen werden.[33]

Solche und ähnliche auf bedeutsame Geschehnisse der politischen Geschichte oder Gegenwart gemünzte Texte, welche die Mitglieder der Gesellschaft bei ihren Zusammenkünften ausführlich besprachen und beurteilten, belegen ganz deutlich, daß die Benennung gesellschaftlicher Mißstände sowie die daran geübte konstruktive Kritik das Wirken der „Teutsch-übenden Gesellschaft" wenigstens ebenso deutlich kennzeichneten, wie die von ihr erarbeiteten Vorschläge zur Reform der Orthographie, Grammatik, Poetik oder anderen rein sprachwissenschaflichen Pro-

---

[31] SUBH, Cod. hist. litt. 2 in 2°, Journale und Akten der Teutsch-übenden Gesellschaft, *Beliebte Verfassung der Teutsch-übenden Gesellschaft*, §§ 6 u. 7.

[32] SUBH, Cod. hist. litt 2 in 2°, Aus den Copia Actorum, *Acta I*. Lotterien waren seit dem 17. Jahrhundert ein beliebtes Mittel, um die Staatsfinanzen aufzubessern. Besonders nach Kriegen wurden die Defizite in den Staatskassen häufig durch Lotterieeinnahmen ausgeglichen, um Steuererhöhungen zu umgehen. Den Hamburgern konnte also an der Abwanderung von Kapital in das auswärtige Holland nicht gelegen sein.

[33] SUBH, Cod. hist. litt.3 in 2°, Aus den Acten der Teutsch-übenden Gesellschaft, *Acta LXXIX*.

blemfeldern. Dieser ganz offenkundig gesellschaftskritisch-moralische Impuls, von dem die Arbeit der Sozietät zu guten Teilen getragen wurde, war zugleich das Charakteristikum, das die „Teutsch-übende Gesellschaft" deutlich von den Sprachgesellschaften des 17. Jahrhunderts unterschied.[34] Gerade weil die von Richey, Brockes und König gegründete Sozietät sich nicht durch übersteigerten Sprachpurismus, sondern durch die Beschäftigung mit „Prinzipien vernünftigen und tugendhaften Verhaltens"[35] auszeichnete, galt sie schon ihren Zeitgenossen als erste Sprachgesellschaft neuen Typs.[36] Eine der bedeutendsten Nachfolgerinnen der „Teutsch-übenden Gesellschaft", die 1717 in Leipzig gegründete „Deutschübende poetische Gesellschaft", hat den Hamburgern die verdiente Anerkennung für diese Vorreiterrolle auch später nicht verweigert.[37] Vor diesem Hintergrund wirkt es darum auch verständlich, daß die von Richey und seinen Freunden begründete „Teutsch-übende Gesellschaft" von der jüngeren historischen Forschung ganz ausdrücklich und recht treffend als „erste[r] Zusammenschluß Hamburger Aufklärer"[38] gedeutet worden ist.

Im übrigen sollte sich gerade der aufklärerische Impetus der Sozietät, der sich vor allem im Interesse an sittlichen und politischen Fragen Ausdruck verschaffte, als das eigentlich zukunftsträchtige Element des Bemühens um Sprach- und Gesellschaftsreform erweisen. Denn als die „Teutsch-übende Gesellschaft" Anfang des Jahres 1718 ihre Arbeit einstellte[39] – ohne allerdings einen förmlichen Beschluß über die Auflösung der Gesellschaft herbeigeführt zu haben – pflegten „Richey, Fabricius und Brockes in weniger verbindlicher Form ihre gemeinsamen Interessen weiter".[40] Bereits Anfang des Jahres 1724 erwogen diese Männer einen erneuten

---

[34] Karl F. Otto benennt als wichtigste Ziele der Sprachgesellschaften des 17. Jahrhunderts die „Reinigung der deutschen Sprache von fremden Elementen", die Begründung einer korrekten „Rechtschreibung" sowie die „Ausmerzung von teilweise schon längst eingebürgerten Fremdwörtern", Otto, *Die Sprachgesellschaften*, S. 9.

[35] Rolf Grimminger (Hg.), *Hansers Sozialgeschichte der deutschen Literatur vom 16. Jahrhundert bis zur Gegenwart*, Bd. 3: Deutsche Aufklärung bis zur Französischen Revolution 1680–1789. München 1980, S. 117.

[36] Eine moderne, umfassende Studie zu diesem neuen Sozietätstyp fehlt. Vgl. aber Richard van Dülmen, *Die Gesellschaft der Aufklärer. Zur bürgerlichen Emanzipation und aufklärerischen Kultur in Deutschland*. Frankfurt a. M. 1986 [2.Aufl. 1996], S. 61ff. und Wolfgang Hardtwig, *Genossenschaft, Sekte, Verein in Deutschland*, Bd. 1: Vom Spätmittelalter bis zur Französischen Revolution. München 1997.

[37] Vgl. Friedrich Neumann, Gottsched und die Leipziger Deutsche Gesellschaft, in: *Archiv für Kulturgeschichte* 18 (1928), S. 194–212.

[38] Kopitzsch, *Grundzüge*, S. 262.

[39] Als letztes zu den Akten gegebenes Stück finden wir Brockes' Heldengedicht vom 13. November 1717. Nach Richey hat die Gesellschaft aber bis „kaum ins vierte Jahr", also doch bis Anfang 1718, bestanden, Michael Richey, *Idioticon Hamburgense oder Wörter=Buch. Zur Erklärung der eigenen, in und um Hamburg gebräuchlichen, Nieder=Sächsischen Mund=Art*. Hamburg ²1755, Vorrede, S. XII.

[40] Kopitzsch, *Grundzüge*, S. 267.

Zusammenschluß als Sozietät. Darüber berichtete Richey im Jahr 1729 aus der Rückschau:

> Es sind nunmehro fünf Jahre, als einige wenige annoch lebende Mitglieder der weiland allhier in Hamburg errichteten Teutsch=übenden Gesellschaft, durch Erinnerung ihrer vormahligen sehr angenehmen Verbindung, bewogen wurden, sich von neuem zusammen zu thun, und einen abermaligen gemein=nützlichen Zeit=Vertreib, jedoch auf einem noch bessern Fuße zu unternehmen.[41]

Allerdings konstituierte man anstatt der nunmehr erloschenen Sprachgesellschaft eine Sozietät, die „Patriotische Gesellschaft" getauft wurde. Mit dieser neuen Gesellschaft, schrieb Richey später, wollte es

> wegen leichteren und mehren Beytrittes, besser, als mit der Teutsch=übenden, fort", wie auch davon „die am Tage liegenden wolaufgenommenen und schon oft wieder aufgelegten Schriften zeugniß geben, als worin man, nebst der sittlichen Haupt=Absicht, zum wenigsten durch ein gutes Beyspiel, auch der Teutschen Sprache keine Unehre zu machen, bemühet gewesen.[42]

1.3. Michael Richey und die Patriotische Gesellschaft von 1723/1724

Die genauen Entstehungsumstände der neuen „Patriotischen Gesellschaft" können, wie Kopitzsch richtig feststellt, „aus den nicht ganz eindeutigen Quellen nur erschlossen, nicht bis ins Detail belegt werden".[43] Erhalten geblieben ist immerhin ein Brief Brockes' an Johann Jakob Bodmer, datiert vom 19. November 1723, in dem es heißt: „Was unsere deutschübende Gesellschaft betrifft, ist selbige zwar eine Zeit her durch einige Zufälle unterbrochen worden; wir sind aber jedoch nicht außer Hoffnung, sie dereinst zu reassumieren".[44] Diese Stelle könnte als Nachweis dafür dienen, daß die „Patriotische Gesellschaft – die später immer „als Fortführung der ehemaligen Sprachgesellschaft unter modifizierter Zielsetzung bezeichnet wird"[45] – zu diesem Zeitpunkt zwar noch nicht gegründet, jedoch schon als realisierbare Möglichkeit ins Auge gefaßt war. Nur sieben Wochen später, am 5. Januar 1724, lag dann die erste Veröffentlichung der neuen Gesellschaft vor. Bei dieser Publikation handelte es sich um das erste Stück einer Zeitschrift, die als Wochenschrift angelegt war und den programmatischen Titel *Der Patriot* trug. Anzunehmen ist daher, daß die „Patriotische Gesellschaft" entweder im November oder Dezember 1723 gegründet wurde, wobei das herauszugebende Publikationsorgan

---

[41] *Der Patriot*. Neue und verbesserte Ausgabe mit vollständigem Register, Bd. 3. Hamburg 1729, Zuschrift, S. VI.

[42] Richey, *Idioticon Hamburgense*, Vorrede, S. XIII.

[43] Kopitzsch, *Grundzüge*, S. 269.

[44] Brief von Barthold Heinrich Brockes an Johann Jakob Bodmer, 19. November 1723, in: *Litterarische Pamphlete. Aus der Schweiz. Nebst Briefen an Bodmern*. Zürich 1781, S. 27.

[45] Scheibe, *Der Patriot*, S. 39.

der Sozietät ein wesentlicher Grund für den erneuten formellen Zusammenschluß Richeys und seiner Freunde gewesen sein dürfte.

In einer an alle „Mit=Bürger in und ausser Hamburg" gerichteten Grußbotschaft, die gleich im ersten Stück des *Patriot* erschien, gaben die Mitglieder der „Patriotischen Gesellschaft" einem interessierten Publikum zunächst bekannt, welche wesentlichen Ziele die neue Sozietät zu verfolgen gedachte. Zweck der neuen Gesellschaft sei vor allem, „*den Sitten* der Menschen beyräthig, und nicht nachtheilig zu seyn".[46] Weil deutlich zu beobachten sei, daß ein allgemeiner „Verfall" der Sitten „bey unserer Stadt einreisset", wolle man mit Hilfe wöchentlicher Erörterungen ermitteln, was zur „Abkehrung" von diesem „Uebel=Stand" vonnöten sei.[47] Alle Kräfte sollten dahingehend angewandt werden, daß die bei den „Mit=Bürgern, insonderheit den Teutschen, und unter denen bey unsern Hamburgern, eingewurtzelte Irrthümer, Mißbräuche und übele Gewohnheiten, wo nicht ausgeräutet", so doch wenigstens „nach ihrer lächerlichen oder gefährlichen Wirckung vor Augen gestellet, werden mögen".[48] Ebendiese „Auffsicht über die Sitten und das häußliche Betragen der Einwohner" gehöre zu den „ansehnlichsten und einträglichsten Aemtern", die man „als ein rechtschaffener Patriot" ausüben könne.[49]

„Der Patriot", der von einem insgesamt elf Personen umfassenden Autorengremium herausgegeben wurde,[50] diskutierte deshalb schon in den nächsten Stücken ganz intensiv das Problem der „durchgehends bey uns versäumte[n], oder vielmehr gantz irrig angestellte[n] Kinder=Zucht", da diese „die erste und mächtigste Ursache unsers mannichfaltigen Unglücks" loser Sitten sei.[51] Dabei nahmen jedoch nicht die einzelnen Mitglieder der „Patriotischen Gesellschaft" wie Richey oder Brockes in ihrem eigenen Namen Stellung, sondern es sprach stets die „von Gnaden der tatsächlichen Verfasser"[52] vorgeschobene, erdichtete Gestalt eines „Pa-

---

[46] *Der Patriot*, nach der Originalausgabe Hamburg 1724–26 in drei Textbänden und einem Kommentarband kritisch hg v. Wolfgang Martens. Berlin 1969–1970 und 1984, Bd. 1, Stück 1, S. 1 [Hervorh. J.O.].

[47] Ebd., S. 5.

[48] Ebd., S. 7.

[49] Ebd. Daß der *Patriot* seine Sittenlehre schließlich „systematisch zu einer umfassenden Gesellschaftslehre" ausgebaut hat, unterstreicht Emanuel Peter, *Geselligkeiten. Literatur, Gruppenbildung und kultureller Wandel im 18. Jahrhundert*. Tübingen 1999, S. 90.

[50] Die Verfassergruppe, die den *Patriot* konzipierte und redigierte, wird erstmalig von Michael Richey im Vorwort des 3. Bandes der Buchausgabe von 1728/29 vorgestellt, vgl. Richey, *Zuschrift*, S. IIIf. Scheibe, *Patriot*, S. 25f. hat diese Verfasser und ihre Berufe eingehender beschrieben. Die Autoren waren demnach neben Richey, Brockes und König noch der Syndikus Johann Julius Surland, der Advokat Conrad Widow, der Professor für praktische Philosophie Johann Albert Fabricius, der Kaplan des Englischen Court in Hamburg John Thomas, der Publizist Christian Friedrich Weichmann, der Schriftsteller Johann Adolf Hoffmann und der Syndikus Johann Klefeker.

[51] *Der Patriot*, Bd. 1, Stück 3, S. 18.

[52] Wolfgang Martens, *Die Botschaft der Tugend. Die Aufklärung im Spiegel der deutschen Moralischen Wochenschriften*. Stuttgart 1968, S. 29.

trioten", der allerdings als ein die Rede führendes „Ich" im Sinne aller Sozietätsmitglieder sprechen sollte.

Dieser fiktive „Patriot" bemängelte nun, daß sich viele Eltern „hier in Hamburg" um die „ihnen auf die Seele gebundene Pflicht" der Kindererziehung „entweder gar nicht bekümmerten, oder dieselbe andern ohne Unterschied angenommenen Leuten" überließen.[53] Ein derartige Gleichgültigkeit aber dürfe sich eine
recht geleitete Republik nicht leisten, da doch „eine wohlbestellte Erziehung" nicht
allein „den Kindern zuträglicher" sei, sondern auch „die Wohlfahrt des Staates
mehr befördert, als noch so grosse Schätze ohne dieselbe".[54] Schließlich gehörten
die Kinder „ja den Eltern nicht, daß sie daraus machen mögen, was sie nur wollen,
sondern vielmehr der Republick, zu deren Dienste sie daraus machen müssen, was
sie nach aller Möglichkeit können".[55]

Nun räumte der *Patriot* zwar ein, „daß die Kinder=Zucht eine Sache voll der
grösten Schwierigkeiten"[56] sei, da sie nicht nach einem ein für alle mal festliegen-
den Schema ohne Rücksicht auf die individuellen Unterschiede der Kinder ausgeführt werden könne. Dennoch würde die Erziehung aber sicherlich allgemein verbessert, wenn nur die Eltern die doch vorhandenen guten „Bücher läsen, die von
Beschaffenheit der Menschlichen Gemüther und von behutsamer Kinder=Zucht
geschrieben worden".[57] Der Vorteil einer ausführlichen Beschäftigung mit seriösen
pädagogischen Schriften bestünde nämlich darin, zukünftig das Werk der Erziehung mit mehr Anteilnahme am Geschick der Kinder sowie „in gehöriger Sorgfalt"[58] vorzunehmen. Um der Leserschaft wenigstens einen kleinen Hinweis zu
geben, welche pädagogische Literatur besonders geeignet sei, das erzieherische
Talent der Eltern zu schulen, empfahl er nachdrücklich die Lektüre von „Herrn
Johann Locks Unterricht von Erziehung der Kinder, aus dem Englischen".[59] Bei
diesem Titel handelte es sich um die 1708 in Leipzig veröffentlichte deutsche
Übersetzung von John Lockes ursprünglich 1693 in London erschiener Schrift
Some Thoughts concerning Education.[60]

Allerdings begnügte sich der *Patriot* in der Folge nicht mit einschlägigen Lite-
raturhinweisen. In verschiedenen Stücken der Jahre 1724 und 1725 versuchte er
nämlich wichtige Erziehungsprinzipien, die zur Verbesserung der gesellschaftlichen Moral und Sitten führen sollten, in eigene Worte zu fassen, um auf diese

---

[53] *Der Patriot*, Bd. 1, Stück 3, S. 18.
[54] Ebd., S. 20/21. Auch im vierten Stück des *Patriot* heißt es, daß „das Wohl einer gantzen Republick hauptsächlich an einer guten Kinder=Zucht liege", S. 28
[55] *Der Patriot*, Bd. 1, Stück 3, S. 21.
[56] Ebd.
[57] Ebd., S. 19.
[58] Ebd.
[59] Vgl. *Der Patriot*, Bd. 1, Stück 8, S. 68 und Kommentarband, S. 63.
[60] *Herrn Johann Locks Unterricht von Erziehung der Kinder, aus dem Englischen* [...] Nebst
Herrn von Fenelon [...] Gedancken von Erziehung der Töchter, aus dem Französischen übersetzt. Mit einigen Anmerkungen und einer Vorrede. Leipzig 1708.

Weise auch spezifisch hamburgische Probleme ansprechen zu können.[61] Ohnehin sei ihm „das Werck der Erziehung" so „wichtig und nutzbahr, daß ich nicht offt genug davon schreiben zu können vermeyne".[62] So erschienen im 18. Stück einige „Kurtze Sätze und Regeln zur Kinder=Zucht", die einer interessierten Elternschaft wichtige Hilfestellung anbieten sollte. „Man versuche nur", ermunterte der *Patriot*, die aufgestellten Regeln

> nach und nach bey seinen Kindern in Uebung zu bringen, und lasse sichs nicht abschrecken, wenn etwa die meisten derselben von dem gemeinen Gebrauche und den fast durchgehends bey uns angenommenen Meynungen in einigen Stücken abgehen.[63]

Gerade weil „auff der Erziehung unserer Jugend" das „Wohl und das Weh, die Besserung oder das Verderben, nicht allein ihrer selbst und unserer, sondern auch gantzer Städte und Länder" beruhe,[64] müßten die Eltern – und zwar Vater und Mutter „beyderseits"[65] – gewillt sein, „von erster Jugend an die Kinder um sich zu halten, und ihre Neigung auffmercksahmlich zu erforschen".[66] Das Interesse, die eigenen Kinder schon vom ersten Lebenstag an selbst zu versorgen, statt sie in fremde Hände zu geben, bekunde sich am schönsten im Willen der Mütter, „deren Leibes=Beschaffenheit es zulässet", ihre „Kinder selbst zu säugen".[67] Auf der Grundlage eines so gewonnenen, engen Vertrauensverhältnisses, appelliere man dann schon frühzeitig an die sich rasch entwickelnde Vernunft seiner Kinder: „Man lasse sie bey Zeiten mercken, daß man ein Vertrauen zu ihnen habe, und gebe ihnen, so bald es immer thunlich, was zu schaffen, frage sie auch wohl gar, nach Gelegenheit, zuweilen um Raht".[68] Weil ein auf diese Weise ernst genomme-nes Kind schon bald das Verlangen spüre, gerne und aus freien Stücken „etwas zu lernen", sei das herkömmliche, zwanghafte Auswendiglernen als eher ungeeignete Lehrmethode abzulehnen, da sie die Geisteskraft der Jugend schon viel zu oft „stumpff gemacht" habe.[69]

---

[61] Die Stücke des *Patrioten*, die sich am ausführlichsten mit Erziehungsfragen beschäftigen, sind die Stücke 18/1724 und 88/1725.

[62] *Der Patriot*, Bd. 1, Stück 18, S. 154.

[63] Ebd. Gerade im 18. Stück des *Patrioten* lassen sich deutliche Einflüsse der zuvor schon von den Herausgebern ausdrücklich empfohlenen Erziehungsschrift Lockes nachweisen. Vgl. dazu auch Scheibe, *Der Patriot*, S. 19. Vgl. zum generellen Einfluß, den Locke auf Philosophie und Erziehungstheorie der deutschen Frühaufklärung ausgeübt hat: Reinhard Brandt, John Locke, in: Jean-Pierre Schobinger (Hg.), *Grundriss der Geschichte der Philosophie*, Bd. 3,2 (Die Philosophie des 17. Jahrhunderts. England). Basel 1988, S. 607–713, hier bes. S. 707–711 (Wirkungsgeschichte: Deutschland im 18. Jahrhundert).

[64] *Der Patriot*, Bd. 1, Stück 18, S. 154.

[65] Ebd., S. 155.

[66] Ebd.

[67] Ebd.

[68] Ebd., S. 158.

[69] Ebd., S. 156.

Wiewohl das Lernen selbstverständlich auch mit Arbeit verbunden sei, müsse die Lernarbeit von Kindern jedoch weitestgehend „zum Spiele, oder so angenehm und so leicht, gemacht werden, als es immer möglich".[70] Deshalb seien Kinder gerade „im Anfange, mehr durch freundliche Gespräche, als durch ordentlich angewiesene Lehr=stunden und strenge Ernsthafftigkeit, zu unterrichten".[71] Dieser den Kindern gegenüber angeschlagene freundliche Umgangston müsse dann auch dazu führen, das sie „ueber unversehene Fehler" nicht „zu züchtigen oder zu beschimpffen, sondern allein liebreich zu belehren" seien.[72] Nur Kinder, die ihrerseits eine milde Erziehung genossen hätten, könnten dann „gegen ihren Nächsten" eine „ungeheuchelte Freundlichkeit" an den Tag legen, die für das Zusammenleben in einer friedlichen Republik von größter Bedeutung sei.[73]

An diese Grundregeln der Kindererziehung wurde in allen weiteren Stücken des *Patrioten*, die sich ebenfalls mit pädagogischen Themen beschäftigten, immer wieder erinnert.[74] Ihre gewissenhafte Anwendung galt dabei stets als die wesentliche Voraussetzung dafür, daß der *Patriot* seine Hauptabsicht, „meiner Mit=Bürger Sitten und Betragen [zu] bessern, die Tugend angenehm, das Laster hingegen scheußlich [zu] machen",[75] schließlich erreichen würde. Daß die Beherzigung moderner Erziehungsratschläge den Standard der gesellschaftlichen Bildung und Moral tatsächlich heben würde, war für den *Patriot* keineswegs nur eine vage Hoffnung, sondern empirisch belegbare Gewißheit. Auf einer unlängst unternommenen Reise nach London sei ihm nämlich die „auffgeweckt[e] Scharffsinnigkeit", die den Engländern „gleichsam eigen ist", aufgefallen.[76] Ferner habe er die „Vollkommenheit, dazu itzund ihre Sprache gediehen", bewundern müssen.[77] Diese erstaunliche – und gerade im Vergleich mit deutschen Verhältnissen so augenfällige – sprachliche und geistige Gewandheit der Engländer sei nun, wie der *Patriot* glaubte, zweifelsohne ein Produkt fortschrittlicher Erziehung. Insbesondere die weite Verbreitung solcher Schriften, welche moderne Erziehungsmethoden propagierten, habe auf der Insel zur Folge gehabt, daß dort

der gute Geschmack ausgebreitet, der Verstand geschärffet, die Begierde, was nützliches zu lesen, angespornet, die Unwissenheit in ihre Blösse gestellet, der Abscheu für die Laster eingeflösset, und die Lust zur Tugend gepflanzt, gantz England aber glücklicher gemacht worden, als es zuvor gewesen.[78]

---

[70] Ebd.
[71] Ebd.
[72] Ebd., S. 157.
[73] Ebd., S. 158.
[74] Vgl. etwa *Der Patriot*, Bd. 2, Stück 59, S. 57; Bd. 2, Stück 77, S. 206; Bd. 3, Stück 131, S. 219; Bd. 3, Stück 156, S. 420.
[75] *Der Patriot*, Bd. 3, Stück 156, S. 420.
[76] *Der Patriot*, Bd. 1, Stück 36, S. 301.
[77] Ebd.
[78] Ebd., S. 302.

Die in dieser Weise skizzierten englischen Verhältnisse legten also nahe, daß auch in Hamburg sowie in anderen Teilen Deutschlands die Sitten entsprechend verbessert werden konnten.

Da nun in England vor allem zwei Moralische Wochenschriften dieses erstaunliche erzieherische Werk in Gang gesetzt hätten, wollte der *Patriot* in Schreibart und pädagogischer Wirkung gerade diesen Zeitungen nacheifern. „Womit ich wöchentlich Meine Leser unterhalte", bekannte er deshalb, sollte sich am Vorbild „meiner ersten Vorgänger, des Englischen SPECTATORS und GUARDIANS" orientieren.[79] Insbesondere „mein Freund, der SPECTATOR",[80] der es zwischen 1711 und 1712 auf 555 Nummern gebracht hatte, war für den *Patriot* eine wichtige Inspirationsquelle. Tatsächlich finden sich in Aufbau und Gehalt der von Joseph Addison und Richard Steele erstmals am 1. März 1711 herausgegebenen Zeitschrift alle Charakteristika[81] wieder, die auch das Erscheinungsbild des Hamburger *Patriot* prägten. Wie der „Patriot" war „Mr. Spectator" eine fiktive Verfasserfigur, die von Addison und Steele vorgeschoben wurde, um ihren eigen Ansichten den Anschein einer wahrhaft unabhängigen Weltbetrachtung zu verleihen. „Mr. Spectator" gerierte sich wahlweise als „a Looker-on", „Spectator of Mankind" oder „Speculative Statesman".[82] Die menschliche Gesellschaft und der Staat, forderte er, sollten aufs genaueste beobachtet und auf ihre Mängel hin untersucht werden. Erst dann könnten präzise Verbesserungsvorschläge unterbreitet werden, die dem „Improvement of the Country in which I live"[83] dienten.

Eine von „Mr. Spectator" immer wieder vorgetragene Forderung zur Verbesserung der Verhältnisse in seinem Vaterland war der Aufruf zu einer Reform traditioneller Erziehungsmethoden. In diesem Zusammenhang wurde im *Spectator* kein Schriftsteller so oft zitiert wie John Locke. „Mr. *Locke* in his celebrated Treatise *of Education*"[84] habe sich nämlich feinsinniger und umfassender zu Erziehungsfragen geäußert als die meisten anderen Autoren. Niemand sonst habe so eindringlich vorgeführt, „that Vertue is much more difficult to be attained than a Knowledge of the World".[85] Tugendhaftes Verhalten sei für ein gedeihliches Zusammenleben in der Gesellschaft jedoch wichtiger als Gelehrsamkeit und Weltgewandtheit, weshalb sich die Eltern „for the forming of a Vertuous Man"[86] wieder stärker um ihre

---

[79] Ebd., S. 301. In ähnlicher Weise äußert sich der *Patriot* auch in Bd. 2, Stück 69, S. 135 und Bd. 3, Stück 154, S. 401.
[80] *Der Patriot*, Bd. 3, Stück 154, S. 401.
[81] Dazu bemerkt Martens, *Die Botschaft*, S. 82: „Ganz offenbar hat sich die Herausbildung der Wesenszüge der Wochenschriftengattung eigenständig in England vollzogen".
[82] *The Spectator*, hg., eingel. und mit Anm. vers. v. Donald F. Bond. 5 Bde. Oxford 1965, hier Bd. 1, Nr. 1, S. 4 u. 5.
[83] *The Spectator*, Bd. 1, Nr. 1, S. 5.
[84] *The Spectator*, Bd. 3, Nr. 313, S. 132.
[85] Ebd., S. 133.
[86] Ebd.

zu oft verabsäumten Erziehungspflichten kümmern müßten. Dabei sollte als oberstes Erziehungsprinzip gelten, Kinder nicht durch Prügel und Strafen zurechtzuweisen. Stattdessen sollten sie durch freundliche Worte zum Lernen ermutigt werden. „Heart-Aches and Terrours"[87] gehörten jedenfalls nicht in ein auf die Vernunft der Kinder setzendes Erziehungsprogramm, da auf diese Weise jeder Funke an Tugend zum Erlöschen gebracht werde. Ein Kind, das für das versehentliche Verfertigen einer „false Quantity of a Word in making a Latin Verse" geschlagen würde, wäre nämlich fortan „full of Shame" und „not fitter for any Purpose in this Life, than after that Spark of Virtue is extinguished in him, tho' he is able to write twenty Verses in an Evening".[88] „I cannot help agreeing with Mr. *Lock*", bekannte der *Spectator* daher, daß es sich niemals lohne, „to hazard the Innocence and Virtue of his Son for a little *Greek* and *Latin*".[89]

Ganz offensichtlich trat der *Spectator* also schon 1711 als Verfechter derjenigen pädagogischen Grundsätze auf, die der *Patriot* eine Dekade später auch in Deutschland popularisieren wollte. Richey, Brockes und die anderen Mitglieder der „Patriotischen Gesellschaft" hatten sich also zu Recht auf Addisons und Steeles Vorbild berufen, und sie rühmten sich auch sehr bewußt der Tatsache, daß es vor dem Erscheinen ihres eigenen Wochenblattes keine andere deutsche Zeitschrift gegeben habe, die dem „SPECTATOR und GUARDIAN, auch nur in einigen der Haupt=Eigenschaften, gleich käme".[90] Gerade auch in Betreff der „Kunst, wohl zu schreiben",[91] hatte der *Patriot* vom *Spectator* entscheidendes gelernt. So habe er neben dem Hauptzweck der Sittenverbesserung stets noch „einen andern Nutzen gesucht, nemlich den Geschmack meiner Landes-Leute in der Sprache und Schreib=Ahrt zu verbessern".[92] Denn würde man wichtige Gedanken zur Vervollkommnung der Gesellschaft nur „auff eine gantz unförmliche, verdrießliche und

---

[87] *The Spectator*, Bd. 2, Nr. 157, S. 115.
[88] Ebd., S. 116.
[89] *The* Spectator, Bd. 3, Nr. 337, S. 250. Vgl. dazu auch Richard Wynne (Hg.), *Essays on Education by Milton, Locke, and the Authors of the Spectator*. London 1761 [Repr. Bristol 1995], darin Einl. von Jeffrey Stern: „It is the most significant collected edition of key texts in educational philosophy to appear during the eighteenth century, and was vitally important in reintroducing them to a new generation of educationalists", S. V.
[90] *Der Patriot*, Bd. 2, Nr. 69, S. 135. Allerdings waren mit den schweizerischen Wochenschriften *Die Discourse der Mahlern* (Zürich 1721–22) und *Bernisches Freytags-Blätlein. In welchem die Sitten unser Zeiten von der Neuen Gesellschafft untersucht und beschrieben werden* (Bern 1722–1724) schon drei Jahre vor dem Erscheinen des *Patriot* die ersten deutschsprachigen Versuche dieser Art gemacht worden. Über inhaltliche Parallelen zwischen *Spectator* und den *Discoursen der Mahlern* liegt eine Untersuchung vor: Theodor Vetter, *Der ,Spectator' als Quelle der ,Discourse der Mahlern'*. Frauenfeld 1887. Die bereits 1713 erschienene und von Johann Mattheson herausgegebene Wochenschrift *Der Vernünfftler* (Hamburg 1713–1714) war lediglich eine Sammlung von übersetzten und nur leicht bearbeiteten Auszügen aus dem *Spectator*.
[91] *Der Patriot*, Bd. 2, Stück 55, S. 16.
[92] *Der Patriot*, Bd. 3, Stück 156, S. 419.

dabey entweder gar zu trockene, oder gar schwülstige Art vortragen",[93] könne man niemals auf die beabsichtigte Wirkung hoffen. Daß der *Patriot* mit seinem Anliegen, die deutsche Sprache neu zu beleben und stilistisch zu verfeinern, auch Erfolg hatte, belegen schon die Reaktionen von Zeitgenossen. Bereits 1728 schrieb ein Rezensent, der *Patriot* werde einst als „autor classicus unserer Sprache" angesehen werden.[94]

Mit dem Verweis auf die Bedeutung der sprachlichen Form für die erfolgreiche literarische Vermittlung einer neuen Sitten- und Erziehungslehre führte der *Patriot* eindrücklich vor Augen, wie nachhaltig „die Tradition der ‚Teutsch=übenden Gesellschaft' – Pflege und Erforschung der deutschen Sprache und Literatur – in die ‚Patriotische' eingegangen [war] und dort fortgeführt wurde."[95] In beiden von Richey begründeten Sozietäten wurden demnach Sprachpflege, Gesellschaftskritik und Erziehungsreform – wenn auch mit jeweils unterschiedlicher Akzentuierung – als unbedingt zusammengehörige Faktoren der angestrebten Erneuerung der Gesellschaft betrachtet. Auch nach dem Ende des Erscheinens des *Patrioten* im Dezember 1726[96] blieb Richey diesen Themen verpflichtet, und dies nicht nur in Hamburg, wo die „Patriotische Gesellschaft" noch bis weit in die 1740er Jahre fortbestand,[97] sondern seit 1740 auch als Mitglied der Lateinischen Gesellschaft zu Jena.

---

[93] *Der Patriot*, Bd. 2, Stück 55, S. 17

[94] In den *Hamburgischen Auszügen aus neuen Büchern und Nachrichten aus allerhand zur Gelehrsamkeit gehörigen Sachen*, Theil 2. Hamburg 1728, S. 144. Vgl. dazu auch Martens, *Die Botschaft*, S. 409: „[Die] Sprache [des ‚Patrioten'] legt noch vor den Bemühungen Gottscheds und der Leipziger ‚Deutschen Gesellschaft' um die deutsche Prosa eine Frische, Kraft und Gewandtheit an den Tag, wie sie zu ihrer Zeit ihres gleichen sucht".

[95] Scheibe, *Der Patriot*, S. 42f.

[96] Keinesfalls deutet das nur drei Jahre nach seiner Gründung erfolgte Ende des *Patrioten* auf sein Scheitern hin. Zu Recht hat Martens darauf hingewiesen, daß die Erscheinungsdauer der Moralischen Wochenschriften des 18. Jahrhunderts von Anfang an nur auf einen relativ kurzen Zeitraum bemessen war: „Die weitaus meisten der uns überkommenen kurzlebigen Moralischen Wochenschriften aber sind nicht eines Tages auf der Strecke geblieben und eingegangen. Ihre Kürze ist vielmehr vorherberechnet und beabsichtigt" (Martens, *Die Botschaft*, S. 118f.). In ähnlichem Sinne äußert sich Kopitzsch: „Als jedoch alle Themen, auf die es ihnen ankam, intensiv behandelt worden waren, gaben die Mitglieder der Patriotischen Gesellschaft ihre nach außen, in die Hamburger und in die überregionale Öffentlichkeit gerichtete publizistische Arbeit auf, zumal diese in den nächsten Jahren in anderen Journalen durchaus fortgesetzt und erweitert wurde" (Kopitzsch, *Grundzüge*, S. 293).

[97] Noch in den 1730er Jahren, heißt es in einer späteren Quelle, „versammelte sich die Patriotische Gesellschaft allwöchentlich ein Mal", Johann Klefeker, *Sammlung der Hamburgischen Gesetze und Verfassungen in Bürger- und Kirchlichen, auch Cammer-, Handlungs- und übrigen Policey-Angelegenheiten und Geschäften samt historischen Einleitungen*. 12 Bde. Hamburg 1765–1773, hier Bd. 12, S. 373. Auch wurden in den 1730er Jahren noch neue Mitglieder in die „Patriotische Gesellschaft" aufgenommen, vgl. dazu Scheibe, *Der Patriot*, S. 45 und Kopitzsch, *Grundzüge*, S. 294ff.

1.4. Michael Richey, Hermann Samuel Reimarus und die Lateinische Gesellschaft zu Jena

Getreu der von Richey geteilten Auffassung, daß ein wahrer Patriot „die gantze Welt als sein Vaterland, ja als eine eintzige Stadt, und sich selbst als einen Verwandten oder Mit=Bürger jedes andern Menschen, ansiehet",[98] setzte er sich auch nachdrücklich für solche pädagogische und literarische Reformvorhaben ein, die außerhalb der Mauern Hamburgs auf den Weg gebracht wurden. So ließ sich Richey im Jahr 1740 als auswärtiges Ehrenmitglied in eine Sprachgesellschaft kooptieren, die sich seit 1733 zum Ziel gesetzt hatte, die „majestas [Romanorum] sermonis"[99] zu erforschen und zu pflegen. Diese Sprachgesellschaft, die „Societas Latina Jenensis", war aus der seit 1728 bestehenden Deutschen Gesellschaft zu Jena hervorgegangen[100] und sollte als deren Parallelorganisation nach dem einmal bewährten Modell nun helfen, auch aus der lateinischen Sprache „barbarae, peregrinae" und andere seichte Redensarten zu verbannen.[101] Da das Lateinische trotz einer immer stärker werdenden Konkurrenz der Muttersprache noch immer den Status einer wichtigen Verkehrs- und Publikationssprache besaß,[102] galten die in den Deutschen Gesellschaften[103] entwickelten Kriterien einer guten sprachlichen Form für die wirksame Verbreitung eines wichtigen politischen oder pädagogischen Inhalts mit Selbstverständlichkeit auch für die Wahrer dessen, „quae a perfectis scriptoribus Latinis usurpata reperiuntur".[104]

---

[98] *Der Patriot*, Bd. 1, Stück 1, S. 1.

[99] Societatis Latinae [quae Ienae est] Leges (1733), § 1, in: Friedrich Andreas Hallbauer (Hg.), *Exercitationes Societatis Latinae quae Ienae est*, Bd. 1. Leipzig / Halle 1741, abgedruckt im Anschluß an das Vorwort.

[100] Eine moderne Darstellung der Geschichte der Societas Latina Jenensis steht noch aus. Eine in groben Zügen vorgenommene Darstellung findet sich immerhin in Felicitas Marwinski, *Johann Andreas Fabricius und die Jenaer gelehrten Gesellschaften des 18. Jahrhunderts*. Jena 1989, bes. S. 84–86. Vgl. aber auch Holger Zaunstöck, *Sozietätslandschaft und Mitgliederstrukturen. Die mitteldeutschen Aufklärungsgesellschaften im 18. Jahrhundert*. Tübingen 1999 (Hallesche Beiträge zur Europäischen Aufklärung 9).

[101] Societatis Latinae Leges, § 50, in: Hallbauer, *Exercitationes*, Bd. 1, abgedruckt im Anschluß an das Vorwort.

[102] Dazu Wilhelm Kühlmann, Nationalliteratur und Latinität. Zum Problem der Zweisprachigkeit in der frühneuzeitlichen Literaturbewegung Deutschlands, in: Klaus Garber (Hg.), *Nation und Literatur im Europa der Frühen Neuzeit*. Akten des I. Internationalen Osnabrücker Kongresses zur Kulturgeschichte der Frühen Neuzeit. Tübingen 1989, S. 164–206.

[103] Unter Vernachlässigung der Leistungen der Hamburger „Teutsch-übenden Gesellschaft" von 1715 schreibt Zaunstöck: „Die Deutschen Gesellschaften hatten ihre Blüte ab ca. 1730 bis zum Beginn der zweiten Jahrhunderthälfte. Eng mit dieser Blüte verbunden war das Wirken der Gottschedschen ‚Deutschen Gesellschaft' in Leipzig (1727, Vorläufer seit 1697). Diese Sozietät lieferte für viele verwandte Gründungen das Vorbild. Auch in Jena wirkte seit 1728 eine Deutsche Gesellschaft", Zaunstöck, *Sozietätslandschaft*, S. 44.

[104] Societatis Latinae Leges, § 1, in: Hallbauer, *Exercitationes*, Bd. 1, abgedruckt im Anschluß an das Vorwort.

Wie schon in der „Beliebten Verfassung" der Hamburger „Teutsch-übenden Gesellschaft" wurde auch in der am 4. Juni 1734 verabschiedeten Satzung der Lateinischen Gesellschaft zu Jena verlangt, daß die Mitglieder der Sozietät eben nicht nur rein philologische und sprachkritische Fragestellungen sondern auch „historicae" und „philosophicae" erörtern sollten.[105] Diejenigen zur Vervollkommnung der menschlichen Gemeinschaft erdachten Gedanken, die man schon bei den römischen Schriftstellern in höchster Vollendung vorfand, sollten demzufolge nicht in Vergessenheit geraten, sondern wiederentdeckt werden, um sie erneut zur Anwendung zu bringen. Schließlich seien die römischen Weisheiten nicht von ausschließlich antiquarischem Interesse sondern „quumque nostra".[106]

Wichtige Schriften der Sozietätsmitglieder, die sich mit dem Nutzen der lateinischen Sprache für die Lösung zeitgenössischer Probleme beschäftigten, sollten daher in regelmäßigen Abständen ans Licht der Öffentlichkeit gebracht werden. Insbesondere die Ehrenmitglieder der Gesellschaft, „qui dignitate, amplitudine, et litterarium latinarum scientia praestant",[107] wurden aufgerufen, spätestens zwei Jahre nach Beginn der Sozietätsmitgliedschaft Beweise ihrer Gelehrsamkeit zu liefern und „gloriam et incrementum Societatis" Texte zu veröffentlichen, die auch wirklich erst in diesen beiden Jahren entstanden waren.[108] Dabei blieb es dem freien Ermessen der Ehrenmitglieder überlassen, mit welchen ihrer Schriften sie hervortreten wollten.[109] Umgekehrt schloß die ausdrücklich freie Themenwahl natürlich nicht aus, daß sich die verschiedenen Mitglieder der Gesellschaft in den von ihnen verfertigten Schriften auch mit dem selben Problemkreis beschäftigen konnten, wenn sie dies für richtig hielten.

Als die ersten Bände der von der Lateinischen Gesellschaft herausgegebenen Schriftenreihe *Exercitationes Societatis Latinae* dann Anfang der 1740er Jahre vorlagen,[110] stellte sich heraus, daß vor allem die Forderung nach einer tiefgreifenden Reform des Lateinunterrichts viele Fürsprecher unter den Sozietätsmitgliedern gefunden hatte. Den Reigen derer, die den Sprachunterricht möglichst bald und umfassend neu gestalten wollten, eröffnete der angesehene Rektor des Eisenacher Gymnasiums Johann Jakob Schatz, der schon im Frühjahr 1735 als Ehrenmitglied in die Sozietät aufgenommen worden war.[111] Schatz hatte bereits zu Beginn der 1730er Jahre Arbeiten vorgelegt, die sich ganz allgemein mit Erziehungsfragen

---

[105] Ebd., § 44.
[106] Ebd., § 1.
[107] Ebd., § 39.
[108] Ebd., § 40.
[109] Vgl. ebd.
[110] Friedrich Andreas Hallbauer (Hg.), *Exercitationes Societatis Latinae quae Ienae est*, Bd. 1 (1741) und Bd. 2 (1743). Leipzig / Halle.
[111] Vgl. ThULB, Briefe von auswärtigen Mitgliedern 1734–1744, Brief von Johann Jakob Schatz an Friedrich Andreas Hallbauer, 22. Mai 1735.

befaßten.[112] In seinem Originalbeitrag für die *Exercitationes Societatis Latinae*, der *Dissertatio philologica de Latina Lingua*,[113] verlangte er nun eine ganz spezifische Umstellung der Methode des Lateinunterrichts in öffentlichen Schulen, wobei er als wesentliches Ziel vorgab, daß das Lateinische grundsätzlich im Gespräch erlernt werden müsse.

Schatz argumentierte, daß der Prozess des Spracherwerbs im Lateinunterricht in der Regel viel zu langwierig und für die Kinder äußerst beschwerlich verlaufe. Das Einbleuen einer Vielzahl grammatischer Regeln, das „multi Paedagogi" leider nur „dirisque simul minis et plagis" durchzuführen gedächten, verängstige die Schüler nicht nur auf unnötige Weise, sondern führe nachweislich zu geringen Lernerfolgen.[114] Schon bald nach Beendigung der Schullaufbahn hätten die meisten Kinder ihre ohnehin unzusammenhängende Kenntnis der Lateinischen Sprache wieder verloren. Der Lernerfolg könne aber sehr wohl von größerer Dauer sein und vor allem „breviori via" herbeigeführt werden,[115] wenn man Latein wie eine Muttersprache unterrichtete, so daß die Kinder „ut in ipso Latio nati videantur".[116] Dies bedeute, daß die Sprache vornehmlich „ex solo usu et conversatione"[117] und nicht mittels schriftlicher Übersetzungsversuche vermittelt werden müsse:

> Verborum copia loquendique formulae non ex Vocabulario et collectione aliqua phraseologica, ne optimis quidem, nedum ex vulgaribus mille scatentibus barbarismis totidemque soloecismis petendae [sunt], sed ex perpetua cum latine loquentibus confabulatione.[118]

Zudem würden die Kinder auf diese Weise auch mit mehr Freude lernen, und gerade dies sei ein nicht zu unterschätzendes Argument bei dem Bestreben, die Schüler auch langfristig zum Gebrauch der lateinischen Sprache zu animieren. Schließlich sei das Lateinische nach wie vor ein wichtiges „vehiculum" für den Erwerb von unverzichtbarem Wissen in „nonnullis scientiarum".[119]

Diese Gedanken von Schatz wurden zwei Jahre nach ihrer Veröffentlichung auch von einem Hamburger Ehrenmitglied der Lateinischen Gesellschaft aufgegriffen und vertieft. Allerdings war es nicht Richey sondern sein ebenfalls am Akademischen Gymnasium wirkender Kollege Hermann Samuel Reimarus, ein

---

[112] Johann Jakob Schatz, *De recta iuventutis institutione, eorumque moribus excolendis*. Straßburg 1730; Johann Jakob Schatz, *Kurtze und vernunft-mäßige Anweisung zur Beredsamkeit*. Jena 1734.

[113] Johann Jakob Schatz, *Dissertatio philologica de Latina Lingua ex sola cum Latine loquentibus consuetudine discenda*, in: Hallbauer, *Exerciationes*, Bd. 1, S. 102–120.

[114] Ebd., S. 102f.

[115] Ebd., S. 102.

[116] Ebd., S. 112.

[117] Ebd., S. 106.

[118] Ebd., S. 110.

[119] Ebd., S. 113.

ehemaliger Student der Alma Mater Jenensis,[120] der die Schatz beipflichtende *Dissertatio de optima ratione discendi docendique elementa Linguae Latinae* in den *Exercitationes Societatis Latinae* drucken ließ.[121] Reimarus, der in den 1730er Jahren – also erst nach dem Ende des *Patrioten* – in die Hamburger Patriotische Gesellschaft aufgenommen worden war,[122] hatte sich gemeinsam mit Richey und einem weiteren Kollegen vom Hamburger Gymnasium, Johann Dietrich Winckler, im Jahr 1740 in die Lateinische Gesellschaft zu Jena kooptieren lassen.[123] Mit seinem Aufsatz für die *Exercitationes Societatis Latinae* legte er eine Schrift vor, in der er sich das erste Mal „zu seinem pädagogischen Beruf äußert[e]".[124]

Als selbstkritischer Lehrer gestand er zunächst ein, „viam optimam ad latinitatem nondum in scholis nostris teneri".[125] So sei es nicht einmal jeder Hunderste der Schulabgänger, „quin oblatos meliores auctores latinitatis legens, ubique haereat in exponendo, stilumque prodat ipse variis et gravissimis vitiis contaminatum".[126] Daß hierdurch dem Menschengeschlecht und der Wissenschaft ein großer Schaden entstehe, müsse jedem verständigen Menschen klar sein. Durch ein schlecht erlerntes Latein würden nämlich „et artes atque disciplinae" und nicht zuletzt auch „vitae agendae ratio" eklatant vernachlässigt.[127]

An diesem allgemeinen Schaden sei nun nichts, was der Langsamkeit der kindlichen Geister oder ihrer Faulheit tadelnd zugeschrieben werden könne. Immerhin seien doch selbst die mittelmäßig begabten Kinder von Natur aus dazu geschickt und geneigt, „ad linguas vernaculas paucis annis, idque sine magistro, arripiendas".[128] Deshalb würde die lateinische Sprache auch „citius etiam illa et facilius et melius" von den Knaben erlernt werden, „quare naturam si sequeremur, in docendo".[129] So sollten die Lehrer von Anfang an darauf achtgeben, „confabulari

---

[120] Reimarus studierte von 1714 bis 1716 in Jena. Vgl. Hermann Samuel Reimarus, *Kleine gelehrte Schriften*. Vorstufen zur Apologie oder Schutzschrift für die vernünftigen Verehrer Gottes, hg. v. Wilhelm Schmidt-Biggemann. Göttingen 1994, S. 12f.

[121] Hermann Samuel Reimarus, *De optima ratione discendi docendique elementa linguae latinae Dissertatio*, in: Reimarus, *Kleine gelehrte Schriften*, S. 351–369.

[122] Vgl. Franklin Kopitzsch, Hermann Samuel Reimarus als Gelehrter und Aufklärer in Hamburg, in: Wolfgang Walter (Hg.), *Hermann Samuel Reimarus 1694–1768*. Beiträge zur Reimarus-Renaissance in der Gegenwart. Göttingen 1998, S. 16 und Kopitzsch, *Grundzüge*, S. 296.

[123] Vgl. Wilhelm Schmidt-Biggemann, H. S. Reimarus, in Walther Killy (Hg.), *Literaturlexikon*. Autoren und Werke deutscher Sprache, Bd. 9, Gütersloh 1991, S. 351–352: „1740 wurde R[eimarus] Mitglied der Lateinischen Gesellschaft in Jena". Zur Datierung von Richeys und Wincklers Mitgliedschaft vgl. ThULB, Brief von Johann Dietrich Winckler an Friedrich Andreas Hallbauer, 25. September 1741, Ms. Prov. f. 71, Monumenta rerum in Soc. lat. gestarum Fasc. I, Briefe von auswärtigen Mitgliedern 1734–1744 sowie den Index Membrorum Societatis Latinae Honorarium, in: Hallbauer, *Exercitationes*, Bd. 1, Index.

[124] Reimarus, *Kleine gelehrte Schriften*, S. 639.

[125] Reimarus, *Dissertatio*, § 1, S. 352.

[126] Ebd.

[127] Ebd.

[128] Ebd.

[129] Ebd., § 2, S. 352–353.

statim cum puerulis pro captu eorum, sermone cohaerente, quanquam brevioribus sententiis".[130] Dabei sollten sich die Schüler naheliegende Gegenstände vor Augen führen und diese lateinisch benennen und das bis zu dem Punkt, „ut vocabulum illis vocabulo explicari queat, ac denique ut integram orationem assequantur, etiamsi nulla res subiecta sit sensibus".[131] Je öfter sie einander „colloquentes" zuhörten und je öfter sie auch versuchten, „audita repetere et aliis narrare, eo citius et expeditus animi sui sententiam discunt enunciare".[132] Auf diese Weise gelangten die Kinder, ohne grammatische Regeln verinnerlicht zu haben, „intra paucos annos" und „sine molestia, imo cum voluptate"[133] zu einer profunden Kenntnis der lateinischen Sprache. Das Lateinische vornehmlich durch „imitatio" wie eine Muttersprache zu erlernen sei also der Weg nach Latium, auf dem sie „et melius, et citius, et facilius, et iucundius latina discuntur"[134] als mittels der althergebrachten Lehrmethoden.

Es stellt sich nun die Frage, inwieweit die von Reimarus im Anschluß an Schatz geübte Kritik des traditionellen Unterrichts auch die Verhältnisse an seiner eigenen Schule betraf. Immerhin hatte Reimarus doch gemeinsam mit Richey seit Ende der 1720er Jahre die Möglichkeit, diejenigen Erziehungsideale und Unterrichtsmethoden, die von ihnen in der Lateinischen Gesellschaft zu Jena und zuvor schon in der Hamburger „Patriotischen Gesellschaft" propagiert worden waren, an ihrer Hamburger Schule zu verwirklichen. Auch im Privatunterricht hatten beide Pädagogen ja reichlich Gelegenheit, „ganze Gymnasiastengenerationen mit dem von ihnen vertretenen Gedankengut bekannt [zu] machen".[135] Wie reformfreudig also stellte sich das Hamburger Johanneum und das dieser Schule eng angeschlossene Akademische Gymnasium in den 1730er und 1740er Jahren dar und mit welchem Interesse wurden die von Richey und Reimarus verfochtenen Ziele der Sprachpflege, Gesellschaftskritik und Erziehungsreform dort aufgenommen?

1.5. Pädagogische Reformbestrebungen am Johanneum und am Akademischen Gymnasium zu Hamburg

Als Reimarus im Sommer 1728 sein Hamburger Amt als Professor antrat,[136] stand das Johanneum ganz gewiß „nicht auf der Höhe".[137] Zwar war der zu dieser Zeit noch als Schulleiter tätige Johann Hübner ein allseits respektierter Schulmann, der mit seinen *Zwey mal zwey und funnfzig Auserlesenen Biblischen Historien aus dem*

---

[130] Ebd., § 3, S. 353.
[131] Ebd.
[132] Ebd.
[133] Ebd., § 3, S. 354.
[134] Ebd., § 12, S. 366.
[135] Kopitzsch, *Grundzüge*, S. 327.
[136] Vgl. Reimarus, *Kleine gelehrte Schriften*, S. 33.
[137] Armin Basedow, *Johann Bernhard Basedow*, S. 21.

Alten und Neuen Testamente[138] einen pädagogischen Bestseller des 18. Jahrhunderts verfaßt hatte, doch waren seine letzten Dienstjahre von Disziplinlosigkeiten der Schüler und Zwistigkeiten der Lehrer untereinander geprägt, die „die Schule in Verruf gebracht" hatten.[139] Das Hamburger Scholarchat, das die Aufsicht über das hamburgische Schulwesen ausübte und dem der schlechte Leumund der Schule nicht entgangen war, bemühte sich jedoch Abhilfe zu schaffen. Nachdem die alte Schulordnung schon zu Beginn des Jahrhunderts mehrfach einer Durchsicht unterzogen worden war, verabschiedeten „Bürgermeistere und Rathmänner der Stadt Hamburg" mit der „Ordnung der öffentlichen St. Johannis Schule" vom „11 Junii 1732" eine ganz und gar neue Schulverfassung,[140] die kritische Eltern dazu aufrief, in Ansehung der nunmehr „auf die öffentliche Schule gewandten Mühe und Kosten" ihre Kinder dem Johanneum nicht länger zu entziehen.[141] Zugleich berief man als neuen Rector Johannei den schon in Uelzen und Hannover als außerordentlich tüchtigen Pädagogen bewährten Johann Samuel Müller, der am 11. September 1732 in sein Amt eingeführt wurde. Mit einer neuen Schulordnung ausgestattet und dem neuen Rektor an der Spitze erlebte das Johanneum nun, wie ein späterer Rektor anerkennend feststellte, „eine seiner großen Zeiten".[142] Nicht zuletzt durch die volle Ausschöpfung der Möglichkeiten, welche die neue Schulverfassung bot, gelang es Müller nämlich, den vordem schlechten „Ruf der Anstalt wesentlich zu erhöhen".[143]

Müller, der schon als Helmstedter Student schriftstellerisch tätig geworden war und seit 1721 auch eigene Opern verfaßt hatte,[144] war ein musisch und literarisch höchst ambitionierter Schulmann. Mit der neuen Schulverfassung und den in ihr gesetzten Akzenten wurde ihm nun eine pädagogische Vorgabe gemacht, die seinen Neigungen in kongenialer Weise entsprach. Gemäß der neuen Schulordnung sollten die literarischen Talente der Schüler eine vordringliche Förderung erfahren, weshalb auch – übrigens ganz im Sinne der Deutschen Sprachgesellschaften – die deutsche Sprache stärker berücksichtigt, gepflegt und fest im Unterricht verankert werden sollte. So war der Rektor gehalten, „insonderheit auch die teutsche Sprache der Jugend zeitig, und zwar sofort in Quarta nach ihren Anfangs=Gründen" unter

---

[138] Johann Hübner, *Zwey mal zwey und funnfzig Auserlesene Biblische Historien aus dem Alten und Neuen Testamente.* Leipzig 1714.

[139] Armin Basedow, *Johann Bernhard Basedow*, S. 21.

[140] Klefeker, *Sammlung*, Bd. 5. S. 138.

[141] Ebd., S. 140

[142] Edmund Kelter, *Hamburg und sein Johanneum im Wandel der Jahrhunderte 1529–1929. Ein Beitrag zur Geschichte unserer Vaterstadt.* Hamburg 1928, S. 98.

[143] Franklin Kopitzsch, Johann Samuel Müller. Ein Rektor des Johanneums im Zeitalter der Aufklärung, in: *450 Jahre Gelehrtenschule des Johanneums zu Hamburg.* Hamburg 1979, S. 31.

[144] Kopitzsch hebt hervor, daß Müller durch die Aufnahme seiner schriftstellerischen Versuche in die Sammlungen des Christian Friedrich Hunold alias Menantes – der 1706 wegen seines „Satyrischen Romans" Hamburg verlassen mußte – als Dichter anerkannt worden war, vgl. Kopitzsch, *Johann Samuel Müller*, S. 31.

Hinzuziehung „guter teutscher Bücher" beizubringen.[145] Unterrichtsziel war es, den Schülern zu einem souveränen Umgang mit ihrer Muttersprache zu verhelfen, so daß sie sich „in teutschen Briefen, Reden, und auf andere Weise" sicher und treffend ausdrücken konnten, „damit niemand aus der Schule ins Gymnasium komme, der nicht genugsame Proben einer reinen Schreib=Art in dieser Sprache abgeleget".[146]

„Gleichergestalt" sollte aber auch zur Übung in der lateinischen Sprache „gehöriger Fleiß" angewendet werden,[147] denn das Deutsche durfte der Gelehrtensprache ja nur ergänzend, nicht etwa diese verdrängend, zur Seite treten. Doch auch der Lateinunterricht bedurfte einiger Veränderungen. Wichtiger als die Fähigkeit „aus einem lateinischen Autore ins Teutsche, und hinwieder aus einem teutschen ins Lateinische, sofort zu übersetzen", war es, daß die Kinder zunächst lernten, „gut und fliessend Latein zu sprechen".[148] Um dieses Ziel zu erreichen, sollten „die Schüler lateinisch mit einander reden", und zwar sooft wie möglich, „als ein Exercitium Extemporaneum" unter „des Praeceptoris Aufsicht".[149] Nicht die passive Kenntnis der lateinischen Schriftsprache, sondern die aktive Beherrschung des Lateinischen als lebendige, gesprochene Sprache war laut Schulordnung der Schlüssel zum dauerhaften Lernerfolg. Dieser war dann sichtbar erreicht, wenn die Knaben „zur Nachahmung der Autorum" lateinischer Grundlagentexte befähigt waren.[150]

Auch hinsichtlich der Disziplinierung der Schüler berücksichtigte die neue Schulordnung verstärkt moderne, aufklärerische Postulate. Obschon die „ordentlichen Strafen" wie „Verweis, Drohungen, Hinuntersetzung an einen geringern Ort, öffentliche Abbitte, Züchtigung und Geld=Strafe" oder gar „Carcer" nominell als „Leges Scholasticae" bestätigt wurden,[151] sollten die Lehrer sich dieser dennoch „nicht ohne Noth, und nicht anderst, denn mit Vernunft und Maasse" bedienen. Vielmehr habe ein guter Lehrer die Aufgabe, „die Jugend, wie ein Vater seine Kinder, anzusehen und Sorge zu tragen", daß „widerspenstig[e] Gemüthe[r]" nicht durch harte Strafen, sondern, so viel wie „immer möglich, durch Glimpf ihres Unfugs überführt, und so viel eines ieden Alter leidet, durch Prüfung des Gewissens" auf den rechten Weg gelenkt würden.[152]

Schon bald nach Müllers Amtsantritt wurde erkennbar, daß der neue Rektor in der Tat die in der Schulordnung beschriebenen Fähigkeiten eines väterlich-milden und zugleich literarisch interessierten und motivierenden Pädagogen besaß. Ernst

---

[145] Klefeker, *Sammlung*, Bd. 5, S. 151.
[146] Ebd., S. 151–152.
[147] Ebd., S. 152.
[148] Ebd.
[149] Ebd.
[150] Ebd.
[151] Ebd., Bd. 5, S. 175.
[152] Ebd., S. 160.

Philipp Ludwig Calmberg berichtet über ihn, daß er im Unterrichten die Geschick-lichkeit besaß, „alles, was er behandelte, auf das angenehmste vorzutragen. Wo es paßte, mischte er auch Witz und Scherz ein".[153] Auf diese liebenswürdige Weise war er, wie Kelter zusammenfassend schreibt, „seinen Schülern ein wohlwollender und energischer Führer".[154] Müllers Nachfolger im Rektorat, der Namensvetter Johann Martin Müller, der seit 1754 Konrektor, seit 1769 designierter Rektor war, bemerkte zudem, daß neben seinen „practischen Einsichten in die Pädagogik" vor allem auch „seine ungemeine Stärke in der lat(einischen) Sprache" allen, „die Ver-dienste zu schätzen wissen, unvergeßlich bleiben" würden.[155]

Ein herausragendes Beispiel für Müllers Bestreben, auf möglichst angenehme Weise die lateinische Ausdrucksfähigkeit und das musische Talent seiner Schüler zu fördern, war das von ihm am Johanneum eingeführte Schultheater. Müllers Schulaufführungen behandelten vor allem Themen der Antike, zuweilen auch der deutschen und hamburgischen Geschichte, die in Reden und Gesprächen, mit Spiel und Musik – „diese von den bedeutenden Kantoren Georg Philipp Telemann und Carl Philipp Emanuel Bach"[156] – dargestellt wurden. Das Schultheater fand auch in der Stadt große Resonanz.[157] Angekündigt wurden die lateinischsprachigen Auf-führungen allerdings seit 1741 in den jeweiligen Vorlesungsverzeichnissen des Johanneums immer auch als Unterrichtsveranstaltungen Müllers. Als „Actus orato-rio-dramaticus" oder „Orationes" bezeichnet, dienten die Schulaufführungen somit der Zurschaustellung dessen, was von den „alumnorum nostrorum non sine laude" im modernisierten Lateinunterricht im Gespräch erlernt worden war.[158]

Ganz augenscheinlich hatte die Kritik, die Reimarus 1743 an den veralteten Methoden des lateinischen Sprachunterrichts geübt hatte, schon zu Beginn der 1740er Jahre an seiner eigenen Schule Gehör gefunden. Mit seiner Offenheit für

---

[153] Ernst Philipp Ludwig Calmberg, *Geschichte des Johanneums zu Hamburg.* Hamburg 1829, S. 252.

[154] Kelter, *Hamburg*, S. 86.

[155] Johann Martin Müller, *Beytrag zur Geschichte des Johannei.* Hamburg 1779, S. 27.

[156] Kopitzsch, *Johann Samuel Müller*, S. 33.

[157] „Um Platz zu sparen, wurden 1752 die Damen gebeten, „ohne Reifröcke zu erscheinen". Auch die An- und Abfahrt der Kutschen wurde genau vorgeschrieben, so sehr drängten sich die Hamburger bei diesen Gelegenheiten ins Johanneum", Kopitzsch, *Johann Samuel Müller*, S. 33. Vgl. dazu auch Emil Riedel, Schuldrama und Theater. Ein Beitrag zur Theaterge-schichte, in: Karl Koppmann (Hg.), *Aus Hamburgs Vergangenheit.* Kulturhistorische Bilder aus verschiedenen Jahrhunderten, Hamburg / Leipzig 1885, S. 181–251, hier: S. 239; vgl. auch Kelter, *Hamburg*, S. 76f.

[158] Catalogus Lectionum et Exercitationum, quae in Johanneo Hamburgensi [...] habitae, publicoque Examini Anno MDCCXLI, Mensis April. Diebus XXV.&XXVI, Rector Joannes Samuel Muller. Kelter weiß in seiner Geschichte des Johanneums zu berichten, daß in den Schulakten für das Jahr „1743, bei der Aufführung des Actus oratorio=dramaticus ‚De Perseo Macedonum rege' als Vertreter der Titelrolle" niemand anderes als Johann Bernhard Basedow erschien, Kelter, *Hamburg*, S. 88. Kurz bevor Basedow also ins Akademische Gymnasium aufgenommen wurde, spielte er im lateinischen Schultheater den Perseus, den tragischen, letz-ten König von Makedonien aus dem 2. Jahrhundert v. Chr.

derartige pädagogische Neuerungen begab sich das Johanneum allerdings auf erzieherisches Neuland und leistete Pionierarbeit, die für die meisten anderen deutschen Schulen dieser Zeit wegweisend blieb. So pries ein Hamburger Zeitgenosse das Johanneum noch gegen Ende der Amtszeit Müllers „als eine Schule, welche bei dem jetzigen Verfall der Schulen sich vielleicht rühmen kann, die blühendste" in ganz „Deutschland zu sein".[159]

Reimarus und Richey konnten als Professoren des Hamburger Akademischen Gymnasiums also mit Jugendlichen arbeiten, welche als Schüler der Johannisschule unter Müllers Leitung auf eine Weise erzogen worden waren, die beide schon seit Jahren in den von ihnen verfaßten oder herausgegebenen pädagogischen Schriften propagiert hatten. Beide faßten ihre erzieherische Tätigkeit daher auch ganz bewußt als Fortführung und Weiterentwicklung der von Müller gelegten Grundlagen auf.[160] Zudem teilten sie sein Interesse am individuellen Werdegang der Schüler. Müller hatte schon gleich zu Beginn seines Rektorats ein Schulalbum angelegt, in dem er eigenhändig Eintragungen über seine Primaner vornahm, die außer der Herkunft der Knaben, ihren Abgang, oft auch den späteren Beruf, bisweilen auch eine kurze Charakteristik enthielten.[161] Richey trug dann in die Matrikel des Akademischen Gymnasiums ganz ähnliche Bemerkungen ein, wobei er vor allen Dingen festhalten wollte, an welchen Universitäten die Schüler ihren Bildungsweg fortzusetzen gedachten. Laut Richeys Eintragungen rangierte die Universität Leipzig in den 1730er und 1740er Jahren auf der Beliebtheitsskala der Hamburger Zöglinge mit weitem Abstand vorn. Erst seit den 1750er Jahren zog es die Schulabgänger verstärkt nach Jena und Göttingen.[162]

Müller, Richey und Reimarus teilten aber nicht nur ihre Ansichten zu den allgemeinen Bildungszielen und zur Methode des Unterrichts. Es vereinte sie auch der Wunsch, ihre jeweils eigenen musischen, literarischen und gesellschaftlichen Interessen an ihre Schüler weiterzugeben. Ganz offensichtlich waren sie damit auch sehr erfolgreich. Mehrere Schüller Müllers, die durch den Rektor für das Theater begeistert worden waren, knüpften schon während der Schulzeit Kontakte zu den in Hamburg agierenden Wanderbühnen: Johann Ludwig Schlosser, nachmals Pfarrer in Bergedorf, die späteren Juristen Daniel Schiebeler und Bernhard

---

[159] Zit. nach Kelter, *Hamburg*, S. 98.

[160] Die Kontroversen, die es zwischen Müller und Reimarus während ihrer Lehrtätigkeit an Johanneum und Gymnasium *auch* gab, betrafen niemals pädagogische Inhalte, sondern stets schwierige Entscheidungen, die mit der Schulverwaltung zusammenhingen. Vgl. dazu Reimarus, *Kleine gelehrte Schriften*, S. 12 und Kopitzsch, *Grundzüge*, S. 327.

[161] *Album Johannei*, hg. und erläutert von Dr. Werner Puttfarken, Teil II, Schülerverzeichnis 1732–1802. Hamburg 1933.

[162] StAH, 362-1, Akademisches Gymnasium, B 2 Acta et Documenta Gymnasii Hamburgens. in usus privatos consignata studio et manu Michaelis Richey, Matricula Gymnasii Hamburgensis, S. 77–167.

Christoph d'Arien sowie der Schiffspredigersohn David Borchers, der Schauspieler und Prinzipal wurde.[163]

Richey war vor allem um die Förderung der schriftstellerischen Talente seiner Schüler bemüht. Schon frühzeitig regte er die begabtesten seiner Zöglinge zur Anfertigung von Gelegenheitsgedichten an, die zum Teil auch außerhalb der Schule für Aufsehen sorgten. Von Richeys Zuwendung profitierten insbesondere drei Männer, die später in der Literaturgeschichte ihrer Zeit wie in der Aufklärungsbewegung ihrer Wirkungsstätten einen sicheren Platz errangen: Johann Arnold Ebert, Nikolaus Dietrich Giseke und – wie wir ja schon gehört haben – Johann Bernhard Basedow.[164] Ebert schrieb noch als Gymnasiast, kurz bevor er 1743 sein Studium in Leipzig aufnahm, die Hochzeitsserenade *Das Vergnügen*, die ihm die Anerkennung Friedrich von Hagedorns, eines der größten deutschen Dichter dieser Zeit, eintrug.[165] Auch Giseke war bereits als Schüler durch seine schriftstellerischen Versuche den literaturinteressierten Kreisen in Hamburg aufgefallen. Wie Ebert entschied er sich als Schulabgänger für ein 1745 aufgenommenes Studium in Leipzig. Basedow schließlich demonstrierte zum Abschluß seiner Schullaufbahn in seinem 1746 im Druck erschienen Gedicht über *Die Nothwendigkeit der Geschichts=Kunde*, daß Richey seinen Schülern die Dichtkunst stets auch als gesellschaftskritische Übung zu vermitteln versucht hatte. Nur mit Hilfe der „geliebte[n] Dicht=Kunst", zu der ihn erst „ein zweijähriger Genuß" von Richeys „eben so getreuen als gelehrten Unterrichts" getrieben habe, sei er nämlich in die Lage versetzt worden, „des Vaterlandes Wohl" zu bedenken, auf daß durch gelungene literarische Beschreibung von gesellschaftlichem „Wahn und Schmeicheley ein allgemeiner Nutzen sey".[166]

Reimarus wirkte auf die intellektuellen Interessen seiner Schüler wohl nicht so sehr vermittels seiner öffentlichen Vorlesungen ein, als vielmehr durch den vertrauten Umgang in seinen privaten Lehrveranstaltungen. Er war ein sehr anspruchsvoller Pädagoge, der durchaus auch einmal eine im Lektionsplan angekündigte Privatveranstaltung ausfallen ließ, wenn sich keine genügend qualifizierten Schüler einfanden.[167] Zudem dozierte er privatim nicht unbedingt über seinem

---

[163] Riedel, *Schuldrama*, S. 240f.

[164] Basedow wurde Ostern 1732 als 7-jähriger in die Hamburger Gelehrtenschule des Johanneums aufgenommen, nachdem er zuvor schon von seinem Vater Hinrich Bassedau, einem Perückenmacher und Bleicher, seinen Anfangsunterricht in der lateinischen Sprache empfangen hatte. Vgl. dazu Jürgen Overhoff, Basedow, in: *Hamburgische Biografie*, Bd. 1, hg. v. Franklin Kopitzsch und Dirk Brietzke. Hamburg 2001, S. 36.

[165] Vgl. Friedrich von Hagedorn an Johann Jacob Bodmer, 3. Oktober 1743, in: Friedrich von Hagedorn, *Briefe*, hg. v. Horst Gronemeyer. Berlin / New York 1997, S. 97

[166] Basedow, *Die Nothwendigkeit der Geschichts=Kunde*, S. 18.

[167] So ließ Reimarus beispielsweise im Schuljahr 1751/52 seine Privatveranstaltungen wegen Mangel an Schülern „qui serio existiment Philologiam sacram usui esse Theologo" ausfallen, Hermann Samuel Reimarus, *Handschriftenverzeichnis und Bibliographie*, zusammengestellt und eingeleitet von Wilhelm Schmidt-Biggemann. Göttingen 1979, S. 31.

Lehrauftrag entsprechende Themen der hebräischen und chaldäischen Sprachlehre, die er im Vorlesungsverzeichnis hatte ausdrucken lassen, sondern auch über andere, ihm persönlich wichtiger erscheinende Wissensbereiche.[168] So hatte Basedow, der ja auch zu den von Reimarus geförderten Schülern gehörte, in dessen Privatveranstaltungen der Jahre 1743 bis 1746 Ausführungen „in Wolfianam philosophiam et antiquitates Judaicas" gehört,[169] die jedoch in den Vorlesungsverzeichnissen des Hamburger Gymnasiums aus jener Zeit nicht angezeigt sind.[170] Es ist also anzunehmen, daß Reimarus seine Privatlektionen vor allem auch dazu nutzte, begabte Schüler mit aktuellen Problemen aus den ihn interessierenden Gebieten der Philosophie, Pädagogik und Naturwissenschaft bekannt zu machen. Weiter muß man davon ausgehen, daß Reimarus sicherlich auch das mit Richey in der „Patriotischen Gesellschaft" gepflegte Ethos der Gemeinnützigkeit an die Schüler des Gymnasiums weitergeben wollte. In diesem Sinne zeugt das hohe Lob, das Basedow noch als Schüler von Richey und Reimarus zuteil wurde, nicht allein von dessen bemerkenswerter intellektueller Begabung, sondern eben auch von den Erziehungidealen der beiden zu dieser Zeit bedeutendsten Lehrer des Hamburger Akademischen Gymnasiums: Beide sollen nämlich über den von ihnen mit Nachdruck unterstützten Basedow geweissagt haben, daß „dieser Jüngling *einer der gemeinnützigsten* und denkendsten Männer werden könne".[171]

1.6. Hamburger Talentförderung: Der Kreis um Friedrich von Hagedorn

Gerade weil der Gedanke der Gemeinnützigkeit und der Verbesserung der Sitten in Vaterstadt und Vaterland für Richey und Reimarus so wichtig war, mußte ihnen daran gelegen sein, den Schülern, die sich mit diesen Interessen identifizierten, nicht nur innerhalb der Schulmauern, sondern auch außerhalb der Lehranstalt Förderung zukommen zu lassen. Beide Lehrer hielten die pädagogischen Reformbestrebungen am Johanneum, die unter der Leitung des Rektors Müller so eindrucksvoll in Gang gesetzt worden waren, nämlich nur dann für nachhaltig wirksam, wenn Schülern wie Ebert, Giseke und Basedow der Zugang zu Personen eröffnet wurde, die bereits in der Gesellschaft etabliert waren, sich aber dennoch an ihrem jeweiligen Wirkungsort für eine weitere Verbesserung der gesellschaftlichen Verhältnisse einsetzten.

Im Hamburg der 1740er Jahre war es zweifelsohne der Personenkreis um Friedrich von Hagedorn,[172] der die entschiedenste Bereitschaft zeigte, vielversprechende

---

[168] Vgl. dazu Armin Basedow, *Johann Bernhard Basedow*, S. 33.
[169] Johann Bernhard Basedow, *Vita* (1752), in: Armin Basedow, *Johann Bernhard Basedow*, S. 8.
[170] Vgl. Reimarus, *Handschriftenverzeichnis*, S. 28–34.
[171] Armin Basedow, *Johann Bernhard Basedow*, S. 40.
[172] Als neue, vorzügliche Darstellungen von Leben und Werk Friedrich von Hagedorns sind an dieser Stelle zu nennen: Steffen Martus, *Friedrich von Hagedorn – Konstellationen der Aufklärung*. Berlin / New York 1999 und Reinhold Münster, *Friedrich von Hagedorn. Dichter und*

Schüler der Johannisschule und des Gymnasiums ideell und finanziell zu unterstützen. Hagedorn, ein gebürtiger Hamburger, hatte nach seinem Jurastudium in Jena und nach einem mehrjährigen Aufenthalt in London im Jahre 1733 eine dauerhafte Anstellung als Sekretär der Company of Merchants Adventurers of England gefunden, die ihm genügend Muße zur Dichtung und zur Geselligkeit in seiner Vaterstadt bot.[173] Seit Ende der 1730er Jahre hatte er einen Freundeskreis um sich versammeln können, der in der Stadt zwar als Zirkel gleichgesinnter und eng zusammengehörender Menschen wahrgenommen wurde, jedoch keine Sozietät im engeren Sinne oder eine ausschließlich aus Akademikern bestehende Gelehrtengesellschaft vorstellen wollte. So waren mit dem Schriftsteller und Musiker Johann Mattheson, der wie Hagedorn in englischen Diensten stand, dem Dichter Barthold Heinrich Brockes, dem Wundarzt Peter Carpser, dem Juristen Matthäus Arnold Wilckens, dem Journalisten Joachim Friedrich Liscow, dem Buchhändler und Verleger Johann Carl Bohn, dem englischen Prediger Murray sowie dem Kaufmann Georg Behrmann Männer um Hagedorn zusammengekommen, die in sehr unterschiedlichen Berufsfeldern tätig waren.[174]

Gemeinsames Ziel aller diesem Zirkel zugehörigen Personen war es, durch „Diskussionen und Gespräche indirekt durch Schriften, Zeitungen und Zeitschriften auch auf die Öffentlichkeit inner- und außerhalb der Stadt"[175] einzuwirken, um diese von der Notwendigkeit eines von aufklärerischen Postulaten bestimmten Engagements für gesellschaftliche Belange zu sensibilisieren. In gewissem Sinne ergänzten die Ziele des Kreises um Hagedorn also das Bestreben der „Patriotischen Gesellschaft", Moral und Sitten des Vaterlandes zu heben, und es ist daher kein Zufall, daß mit Brockes einer der Begründer dieser Sozietät zu den engsten Freunden Hagedorns zählte.[176] Auch Hagedorn hatte ja noch vor seinem Studium einige Beiträge für den *Patriot* verfaßt.[177]

Philosoph der fröhlichen Aufklärung. München 1999. Die ältere, klassische Biographie ist: Hubert Stierling, *Leben und Bildnis Friedrichs von Hagedorn.* Hamburg 1911.

[173] Als Sekretär der englischen Handelsgesellschaft war Hagedorn für die Abwicklung des Briefverkehrs mit England und dem Hamburger Senat sowie für die Erstellung der Zollpapiere zuständig. Das Amt brachte Hagedorn neben einer mietfreien Wohnung ein jährliches Einkommen von 600 Reichstalern oder 100 Pfund Sterling. Vgl. dazu Münster, *Friedrich von Hagedorn,* S. 219.

[174] Zum Kreis um Hagedorn vgl. Kopitzsch, *Grundzüge,* S. 303–313; Münster, *Friedrich von Hagedorn,* S. 29ff.; Stierling, *Leben,* S. 37.

[175] Kopitzsch, *Grundzüge,* S. 309.

[176] Aber auch mit Richey verband Hagedorn ein herzliches Verhältnis. Richey kannte Hagedorn von klein auf, verkehrte er doch im Hause seines Vaters, der schon 1720 Gedichte des zwölfjährigen Sohnes hatte drucken lassen. Später wurde Richey Hagedorns Lehrer. Als Jenaer Student verfaßte Hagedorn ein panegyrisches Poem für den befreundeten Lehrer. Vgl. dazu Münster, *Friedrich von Hagedorn,* S. 97.

[177] Vgl. dazu auch den Abschnitt „Hagedorn als Patriot" in: Martus, *Friedrich von Hagedorn,* S. 118–134.

Gerade weil der Zirkel um Hagedorn möglichst viele Menschen dauerhaft erreichen wollte, ließen es sich seine Mitglieder besonders angelegen sein, „junge Leute, die nach ihren Talenten, Interessen und Neigungen einen Gewinn für die Aufklärung versprachen"[178] an sich zu binden und zu fördern. Daß die besten Schüler des Johanneums und des Akademischen Gymnasiasiums in diesem Zusammenhang die ersten Anwärter auf Förderung waren, ist sicherlich auf die guten Kontakte zurückzuführen, die Hagedorn und Brockes schon seit vielen Jahren zu ihren ‚Mit-Patrioten', den Lehrern Richey und Reimarus, unterhielten. Wenn Richey und Reimarus ihre Schüler Hagedorn und Brockes empfahlen, konnten die Gymnasiasten sicher sein, daß die beiden Schriftsteller ihren ersten literarischen Versuchen grundsätzlich mit Wohlwollen begegneten. Gelegentlich, wie im Falle von Ebert und Giseke, wurden die Schüler auch zu Treffen des Hagedornschen Freundeskreises eingeladen.[179]

Wichtigster Aspekt der Begabtenförderung des Hagedornzirkels war jedoch die Vergabe von Stipendien, die den hoffnungsvollsten Hamburger Talenten einige Studiensemester an einer hervorragenden deutschen Universität ermöglichen sollten. Als großzügiger Geldgeber tat sich in diesem Zusammenhang mehrfach der Jurist Wilckens hervor. Wilckens war ein besonders enger Weggefährte von Brockes und Hagedorn. Mit letzterem hatte er 1738 eine Auswahlausgabe des *Irdischen Vergnügens* von Brockes herausgegeben. Ihm wurden nun nacheinander die Gymnasiasten Ebert, Giseke und Basedow zur Förderung anempfohlen. Tatsächlich finanzierte er allen dreien zwischen 1743 und 1748 ein Studium in Leipzig. Die sächsische Universitätsstadt war, wie wir bereits anhand von Richeys Notizen feststellen konnten, bei den Abgängern des Hamburger Gymnasiums in dieser Zeit besonders geschätzt. Auch der Kreis um Hagedorn hegte eine besondere Vorliebe für Leipzig. Zwar galt den Hamburgern die Stadt an der Pleiße zu dieser Zeit ganz allgemein als „Schule für Leute von Manieren und Bildung",[180] doch waren für Hagedorn und seine Freunde speziell die literarischen Reformversuche von Interesse, an denen verschiedene junge Schriftsteller zunächst im engen Anschluß an Johann Christoph Gottsched, dann aber je länger je mehr von ihm abgewendet, in Leipzig beteiligt waren. Diese junge Leipziger Literatur sollte Ebert, Giseke und Basedow ein Anreiz sein, sich auf die Suche nach zeitgemäßen literarischen Sujets

---

[178] Kopitzsch, *Grundzüge*, S. 316.

[179] Ebd.

[180] Wolfgang Martens, Zur Einführung: Das Bild Leipzigs bei den Zeitgenossen, in: ders. (Hg.), Zentren der Aufklärung, Bd. 3: *Leipzig*. Aufklärung und Bürgerlichkeit. Heidelberg 1989, S. 15. Martens weist in diesem Zusammenhang auf ein Lustspiel von 1742 hin, den *Bookesbeutel* von Hinrich Borkenstein, das von der Konfrontation altväterischer Hamburger Bürger mit jungen, soeben aus Leipzig gekommenen Leuten lebt: „Der Repräsentant des alten Hamburg heißt Grobian, die Ankömmlinge aus Leipzig heißen Sittenreich und Ehrenwerth" (ebd.). Vgl. Hinrich Borkenstein, *Der Bookesbeutel*. Lustspiel, hg. v. Franz Ferdinand Heitmüller. Leipzig 1896.

zu begeben, um in einem anregenden Umfeld mit den eigenen schriftstellerischen Versuchen weiter voranzukommen.

Wie begierig der Kreis um Hagedorn war, von den neuesten Leipziger Entwicklungen auf dem Gebiet der Literatur unterrichtet zu werden – und dies immer in der Hoffnung, daß ihre Hamburger Stipendiaten möglichst bald daran teilnehmen würden – geht aus den erhaltenen Briefen von Giseke und Basedow an Wilckens hervor.[181] Auch für das Verständnis der Hamburger Talentförderung insgesamt sind diese Briefe sehr erhellend. Auffällig ist zunächst einmal, wie offen und direkt die Leipziger Studenten ihren Gönnern gegenüber aufzutreten wagten, wenn es um die anstehende Fortsetzung der finanziellen Unterstützung ging. Schon kurz nach seiner Ankunft in Leipzig teilte Basedow Wilckens mit, daß die Höhe des versprochenen Stipendiums mit Blick auf die von ihm anvisierte Studienzeit wohl nicht ausreichend sei:

> Ich bin glücklich über gekommen und die Umstände der Universität gefallen mir sehr wohl. Nur das einzige nicht, daß ich merke, es sey unter 200 Rthlr (leicht Geld) nicht durchzukommen. Ich fürchte sehr, daß ich es hier wohl nicht länger als ein Jahr, aushalte, in welchem ich die in Hamburg ersparten Thaler meinen Stipendiis zu Hilfe geben muß.[182]

Deshalb erhoffte sich Basedow von Wilckens, „es könne vor künftigen Ostern durch die Gewogenheit und Vorbitte einiger Beförderer in Hamburg noch vieles ausgerichtet werden".[183] Auch Giseke, der sich im Herbst 1747 entschlossen hatte, „wenn es meine Umstände verstatten, mein Studium hier noch bis Ostern übers Jahr fortzusetzen", bat Wilckens unverblümt, er möge ihm „die Stipendia, die ich durch Ihre Gewogenheit bisher erhalten habe, wenn es möglich ist, noch so lange verlängern".[184]

Dieser selbstbewußte Ton, den Basedow und Giseke gegenüber den Hamburger Geldgebern anschlugen, wurde stets mit dem Verweis auf den eigenen Fleiß und die Freude am Studium gerechtfertigt. Dabei gehörte es zur Politesse der Studierenden, nicht unbedingt den eigenen Studieneifer, sondern vor allen Dingen die Strebsamkeit des Kommilitonen darzustellen. So schrieb Basedow über seine ehemaligen Hamburger Mitschüler: „Der Herr Giseke ist wegen seines vortrefflichen Schreibens, und seines angenehmen Gemüthes allenthalben angesehen und beliebt. Der H Ebert schreibt meines Wissens weniger, aber er nützet desto mehr mit sei-

---

[181] In – nicht immer korrekt transkribierten – Auszügen liegen drei der vier Briefe an Wilckens gedruckt vor in: Pinloche, *Geschichte*, S. 457–464. Im folgenden werden die Briefe nach den Originalmanuskripten zitiert, die in der SUBH Hamburg verwahrt werden.

[182] SUBH, Sup. Ep. 113, 124–125, Johann Bernhard Basedow an Matthäus Arnold Wilckens, 14. Mai 1746.

[183] Ebd.

[184] SUBH, Sup.ep. 113, 132, Nikolaus Dietrich Giseke an Matthäus Arnold Wilckens, 22. August 1747.

nem strengen und gegründeten Urtheile über andre".[185] Umgekehrt wußte Giseke von Basedow zu berichten, daß „der hier sehr fleissig studiert, und bey aller Gelegenheit Proben eines edlen Herzens an den Tag legt".[186] Diese Informationen, so wünschten Basedow und Giseke, sollten von Wilckens immer auch an Hagedorn und Brockes weitergeleitet werden, um den gesamten Hamburger Freundeskreis von den Aktivitäten der Leipziger Studenten in Kenntnis zu setzen.

Die Kernaussagen der Briefe betrafen jedoch die Teilnahme der Hamburger Studenten am Leipziger Literaturleben. Basedow hob in einem seiner Schreiben hervor, daß es Ebert und Giseke gelungen sei, Anschluß an die wichtigsten Vertreter der neuen Leipziger Schriftstellergeneration zu finden, zu denen er Johann Elias Schlegel, Christian Fürchtegott Gellert und Johann Andreas Cramer zählte. Er selbst denke ebenfalls darüber nach, sich bald von diesen jungen Autoren „übertreffen zu laßen, d.i. in die [Gesell]schaft zu treten".[187] Als eigene Projekte Gisekes, Eberts und Basedows wurden in ihren Briefen Übersetzungen einiger „vortrefflichen englischen kleinen Stücke" eines „Addisons, Steelens und anderer" aus dem „Spectator" genannt,[188] doch gab es auch Verweise auf eine kontinuierliche Arbeit an den anakreontischen Themen der „Zärtlichkeit in der Freundschaft" oder den „Schmerzen der Liebe".[189] Kostproben der neuesten schriftstellerischen Versuche der drei Hamburger Studenten wurden umgehend „Herrn Brockes geschickt" oder auch „dem Hrn. von Hagedorn auf seinen Befehl in Abschrift" zugeleitet.[190]

Den Briefen nach zu urteilen konnten Hagedorn und seine Freunde mit der Entwicklung ihrer Stipendiaten durchaus zufrieden sein. Basedow, Ebert und Giseke hielten engen Kontakt zu ihren Gönnern und bestätigten die in sie gesetzten Erwartungen, indem sie eifrig bemüht waren, ihre literarischen Fähigkeiten im beständigen Austausch mit den besten der jüngeren Leipziger Schriftstellerkollegen zu vervollkommnen. Wenn diese schriftstellerische Tätigkeit dann noch dazu führte, „die bestmögliche Erkenntniß" der „Moral" zu befördern und eine verbesserte Sittenlehre als „Hauptendzweck" der „Erziehungen junger Leute" zu entwerfen,[191] schien es, als hätten sich die Hamburger Studenten das von ihren Lehrern

---

[185] SUBH, Sup. Ep. 113, 126–127, Johann Bernhard Basedow an Matthäus Arnold Wilckens, 10. Oktober 1747.

[186] SUBH, Sup. Ep. 113, 128, Nikolaus Dietrich Giseke an Matthäus Arnold Wilckens, 18. Oktober 1746.

[187] SUBH, Sup. Ep. 113, 124–125, Johann Bernhard Basedow an Matthäus Arnold Wilckens, 14. Mai 1746.

[188] SUBH, Sup. Ep. 113, 126–127, Johann Bernhard Basedow an Matthäus Arnold Wilckens, 10. Oktober 1746.

[189] SUBH, Sup. Ep. 113, 128, Nikolaus Dietrich Giseke an Matthäus Arnold Wilckens, 18. Oktober 1746.

[190] Ebd.

[191] SUBH, Sup. Ep. 113, 124–125, Johann Bernhard Basedow an Matthäus Arnold Wilckens, 14. Mai 1746.

und Geldgebern ausgerufene Ideal der literarisch und pädagogisch tätigen Gemeinnützigkeit vollkommen zu eigen gemacht. Unüberhörbar ist deshalb auch der Ton der Zufriedenheit, der in einem Schreiben Hagedorns an Giseke anklingt, wenn er diesen bittet „doch auch dH. Bassedow und alle übrigen Freunde" zu grüßen und ihnen mitzuteilen, daß „Mittel zu einem weitern, vergnüglichen Aufenthalt in Leipzig" in Hamburg bereitgestellt würden.[192]

Ganz ohne innere Spannungen und Brüche ging es beim Studium in Leipzig allerdings nicht ab. Gerade Basedow, der ja nach außen in ganz besonderer Weise die Hoffnungen seiner Lehrer zu erfüllen schien, da er literarische Begabung und pädagogisches Interesse mit einem großen Engagement für das Ethos der Gemeinnützigkeit verband, durchlebte in Leipzig eine schwere persönliche Krise, von der sein Studium schließlich nicht unbeeinflußt blieb. Von Ursache, Verlauf und Überwindung dieser Krise soll im nun folgenden Abschnitt ausführlich die Rede sein, ist sie doch für das Verständnis von Basedows Aneignung und erfolgreicher Weiterentwicklung der Ideen seiner Lehrer und Gönner äußert aufschlußreich.

2. Die Entstehung einer neuen Sitten- und Erziehungslehre in Leipzig

2.1. Basedow als Student in Leipzig (1746–1748)

Basedows äußere Lebensumstände waren in der Universitätsstadt an der Pleiße alles andere als zufriedenstellend. Noch ehe er sich am 12. Mai 1746 immatrikuliert hatte, mußte er sich ungeachtet des Hamburger Stipendiums einen Nebenverdienst suchen, um in Leipzig seinen Lebensunterhalt bestreiten zu können. Doch auch das durch Stundengeben und Verfertigen von Gelegenheitsgedichten[193] erworbene Zusatzeinkommen gestattete es ihm auf Dauer nicht, vom Zusetzen seiner gesamten Hamburger Ersparnisse abzusehen. Ein Zeitgenosse berichtet, daß Basedow „in Leipzig in solcher Dürftigkeit" lebte, daß er „eine Zeitlang nur dreymahl die Woche etwas Warmes essen konnte".[194] Trotz der finanziellen Einschränkungen, mit denen er sich zu arrangieren hatte, war es aber nicht seine notorische Geldnot, die Basedow in seelische Bedrängnis brachte. Vielmehr waren es reli-

---

[192] Friedrich von Hagedorn an Nikolaus Dietrich Giseke, 18. Januar 1747, in: Hagedorn, *Briefe*, S. 199.

[193] SUBH, Sup. Ep. 113, 124–125, Johann Bernhard Basedow an Matthäus Arnold Wilckens, 14. Mai 1746: „Ich habe hier zwar schon Gelegenheit gefunden, des Jahrs ein 80 Rthl mit eignen Arbeiten zu erwerben. Allein auch dieses ist zu meinem bisherigen Stipendiis kein tüchtiger Zusatz. Der H[err] Hofrath Maskow haben mir [...] versprochen, mehr dergleichen Arten, durch Unterweisung etwas zu verdienen, anzuzeigen".

[194] Heinrich Rathmann, *Beyträge zur Lebensgeschichte Joh[ann] Bernh[ard] Basedows aus seinen Schriften und andern ächten Quellen gesammlet.* Magdeburg 1791, S. 10.

giöse Zweifel, die in Leipzig mit aller Macht sein Gewissen plagten und beantwortet werden wollten.

Basedows religiöser Entfremdungsprozess, den er später in eindrücklichen Worten als eine Zeit schwerer innerer Anfechtung beschrieb, hatte bereits während der letzten Hamburger Schuljahre eingesetzt. „Man sagte mir in meiner Kindheit und Jugend oft und ernsthaft", so Basedow, „es sey ein Gott, ein einziges Wesen ohne Anfang, die erste Ursache aller Dinge und Begebenheiten, welche mit Verstand und Absicht gewirkt hätte."[195] Den Sinn des Handelns Gottes in der Welt hatte man dem Knaben durch Verweis auf die Bibel und die Lehren der väterlichen, lutherischen Theologie zu erklären versucht. Beruhigt über die Zusicherung der eigenen Annahme durch Gott habe er zugleich alle fremdgläubigen „Juden, Türken, Heiden, Ketzer mit ihren Kindern" für „verdammt" und „ewig unglückselig" gehalten.[196] Erst als er mit Beginn der Pubertät eigenständig „denken lernte", begann sich eine „quälende Furcht in meiner Seelen"[197] breit zu machen, „ob wohl das alles wahr seyn sollte, was man mich in der kindlichen Instruction von Gottes Daseyn, Eigenschaften und Richterspruche gelehrt hatte."[198]

Mit Beginn seiner Gymnasialzeit, „in meinem 16ten Jahre", begannen bei ihm dann auch die „Erzählungen der heiligen Schrift" – wegen der zahlreichen darin enthaltenen, kaum glaublichen „Weissagungen und Wunderwerke" – unaufhaltsam ihre Kraft zu verlieren.[199] Als Folge „verschwand" in Basedow „der Beweis von der Gottheit" nahezu vollständig.[200] Nach außen trat er zwar bei Gelegenheit als lutherisch-orthodoxer Gymnasiast in Erscheinung, widmete er doch seinem Lehrer Richey ein Gedicht, in dem er „Luthers Wahrheit" und „Luthers Unerschrockenheit" als Kirchenlehrer besang.[201] Tatsächlich waren ihm aber die Texte der Offenbarung und die daraus abgeleiteten theologischen Schlüsse seiner eigenen Konfession „von ganzem Herzen zweifelhaft" geworden.[202]

Bemerkenswert ist, daß Basedow sich in dieser Situation nicht einem schrankenlosen Pessimismus oder gar Zynismus hingab, sondern von seiner ernsthaften Suche nach religiöser Orientierung nicht abließ. Erstaunlich ist überdies, daß es Andersgläubige waren, die ihn nachhaltig ermutigten, der Beschäftigung mit religiösen Fragen weiter nachzugehen. Nach Basedows Selbstzeugnis begab er sich noch in Hamburg – kurz vor seiner Abreise nach Leipzig – in eine Privat-Synagoge, um sich über den jüdischen Glauben und jüdische Riten aus erster Hand zu

---

[195] Basedow, *Philalethie*, Teil 1, S. 467.
[196] Ebd., S. 469.
[197] Ebd., S. 467.
[198] Ebd., S. 469.
[199] Ebd., S. 470.
[200] Ebd., S. 471.
[201] Basedow, *Die Nothwendigkeit der Geschichts=Kunde*, S. 20.
[202] Basedow, *Philalethie*, Teil 1, S. 471.

informieren.[203] Hier erlebte er nun, als er „zu einem Juden" trat, wie dieser „mit heisser Andacht, die sich in Thränen zeigte, im Talmud" las.[204] Von diesem Zeitpunkt an glaubte Basedow, den dieses eindrucksvolle Zeugnis lebendigen Glaubens offensichtlich zutiefst ergriff, daß es möglich sein müßte, wieder zu einem ungeheuchelten, echten Verhältnis zur Religion zurückzufinden. Fortan entschloß er sich, „der Untersuchung der Religion meine ganze Lebenszeit, so ferne sie dazu nöthig seyn sollte", zu widmen.[205] In dieser seelischen Verfassung ging er nach Leipzig.

Schon aus Basedows Briefen an seinen Gönner Wilckens geht hervor, wie wichtig es ihm bereits unmittelbar nach seiner Ankunft in Leipzig war, seines eigentlichen „Haupt=Studii, des Witzes" und „der Poesie wegen", „die Theologie" nicht „gänzlich bey Seite" zu setzen.[206] Zwar wurde Basedow, wie es der Hagedornkreis ja wohl auch erwartete, in Leipzig schriftstellerisch tätig,[207] hatte auch Umgang mit Gellert, Cramer, Giseke und Ebert, doch verlegte er sich mehr und mehr auf den Besuch „Theolog[ischer] und Philosoph[ischer] Collegia",[208] die ihm zunehmend die Zeit für eigene dichterische Versuche raubten. Dabei war es ganz entscheidend „ein grosser Leipziger Philosoph, und rechtschaffener Mann, der

---

[203] Weil die Hamburger Juden laut kaiserlichem Reglement von 1710 auch in den 1740er Jahren noch keine öffentlichen Gebäude haben durften, mußten ihre Gottesdienste „in Privathäusern stattfinden", Peter Freimark, Die Dreigemeinde Hamburg – Altona – Wandsbek im 18. Jahrhundert als jüdisches Zentrum in Deutschland, in: Peter Freimark / Franklin Kopitzsch (Hg.), *Spuren der Vergangenheit sichtbar machen.* Beiträge zur Geschichte der Juden in Hamburg. Hamburg 1991, S. 61. Es ist allerdings auch möglich, daß Basedow Juden in Altona oder Wandsbek aufsuchte, denn „Altona war holsteinisch und dänisch wie Wandsbek. Das dänische Königshaus aber galt als konfessionell aufgeklärter und liberaler als die zeitweilig geradezu orthodoxen Lutheraner Hamburgs. Jedenfalls kam es in Hamburg aus diesen Gründen [zu Beginn des 18. Jahrhunderts, J.O.] zur Bildung einer die Grenzen der Stadt überspringenden jüdischen *„Dreigemeinde Altona – Hamburg – Wandsbek",* Erich Lüth, Aus der Geschichte der Hamburger Juden, in: Freimark / Kopitzsch, *Spuren,* S. 52. Vgl. dazu auch Arno Herzig (Hg.) in Zusammenarbeit mit Saskia Rohde, *Die Juden in Hamburg 1590 bis 1990.* Wissenschaftliche Beiträge der Universität Hamburg zur Ausstellung „Vierhundert Jahre Juden in Hamburg". Hamburg 1991.
[204] Basedow, *Philalethie,* Teil 1, S. 471.
[205] Ebd.
[206] SUBH, Sup. Ep. 113, 124–125, Johann Bernhard Basedow an Matthäus Arnold Wilckens, 14. Mai 1746.
[207] SUBH, Sup. Ep. 113, 126–127, Johann Bernhard Basedow an Matthäus Arnold Wilckens, 10. Oktober 1746: „In einigen Zwischen=Stunden habe ich das Buch Cicerons von der Freundschaft übersetzt, und denke es nebst einem Anfang von derselben Materie einem Verleger zu geben". Vgl. dazu Armin Basedow, *Johann Bernhard Basedow,* S. 48: „Ob Basedow einen Verleger für diese Schrift gefunden hat, ist nicht bekannt. Basedow selbst hat sie in seiner *Hauptprobe der Zeiten* (S. 110ff.), wo er seine bisher erschienenen Schriften aufzählt, nicht erwähnt. Aber das ist noch kein Beweis für ihr Nichterscheinen. Denn auch andere Schriften Basedows sind nicht erwähnt".
[208] SUBH, Sup. Ep. 113, 126–127, Johann Bernhard Basedow an Matthäus Arnold Wilckens, 10. Oktober 1746.

Herr Doctor Crusius",[209] der ihm dabei half, aus seiner ernsten Glaubenskrise herauszufinden.

Christian August Crusius, der aus einer Pfarrerfamilie aus Leuna bei Merseburg stammte, war nach Ostern 1734 nach Leipzig zur Universität gekommen und dort drei Jahre später zum Magister promoviert worden. 1744 wurde Crusius zum außerordentlichen Professor der Philosophie ernannt. Seit seiner 1740 erfolgten Habilitation las er philosophische Kollegien,[210] die Basedow zwischen 1746 und 1747 frequentierte. Sein Erfolg als Lehrer soll beträchtlich gewesen sein, hatte er doch bei seinen Kollegien schon in den 1740er Jahren 100 bis 180 Zuhörer; am Ende seines Lebens hatte er dann an die 350.[211] Welche Grundgedanken kennzeichneten sein philosophisches System, das nicht nur auf die Leipziger Studenten, sondern auch „auf die deutsche Philosophie zwischen 1750 und 1780"[212] insgesamt eine nicht zu übersehende Wirkung entfaltete?

Als Zentralstück der Methodologie von Crusius darf mit Fug und Recht die Lehre von der Wahrscheinlichkeit gelten, die er erstmals in seiner 1747 veröffentlichten Logik vorstellte und dann in der 1749 herausgegebenen Physik weiter präzisierte.[213] Für Crusius stand fest, daß eine demonstrative Gewißheit – die Vertretern des philosophischen Systems eines Christian Wolff als der eigentlich anstrebenswerte Schluß philosophischer Bemühungen galt – nur in einigen Punkten erreichbar war, da sich, bei genauer Betrachtung, „das Feld der absoluten Gewißheit als besonders beschränkt"[214] darstellte. Statt also den für die Mathematik geltenden Standard von Wahrheit und Gewißheit ganz allgemein auf jegliche Art wissenschaftlichen Denkens zu übertragen, legte Crusius beim Philosophieren

---

[209] Basedow, *Philalethie*, Teil 1, S. 472.

[210] Die einzige umfassende gedruckte Quelle über Crusius' Leben, aus der alle späteren Darstellungen geschöpft haben, ist der anonyme Nekrolog in den *Acta historico-ecclesiastica nostri temporis, oder Gesammelte Nachrichten und Urkunden zu der Kirchengeschichte unserer Zeit*, XVII. Weimar 1776, S. 970–993. Die wichtigsten neueren Arbeiten zu Crusius' Leben und Werk sind Heinz Heimsoeth, *Metaphysik und Kritik bei Chr. Aug. Crusius*. Berlin 1926 und Giorgio Tonelli, Einleitung in Leben und Werk des Christian August Crusius, in: Christian August Crusius, *Anweisung vernünftig zu leben*. Hildesheim 1969 [Nachdruck der Ausgabe ¹1744], S. VII–LXV, enthaltend Crusius' Schriftenverzeichnis, S. LIV–LXII.

[211] Tonelli, *Einleitung*, S. XIV.

[212] Ebd., S. VII.

[213] Die Logik trug den Titel *Weg zur Gewißheit und Zuverlässigkeit der menschlichen Erkenntnis*. Leipzig 1747, die Physik erschien als *Anleitung über natürliche Begebenheiten ordentlich und vorsichtig nachzudencken*. Leipzig 1749. Crusius' Werke sind nach seinem Tode nicht wieder aufgelegt worden, liegen aber heute in der bereits erwähnten Ausgabe von Giorgio Tonelli als reprografischer Nachdruck vor.

[214] Tonelli, *Einleitung*, S. XXV. Zu diesem Gegensatz vgl. auch: Giorgio Tonelli, Der Streit über die mathematische Methode in der ersten Hälfte des XVIII. Jahrhunderts, in: *Archiv für Philosophie* 9 (1959), S. 23.

gemäß seiner empiristischen Neigung[215] besonderen Wert auf die Regeln der Erfahrung.

Mithin ließ er neben dem Satz vom Widerspruch, demzufolge zwei sich logisch widersprechende Aussagen zur gleichen Zeit und in der selben Beziehung nicht zusammen wahr sein können, auch den Satz gelten, daß man „manches" für „schlechterdings und unwidersprechlich gewiß" halten dürfe, „ungeachtet sich sein Gegentheil an sich dencken lässet".[216] Denn ganz unzweifelhaft fänden wir immer wieder „in der Erfahrung", daß wir „bisweilen einen Satz vor eher wahr oder falsch, oder auch wohl für völlig gewiß halten, ungeachtet sich sein Gegentheil, wieferne man bloß auf die Begriffe, und deren Verhältniß gegen einander siehet, noch denken lässet".[217] Diesen „Erkenntnißweg" nannte Crusius den „Weg der Wahrscheinlichkeit",[218] der zwar nicht zur demonstrativen Gewißheit, wohl aber zur „moralische[n] Gewißheit"[219] führte.

Obgleich nun „der Erkenntnißweg der Demonstration von dem Erkenntnißwege der Wahrscheinlichkeit seinem Wesen nach unterschieden ist", sei der Weg der Wahrscheinlichkeit keinesfalls als minderwertig einzustufen, „geben wir doch unsern meisten Demonstrationen allererst um einer Wahrscheinlichkeit willen Beyfall".[220] Schließlich seien wir uns „aus der Erfahrung bewußt, daß wir bisweilen wahre und vermeinte Demonstrationen mit einander verwirren, und daß sich in schweren Materien leicht etwas übersehen lässet".[221] Selbst mit Blick auf die Naturphilosophie müsse man zugestehen, „daß darinnen sehr oft der Erkenntnißweg des Wahrscheinlichen vorkommen muß".[222] Denn da wir

den ganzen Inbegriff natürlicher Dinge nicht übersehen, und dahero alle Ursachen, welche sich mit einmischen können, nicht voraus zu sehen geschickt sind; da auch ferner zu einerley Wirkung mehrere Ursachen in der Natur da seyn können, gleichwie einerley Ursache mehrere Wirkungen nach Beschaffenheit der Umstände hervorbringen kann: so ist klar, daß in dergleichen Fällen gemeiniglich kein anderer als der Erkenntnißweg des Wahrscheinlichen brauchbar ist.[223]

Doch glaube man nicht, „daß die auf diesem Wege erkannten Dinge deswegen allezeit Muthmassungen, oder etwas bloß Wahrscheinliches, seyn müßten".[224] Sie

[215] Als den „Leipziger Empiristen C. A. Crusius" bezeichnet Mühlpfordt den Philosophen in: Günter Mühlpfordt, Gelehrtenrepublik Leipzig. Wegweiser- und Mittlerrolle der Leipziger Aufklärung in der Wissenschaft, in: Martens, *Leipzig*, S. 52.
[216] Crusius, *Weg zur Gewißheit*, § 361, S. 641.
[217] Ebd., S. 640.
[218] Ebd.
[219] Ebd., S. 641.
[220] Ebd., § 419, S. 748.
[221] Ebd.
[222] Crusius, *Anleitung*, S. 24.
[223] Ebd.
[224] Ebd.

könnten nämlich auch völlig zuverläßig sein und somit eine moralische Gewißheit haben. Tatsächlich werde sogar „das meiste in der Naturlehre durch den Weg der Wahrscheinlichkeit erkannt",[225] weshalb wir von der physikalischen Wahrscheinlichkeit „in der uns obliegenden Schuldigkeit" zu merken hätten, „mit den Schranken der Erkenntniß, die [der Schöpfer] uns gesetzet hat, zufrieden zu seyn, und zu seiner Wahrhaftigkeit das Vertrauen zu haben, daß er uns durch diejenigen Arten der Erkenntniß nicht betrüge".[226]

Besondere Aufmerksamkeit widmete Crusius neben der physikalischen Wahrscheinlichkeit aber dem Problem der geschichtlichen Erkenntnis. Da sich die Historie immer als „eine gegründete Nachricht von geschehenen Begebenheiten" verstehe, sei es „offenbar, daß kein anderer, als der Weg der Wahrscheinlichkeit" möglich sei, um zu solchen Beweisen zu gelangen, „wodurch gegründete Nachrichten von Erdichtungen, die man vorsetzlich gemacht, oder aus Leichtgläubigkeit angenommen hat, unterschieden werden."[227] Eine mündlich oder schriftlich „erzehlte Begebenheit", deren Glaubwürdigkeit man ermitteln wolle, müsse man demnach vor allen Dingen daraufhin überprüfen, ob ihr eine „innerliche Wahrscheinlichkeit zukomme".[228] Eine „weitläuftige Erdichtung, welche doch durchgehends eine innerliche Wahrscheinlichkeit behalten soll", sei nämlich „nicht leichte zu machen".[229]

Da nun „die Auslegung einer Schrift" stets „durch den Erkenntnißweg des Wahrscheinlichen" geschehe, müsse folglich auch für eine religiöse Offenbarungsschrift gelten: „Wenn in einer geschriebenen göttlichen Offenbarung die Bedeutung gewisser Worte auch nur eine mittelmäßige, aber objectivische und ungeschwächte Wahrscheinlichkeit hat; so ist dieselbe wahr."[230] Weil aber auch die biblischen Wundergeschichten „eine wahre objectivische und nicht bloß vermeinte Wahrscheinlichkeit" hätten, „da doch die seltenen Dinge manchmal vorkommen", könnten auch „die Wunder in der heiligen Schrift" als wirklich geschehene Ereignisse eingeschätzt werden.[231] Auf diese Weise ließe sich auch belegen, „daß die Geschichte der heiligen Schrift alle historische Glaubwürdigkeit" habe, „die man

---

[225] Ebd., S. 59.
[226] Ebd., S. 61.
[227] Crusius, *Weg zur Gewißheit*, § 605, S. 1041.
[228] Ebd., § 610, S. 1048.
[229] Ebd., § 606, S. 1043. Diese Aussage steht in bemerkenswertem Kontrast zu der seit Aristoteles in der Poetik geläufigen Auffassung, daß es geradezu *das Wesen jeder echten Dichtung* sei, „mitzuteilen", was geschehen sein könnte und zwar „nach den Regeln der Wahrscheinlichkeit", Aristoteles, *Poetik*. Griechisch / Deutsch, übersetzt und hg. v. Manfred Fuhrmann. Stuttgart 1982, [1451a], S. 29.
[230] Crusius, *Weg zur Gewißheit*, § 417, S. 747.
[231] Ebd., §§ 407–408, S. 725.

verlangen kann,"[232] weshalb wir auch stets verbunden seien, „darnach zu handeln".[233]

Gerade dieser Schluß, daß nämlich die gesamten Erzählungen der Bibel glaubwürdige Geschichten seien, war für Crusius die wohl wichtigste Konsequenz seiner philosophischen Lehre von der Wahrscheinlichkeit. Denn den Zweiflern unter seinen Studenten, die wie Basedow mit den überlieferten Glaubenssätzen ihrer Religion haderten, hatte er damit gezeigt, daß kritische Philosophie und seriöse Theologie durchaus „in eine fruchtbare Symbiose"[234] geführt werden konnten. Basedow jedenfalls bekannte später aus genau diesem Grunde: „Niemals kann ich diesem Lehrer gnug danken, daß er mich auf die Beweise und Wahrheiten, wozu wir durch den Weg der Wahrscheinlichkeit und durch das Argument von der Sicherheit gelangen, aufmerksam gemacht hat."[235] Erst das Studium bei Crusius habe ihm nämlich den „Wolfianischen Fehler",[236] nur die „mathematische Demonstration" auch in theologischen Fragen als wissenschaftliches Beweismittel zuzulassen, „verdächtig" gemacht.[237] „Von dieser Zeit an, das ist seit meinem ersten akademischen Jahre",[238] habe er deswegen auch erstmals wieder umfassend Zutrauen zum Text der Bibel gefaßt, ja sogar eigenständig die Bibelkritik eines „Hobbes, Spinoza" und anderer „nicht von aller Einsicht entblößt[en] Feinde der Religion" zurückzuweisen vermocht.[239]

2.2. Die Neuen Beyträge zum Vergnügen des Verstandes und Witzes

Indem Basedow also seit Ende des Jahres 1747 das Wiedererwachen seines religiösen Grundvertrauens in einer für ihn befreienden Weise erlebte, war es ihm grundsätzlich möglich geworden, nicht nur die Philosophie mit der Theologie in Übereinstimmung zu bringen, sondern auch den besonderen Zusammenhang zwischen Religion, Moral und Sittenlehre zu würdigen, der seit Mitte der 1740er Jahre in Leipzig in verschiedenen Zeitschriftenbeiträgen von seinen Freunden in literarisch aufsehenerregender Weise thematisiert worden war. Die wichtigsten Zeitschriften, die von Basedows Kommilitonen Ebert und Giseke mitherausgegeben wurden, waren die seit 1744 veröffentlichten *Neuen Beyträge zum Vergnügen des Verstandes und Witzes* sowie die moralische Wochenschrift *Der Jüngling*, die von 1747 bis 1748 in 72 Stücken erschien.

---

[232] Crusius, *Anleitung*, S. 63–64.
[233] Ebd., S. 61.
[234] Gert Röwenstrunk, Crusius, in: *TRE*, Bd. 8, S. 244.
[235] Basedow, *Philalethie*, Teil 1, S. 473.
[236] Ebd., S. 472.
[237] Ebd., S. 473.
[238] Ebd.
[239] Ebd., S. 474.

Der Jüngling beschäftigte sich während der zwei Jahre seiner Existenz in immer neuen Variationen mit einem relativ begrenzten Themenkreis, der ganz eindeutig von den Traditionen anakreontischer Lyrik beeinflußt war: Liebe, Freundschaft, gute Manieren und echte Fröhlichkeit wurden wieder und wieder besungen. Dabei war es durchaus das Ziel der Zeitschrift, mit der literarischen Darstellung einer spielerischen Geselligkeit „der Welt zu dienen", „die Liebe [zum] Vaterlande" zu wecken sowie den Sinn für „Recht und Gerechtigkeit in der gelehrten Republik" anzuregen.[240] Doch wollte *Der Jüngling* bei dem Versuch, Patriotismus und Sittlichkeit zu befördern, unter keinen Umständen als „verdrießlicher Sittenlehrer" auftreten, sondern vielmehr als ein fröhlicher und lebenslustiger Tugendhafter, „daß er ein Beyspiel seyn könnte, welches nachgeahmt zu werden verdiente".[241] Leitmotiv bei dem Wunsch, durch gefällige literarische Versuche die Leser zu unterhalten, war die Idee, auf diese Weise das freundschaftliche Zusammenleben der Menschen zu befördern. Schließlich seien wir „dazu gemacht", wie im 14. Stück des *Jünglings* ein Pädagoge seinen Zögling wissen ließ, „daß wir den meisten Theil unsers Lebens unter den Menschen zubringen sollen. Sie müssen also dieß ihre vornehmste Wissenschaft seyn lassen, daß sie es ohne Schaden und mit Ehren tun können".[242] Nur wer das Wagnis einging, freundlich und aufmunternd zu allen Menschen zu sprechen, auch wenn „die Welt keine so muntere Gesellschaft ist, deren Mitglieder eins das andere zu vergnügen suchen",[243] konnte erreichen, daß sich die Freundschaften und Sitten in der Gesellschaft dauerhaft bildeten und verbesserten. Deshalb war der *Jüngling* vor allem darauf aus, in Gedichten und Essays „zu dem Vergnügen aller Menschen beyzutragen", und mit einer solchen „Redlichkeit in der Welt zu leben", als ob sie bereits eine vollkommene Welt wäre.[244]

Von Hamburg aus zollte Hagedorn Giseke und Ebert höchstes Lob für die von ihnen im *Jüngling* zur Darstellung gebrachte menschenfreundliche Gesinnung. Nicht nur, weil der *Jüngling* ein „mit Lust" zu lesendes literarisches „Meisterstück" sei, sondern gerade auch wegen seiner Verbindung „lebhaften, gesunden und gefälligen Witzes" mit einem dezidiert moralisch-pädagogischen Aufruf zu gesellschaftlicher Betätigung, erscheine dieses Blatt als „schön und neu und von echtem Gehalte".[245] Wenn aber schon der freundlich-spielerische Ton des *Jünglings* von Hagedorn als neuartig empfunden wurde, mußten die Texte, die Ebert und Giseke in den *Neuen Beyträgen zum Vergnügen des Verstandes und Witzes*

---

[240] *Der Jüngling*, Bd. 1, Stück 1, S. 3.
[241] Ebd., Bd. 1, Vorrede
[242] Ebd., Bd. 1, Stück 14, S. 109.
[243] Ebd., Bd. 1, Stück 2, S. 10.
[244] Ebd.
[245] Friedrich von Hagedorn an Nikolaus Dietrich Giseke, 18. Januar 1747, in: Hagedorn, *Briefe*, S. 199.

herausgaben, auf literarisch interessierte Zeitgenossen geradezu revolutionär wirken.

Das erste Stück der *Neuen Beyträge zum Vergnügen des Verstandes und Witzes* – deren zweiter, fiktiver Erscheinungsort neben Leipzig Bremen war, weshalb sie in der Folge meist als *Bremer Beiträge* bezeichnet wurden – war 1744 veröffentlicht worden. Gemeinsame Herausgeber waren Ebert und Johann Andreas Cramer, die dieses Blatt als Gegenentwurf zu Gottscheds seit 1741 erscheinenden *Belustigungen des Verstandes und des Witzes* verstanden.[246] Zwar hatte Cramer zu der von dem Gottschedianer Johann Joachim Schwabe herausgegebenen Zeitschrift selbst mehrere Beiträge beigesteuert, doch empfand er Schwabe und Gottsched als zu wenig aufgeschlossen für neue literarische Versuche. So kam es zu der mit Ebert betriebenen Gründung einer eigenen Zeitschrift, für die er neben Johann Elias Schlegel auch Gellert und Friedrich Gottlieb Klopstock als Mitarbeiter gewinnen konnte. Weitere Mitherausgeber der *Bremer Beiträge* waren Giseke sowie Gottlieb Wilhelm Rabener und Karl Christian Gärtner, die vor ihrem Leipziger Studium gemeinsam mit Cramer die Fürstenschule in Grimma besucht hatten.

Alle Texte, die in den *Bremer Beiträgen* erscheinen sollten, wurden von den Herausgebern gemeinsam redigiert und zum Teil einer rigorosen Kritik unterworfen, bevor sie in Druck gehen konnten. So wurde nicht nur die literarische Qualität der zur Veröffentlichung bestimmten Texte gewährleistet, sondern auch dafür gesorgt, daß die *Bremer Beiträge* stets Ausdruck eines von allen Herausgebern gemeinsam erarbeiteten Bildes der Gesellschaft waren. Daß die vielfältigen schriftstellerischen Versuche, die in den *Bremer Beiträgen* veröffentlicht wurden, tatsächlich von einer ganz bestimmten Weltsicht geprägt waren, wird deutlich, wenn man die zwischen 1745 und 1748 von Gellert und Klopstock beigesteuerten Texte, die sicher zu den innovativsten Stücken der Zeitschrift zählten, auf ihre gemeinsame religiöse und sittliche Motivation hin untersucht.

Gellerts erster großer Beitrag, der im zweiten Band der *Bremer Beiträge* gedruckt wurde, war das Lustspiel *Die Beschwester*.[247] Schon der Titel signalisiert, daß in diesem Drama der Gegensatz zwischen geheuchelter Religiosität und echter Frömmigkeit zur Darstellung gebracht werden sollte. So stellt Gellert in seinem Schauspiel auch wirklich eine alte und reiche Witwe, Frau Richardinn, als sprichwörtliche Betschwester vor, die ihr Leben allem äußeren Anschein nach als „ein

---

[246] Die *Bremer Beiträge* stellten ein Folgeunternehmen der *Belustigungen des Verstandes und des Witzes* dar, die zum Medium für das Gedankengut Gottscheds wurden. „Die Fortsetzung einer Zeitschrift bei gleichzeitiger Neuorientierung legt bereits den Gedanken an ein Komplementärverhältnis nahe", Anne Barbara Gerken, *Die sprachtheoretische Differenz zwischen Gottsched und Gellert*. Frankfurt am Main 1990, S. I.

[247] Christian Fürchtegott Gellert, *Die Betschwester*, in: *Neue Beyträge zum Vergnügen des Verstandes und Witzes*, Bd. 2 (1745), Stück 2, S. 83–168. Aus der *Betschwester* wird im Folgenden zitiert nach: Christian Fürchtegott Gellert, *Lustspiele*, hg. v. Bernd Witte u.a. Berlin / New York 1988.

beständiges Gebet"[248] eingerichtet hat, doch in innerster Seele geldgierig, selbstsüchtig und selbstgerecht ist. Sie scheut sich nicht, von armen Schuldnern überhöhte Zinsen zu nehmen und dafür eine scheinbar christliche Begründung zu liefern: „Wissen sie, wer ärger, als ein Heide, ist? Wer seine Kinder nicht versorgt; Wer das Seinige wegwirft. Eben durch die Gutheit macht man nur mehr Bettler, denn man wird endlich darüber selbst zum Bettler".[249] Mithin gilt ihr als oberster ethischer Grundsatz, daß man „erst an die Seinigen, an sein Hauß, an sich und seine arme Kinder denken" muß.[250]

Dieser allen christlichen Tugenden widersprechenden, hartherzigen Betschwester stellt Gellert nun jüngere Akteure zur Seite, die das scheinheilige Wirken der alten Frau nicht nur durchschauen, sondern in ihren Gesprächen und Taten einem ganz und gar anderen Ethos huldigen. Ferdinand, der die Tochter der Richardinn, Christianchen, mit seinem Freund Simon verheiraten möchte, argwöhnt mit Blick auf das religiöse Gebaren der Witwe: „Ihr stetes Beten und Singen bringt mich fast auf die Gedancken, daß sie nicht fromm ist, sondern nur fromm scheinen will", denn „stets beten, heißt nicht beten, und den ganzen Tag beten, ist so strafbar, als den ganzen Tag schlafen".[251] Schließlich gebe es doch „noch andere Pflichten, die eben so nöthig und eben so heilig sind".[252] Wichtiger als alle „theologischen Untersuchungen" seien zweifelsohne die Pflichten der „Menschenliebe", weshalb sich alle Religiosität letztlich nur in tätiger Nächstenliebe bewähre.[253] Simon, der seinem Freund Ferdinand beipflichtet, ergänzt in diesem Zusammenhang, daß die religiöse Pflicht der Mitmenschlichkeit niemals aufgesetzt sein darf, sondern Herzenssache sein muß, weil man sonst „mit allen Gebeten nur ein Gewäsche treiben" würde, „sie mögen so gut seyn als sie wollen".[254]

Christianchen, die von der Bigotterie ihrer Mutter Tag für Tag gepeinigt wird, versucht sich vor allem mit Hilfe von englischen Romanen und Zeitschriften, welche „die Unschuld und Tugend liebenswürdig zu machen" suchen,[255] gegen die Erziehungsmethoden ihrer Mutter zu feien und selbst zu bilden. So bittet sie ihre Gefährtin Lorchen inständig: „Lesen Sie mir nur oft aus dem Zuschauer vor. Es stehen solche artige Historien darinne. Ich möchte recht gerne etwas wissen, wenn nur meine Mamma nicht so strenge wäre, und mich stets mit dem Nähen und Sin-

---

[248] Ebd., S. 65.
[249] Ebd., S. 70.
[250] Ebd.
[251] Ebd., S. 65.
[252] Ebd.
[253] Ebd., S. 70.
[254] Ebd., S. 84.
[255] Ebd., S. 83. Gellert hebt an dieser Stelle neben dem *Spectator* als besonders lesenswerten Text Samuel Richardsons Briefroman *Pamela; or, Virtue rewarded* hervor, der 1740 in London erschienen war. Die von Johann Mattheson besorgte deutsche Übersetzung erschien als Samuel Richardson, *Pamela; oder die belohnte Tugend.* Frankfurt / Leipzig 1742.

gen plagte".[256] Frau Richardinn allerdings verdammt diese Lektüre schon allein deswegen, weil die Autoren als Engländer „die Calvinistische Religion" haben.[257] Simon, der den Lektürewunsch Christianchens verteidigt, wird deshalb von der lutherischen Witwe vorwurfsvoll gefragt: „Wollen Sie meine Tochter gar zu einer Calvinistinn machen?"[258] Weil die Richardinn den Repräsentanten einer anderen Konfession offensichtlich kein tugendhaftes Handeln zutraut, ruft sie sogar ihre Tochter dazu auf Herrn Simon, der Christianchen die Lektüre Addisons und Stee-les nicht verbieten will, zu „hassen, weil ich ihn hasse".[259] Nur weil sie schließlich durch Geldgeschenke besänftigt wird, akzeptiert die Witwe später doch noch Chri-stianchens Heiratswunsch.

Ein weiteres Drama Gellerts, *Das Loos in der Lotterie*, das ebenfalls in Form eines Lustspiels das Übel der Heuchelei und der religiös verbrämten Hartherzigkeit geißelt, erschien 1747 im dritten Band der *Bremer Beiträge*.[260] Anders als in der *Betschwester* konzentriert sich die Darstellung der Heuchelei hier jedoch nicht auf eine besonders bigotte Person, sondern bezieht die Gedanken und Taten gleich mehrerer Akteure mit ein. Das Los der Berlinischen Lotterie, das im Mittelpunkt der in Sachsen angesiedelten Handlung steht, wird von allen im Schauspiel auftre-tenden Personen gleichermaßen verabscheut wie begehrt. Alle Akteure schützen vor, nicht im mindesten am Besitz eines Lotterieloses interessiert zu sein. Immer-hin ist es durch „ein öffentliches Mandat" verboten, „nichts in auswärtige Lotterien zu legen".[261] Dennoch ist jedermann hinter vorgehaltener Hand darum bemüht, sich des Loses zu bemächtigen. Dabei ist man sich nicht einmal zu Schade, die verbotene Handlung als christliche, tugendhafte Tat auszulegen: „Ich habe nicht in die Lotterie gelegt, um reich zu werden, sondern um andern gutes zu thun, wenn ich etwas gewönne",[262] lautet etwa eine Begründung.

Das eigentliche Motiv für den angestrebten Lotteriegewinn ist jedoch eine mehr oder weniger ausgeprägte Gewinnsucht. Einige Mitspieler, die, wie sie sagen, unter keinen Umständen „jüdisch"[263] wirken oder einem „Geldjuden"[264] gleichen möch-ten, erweisen sich als besonders habgierige Zeitgenossen. Besonders perfide ist es, daß sie ihre eigene Geldgier kaschieren, indem sie die Habgier voller Vorurteil als typischen Ausdruck jüdischer Lebensart deuten. Nachdem das Los dem Erstbesit-

---

[256] Gellert, *Betschwester*, S. 86.

[257] Ebd., S. 83.

[258] Ebd.

[259] Ebd., S. 95.

[260] Christian Fürchtegott Gellert, *Das Loos in der Lotterie*, in: *Neue Beyträge zum Vergnügen des Verstandes und Witzes*. Dritter Band, fünftes und sechstes Stück. Bremen / Leipzig 1747, S. 323–472. Aus dem *Loos in der Lotterie* wird im Folgenden zitiert nach: Gellert, *Lustspiele*, S. 117–194.

[261] Gellert, *Das Loos*, S. 125.

[262] Ebd., S. 117.

[263] Ebd., S. 181.

[264] Ebd., S. 191.

zer entwendet worden ist und anschließend unter falschen Versprechungen und Erpressungen von Hand zu Hand wandert, nur um wieder den Weg zum ursprünglichen Eigner zurückzufinden, sehen sich gegen Ende des Dramas alle Lotteriespieler voreinander als Heuchler entlarvt.

Einzig eine junge Frau, Carolinchen, deren Naivität und Lauterkeit sie vor dem Laster der Geldsucht bewahrt, erweist sich in diesem Lustspiel als tugendhafter Mensch. Gerade weil sie gelesen hat, „daß die Menschen weder so gut, noch so böse sind, als sie scheinen",[265] übt sie sich in ungekünstelter Redlichkeit. Wie schon Christianchen in der *Betschwester* bildet auch Carolinchen ihren Geist mit Hilfe des *Spectator*, den sie als ihre Hauptlektüre beschreibt.[266] Ganz besonders liegt ihr „Addison" am Herzen, der „ja ein grosser Staatsmann und einer von den Hauptarbeitern am Zuschauer gewesen" ist.[267] Aber auch „Steele, Tickel, Pope und noch andere", die sie „für die größten Geister ihrer Zeit unter den Engelländern" hält, gelten ihr als Autoren viel. Mit Hilfe dieser Literatur versucht Carolinchen sich im Selbststudium eine echte Bildung des Herzens zu erwerben, die sie als großen Gegensatz zu einem nur äußerlichen Schein der Religiosität und Tugend empfindet.

Es dürfte bis hierher hinreichend deutlich geworden sein, daß Gellert in seinen beiden für die *Bremer Beiträge* verfaßten Arbeiten – bei allen Unterschieden im jeweils gewählten Sujet und Handlungsablauf – eine nahezu identische Botschaft an sein Lesepublikum vermitteln wollte. Die aus seinen Lustspielen sprechende Gesellschaftskritik, die religiös begründet ist, erhebt den Vorwurf, daß zu viele Mitbürger unter Vorspiegelung falscher Tatsachen ein moralisches Doppelleben führen. Hinter dem Schein des Anstandes und dem vorgeblichen Festhalten an christlichen Tugenden verbirgt sich bei Vielen ein heftiger Drang nach Geld, Macht und Ansehen, der keinerlei Rücksicht auf Ärmere, Schwächere oder gesellschaftliche Außenseiter nimmt. Statt die Beförderung des Besten *aller* gesellschaftlichen Gruppen als religiöse Pflicht, ja als Herzenssache zu begreifen, werden zwischen den verschiedenen Geschlechtern, Konfessionen und Einkommensklassen ungerechtfertigte Unterschiede gemacht: Junge Frauen sollen keine umfassende Bildung erhalten, Arme werden in ihren Abhängigkeiten gehalten und Angehörigen anderer Konfessionen, ob Calvinisten oder Juden, wird der Wille zu tugendhaftem Verhalten schlechterdings abgesprochen. Der soziale Unfriede, der aus bigottem und hartherzigem Handeln entspringen kann, bricht sich in den auf Versöhnung angelegten Lustspielen zwar letztlich keine Bahn. In der gesellschaftlichen Realität jedenfalls – und dies ist die pädagogische Botschaft von Gellerts

---

[265] Ebd., S. 141. Diese Weisheit hat sie „in Popens Versuche des Menschen" gelesen, Vgl. Gellert, *Das Loos*, S. 141. Alexander Pope, *An essay on Man. Address'd to a friend*. London 1732–1734, wurde zuerst 1740 von Barthold Heinrich Brockes ins Deutsche übersetzt.

[266] Vgl. Gellert, *Das Loos*, S. 140 und S. 169.

[267] Gellert, *Das Loos*, S. 169.

Texten – bleibt er eine Gefahr, solange die Bildung des Herzens nicht Fortschritte macht. Insofern wird es verständlich, wenn Gellert „an der Betschwester" und „dem Loose in der Lotterie" durchaus schätzte, „daß sie eher mitleidige Thränen, als freudige Gelächter erregten".[268]

Gellerts religiös-moralisches Anliegen wurde von allen anderen Herausgebern der *Bremer Beiträge* einmütig geteilt. „[Er] schrieb also seine Betschwester", berichtet Cramer, „und überließ sie seinen Freunden, auf ihr Ersuchen, zur Bekanntmachung in den bremischen Beyträgen".[269] Wie sich die Verlesung und Besprechung von Gellerts Arbeiten im Freundeskreis darstellte, beschreibt der Autor in der Rückschau selbst:

> Das Loos in der Lotterie las ich in Schwendendörfers Garten auf der Milchinsel diesen Herren [Gärtner, Cramer, Rabener, Schlegel, Ebert, Giseke] vor. Sie waren sehr aufmerksam und Gärtner hieß mich immer fortlesen. Bey iedem Acte hielt ich ein wenig inne und sie hielten mit ihrem Urtheile bis zum Schluße des Stücks an sich. In dem fünften Acte ward alles stille. Ich hatte das Herz nicht meine Zuhörer und Richter anzusehen, ich las hitzig fort; und nun war ich fertig, und nun erblickte ich das freudigste Schauspiel für mich, meine Freunde und Richter weinend ohne ein Wort zu reden. O welche Wollust für einen Autor! Unbeschreibliche Wollust! Man muß sie selbst fühlen, um sie zu kennen. Ist er mit uns zufrieden, fieng Gärtner endlich an. Ich wußte nicht, ob ich auch mit weinen dürft. Wie herrlich schmeckte mir die Tasse Caffee. - -[270]

Cramer befand, daß jeder, der „eine wahre Achtung gegen Religion und Frömmigkeit" habe, sich freuen müsse, durch Gellerts Lustspiele „diejenigen, welche Andacht und Gottseligkeit bloß im Aeußerlichen, oder in einer ausschweifenden Nachahmung ihres Aeußerlichen suchen, einem ernstlichen Mißfallen und Abscheue daran Preis gegeben zu sehen".[271] Gewissermaßen als gemeinsame Beglaubigung der Botschaft Gellerts, veröffentlichten die Herausgeber der *Bremer Beiträge* deshalb noch 1745 im dritten Stück der Zeitschrift ein anonymes „Schreiben an den Verfasser der Betschwester, in dem sie ihm dafür dankten, „die Bosheit zu verlachen, die sich in Andacht hüllt",[272] und daß er „beherzt gewagt, ein Menschenfreund zu seyn".[273] Deshalb wünschten sie sich auch für die *Bremer Beiträge* ein „neues Lustspiel", daß die religiösen Heuchler so lange verlachen sollte, „bis wir sie klüger lachen".[274]

---

[268] Christian Fürchtegott Gellert, Vorrede zu den Lustspielen, in: ders., *Lustspiele*. Leipzig 1747 [unpaginiert].

[269] Johann Andreas Cramer, *Christian Fürchtegott Gellerts Leben*. Leipzig 1774, S. 50.

[270] Christian Fürchtegott Gellert, Einige Nachrichten von meinem Leben, in: ders., *Die Fahrt auf der Landkutsche*. Dichtungen, Schriften, Lebenszeugnisse, hg. v. Karl Wolfgang Becker. Berlin 1985, S. 260.

[271] Cramer, *Christian Fürchtegott Gellerts Leben*, S. 51.

[272] *Neue Beyträge zum Vergnügen des Verstandes und Witzes*, 2. Bd., Stück 3, S. 179.

[273] Ebd., S. 187.

[274] Ebd.

Diesem Wunsch kam Gellert dann mit dem *Loos in der Lotterie* ja auch nach. Doch war es letztlich nicht Gellerts Lustspiel, welches bewirkte, daß dem Thema der religiösen Hartherzigkeit und Unversöhnlichkeit eine vordem nicht gekannte Aufmerksamkeit zuteil wurde, sondern ein Text, der einer vollkommen anderen literarischen Gattung angehörte. Im vierten und fünften Stück der *Bremer Beiträge* des Jahres 1748 erschien ein religiöses Heldenepos, das Fragen der Religiosität, Menschenliebe und Versöhnungsbereitschaft auf eine dermaßen ungewöhnliche und mitreißende Weise ansprach, daß es zur größten literarischen Sensation in der deutschsprachigen Welt dieser Zeit avancierte. Der Titel des religiösen Heldengesanges lautete *Der Messias*, sein Verfasser war Friedrich Gottlieb Klopstock.

Schon als Schüler der sächsischen Landesschule Pforta bei Naumburg hatte Klopstock zu Beginn der 1740er Jahre den Plan gefaßt, die Erlösungstat Jesu Christi in Gestalt eines deutschsprachigen religiösen Epos literarisch zu bearbeiten. Nach seiner eigenen Aussage schloß Klopstock die Konzeption des „Messias" bereits gegen Ende seiner Schulzeit im Jahr 1745 ab.[275] Doch erst mit Beginn seines 1746 in Leipzig aufgenommenen Studiums machte er sich an die konkrete Ausführung des Plans. Er arbeitete ganz für sich und war einstweilen entschlossen, nichts vom *Messias* zu veröffentlichen. Doch dann brachte seine studentische Umgebung in Leipzig ihn in „ein literarisches Kraftfeld, dem er sich nicht entziehen konnte":[276] Er traf auf den Herausgeberkreis der *Bremer Beiträge*. Cramer, Ebert und Giseke boten ihrem neuen Kommilitonen ein aufgeschlossenes und kritikfähiges Forum, und noch im Laufe des Jahres 1747 entschlossen sie sich zur Veröffentlichung der ersten drei Gesänge des *Messias*. Nachdem sie sich ein positives, wenngleich zurückhaltendes Urteil Hagedorns aus Hamburg eingeholt hatten,[277] gelang es ihnen Klopstock umzustimmen und zur Publikation zu überreden, wobei sie allerdings auch Streichungen und Verwerfungen von manchen Textstellen veranlaßten.

In seinem Heldengedicht feiert Klopstock Christi Leidensweg als „der sündigen Menschheit Erlösung" durch die „Adams Geschlechte die Liebe der Gottheit / Mit dem Blute des heiligen Bundes von neuem geschenkt" wird.[278] Bei diesem Vorgang spielt der Messias die Rolle eines unverzichtbaren „Mittlers" zwischen zürnendem Gottvater und boshafter Menschheit. Seine wahrhaft heldische Tat ist das

---

[275] Vgl. Carl Friedrich Cramer, *Klopstock. Er; und über ihn*, Tl. 1: 1724–1747. Hamburg 1780, S. 89.

[276] Elisabeth Höpker-Herberg, Nachwort zum Messias, in: Friedrich Gottlieb Klopstock, *Der Messias*. Gesang I–III. Text des Erstdrucks von 1748, Studienausgabe, hg. v. Elisabeth Höpker-Herberg. Stuttgart 1986, S. 244.

[277] Hagedorn wurde Anfang 1747 mit Textausschnitten des *Messias* versorgt. Er schickte sie weiter an Bodmer „Noch will er alles geheim gehalten wissen und hat sich nicht entschliessen können, etwas davon in die Beyträge einrücken zu lassen", Friedrich von Hagedon an Johann Jacob Bodmer, 10. April 1747, in: Hagedorn, *Briefe*, S. 204.

[278] Friedrich Gottlieb Klopstock, *Der Messias*. Gesang I–III. Text des Erstdrucks von 1748, Studienausgabe, hg. v. Elisabeth Höpker-Herberg. Stuttgart 1986, Erster Gesang, S. 7.

Vollbringen einer allumfassenden „grosse[n] Versöhnung"[279] zwischen Schöpfergott und seinen gefallenen Kreaturen, die auch das rastlose Wüten des Satans nicht außer Kraft setzen kann. Es ist diese unerhörte, das tiefe Mitgefühl der Menschen herausfordernde *Reichweite* der Versöhnungtat Christi, der Klopstock seine besondere Aufmerksamkeit widmete.

Eine Vorstellung davon, was Versöhnung in letzter Konsequenz bedeuten mußte, entwickelte der Dichter im Verlauf seiner Darstellung des reuigen Teufels Abbadonaa. Die Episode, in der Klopstock darstellt, wie der gefallene Engel Abbadonaa seinen Abfall von Gott bereut und versucht, Satan und die übrigen Höllenbewohner davon abzubringen, den Messias auf Erden töten zu wollen, findet sich in der Mitte des zweiten von drei in den *Bremer Beiträgen* veröffentlichten „Gesängen". Auch von daher versteht er sich als die eigentliche Mitte des *Messias*. In ergreifenden Worten schildert der Dichter wie sich Abbadonaa „voll Seelenangst" und „mit Schwermuth" als reuig erweist und tief betrübt über seine Mitschuld an den Missetaten Satans nachsinnt: „Diese Gedanken zermarterten Abbadonaa, sein Auge / Floß von jammernden Thränen. So floß von Bethlehems Bergen Rinnendes Blut, da die Säuglinge starben".[280] In dieser Stimmung, noch ohne Hoffnung auf Erlösung, doch trotz allem wieder im Lobpreis der „herrlichen Welt" und des „selige[n] Himmel[s]" des Schöpfers begriffen,[281] kündigt er Satan seine Gefolgschaft auf: „Ich habe kein Theil an dir, ewiger Sünder, / Gottesleugner! Kein Theil, an deiner finstern Entschliessung, / Gott den Messias zu tödten".[282]

Wiewohl Klopstock offen ließ, ob der reuige Teufel Abbadonaa der Versöhnungtat des Messias teilhaftig werden würde, finden sich im zweiten Gesang doch eindeutige Hinweise darauf, daß der Dichter diesem Gedanken zugeneigt war. Immerhin wird die Abbadonaa-Episode durch Satans Lästerung über Christi Vorhaben eingeführt, selbst die Teufel, „die die ewige Nacht im Abgrunde quälet" zu sich heimzuholen.[283] Statt jedoch eine eindeutige Vorgabe in dieser Angelegenheit zu machen, war es Klopstock sehr viel wichtiger, Abbadonaa als starke Provokation auf seine Leser wirken zu lassen. Ob Abbadonaa, der bei Klopstock „als mächtige Gefühlskraft" zur „Versöhnung mit Gott" strebt,[284] schließlich erlöst werden konnte, sollten die Leser selbst entscheiden müssen. Damit waren sie allerdings aufgerufen, sich gegen die orthodoxe Auffassung zu stellen, die ja wegen des Dogmas von der Ewigkeit der Höllenstrafen eine Begnadigung Abbadonaas ausschloß.

---

[279] Ebd.
[280] Ebd., Zweyter Gesang, S. 62–63.
[281] Ebd., S. 68.
[282] Ebd., S. 63.
[283] Ebd., S. 60.
[284] Gerhard Kaiser, *Klopstock*. Religion und Dichtung. 2. erg. Aufl. Kronberg/Taunus 1975, S. 63.

Wenn Klopstock sogar den Teufel Abbadonaa in das Versöhnungsgeschehen miteinbezog, nimmt es nicht wunder, daß im *Messias* auch Passagen enthalten sind, die klar auf die künftige Begnadigung aller Menschen hinweisen. Im Erlösungsratschluß Christi verkündet der Gottessohn seine Absicht, „alle Geschlechte der Menschen" zu heiligen.[285] Auch dieser Beschluß darf zugleich als Aufruf an die Leser gedeutet werden, eine echte Versöhnungsbereitschaft gegenüber allen Mitmenschen in gleicher Weise zur eigenen Haltung werden zu lassen. Als Vorbild wird in dieser Hinsicht im *Messias* immer wieder auf Christus in seiner Eigenschaft als wahrer Mensch hingewiesen. Mit „menschenfreundlichen Blicken"[286] oder auch „menschenfreundlichen Thränen"[287] sowie durch Taten der Menschenliebe gibt er sich immer wieder als Bruder aller Menschen zu erkennen. Davon ergriffen machen sich dann auch seine Jünger und Anhänger „ein treues Bestreben" zu eigen, „*alle*, die Gott zum Bilde sich schuf, wie Brüder zu lieben".[288]

Das Erzeugen von Mitgefühl, das in Klopstocks Absicht lag, die Darstellung von echter Religiosität als Herzenssache, die als ihre erste Pflicht umfassende Versöhnungsbereitschaft und Menschenliebe begreift, entsprach exakt den ästhetischen und moralischen Kategorien, die auch Gellert in seinen Lustspielen erfolgreich angewandt hatte. Zwar bereitete Gellert – wie vielen seiner Zeitgenossen – „das Fremde, Harte, Rauhe, Verwegene" von Klopstocks Sprache große Schwierigkeiten, als er „die drey ersten Bücher seiner Messiade zum erstenmale las".[289] Doch wußte er, „von [Klopstocks] Gedanken zu reden", daß sie seiner eigenen Botschaft nahe verwandt waren, und daß sie folglich „richtig u[nd] im Grunde wahr gedacht sind", wiewohl sie, der Natur eines religiösen Heldengesanges gemäß, „oft die Mine des Übertriebnen" hatten und ganz anders klangen als der pointierte Witz seiner eigenen Dramen.[290]

Auch Gellerts überkonfessioneller Moralbegriff, der beispielsweise Calvinisten und Juden ein sittliches Handeln nicht absprechen wollte, spiegelte sich in der Weite der im *Messias* vermittelten religiösen Botschaft wider. So war es Klopstocks ausdrücklicher Wunsch, die Gefühle möglicher katholischer Leser nicht durch zugespitzt lutherische Auffassungen vom gemeinsamen Glaubensgut

---

[285] Klopstock, *Messias*, Erster Gesang, S. 11.

[286] Ebd., Zweyter Gesang, S. 44.

[287] Ebd., Dritter Gesang, S. 76.

[288] Ebd., S. 82. [Hervorh. J.O.]

[289] Christian Fürchtegott Gellert an Charlotte Sophie von Bentinck, [ohne Datum] 1755, in: Christian Fürchtegott Gellert, *Briefwechsel*, hg. v. John F. Reynolds, Bd. 1: 1740–1755. Berlin / New York 1983, S. 272. Um 1750 hatten Klopstocks Leser Schwierigkeiten mit seiner Sprache. Sie waren auf die vom gewöhnlichen Sprechen abgewandte Sprachhaltung einfach nicht vorbereitet. Gewöhnt an eine rationalistische, übersichtliche Syntax, trafen sie hier auf komplizierte Satzgefüge. Der leicht eingehende Wohlklang des Reims entfällt, dafür sind die Verse in sich melodisch.

[290] Christian Fürchtegott Gellert an Charlotte Sophie von Bentinck, [ohne Datum] 1755, in: Gellert, *Briefwechsel*, Bd. 1, S. 272.

zu verletzen. Nur wenige Monate nach der Erstveröffentlichung seines Epos urteilte Klopstock in einem Brief an Johann Jakob Bodmer über den *Messias*: „Die Religion der Herren Catholiken hat sich von mir alle Ruhe zu versprechen".[291] Unter keinen Umständen nämlich wollte der Dichter „bey den besten unter seinen katholischen Lesern, den moralischen Wirkungen hinderlich seyn, welche sein Gedicht haben könnte".[292] Wie Gellert wollte Klopstock zwar die Pflicht zur Sittlichkeit und Menschenliebe religiös begründen, jedoch nicht in Abgrenzung zu, sondern in möglichst weitgehender Übereinstimmung mit den Glaubenssätzen anderer Konfessionen.

Gerade weil Gellerts und Klopstocks für die *Bremer Beiträge* verfaßten Arbeiten ganz offenkundig übereinstimmende Moralvorstellungen zugrunde lagen, zu denen sich ja auch die anderen Mitarbeiter und Herausgeber der Zeitschrift durch die Bearbeitung und Veröffentlichung dieser Texte ausdrücklich bekannten, scheint es, als hätten die Autoren der *Bremer Beiträge* ein bereits existierendes, regelrechtes *System* der Moral vor Augen gehabt, dem sie verpflichtet waren.[293] Tatsächlich aber wurde ein umfassendes System der Moral, das als theoretisches Fundament der in den *Bremer Beiträgen* zum Ausdruck gebrachten Vorstellungen von Religiosität und Sittlichkeit gelten kann, erst seit Mitte der 1740er Jahre von einem Mitarbeiter der Zeitschrift entwickelt. Es war Gellert, der in seinen Vorlesungen über Beschaffenheit, Umfang und Nutzen der Moral den Versuch unternahm, die von ihm und Klopstock in der Dichtung dargestellten sittlichen Ideale nun auch wissenschaftlich zu begründen. Zugleich erwarb Gellert sich mit seiner systematischen Erklärung der Gründe und Eigenschaften der Moral eine Autorität, die ihn gleichsam zur moralischen Instanz aller an den *Bremer Beiträgen* beteiligten Autoren werden ließ.

2.3. Gellerts System der Moral und seine Pädagogik der Menschenfreundschaft

In seinem an das Geheime Consilium zu Dresden gerichtete Ersuchen um eine außerordentliche Professur an der Universität Leipzig vom Jahr 1751 gibt Gellert selbst an, daß er „bereits im Jahre 1744" von der Philosophischen Fakultät der

---

[291] Friedrich Gottlieb Klopstock an Johann Jakob Bodmer, 19. Oktober, 5. November, 2. Dezember 1748, in: Friedrich Gottlieb Klopstock: *Briefe*, Bd. 1: 1738–1750, hg. v. Horst Gronemeyer. Berlin / New York, S. 30.

[292] Friedrich Gottlieb Klopstock, *Der Messias*. Apparat, hg. von Elisabeth Höpker-Herberg. Berlin / New York 1986, S. 882 (zu XVIII 655–706A5).

[293] Daß die in den *Bremer Beiträgen* veröffentlichten Texte gerade wegen ihrer großen Übereinstimmung in sittlichen Fragen Eindruck machten, wird durch das Zeugnis von Zeitgenossen belegt. In diesem Sinne äußert sich auch Hagedorn mehrfach über „die Bremischen Beyträge", vgl. Friedrich von Hagedorn an Nikolaus Dietrich Giseke, 25., 26. September 1746 und Friedrich von Hagedorn an Nikolaus Dietrich Giseke, 29. November 1748, in: Hagedorn, *Briefe*, S. 177 u. 257.

Universität „das Recht Collegia zu lesen" erlangt habe.[294] Seit eben dieser Zeit sei er „unausgesetzt bemühet gewesen, der hieselbst studirenden Jugend durch Vorlesungen über die Moral" einen „wahren Nutzen zu verschaffen".[295] Zwar unterzog Gellert seine Vorlesungsreihe über die Moral – die er von 1744 bis zu seinem Tod im Jahr 1769 Semester für Semester abhielt – nachweislich einer ständigen Überarbeitung, doch lassen die frühesten erhaltenen Nachschriften der erst 1770 publizierten Vorlesungen erkennen, daß schon in den 1740er und 1750er Jahren „nahezu alle Teile der späteren wesentlich umfangreicheren Ausarbeitung bereits angelegt sind".[296]

Daß Gellert mit seinen Vorlesungen „keinem besonderen Lehrgebäude folgen"[297] und mehr leisten wollte, als nur „die Sittenlehre von derjenigen Seite vorzutragen, wo sie den Verstand als eine Wissenschaft unterrichtet, aufklärt und überzeugt",[298] geht unmittelbar aus der „Vorerinnerung an seine Zuhörer" hervor, mit der er seine Vorlesungsreihe einleitete. Eine solche, ausschließlich an den Verstand appellierende Moral hätten nämlich „schon viel scharfsinnige Männer vor [ihm] glücklich" ausgearbeitet.[299] Das offenkundige Manko einer nur die Vernunft ansprechenden Sittenlehre sei aber deren mangelnde Nachhaltigkeit: Zwar rechneten wir

> die Mühe, die wir auf die Kenntniß der Sittenlehre und ihrer Beweise wenden, der Tugend selbst als eine Mühe an, die wir bey ihre Erlangung und die Ausübung ihrer Gesetze gewandt hätten. Gleichwohl bleibt das Herz bey aller unsrer Weisheit leer, und bey dem geringsten Widerstande ungeneigt, sich nach ihr zu richten; und oft handeln wir in der nächsten Stunde wider diejenige Pflicht, die wir kurz vorher auf eine demonstrative Art erwiesen haben.[300]

---

[294] Christian Fürchtegott Gellert an das Geheime Consilium, 24. Januar 1751, in: Gellert, *Briefwechsel*, Bd. 2, S. 74.

[295] Ebd.

[296] Sibylle Späth, Kommentar zu Gellerts Vorlesungen, in: Christian Fürchtegott Gellert, *Moralische Vorlesungen*. Moralische Charaktere, hg. v. Sibylle Späth. Berlin / New York 1992, S. 443. Zur Entstehungsgeschichte der moralischen Vorlesungen und zur Datierung der erhaltenen Vorlesungsnachschriften vgl. Späth, *Kommentar*, S. 313 ff. Gellerts *Moralische Vorlesungen* wurden auf dessen Wunsch erst nach seinem Tode von seinen Freunden Johann Adolf Schlegel und Christian Leberecht Heyer veröffentlicht: *Christian Fürchtegott Gellerts Moralische Vorlesungen*, 2 Bde, hg. v. J. A. Schlegel und G. L. Heyer. Leipzig 1770. Von Gellerts Ermächtigung zu redaktionellen Eingriffen in den Text haben die Herausgeber Gebrauch gemacht, doch „[ü]ber Umfang und Art der Textänderungen durch die Herausgeber lassen sich Einzelheiten nicht mehr feststellen. Wohl aber ist anzunehmen, daß sie aus Pietät vor dem Werk des ehemaligen Lehrers ausschließlich stilistische Änderungen vornahmen", Späth, *Kommentar*, S. 315.

[297] Christian Fürchtegott Gellert, *Moralische Vorlesungen*. Moralische Charaktere, hg. v. Sibylle Späth. Berlin / New York 1992, S. 8.

[298] Ebd., S. 7.

[299] Ebd.

[300] Ebd.

Stattdessen betrat der Leipziger Dozent moralphilosophisches Neuland, indem er seinen Studenten die Sittenlehre „vornehmlich von der Seite" darstellen wollte, „wo sie das Herz rührt, bildet und bessert".[301] Das, was er über die Moral vorzutragen hatte, sollte also, um sich als dauerhaft gültig zu erweisen, die Herzen der Studenten ergreifen, sie rühren und die „Stimmen der innerlichen Empfindung" zum Sprechen bringen.[302] Demzufolge benannte er als wichtigste Aufgabe der Moral, ganz umfassend „unser Herz" zu „bilden", da wir uns nur so „zum Glücke leiten" könnten.[303]

Wenn die Moral nach Gellert „also eine Wissenschaft"[304] war, die in erster Linie das Herz „bildet und bessert",[305] dann galt es festzustellen, welches höchste Ziel mit dieser Herzensbildung erreicht werden sollte. „Wir sehen uns", stellte Gellert in diesem Zusammenhang fest, „mit Menschen umgeben, deren Hülfe und Gesellschaft wir nicht entbehren, und die auch die unsrige nicht missen können; die unser Vergnügen, so wie wir das ihrige, bald befördern, bald stören können".[306] Zu diesen Mitmenschen – die wir aufgrund unserer wechselseitigen Abhängigkeit unbedingt als „unsre Brüder"[307] begreifen mußten – fühlten wir zwar schon vom frühesten Kindesalter instinktive, natürliche „Neigungen",[308] doch bleibe es eine dauerhafte Anstrengung, dieses „geheim[e] Gefühl des Herzens" immer wieder neu „zu bemerken und zu erforschen", um nicht irgendeinmal Gefahr zu laufen, abzustumpfen und zu verrohen.[309] Herzensbildung bedeutete also, unsere angeborenen Neigungen füreinander nicht zu mißachten, sondern zu kultivieren, ja zu veredeln. Nicht allein „zu Freunden unsrer selbst", auch zu beständigen Freunden „andrer Menschen"[310] sollten wir uns täglich neu erziehen. Deshalb empfahl Gellert, „die dem Herzen eingedrückte Neigung, sich für das Glück der Andern zu bemühen, ihrem Elende zu wehren, so viel gütige Handlungen auszuüben, als wir

---

[301] Ebd.
[302] Ebd.
[303] Ebd., S. 13. Sehr wahrscheinlich ist dieser Anspruch auch der Grund, weshalb Gellert sich beharrlich weigerte, seine moralischen Vorlesungen noch vor seinem Tode zu veröffentlichen. Denn durch seinen lebendigen Vortrag wurde die rührende Wirkung seiner Moral deutlich gesteigert. Jede noch so intensive, stille Lektüre seiner Schriften mußte dahinter zurückstehen. Johann Wolfgang von Goethe, Gellerts berühmtester Hörer der 1760er Jahre, bestätigt in seinen Memoiren, wie wirkungsvoll Gellert seine Moral vorzutragen wußte: „[D]ie schöne Seele, der reine Wille, die Teilnahme des edlen Mannes an unserem Wohl, seine Ermahnungen, Warnungen und Bitten, in einem etwas hohlen und traurigen Tone vorgebracht", machten „einen augenblicklichen Eindruck", Johann Wolfgang von Goethe, Dichtung und Wahrheit, in: ders., Werke (Hamburger Ausgabe), hrsg. von Erich Trunz, Bd. 9, 12. durchgesehene Aufl. München 1994, S. 295.
[304] Gellert, Moralische Vorlesungen, S. 17.
[305] Ebd., S. 16.
[306] Ebd., S. 13.
[307] Ebd., S. 18.
[308] Ebd., S. 13.
[309] Ebd., S. 14.
[310] Ebd., S. 7.

können, und das zwar ohne Eigennutz"[311] als unbedingte ethische Handlungsanweisung oder auch als „Hauptgesetz der Moral"[312] zu begreifen.

Um diesem obersten Gebot der sittlichen Bildung aber auch Geltung und Wirkung zu verschaffen, bedurfte es, wie Gellert nun weiter ausführte, noch eines zusätzlichen Schrittes. Der Auftrag eine allgemeine Wohlfahrt und Menschenfreundschaft nach Kräften zu befördern, mußte unbedingt auch in seiner theologischen Dimension und religiösen Verankerung kenntlich gemacht werden, denn „ohne das Licht der Religion" würden auch wir in der Sittenlehre „nicht heller sehen, als die Weltweisen des Alterthums".[313] Der Unterschied zwischen einer nur philosophischen, rein verstandesgemäßen Moral und der Moral der Religion bestand nach Gellert darin, daß allein die auf einer göttlichen Offenbarung basierende Sittenlehre den Menschen die *Antriebskraft* verleihen konnte, die für ein opferbereites und uneigennütziges Leben benötigt wurde. Auch verfügte die Philosophie nicht über die umfassenden *Tröstungen* und Verheißungen, die die Religion ihrem Wesen nach auszeichneten.

So könne nur die Offenbarung als „klares und deutliches Sittengesetz" die Wohlfahrt der eigenen Widersacher, „[d]ie Liebe der Feinde", gebieten, während es der natürlichen Vernunft stets schwer werde, „die Nothwendigkeit dieser Pflicht zu erkennen".[314] Allein ein göttliches Gebot schärfe den Sinn dafür, wie sehr die Pflicht zur „uneigennützige[n] allgemeine[n] Menschenliebe" mit der Notwendigkeit einherging, „die Liebe zu uns, zur Welt und zum Leben" der Liebe „zu dem Nächsten aufopfern [zu] müssen, wenn die Wohlfahrt des Menschen nicht anders befördert werden kann".[315] Zudem schenke die religiöse Moral besonderen Trost, da sie versichere, „daß Gott unsre unvollkommene und fehlerhafte, aber doch aufrichtige Tugend, um einer göttlichen uns erworbenen Gerechtigkeit willen" tatsächlich „als vollkommen annehmen" wolle, wohingegen die Moral der Vernunft allenfalls eine vage Hoffnung nähren könne, daß Gott einen unvollkommenen aber aufrichtigen Gehorsam mit Wohlgefallen ansehen werde.[316] Aus diesem Grunde seien auch die Belohnungen der Ewigkeit, „dieser Schimmer des Lichts in der Philosophie", in der Religion „ein heller Mittag. Alles fließt in diesen Mittelpunkt zusammen: Gott ist ein Richter der Lebendigen und der Todten, der alles ans Licht bringen, von dem jeder empfahen wird, nachdem er gehandelt hat bey seinem Leben".[317]

Da nun „in dem Menschenfreunde", der sich im Glauben an Gott geborgen wisse, „ein gütiges Verlangen" lebe, „das in seiner Art gegen Andre zu seyn, was

---

[311] Ebd., S. 60.
[312] Ebd., S. 17.
[313] Ebd.
[314] Ebd., S. 49.
[315] Ebd., S. 51.
[316] Ebd., S. 54.
[317] Ebd., S. 52.

Gott gegen alle ist",[318] könne er nicht umhin „die Menschen insgesammt als Glieder der großen Familie Gottes" anzusehen und „überall aufrichtig, wahrhaft, verschwiegen, bescheiden, freundlich, züchtig, leutselig, und friedfertig mit ihnen zu verfahren".[319] Weil aber alle Menschen „mit uns einerley göttlichen Ursprung haben, und mit uns ein Gegenstand der allgemeinen Liebe des Schöpfers sind",[320] dürfe weiter gefolgert werden, „daß in allerley Volk", derjenige, welcher Gott in dieser Weise „fürchtet und recht thut", diesem Gott „sehr angenehm sey".[321] Ganz offensichtlich wollte Gellert mit dieser weiteren Folgerung den wichtigen Hinweis geben, Gott könne durchaus in ganz unterschiedlichen Religionen auf eine ihm gleichermaßen wohlgefällige Weise gedient werden. So wurde er jedenfalls von vielen Zeitgenossen an dieser Stelle auch verstanden,[322] wohl nicht zuletzt deswegen, weil der Autor der *Moralischen Vorlesungen* sich in dieser Hinsicht nicht nur in seinen Arbeiten für die *Bremer Beiträge* sondern auch in einem 1747 und 1748 in zwei Bänden erschienenen Roman ganz unmißverständlich geäußert hatte.

Im *Leben der schwedischen Gräfinn von G****, einem Roman, den der Verfasser selbst als einen seine Vorlesungen ergänzenden, *poetischen* Versuch der Sittenlehre verstand,[323] ließ Gellert nämlich einen Juden auftreten, welchen er nicht nur als einen treuherzigen und ehrlichen Mann zu schildern wußte, sondern den er insbesondere als „Freund" und „großen Wohltäter" seiner Mitmenschen charakterisierte,[324] da er „so viele Menschenliebe" erwiesen habe,[325] daß er „das größte Vertrauen" verdiene.[326] Zudem war dieser Jude „ohne alle Ostentation ein frommer Mann".[327] Gellert führte also einer ganz überwiegend christlichen Leserschaft vor – und dies gehörte sicherlich zu der lehrhaftesten und für diese Zeit ganz und gar neuartigen Intention des Romans –, daß das von ihm propagierte sittliche Ideal einer religiös fundierten Menschenfreundschaft selbstverständlich auch von einem

---

[318] Ebd., S. 222.

[319] Ebd., S. 224.

[320] Ebd., S. 221.

[321] Ebd., S. 281.

[322] Vgl. eine sich in diesem Sinne erklärende Fußnote der Herausgeber der moralischen Vorlesungen, Johann Adolf Schlegel und Christian Leberecht Heyer, von 1770, in: Gellert, *Moralische Vorlesungen*, S. 281.

[323] So führte Gellert diesen Roman unter dem Stichwort „Moralische Schriften" neben rein philosophischen Traktaten zur Sittenlehre in einer von ihm selbst verfaßten „Frauenzimmerbibliothek" auf. Vgl. Christian Fürchtegott Gellert an Johanna Erdmuth von Schönfeld, 26. Februar 1759, in: Gellert, *Briefwechsel*, Bd. 2. Berlin / New York 1987, S. 225. Friedrich Koch, *Christian Fürchtegott Gellert. Poet und Pädagoge der Aufklärung*. Weinheim 1992, S. 105, erblickt in Gellerts „dichterische[r] Gestaltung" der Sittenlehre die „Vorwegnahme seiner Erziehungslehre der Vorlesungen."

[324] Christian Fürchtegott Gellert, *Leben der Schwedischen Gräfinn von G****, hg. v. Bernd Witte. Berlin / New York 1989, S. 51.

[325] Gellert, *Leben*, S. 71.

[326] Ebd., S. 60.

[327] Wolfgang Martens, Zur Figur des edlen Juden im Aufklärungsroman vor Gotthold Ephraim Lessing, in: *Der Deutschunterricht* 36/4 (1984), S. 50.

Fremdgläubigen, in diesem Fall von einem sich zur jüdischen Religion bekennenden Menschen gelebt werden konnte.[328] Menschenliebe bedeutete damit für Gellert die vorbehaltlose Anerkennung der Eigenständigkeit von Kultur und Religion fremder Völker.[329]

Will man Gellerts Verdienste und Originalität[330] auf dem Gebiet der Sittenlehre zusammenfassend benennen, darf vor allem festgestellt werden, daß er in den

---

[328] Inwiefern Gellerts erstaunliche Offenheit für die Leistungen anderer Religionen eine Folge der liberalen Konfessionspolitik des sächsischen Staates war, bleibt Spekulation. Es ist aber bemerkenswert, wie weitreichende Freiheiten der Kurfürst in der Messestadt Leipzig den Vertretern nichtlutherischer Konfessionen zugestand. Vgl. dazu Karlheinz Blaschke, Die kursächsische Politik und Leipzig im 18. Jahrhundert, in: Martens, *Leipzig*, S. 29: „Der Staat war bemüht, alle Behinderungen des freien Messeverkehrs auszuschalten und nahm dabei keine Rücksicht auf den Rat und dessen enge Konfessionspolitik. Die kursächsischen Zentralbehörden in Dresden waren ebenso wie der Leipziger Rat von einer geprägten lutherischen Grundhaltung beherrscht, aber in ihnen lebte ein größerer Geist und sie trugen eine umfassendere Verantwortung. Es gefiel ihnen nicht, daß der Rat den Anhängern anderer Konfessionen und Religionen die Ausübung ihres Kultes nicht gestattete. Sie zwangen ihn nicht, seine Haltung aufzugeben, denn das hätte einen Eingriff in die städtische Selbstverwaltung bedeutet. Aber sie umgingen seine Zuständigkeit und taten alles, um den Kaufleuten fremder Konfessionen ihren eigenen Gottesdienst zu ermöglichen und ihnen dadurch den Aufenthalt in Leipzig annehmbarer zu machen. So wurde im Jahre 1702 im kurfürstlichen Amtshause zu Leipzig eine reformierte Kapelle eingerichtet und an ihr ein deutscher und ein französischer Prediger angestellt [...] in der landesherrlichen Pleißenburg, die am Rande der Stadt lag, wurde 1710 eine katholische Kapelle angelegt. Auch die Bewohner der griechisch-orthodoxen Konfession erhielten auf diese Weise ein eigenes Bethaus. Selbst der Gottesdienst der Juden, die auf den Messen ständig anwesend waren – 1675–1748 ist zu jedem Termin von jeweils 150 bis 500 Juden die Rede – wurde seit 1737 stillschweigend geduldet".

[329] Schon 1743 gestand Gellert in seinem Gedicht *Menschenliebe* Andersgläubigen bereitwillig zu – allerdings ohne eine bestimmte Konfession beim Namen zu nennen – , daß „ein treu und redlich Herz" in vielen von ihnen wohnte. Deswegen sei es auch schändlich, wenn sie aufgrund ihres Glaubens Religionsverfolgungen erdulden mußten: „[D]u denkst, du sprichst, du glaubst nicht so wie wir: So siehst du deine Qual in blinder Eifrer Händen, Die redend heilig sind, und Gott durch Thaten schänden. Aus Eifer für den Gott, der nichts als Liebe beut, Verfolgt und drängt man dich und stößt aus Heiligkeit Dich schäumend von sich aus, und suchet durch Verheeren, Durch Martern des Barbars dich christlich zu bekehren. Hält nicht noch manches Land, aus nie befohlner Pflicht, Rechtgläubig vor dem Herrn, ein heilig Blutgericht, Zum Bau des Christenthums und Ketzern zum Verderben, Die doch weit seeliger, als ihre Henker, sterben?" Als Ideal beschrieb er stattdessen die überkonfessionelle, aber dennoch religiös begründete Menschenliebe: „O wollte doch der Mensch des andern Schutzgott seyn: So wär das meiste Weh noch unbekannte Pein! Belebte jedes Herz der Geist der Menschenliebe: So wären Neid und Haß noch ungezeugte Triebe. Als Glieder schuf uns Gott, als Bürger einer Welt, In der des einen Hand die Hand des andern hält.", Christian Fürchtegott Gellert, Menschenliebe, in: Gellert, *Die Fahrt*, S. 17f. Das Gedicht wurde zuerst veröffentlicht in: *Belustigungen des Verstandes und des Witzes*, Bd. 5, November 1743, S. 426–433.

[330] „Von tatsächlicher Beeinflussung" bei der Entwicklung von Gellerts System der Moral, wie Koch zurecht schreibt, „zeugt lediglich die Auseinandersetzung mit Hutchesons" Sittenlehre, Koch, *Gellert*, S. 114. In der Tat war Francis Hutcheson einer der ganz wenigen Moralphilosophen, deren „Sittenschriften" Gellert in seinen moralischen Vorlesungen wohlwollend besprach. „Punktuelle Parallelen zu den Überlegungen Hutchesons finden sich vor allem in der ersten, zweiten und fünften [moralischen] Vorlesung [Gellerts]", Jan Engbers, *Der ,Moral Sense' bei Gellert, Lessing und Wieland*. Zur Rezeption von Shaftesbury und Hutcheson in

moralischen Vorlesungen schon seit Mitte der 1740er Jahre bemüht war, die Verwirklichung einer aus dem Glauben an Gott erwachsenen, allgemeinen Menschenfreundschaft als Hauptzweck und Grundgesetz der Moral in systematischer Form vorzutragen. Interessant ist nun, daß Gellert sich nicht damit begnügte, seine erwachsenen Hörer oder Leser vom sittlichen Ideal der Menschenliebe zu überzeugen, sondern daß er dieses Bildungsideal als gesamtgesellschaftliches Anliegen verstand, das auch Kindern zu einem möglichst frühen Zeitpunkt nahegebracht werden sollte. So widmete er immerhin zwei seiner moralischen Vorlesungen ausschließlich dem Problem der sittlichen Unterweisung von Kindern.

„Kinder erziehen", stellte Gellert zunächst einmal fest, „heißt, sie frühzeitig anweisen, daß sie Gott, sich selbst, die Welt, die Menschen und die Religion kennen, und ihr Verhalten nach diesen Kenntnissen einrichten lernen; daß sie Weisheit, Pflicht und Tugend frühzeitig fassen, und lieben, und ausüben lernen".[331] Demnach mußte „besonders in den ersten Jahren der Kinder"[332] die gründliche und gewissenhafte Erziehung zur religiösen Toleranz und Menschenliebe einsetzen, die sie ja im Erwachsenenalter als sittliche und tugendhafte Menschen auszeichnen sollte. Das bedeutete, daß Eltern und Erzieher vor allem eine große „Sorgfalt für die Bildung der Seele" der Kinder tragen sollten, für ihr Gefühl und ihre „Empfindungskraft", und dies „auch schon in den ersten und zartesten Jahren".[333] Da das Kind anfange „durch seine Neigungen zu leben, ehe es durch den Verstand lebt", müsse man bestrebt sein, natürliche Neigungen wie „Habsucht oder Rache" zu

---

Deutschland. Heidelberg 2001, S. 123. Die Ähnlichkeiten der moralischen Systeme Hutchesons und Gellerts sind denn auch nicht zu übersehen. Wie Gellert wandte sich auch Hutcheson gegen Selbstliebe als moralisches Grundprinzip, da doch „the feeling of our heart, reason, and history revolt against this account", Francis Hutcheson, *A System of Moral Philosophy*. London 1755, I, S. 75. Stattdessen forderte er, alle Ethik auf der Grundlage einer allgemeinen Menschenliebe zu errichten, denn Moral sei letztlich „reducible to one general Foundation" und dies sei die „Love of others", Francis Hutcheson, *An Inquiry into the Original of our Ideas of Beauty and Virtue, in Two Treatises*. London 1725, S. 150. Wichtiger als Hutchesons wohl berühmtestes Werk *A System of Moral Philosophy*, das erst 1755 posthum veröffentlicht und ein Jahr darauf als *Sittenlehre der Vernunft* von Lessing ins Deutsche übertragen wurde, war für Gellert allerdings: Francis Hutcheson, *Philosophia Moralis Institutio Compendiaria, Libris III, Ethices et Jurisprudentiae Naturalis Elementa continens*, Glasgow 1742: „Hutcheson hat auch eine kleinere Moral lateinisch geschrieben, die ich seinem größeren Werke vorzuziehen geneigt wäre", Gellert, *Moralische Vorlesungen*, S. 119. Trotz aller Ähnlichkeiten bleibt aber festzustellen, daß die von Gellert propagierte religiöse Toleranz für Hutcheson erst spät und dann allenfalls am Rande ein Thema wurde. Vgl. Hutcheson, *A System*, II, S. 312f. Die Unterschiede zwischen den moralphilosophischen Systemen Gellerts und Hutchesons hat jetzt Jan Engbers deutlich herausgearbeitet: Engbers, *Der ‚Moral Sense'*, S. 123–131. Vgl. zu Hutchesons Sittenlehre auch die vorzügliche Studie von Wolfgang Leidhold, *Ethik und Politik bei Francis Hutcheson*. Freiburg / München 1985.

[331] Gellert, *Moralische Vorlesungen*, S. 232.
[332] Ebd., S. 231.
[333] Ebd., S. 236. Gellert betont zwar auch die Notwendigkeit, „unsern Kindern von den ersten Jahren an, einen gesunden, dauerhaften und festen Körper zu geben", doch verweilt er bei diesem Thema nicht allzu lange, wobei er sich mit wenigen einschlägigen Hinweisen begnügt. Vgl. Gellert, *Moralische Vorlesungen*, S. 234f.

unterdrücken und stattdessen „unschuldige und angenehme", den Menschen wohlwollende Gefühle in ihm zu wecken.[334]

Um nun das wichtigste Ziel der Erziehung zu erreichen, nämlich das Herz eines Kindes „frühzeitig zu den frommen Empfindungen der Menschenliebe, des Mitleidens, der Gutthätigkeit, der Dankbarkeit, Freundschaft, Demuth und des Vertrauens auf die göttliche Vorsehung zu bilden",[335] trage der Lehrer Beispiele dieser Tugenden „aus der Geschichte, insonderheit der biblischen",[336] zusammen, und erzähle sie den Kindern in einer verständlichen und anschaulichen Sprache „auf eine lebhafte und geistreiche Art".[337] Danach lasse er sie diese Geschichten selbst vortragen, darüber urteilen und dabei das Vortreffliche dieser Tugenden „mit Beyfall und Bewunderung" tief empfinden.[338] Auf diese Weise lehre ein guter Erzieher jedes Kind gewiß, „alle Menschen als seine Brüder"[339] anzusehen und dabei „den Wunsch zu fühlen", stets „liebreich, wohlthätig, treu, wahrhaft und freundschaftlich gegen alle Menschen" zu sein.[340]

Diese mit Nachdruck vorgetragene Aufforderung, Kinder schon möglichst frühzeitig zu moralischen, gefühlvollen und toleranten Mitmenschen zu erziehen, ist ein besonders origineller Aspekt der Sittenlehre Gellerts, der einmal mehr zeigt, mit welch großem pädagogischen Elan der Leipziger Professor seine Vorlesungen anging. Erstaunlicherweise hat jedoch gerade diese pädagogische Komponente von Gellerts Moral in der einschlägigen Geschichtsschreibung noch viel zu wenig Beachtung gefunden. Immerhin hat Moritz Hermann Schuller bereits 1880 darauf hingewiesen, daß Gellert einer der allerersten war, der im 18. Jahrhundert „dem aufblühenden schulwesen vorschub geleistet" habe,[341] indem er in seinen moralischen Vorlesungen als Erziehungstheoretiker den „Basedows und Pestalozzis" recht eigentlich „die bahn bereitet[e]".[342] In neuerer Zeit hat allein Friedrich Koch die „Originalität der Gellertschen Pädagogik"[343] thematisiert und in diesem Zusammenhang auch herausgearbeitet, wie wichtig insbesondere die religiös begründete Toleranz für Gellerts erzieherisches Konzept war.[344]

---

[334] Ebd.
[335] Ebd., S. 239.
[336] Ebd., S. 240.
[337] Ebd., S. 241.
[338] Ebd., S. 240.
[339] Ebd.
[340] Ebd., S. 241.
[341] Moritz Hermann Schuller: Über Gellerts erzieherischen Einfluß, in: *Neue Jahrbücher für Philologie und Pädagogik*, Bd. 121/122, Heft 2/3. Leipzig 1880, S. 87. Vgl. auch Woldemar Haynel: Gellerts pädagogische Wirksamkeit, in: *Neue Jahrbücher für das Klassische Altertum, Geschichte und Deutsche Literatur und für Pädagogik*, 1899, II. Abteilung, S. 221–235 u. 241–255.
[342] Schuller, *Über Gellerts erzieherischen Einfluß*, S. 90.
[343] Koch, *Gellert*, S. 105.
[344] Ebd., S. 162f. Vgl. neuerdings auch: Jürgen Overhoff: Erziehung zur Menschenfreundschaft und Toleranz. Rochows Beziehungen zu Gellert und Basedow, in: Schmitt / Tosch, *Vernunft fürs Volk*, S. 128–137.

3. Basedow in Kiel und Borghorst (1748–1752): Die Entstehung seiner Erziehungslehre von 1752

3.1. Basedows Studium in Kiel

Man wird davon ausgehen dürfen, daß die seit Mitte der 1740er Jahre von Gellert vorgetragene neue Sittenlehre und Pädagogik, deren moralischen Grundsätzen ja auch die wichtigsten Texte der *Bremer Beiträge* ganz offenkundig verpflichtet waren, auch von dem jungen Basedow – wenigstens in ihren Grundzügen – rezipiert wurde. Zwar ist nicht belegt, ob Basedow während seines Leipziger Studiums Gellerts Vorlesungen überhaupt besuchte, doch bediente er sich, wie wir schon gehört haben, in jedem Falle „des Umgangs"[345] einiger Mitarbeiter der *Bremer Beiträge*, zu denen er neben Ebert, Giseke und Cramer ganz ausdrücklich auch „die Herren Gärtner, Schlegel, *Gellert*"[346] zählte. Schon allein weil er angab, daß diese „Herren Beyträger" bereit waren, ihm von Zeit zu Zeit „etwas vor[zu]lesen oder [zu] beurtheilen",[347] wäre es äußerst unwahrscheinlich, wenn er als Freund dieser Männer ausgerechnet Gellerts Gedanken über Beschaffenheit und Nutzen der Moral nicht zur Kenntnis genommen haben sollte. Dennoch blieb er in seinen eigenen Anschauungen von Gellerts Sittenlehre zunächst unbeeinflußt. Jedenfalls finden sich keine Anzeichen dafür, daß er Gellerts religiös-moralische Botschaft bereits als Student reflektierte oder gar eigenständig weiterentwickelte.

Auch die große Wertschätzung, die Basedows Förderer Hagedorn für Gellert hegte, änderte daran nichts. Immerhin machte Hagedorn in seinen Briefen an die Leipziger Studenten Giseke und Ebert zunehmend deutlich, daß sich Gellert, wie übrigens auch die anderen Verfasser der *Bremer Beiträge*, in ihren moralischen Anschauungen erfreulicherweise kaum von den sittlichen und gesellschaftlichen Zielsetzungen der Hamburger Patrioten unterschieden, ja diese sogar in ganz neuartiger Weise weiterentwickelt hatten.[348] Zwar erkannte auch Basedow an, daß die Verfasser der *Bremer Beiträge* im Hagedornschen Sinne „zur Ehre Teutschlands

---

[345] SUBH, Sup. Ep. 113, 126–127, Johann Bernhard Basedow an Matthäus Arnold Wilckens, 10. Oktober 1747.

[346] SUBH, Sup. Ep. 113, 124–125, Johann Bernhard Basedow an Matthäus Arnold Wilckens, 14. Mai 1746 [Hervorh. J.O.].

[347] SUBH, Sup. Ep. 113, 126–127, Johann Bernhard Basedow an Matthäus Arnold Wilckens, 10. Oktober 1746.

[348] Friedrich von Hagedorn an Nikolaus Dietrich Giseke, 25./26. September 1746: „Die Bremischen Beyträge erhalten sich in ihrer bisherigen Stärcke und Ehre, und ich lese darinnen selten etwas, dessen Verfasser ich nicht seyn möchte", und Friedrich von Hagedorn an Nikolaus Dietrich Giseke, 29. November 1748: „[...] lese ich itzo wieder die Beyträge. An denselben finde ich nur dieses auszusetzen, daß ich sie nicht gemacht habe. Zugleich aber erfreue ich mich, daß die meisten Verfasser mich mit ihrer Freundschaft beehren", in: Hagedorn, *Briefe*, S. 177 und S. 257. Von Gellert ließ Hagedorn sich seit 1744 über Ebert immer wieder dessen neueste Texte in Abschrift zuschicken. Vgl. Friedrich von Hagedorn an Johann Arnold Ebert, 8. Februar 1745, in: Hagedorn, *Briefe*, S. 124.

und zur Einführung eines bessern Geschmackes" tätig waren, doch unterließ er es „unter der Aufsicht dieser geübten Gesellschaft etwas auszuarbeiten", was Gellerts literarischen, religiösen und moralischen Maßstäben entsprochen hätte.[349] Auch gegen Ende seines Leipziger Studiums war Basedow noch nicht bereit, sich Gellert und den anderen Verfassern der *Bremer Beiträge* voll und ganz anzuschließen. Stattdessen forderten seine ernsthaften theologischen Studien – trotz oder gerade wegen des durch Crusius wiedergeweckten Vertrauens in die Texte der Bibel – nach wie vor seine ganze Aufmerksamkeit. Während er sich bis gegen Ende des Jahres 1747 mit den Grundlagen des Offenbarungsglaubens beschäftigt hatte, begann er *nach* Überwindung seiner religiösen Krise die Glaubwürdigkeit der Lehren des eigenen, lutherischen Bekenntnisses eingehend zu überprüfen. Seit dem Sommersemester 1748 besuchte er deshalb Vorlesungen über die Glaubensartikel der Augsburgischen Konfession. Allerdings hörte er diese Vorlesungen nicht mehr in Leipzig sondern in Kiel, übersiedelte er doch im Frühjahr 1748 von Sachsen nach Schleswig-Holstein.[350]

Was Basedow bewogen hat, Leipzig zu verlassen und stattdessen die Universität Kiel zu besuchen, „ob eigner Wunsch, noch andere Meinungen, als die Leipziger zu hören, ob der Rat seiner Hamburger Gönner",[351] läßt sich heute kaum mehr ermitteln. Weder finden sich in Basedows Briefen der 1740er Jahre diesbezügliche Erklärungen, noch enthalten seine späteren Lebenszeugnisse Hinweise auf die Motivation des unvermittelt vorgenommenen Orts- und Hochschulwechsels. Ein besonders hohes Ansehen hatte die Universität Kiel zu dieser Zeit jedenfalls nicht. Von allen Abgängern des Hamburger Gymnasiums der 1730er und 1740er Jahre zog es neben Basedow nur noch einen weiteren Schüler zum Studium nach Kiel.[352]

Tatsächlich befand sich die Kieler Christian-Albrechts-Universität in der ersten Hälfte des 18. Jahrhunderts auf dem Tiefpunkt ihrer Entwicklung. Nach einem zunächst glückhaften Beginn im Jahre 1665 büßte die Universität schon nach we-

---

[349] SUBH, Sup. Ep. 113, 126–127, Johann Bernhard Basedow an Matthäus Arnold Wilckens, 10. Oktober 1746.

[350] Daß und wann Basedow in Kiel studierte, ist erstmals von Armin Basedow nachgewiesen worden: „Von dieser Kieler Studienzeit hat weder bisher einer seiner Biographen etwas gewußt, noch hat, so weit ich sehe, Basedow derselben in einer seiner Schriften Erwähnung getan. Und doch ist daran nicht zu zweifeln. Denn in seiner Vita lesen wir: ‚Bienno post albo Kiloniensis academiae inscriptus, Frisii summi viri in Aug. Conf. Praelectionibus interfui, nec non reliquas literas repetendo ac cum viris doctissimis, quoties data occasio erat, versando excolui'. Nach gefl. Auskunft der Kieler Universitätskanzlei findet sich in der dortigen Universitätsmatrikel des Jahres 1748, Mai, unter Nr. 28 der Eintrag: ‚Joannes Bernhardus Bassedau, Hamburg. Gratis'." (Armin Basedow, *Johann Bernhard Basedow*, S. 52). Vgl. auch *Das Album der Christians-Albrechts-Universität zu Kiel 1665–1865*, hg. v. Franz Gundlach. Kiel 1915, S. 98.

[351] Armin Basedow, *Johann Bernhard Basedow*, S. 52.

[352] StAH, 362-1, Akademisches Gymnasium, B 2 Acta et Documenta Gymnasii Hamburgens. in usus privatos consignata studio et manu Michaelis Richey, Matricula Gymnasii Hamburgensis, S. 77–167.

nigen Jahrzehnten so viel von dem ursprünglich guten Ruf ein, „daß ihre Studentenzahlen absanken, ihre Lehrstühle oft von unzulänglichen Gelehrten besetzt waren, ihre innere Ordnung sich auflöste, sie schließlich vor die Frage gestellt wurde, ob sie überhaupt noch lebensfähig sei?"[353] Die chronische Unterfinanzierung der Universität führte schließlich sogar dazu, daß ihre Gemäuer verfielen. Vom ruinösen Zustand der Universitätsgebäude zeugt ein düsteres Schreiben des Juristen Stephan Harprecht von Harprechtstein aus dem Jahre 1724: In den Hörsälen seien die Wände, Dächer und Fenster „zerrissen, zerbrochen und dergestalt verderbt, daß Schnee, Regen und Wind aller Orten durchdringen und man vor dem Unwetter sich nirgends schützen kann."[354] 1747 veröffentlichten Bausachverständige dann ein Gutachten, in dem sie forderten, das theologische und juristische Auditorium völlig abzutragen. Daraufhin wurden die akademischen Feierlichkeiten eine Zeitlang in die Klosterkirche verlegt, wogegen die Stadt Kiel aber Einspruch erhob, da sie der Universität das Recht bestritt, die Kirche als akademischen Hörsaal zu nutzen. Schließlich „flüchtete man in das Auditorium philosophicum, und als auch dieses einzustürzen drohte, in den Hörsaal der Mediziner. 1750 mußten Giebel und Mauerwerk des theologischen Auditoriums abgebrochen werden."[355]

Daß Basedow die Vorzüge Leipzigs aufgab, um sein Studium freiwillig an der krisengeschüttelten und maroden Christian-Albertina in Kiel fortzusetzen, läßt sich bei genauer Betrachtung der Dinge eigentlich nur verstehen, wenn man als Begründung für diesen Schritt Basedows Finanznot anführt, die ihm ja bereits in Sachsen schwer zu schaffen machte. Sicherlich konnte sich Basedow, der zur Erlangung des Magistergrades noch einige weitere Semester zu studieren hatte, leichter in Kiel ernähren als im teuren Leipzig. Auch mag die Nähe zu Hamburg bei der Wahl Kiels eine Rolle gespielt haben. Trotz des beklagenswerten Zustands der Universität mußte Basedow aber keineswegs auf eine gute akademische Ausbildung verzichten, hörte er in Kiel doch bei dem Theologen Martin Friese – auch Frisius genannt –, einem der wenigen herausragenden Gelehrten der Christian-Albertina, der sich zudem bei dem Versuch der Konsolidierung der Universität gemeinsam mit dem Professor der Eloquenz, Sebastian Kortholt, „große Verdienste" erwarb und „das Schlimmste abwandt[e]".[356] 1684 im jütländischen Ripen geboren und mit einem Magistergrad der Universität Kopenhagen versehen,

---

[353] Alexander Scharff, *Verfall und Wiederaufstieg der Christian-Albrechts-Universität im 18. Jahrhundert.* Kiel 1967, S. 6.
[354] UBK, Hds. SH 106 B, Stephan Harprecht v. Harprechtstein, *Umbständliche Relation vom betrübten zustand der allhiesigen Universität zum Kiel von Professor Harprecht, Kiel 3. Februar 1724.*
[355] Scharff, *Verfall*, S. 14.
[356] Ebd., S. 8.

amtierte er seit 1719 nicht nur als Professor der Theologie, sondern auch als Pro-kanzler der Universität Kiel.[357]

Friese, der heute nahezu vergessen ist, war zu seiner Zeit ein wichtiger Interpret der lutherischen Glaubenslehre, der sich vor allem mit den theologischen und dogmatischen Differenzen der verschiedenen protestantischen Konfessionen und Sekten beschäftigte. Dabei kam es ihm darauf an, das eigene Glaubensverständnis zu den Bekenntnissen der anderen protestantischen Glaubensgemeinschaften in genaue Beziehung zu setzen, um gegebenenfalls Möglichkeiten zu einer Union der Konfessionen auszuloten. Ein selbstgerechtes Ausspielen der lutherischen Lehre gegen den Calvinismus sowie gegen andere protestantische Gemeinschaften war jedenfalls seine Sache nicht. In irenischem Geiste hatte er bereits 1722 in seiner *Dissertatio theologica Fridericiana* erörtert, unter welchen Bedingungen die Prote-stanten „ad unionem inter evangelicos et reformatos" gelangen könnten.[358] Zwar beurteilte er die Möglichkeit einer Union der protestantischen Bekenntnisse eher skeptisch, da die bestehenden Differenzen zwischen den Konfessionen offensicht-lich noch zu groß seien. Doch mahnte er in dieser Schrift mit Nachdruck an, „ex scriptis nostris contra Reformatos" sämtliche „virulenta verba" zu verbannen,[359] da im Gespräch mit andersgläubigen Christen stets gegenseitiger Respekt, nicht Haß, den Ton angeben solle. Die gleiche Anschauung vertrat er dann auch in einer 1730 veröffentlichten Jubelrede zum zweihundertsten Jahrestag der Augsburgischen Konfession.[360]

Diese Mahnung zum respektvollen Umgang mit Anhängern anderer protestanti-scher Bekenntnisse wird Friese zweifelsohne auch in seinen Vorlesungen über die Augsburgische Konfession vorgetragen haben, denen Basedow nach eigenem Bekunden im Sommerhalbjahr 1748 beiwohnte.[361] Für „hoc Aestivo tempore usque ad festum diem michaelis" des Jahres 1748 kündigte Friese als „Academiae Pro-

---

[357] *Monumentum Funebre viro magnifico et summe venerando Martino Frisio* [Einladung des Prorektors und Senats der Universität Kiel zur Beisetzung des Martinus Frisius]. Kiel 1750 [Universitätsbibliothek der Christian-Albrechts-Universität zu Kiel, Signatur B 181 2032–1930].

[358] Martin Friese (Frisius), *Dissertatio theologica Friedericiana, qua [Dokimasian] exhortationis irenicae ad unionem inter evangelicos et reformatos procurandam hodie factae instituit.* Kiel 1722.

[359] Friese, *Dissertatio theologica*, S. 45.

[360] Martin Friese (Frisius), *Oratio secularis in memoriam Augustanae Confessionis.* Kiel 1730.

[361] „Biennio post albo Kiloniensis academia inscriptus, Frisii summi viri in Aug. Conf. Praelectionibus interfui", *Vita* Johann Bernhard Basedows, eingereicht am 7. Juni 1752 bei der philosophischen Fakultät der Universität Kiel zur Erwerbung des Magistergrades. Dieses Ma-nuskript, das noch von Armin Basedow bei seinen Nachforschungen im Jahre 1913 benutzt werden konnte, wird in Armin Basedow, *Johann Bernhard Basedow*, S. 7–9, im Originalwort-laut wiedergegeben. Das Manuskript gilt aber heute als verschollen. Vgl. dazu auch ein Schrei-ben des Landesarchivs Schleswig-Holstein vom 29. März 2000 an den Verf.: „Die Vita befand sich offenbar im Kieler Fakultätsarchiv, wo sie wohl von Kupke [Archivar, J.O.] in den 20er Jahren eingesehen worden ist. Man muß wohl davon ausgehen, daß sie danach nicht an das StA Kiel / LAS abgegeben worden ist, sondern bei Luftangriffen im WKII verloren gegangen ist".

Cancellarius & Professor theologiae primarius" zwei Vorlesungen an, nämlich „publice, collatis invicem praecipuis Ecclesiae nostrae libris symbolicis, locutiones enodavit difficiliores" und „privatim illis, quibus volupe sit, collegium, ut vocant, disputatorium per omnes fidei habebit articulos" an.[362] Beide Vorlesungen könnten von Basedow mit der von ihm genannten über die Augsburgische Konfession gemeint sein. Was Basedow demnach bei Friese gelernt haben dürfte, ist die Überzeugung, daß die Zugehörigkeit zur lutherischen Religion und Tradition gelebt werden konnte ohne zugleich das Glaubensbekenntnis andersgläubiger Mitchristen als Bedrohung zu empfinden oder gar verdammen zu müssen.

Über Basedows weiteres Tun und Treiben während seines Aufenthaltes in Kiel ist nichts genaueres bekannt. Er hielt sich aber gar nicht lange in der holsteinischen Universitätsstadt an der Ostsee auf, sondern verlegte seinen Wohnsitz schon bald ins Schleswigsche. Bereits gegen Ende des Wintersemesters 1748/9 siedelte er ins nur wenige Meilen nördlich von Kiel gelegene Borghorst bei Gettorf über, um Erzieher im Hause des Herrn Josias von Qualen zu werden.

3.2. Basedows Berufung nach Borghorst[363]

Den Ruf nach Borghorst erhielt Basedow wohl schon Ende des Jahres 1748, als er zu Verhandlungen über die Annahme der Stelle dorthin gebeten wurde. In einem Brief Basedows an seinen ehemaligen Lehrer Richey vom 30. November 1749 heißt es nämlich, daß er „[a]d proxime praecedentis anni exitum Borghorstum advocatus" sei.[364] Die endgültige Übersiedelung nach Borghorst erfolgte aber erst im Verlauf des Jahres 1749. Für diese Behauptung spricht, wie Armin Basedow nachgewiesen hat, „nicht nur Basedows Angabe, daß er ‚bei dem Schlusse seines siebenten Jahres' des jungen v. Qualen Führer ward (Methodenbuch VI, 2 – dieser war aber den 20 April 1742 geboren –, sondern auch daß dieser ‚mensibus octo haec ex dictis hausisse'",[365] wie es in den am 30. November 1749 abgeschlossenen Briefen an Richey heißt.

Der Berufende, Josias von Qualen, war ein kluger und gelehrter Adeliger, dessen aufgeklärte Gesinnung auch Basedow in seinen Briefen an Richey mehrfach

---

[362] *Indices Lectionum Kilonensium*, Bd. 2: 1714–1750. Kiel 1665–1801.

[363] Vgl. dazu jetzt: Jürgen Overhoff, Basedow als Hauslehrer auf Borghorst. Sein Erziehungsprogramm von 1752 im Licht neuer Quellenfunde, in: *Jahrbuch für historische Bildungsforschung* 8 (2002), S. 159–180.

[364] Johann Bernhard Basedow an Michael Richey, 30. November 1749, in: Basedow, *Epistolae*, S. 9.

[365] Armin Basedow, *Johann Bernhard Basedow*, S. 58. Vgl. auch die Angaben in Basedows *Vita*: „sequenti anno [nach seiner im Mai 1748 vorgenommenen Immatrikulation, J.O.] puero nobili Josiae a Qualen praeceptor praeessea coepi", Armin Basedow, *Johann Bernhard Basedow*, S. 8.

würdigt.[366] Qualen, geboren am 8. Dezember 1705, entstammt einem alten holsteinischen Adelsgeschlecht, das im 13. Jahrhundert erstmals genannt wird, und dessen nachweisliche Stammreihe mit Otto von Qualen auf Koselau, gestorben nach 1549, beginnt.[367] Sein Vater, Heinrich von Qualen, der früh verschied, scheint kein eigenes Gut besessen zu haben. Nach dessen Tod dürfte Josias unter der Aufsicht seiner Mutter Magdalena von Buchwaldt aus dem Hause Pronstorf und anderer Verwandter an unterschiedlichen Orten aufgewachsen sein. Im August 1722 ließ er sich als Jurastudent in Halle immatrikulieren. Daß Qualen somit bei Christian Thomasius und Christian Wolff, den beiden Wegbereitern der deutschen Aufklärung, gehört hat, ist sehr wahrscheinlich, wenn auch nicht belegt.

Nach seinem Studium kehrte Qualen nach Holstein zurück und erwarb 1736, im Jahr seiner Heirat, das Gut Borghorst im Dänischen Wohld. Im Kaufvertrag wird Qualen als Oberschenk des Bischofs von Lübeck bezeichnet;[368] er bekleidete demnach einen der höchsten Posten am Eutiner Hof. Doch erst 1742 nahm Qualen Borghorst tatsächlich in Besitz. Noch im selben Jahr baute er dort ein äußerst schlichtes, aber stattliches Herrenhaus, das in seinem Baustil ganz „dem Geist eines eigenwilligen und witzigen Grandseigneurs seiner Zeit"[369] entspricht und noch heute im wesentlichen unverändert erhalten ist. Seit 1742 lebte Qualen auf Borghorst überwiegend als Landedelmann, der auf seinen Gütern vielfältige Verbesserungen einführte. Insbesondere auf dem Gebiet der Landwirtschaft tat sich Qualen in einer für seinen Stand durchaus ungewöhnlichen Weise hervor. Sein Verständnis von der gewissenhaften Führung „eines Adeligen Guths" faßte er in einer knapp achtzig Seiten starken Schrift zusammen, die er 1760 veröffentlichen ließ.[370] Darin betrachtet er das Gut „nur am Rande als Grundlage einer standesgemäßen Existenz", im wesentlichen aber „als Kapitalanlage", die „einer strengen

---

[366] Vgl. Johann Bernhard Basedow an Michael Richey, 30. November 1749, in: Basedow, *Epistolae*, S. 6: „Quem patrem vellem, si cujius filius essem, eligerem" und „in me se praebet facilem satis atque benignum".

[367] Über Josias von Qualen weiß man verhältnismäßig wenig, wiewohl er eine markante Persönlichkeit im Schleswig-Holstein des 18. Jahrhunderts gewesen sein muß. Die meisten bekannten Daten über ihn sind enthalten in Hans Hellmuth Qualen, *Geschichte der Familien Qualen und von Qualen*. Kiel 1978, S. 92–106; Helmut Tiemer, Das Gut Borghorst mit den Familien von Qualen und Hamann als Besitzern, in: *Jahrbuch der Heimatgemeinschaft des Kreises Eckernförde* 27 (1969), S. 124–138; Dieter Lohmeier, Vorbemerkungen zu Josias von Qualens Beschreibung eines Adelichen Guths in Holstein, in: ders. und Christian Degn (Hg.), *Staatsdienst und Menschlichkeit*. Studien zur Adelskultur des späten 18. Jahrhunderts in Schleswig-Holstein und Dänemark. Neumünster 1980, S. 299–306 sowie Peter Hirschfeld, *Herrenhäuser und Schlösser in Schleswig-Holstein*, 5. verb. Aufl. München / Berlin 1980, S. 185f.

[368] LAS, Abt. 399.1191, Nr. 10.

[369] Tiemer, *Das Gut Borghorst*, S. 128. Auch Peter Hirschfeld schreibt über das Portal dieses Herrenhauses voller Anerkennung: „[Es] ist in Zeichnung und Ausführung eins der liebevollst behandelten Stücke dieser Art in Schleswig-Holstein", Hirschfeld, *Herrenhäuser*, S. 186.

[370] Josias von Qualen, *Beschreibung eines Adelichen Guths in Holstein nebst einigen Betrachtungen*. o. O. 1760, wiederabgedruckt in: Degn / Lohmeier, *Staatsdienst*, S. 307–384.

Wirtschaftlichkeitsrechnung unterworfen wird".[371] Die Geisteshaltung, die aus diesem Text spricht, verrät, wie Lohmeier treffend bemerkt, „keinerlei spezifisch aristokratische Normen, sondern eher die Geisteshaltung eines soliden Bürgers nach dem Geschmack der deutschen Frühaufklärung, der im adligen Prestigekonsum nur ein Zeichen moralischer Verworfenheit sehen kann".[372]

Dieser aufgeklärte Geist spricht auch aus dem etwa gleichzeitig mit der *Beschreibung eines Adelichen Guths* verfaßten Testament Qualens.[373] Im letzten Paragraph dieses Schriftstücks ermahnt er seine Kinder mit ihren zeitlichen Gütern sparsam zu wirtschaften, um „dieselben zu conserviren und wo es seyn kann zu vermehren".[374] Doch sollten die Kinder die dann erworbenen Früchte ihrer Arbeit nicht „unnöthiger Weise mit Wollust" selbst verzehren, sondern mit ihrer Hilfe in „Liebe und Treue gegen einander und auch gegen alle Menschen" wohltätig sein.[375] Als das schlechthin „Nothwendige in der Welt"[376] bezeichnet er in diesem Zusammenhang eine gute Erziehung, zu welcher man Kindern schon frühzeitig verhelfen solle, da sie nur auf diese Weise „zu einer wahren Gottesfurcht" gelangen könnten, die als Grundlage und Motivation für alles wohltätige Handeln angesehen werden müsse.[377] Daß „man keine Erziehung geben kann", sei somit „das größte Unglück", welches Qualen durch eigene „Erfahrung bey andern vielen Gelegenheiten in der Welt gesehen" habe.[378]

Diese Überzeugung von der Unabdingbarkeit einer guten Erziehung leitete Qualen wohl auch schon 1749, als er Basedow zum Hauslehrer seines siebenjährigen Söhnchens bestimmte, das nach seinem Vater auf den Namen Josias hörte. Wie wurde Qualen auf Basedow aufmerksam? Möglicherweise erfuhr er von dem begabten Studenten durch seine Bekanntschaft „cum viris doctissimis",[379] mit denen Basedow, ohne sie näher zu benennen, nach eigener Aussage in Kiel Umgang hatte. Friedrich August Benzler, Basedows späterer Hausdiener und Gehilfe, glaubte sich im Jahr 1807 hingegen daran erinnern zu können, daß sein Brotherr von seinem Kommilitonen Cramer an Qualen empfohlen worden war.[380] Wie dem

---

[371] Lohmeier, *Vorbemerkungen*, S. 303.
[372] Ebd.
[373] LAS, Abt. 399.1191, Nr. 13, Testament Josias von Qualens vom 25. Februar 1760 (beglaubigte Abschrift).
[374] Ebd.
[375] Ebd.
[376] Ebd.
[377] Ebd.
[378] Ebd.
[379] Basedow, Vita, in: Armin Basedow, *Johann Bernhard Basedow*, S. 9.
[380] Friedrich August Benzler, *Die merkwürdigsten Umstände aus meinem Leben zur Nachricht für meine Familie*. Aufgesetzt im August und September 1807, fortgesetzt 1809. Diesdorf 1890, S. 28: Basedow erhielt sich auf der Universität „durch Übersetzen und Schriftstellerei, was ihn mit Geßner, Cramer, Klopstock, Deutsch, Elers [= Ehlers], Eberts etc. in Verbindung brachte und deren Freundschaft erwarb. Er wurde von einem unter diesen – ich glaube von Cramer –

auch sei: Basedow selbst nahm die Stellung bei Qualen an, wie er gegenüber Richey eingestand, weil er nach wie vor Zeit zum Nachdenken benötigte, welchen Berufsweg er denn nun endgültig einschlagen solle. Andererseits fehlten ihm aber auch die Mittel, um noch längere Zeit ohne Verdienst bleiben zu können: „Accepi conditionem", schrieb er, „ut sine rei familiaris detrimento spatium deliberationi daretur, quod vitae genus maxime sequerer. Dubitavi enim, utrum vita academica scholasticave an, ut ajunt, ecclesiastica magis responderet ingenio moribusque meis".[381]

Qualens Vertrauen in die erzieherischen Fähigkeiten Basedows war derartig groß, daß er ihm völlig freie Hand bei der Unterweisung seines Sohnes ließ. Der kleine Josias besaß, als der neue Hauslehrer seinen Dienst antrat, lediglich eine äußerst rudimentäre Lesekompetenz, die er mit Hilfe seiner Mutter an Bibel und Katechismus – „per verba Lutheri" – erworben hatte.[382] Basedow war zunächst bemüht, die Lesefähigkeit des jungen Qualen zu festigen und auszubauen. Schon bald nachdem ihm dies gelungen war, begann er mit ersten lateinischen Sprachübungen. Als sein Zögling auch im Lateinischen erfreuliche Fortschritte machte, ging Basedow dazu über, den Knaben im wahrsten Wortsinne über Gott und die Welt aufzuklären: Über hunderte von Themen sprach er mit dem kleinen Josias an, philosophierte mit ihm

> de hominum aetatibus, moribus, affectibus, virtute, pravitate, modo de rerum naturalium artificiis, modo de summo artifice, de ejus potentia, sapientia &c. modo de orbis terrarum spatio, maribus, incolis, de imperio & subjectione & sexcentenis aliis rebus.[383]

Sechs bis sieben Stunden täglich unterwies er den jungen Qualen, ohne daß dieser ermüdete.[384]

Trotz einer schweren Krankheit, die Basedow ein halbes Jahr lang ans Bett fesselte, gelang es dem ambitionierten Lehrer, seinem Schüler binnen annähernd vier Jahren soviel beizubringen, daß dieser bereits Ostern 1752, also im Alter von nur zehn Jahren, als „ein wohlgeübter Gymnasiast" gelten konnte.[385] Nicht nur war ihm die ganze Universalhistorie und Geographie schulmäßig bekannt, auch in der Mathematik, Philosophie, Naturlehre, Moral sowie in der Religion kannte Josias sich gründlich aus, wie Basedow einmal im Rückblick zufrieden feststellte.[386] So er-

---

erst als Hofmeister bei dem Herrn von Quaalen im Holsteinischen und dann zum Professor auf der Ritterakademie Soröe empfohlen".
[381] Johann Bernhard Basedow an Michael Richey, 30. November 1749, in: Basedow, *Epistolae*, S. 9.
[382] Ebd., S. 6.
[383] Ebd., S. 10.
[384] Ebd.
[385] Johann Bernhard Basedow, *Das Methodenbuch für Väter und Mütter der Familien und Völker*. Altona / Bremen 1770, S. 249.
[386] Vgl. Basedow, *Das Methodenbuch*, S. 248ff.

folgreich und fröhlich war der Unterricht verlaufen, daß Basedow gegen Ende seiner Zeit als Hauslehrer auf Borghorst fest glaubte, nun dauerhaft zum Pädagogen berufen zu sein. Insbesondere die von ihm zur Anwendung gebrachte Unterrichts*methode*, schien ihm so vielverspreched und auch für andere Kinder bestens geeignet zu sein, daß er darüber eine lateinische Abhandlung verfaßte, mit der er 1752 in Kiel zum Magister promoviert wurde. Parallel zu dieser Arbeit, der er selbstbewußt den Titel *Inusitata eandemque optima honestioris juventutis erudiendae methodus*[387] gab, veröffentlichte er in Hamburg auch eine kleinere deutsche Schrift über sein Erziehungsexperiment.[388]

3.3. Basedows Erziehungsprogramm von 1752

Die beiden Schriften des Jahres 1752, mit denen Basedow seine auf Borghorst gemachten Erfahrungen einem größeren Kreis pädagogisch interessierter Zeitgenossen zur eigenen Beurteilung vorlegte, atmen den Geist eines außerordentlich eigenständigen Denkers, der die bis dahin gebräuchlichen Erziehungskonzepte grundsätzlich in Frage stellt, um sie in geradezu programmatischer Weise zu erneuern. Auch zeugen sie von Basedows besonderem Gefühl der Berufung, wenn er darin seiner Hoffnung Ausdruck verleiht, daß ihm vielleicht das Schicksal Gelegenheit geben werde, seine pädagogische Methode „einmal an mehreren Knaben zugleich zu bewerkstelligen".[389] Welche Ziele verfolgte der Borghorster Hauslehrer nun mit der Beschreibung seines Unterrichts? Zunächst ging es ihm darum, die offenkundigen Fehler der konventionellen Unterrichtsmethode zu entlarven.

An den üblichen Unterrichts- und Erziehungsmethoden störte Basedow besonders, daß die Kinder für gewöhnlich viel zu spät, auf eine viel zu trockene Weise und auch weitaus umständlicher als nötig in die Anfangsgründe des Schulwissens eingeführt würden. Insbesondere der Lateinunterricht sei einer grundlegenden Reform zu unterziehen, deren pädagogische Grundsätze dann allerdings auch für alle anderen Unterrichtsfächer Geltung haben könnten. Denn wieviel Ekel müßten die Schüler gemeinhin ertragen, „quam inutiles labores vulgo pueris exhauriendi sunt" und wieviel Schläge und andere Strafen erdulden, bis sie dahin gelangten, „unum alterumve auctorem aliquatenus ut intelligant, pueriliter imitentur, laboriose & barbare vertere valeant, corrasisque undique phrasibus oratiunculam dicam?"[390] Abgesehen von dem oftmals übertriebenen Zwang, mit dem die Knaben in öffentlichen Schulen zum Lernen angehalten würden, sei ein rascher und leichter Erwerb

---

[387] Johann Bernhard Basedow, *Inusitata eandemque optima honestioris juventutis erudiendae methodus*. Kiel 1752.
[388] Johann Bernhard Basedow, *Kurze Nachricht, in wie ferne die Lehrahrt des Privat=Unterrichts, welche in meiner Disputation unter dem Titel: Inusitata [...] methodus, vorgeschlagen worden, wirklich ausgeübet sey, und was sie gewirket habe.* Hamburg 1752.
[389] Ebd., § 15.
[390] Basedow, *Inusitata methodus*, § 8, S. 7.

lateinischer Sprachkenntnisse dort auch deshalb nicht zu erwarten, weil die traditionelle Methode des Sprachunterrichts der menschlichen Natur zuwider sei. Zum einen würden nämlich die durch die lateinischen Vokabeln bezeichneten Sachen „raro monstrantur explicanturve", obwohl dies das Gedächtnis doch sehr unterstützen könne.[391] Zum anderen aber ließe man die Knaben die Deklinationen und Konjugationen lernen, ehe sie die Bedeutung der Redeteile überhaupt begriffen hätten. Dies sei deshalb ein großer Fehler, da die Schüler auf diese Weise grammatische Regeln lernten, ohne durch Lesen und Sprechen ihr Ohr und ihre Zunge zur Aufnahme der lateinischen Wörter und Endungen befähigt zu haben. Was aber bedeute es, eine Grammatik lernen zu sollen, die noch nicht durch den Gebrauch erwiesen sein konnte, wenn nicht „insanire & delirare?"[392] Der übliche Lateinunterricht gleiche daher viel eher einer zielgerichteten Verdummung als einer gründlichen Unterweisung.

Um nun statt dieser widernatürlichen Unterrichtsmethode die weitaus erfolgversprechendere „[m]ethodus erudiendae juventutis *naturalis*"[393] zur Anwendung zu bringen, müsse man bei der Unterweisung des Schülers darauf achten, daß er das Lateinische wie seine Muttersprache erlerne. So sollten die Kinder ihre erste Bekanntschaft mit der lateinischen Sprache tunlichst nicht „manibus libro onustis, nec oculis in eum defixis", sondern „primo tempore ex praeeunte magistri voce" machen.[394] Vor allem eine beständige, auf lateinisch geführte „confabulatio" mit dem Lehrer, ob „inter lusum" oder „ambulandum quasi fortuito", könne hier einen guten Anfang bereiten.[395] Auf diese Weise würde der lateinische Grundwortschatz nämlich ganz einfach durch Anschauung und Erklärung der Namen aller „rerum domesticarum culinariae, agrariae, vestiariae, opificariae, mercatoriaeque"[396] erworben, worauf aufbauend dann sehr leicht ein weit größerer und spezialisierterer Vokabelschatz erarbeitet werden könne. Auch könnten Kinder schon früh – ohne jede Kenntnis der Grammatik – selbständig lateinische Sätze bilden. Dabei dürfe sich ein Lehrer aber nicht durch noch unbeholfene Phrasen schockieren lassen: „Es hätte andre abgeschreckt", schreibt Basedow über seinen Zögling Josias von Qualen,

ihn so sprechen zu hören: *vidi, ut cucurrant nostras equis,* siehe wie unsre Pferde laufen. Aber es befremdete mich im geringsten nicht. Denn wird nicht auch ein französisches Kind von 7 Jahren, das nach Teutschland kommt, und schon etwas reden will, also reden: Sick, da lauf us Pferden? Wird es denn deswegen, wenn es 10 Jahr in Teutschland bleibt, niemals richtig teutsch lernen?[397]

---

[391] Ebd., § 10, S. 8.
[392] Ebd., § 13, S. 9.
[393] Ebd., § 16, S. 12 [Hervorhebung J.O.].
[394] Ebd., § 17, S. 13.
[395] Ebd.
[396] Ebd.
[397] Basedow, *Kurze Nachricht*, § 6, S. 5.

Erst nachträglich, „nach 2 Jahren, als er die Sprache völlig verstand", habe der kleine Josias die lateinische Grammatik erlernt, um sie dann allerdings dauerhaft „zu behalten und sich darnach im Schreiben zu richten".[398] Offensichtlich sei also ein Knabe, der sich auf diese Weise einen größeren Wortvorrat anlege, der zudem täglich lateinische Konversation treibe und viele Dinge und Gegebenheiten in der lateinischen Sprache habe erklären hören, im Lateinischen weit befähigter, als einer, der einige Jahre ein Vokabular auswendig gelernt, wenige Perioden eines klassischen Schriftstellers übersetzt und lediglich „exercitiis denique ex vocabulario & phraseologia corrasis desudavit".[399]

Das spielerische Element, welches der so beschriebenen natürlichen Unterrichtsmethode gleichsam innewohne, belege nun auch, daß eine gelungene Unterweisung stets auch einen fröhlichen Verlauf nehmen könne und deswegen auch sehr wohl auf Zwang verzichten dürfe. Freude am Lernen sei sogar eine so wesentliche Vorraussetzung für den Lernerfolg, daß ein Lehrer stets darauf achtzugeben habe, wie er seinem Schüler das Lernen zur Lust machen könne. Er selbst habe mit seinem Zögling in Form von lateinischen Gesprächen parliert, die „anfangs in lauter Spielereien" bestanden, welche „ihn belustigten", so daß „er den Sinn der darinnen vorkommenden Wörter durch Rathen lernte".[400] Der Phantasie des Lehrers seien beim Erfinden fröhlicher Lern- und Ratespiele keine Grenzen gesetzt.

Die Technik des spielerischen Fragens und witzigen Gesprächs, die Basedow „praecipue in lingua latina" ausprobiert hatte, konnte jedoch auch ganz unproblematisch „in reliqvis studiis scholasticis" zur Anwendung gebracht werden, wie er im Untertitel seiner lateinischen Schrift betonte. Betrachtungen „in natürlichen Dingen, in der Moral und Politik" aber auch Kenntnisse „von der Nothwendigkeit einer menschlichen Gesellschaft und Obrigkeit, von Gesetzen, Tribut, Krieg und Frieden" könnten allesamt „einem Kinde deutlich" gemacht werden, „wenn sie gehörig vorgetragen", also in spielerischer Unterhaltung vermittelt würden.[401] Schließlich gehörten zum spielerischen Unterricht auch ein regelmäßiges „corporis exercitium & necessaria denique respiratio" des Schülers.[402]

Resümierend führte Basedow dann in seinem Kampf gegen die traditionellen Lehrmethoden zwei wesentliche Vorzüge ins Feld, die, so glaubte er, seine auf Borghorst erprobte Pädagogik als Erziehungslehre der Zukunft erkennbar machen würden. Zum einen könnten die Schüler, die nach seiner Methode erzogen würden, weit schneller als bisher üblich ein schulmäßiges Grundwissen erwerben. Zum anderen sei der Unterricht auf diese Weise viel angenehmer, weshalb das Erlernte

---

[398] Ebd., § 4, S. 3.
[399] Basedow, *Inusitata methodus*, § 40, S. 37.
[400] Basedow, *Kurze Nachricht*, § 5, S. 4.
[401] Ebd., § 7, S. 6.
[402] Basedow, *Inusitata methodus*, § 21, S. 18.

auch dauerhaft im Gedächtnis der Kinder Wurzeln schlagen würde. So bekannte er abschließend:

> [W]ieviel hat die Methode, und wie viel die glückliche Fähigkeit des Schülers zu diesem gro-ßen Fortgange beygetragen? Ich antworte, dieß sey zweifelhaft, aber es sey doch gewiß, daß eine jede Fähigkeit, sie mag so klein und so groß seyn als sie will, zum wenigsten drey mal eher und leichter, auf diese, als auf die gewöhnliche Weise etwas rechtes in den Anfangsgrün-den der Wissenschaften ausrichten könne.[403]

Wiewohl Basedow nun seine natürliche Methode des Unterrichts emphatisch als „methodus nova" anpries, räumte er ein, daß sie zwar „inusitata", jedoch nicht ganz und gar „inaudita" sei.[404] Über eine Reform der Erziehungsmethoden und ins-besondere des Lateinunterrichts hätte nämlich vor ihm vor allem schon „Lockius" durchaus „prudenter & copiose" geschrieben.[405] Ganz offensichtlich bezog sich Basedow mit diesem Hinweis auf Lockes bereits 1693 erschienene Schrift *Some thoughts concerning education*, wiewohl er diesen Titel nicht explizit anführte. Tatsächlich hatte Locke ja in diesem Traktat zahlreiche Verbesserungen des Unterrichts gefordert, die Basedows eigenen pädagogischen Zielsetzungen sehr nahe kamen.

Bereits für Locke bestand „the right way of teaching" bei der Unterweisung im Lateinischen darin, diese Sprache „in constant Conversation, and not by Gramma-tical Rules" zu vermitteln.[406] Da er nämlich bislang noch von keinem Menschen gehört habe, „who learnt his Mother Tongue by Rules",[407] sei auch das Lateinische, wenn man es auf natürliche Weise wie eine Muttersprache erlerne, schon für klein-ste Kinder auch ohne grammatische Hilfsmittel verständlich. „To trouble the Child with no *Grammar* at all, but to have *Latin*, as *English* has been, without perplexity of Rules, talked into him", sei demnach eine äußerst erfolgversprechende Unter-richtsdevise, „for if you will consider it, *Latin* is no more unknown to a child, when he comes into the World, than *English*: And yet he learns English without Master, Rule or Grammar; and so might he *Latin* too, as Tully did".[408]

Somit sei es außerordentlich wichtig, einen Sprachlehrer zu engagieren, „who himself speaking good *Latin*, would always be about your Son, talk constantly to him, and suffer him to speak or read nothing else".[409] Auf diese Weise erwerbe das Kind im Umgang mit alltäglichen Dingen und Situationen einen Grundwortschatz sowie einen Vorrat an gängigen Redewendungen, die ihm erlaubten auch ohne

---

[403] Basedow, *Kurze Nachricht*, § 15, S. 13.
[404] Vgl. Basedow, *Inusitata methodus*, Praefatio, S. 1.
[405] Basedow, *Inusitata methodus*, Praefatio, S. 2 und § 42, S. 38.
[406] John Locke, *Some thoughts concerning education*, hg. v. John W. Yolton and Jean S. Yolton. Oxford 1989, § 162, S. 216.
[407] Locke, *Some thoughts*, § 168, S. 225.
[408] Ebd., § 165, S. 218.
[409] Ebd., § 166, S. 218.

solide Kenntnis der Grammatik eigenständig lateinische Konversation zu betreiben. Zugleich sei die Lehr- und Lernmethode des beständigen Gesprächs aber auch als Modell für die Unterweisung in anderen Fächern geeignet. Denn eine natürliche und ungezwungene Unterhaltung galt Locke nicht nur als „the easiest and best, wherein a Child might without Pains or Chiding, get a Language", sondern auch

> as that, wherein at the same time he might have his Mind and Manners formed, and he be instructed to boot in several Sciences, such as are a good Part of *Geography, Astronomy, Chronology, Anatomy*, besides some Parts of *History*, and all other Parts of Knowledge of Things.[410]

Um nun überhaupt dahin zu gelangen, daß Lehrer ein natürliches und ungezwungenes Gespräch mit Schülern führen konnten, bedurften Pädagogen der Einsicht, daß guter Unterricht niemals auf der Grundlage von beständigen Drohungen und Schelte abgehalten werden durfte. Daß Kinder vielmehr in die Lage versetzt werden sollten, „to take a pleasure in learning", war daher auch Lockes wichtigstes Ziel seiner „Method here propos'd".[411] „Frequent Beating or Chiding" solle deswegen auch unter allen Umständen vermieden werden,[412] denn

> such a sort of *slavish Discipline* makes a *slavish Temper*. The Child submits, and dissembles Obedience, whilst the fear of the Rod hangs over him; but when that is removed, and by being out of sight, he can promise himself impunity, he gives the greater scope to his natural inclination.[413]

Lernen unter Zwang sei deshalb auch das Grundübel der „ordinary Method of Education".[414]

Stattdessen müsse man begreifen, daß die wahre Kunst der Kindererziehung darin bestehe, „to make all that they have to do, Sport and Play too".[415] Gleichsam als visionäres Credo seiner Erziehungslehre liest sich in diesem Zusammenhang auch Lockes Wunsch, daß alle Pädagogik im Grunde Spiel und Erholung sein möge:

> I have always had a Fancy, that learning might be made a Play and Recreation to Children; and that they might be brought to desire to be taught, if it were propos'd to them as a thing of Honour, Credit, Delight and Recreation, or as a Reward for doing something else.[416]

---

[410] Ebd., § 166, S. 219.
[411] Ebd., *Epistle Dedicatory to Edward Clarke.*
[412] Ebd., § 60, S. 118.
[413] Ebd., § 50, S. 113.
[414] Ebd., § 64, S. 120.
[415] Ebd., § 63, S. 120.
[416] Ebd., § 148, S. 208.

Trotz dieser Gleichsetzung von Lernen und Spiel vergaß Locke allerdings nicht zu erwähnen, daß zur Erholung der Schüler auch immer wieder auf einen regelmäßigen körperlichen Ausgleich der Kinder geachtet werden mußte.[417]

Ob Basedow Locke in französischer oder deutscher Übersetzung gelesen hat, ist nicht bekannt. Auch wissen wir nicht, wann der Borghorster Lehrer sich erstmals mit Locke beschäftigte. Es ist aber anzunehmen, daß Basedow schon als Hamburger Gymnasiast von seinen Lehrern Richey und Reimarus auf Lockes große Bedeutung als Pädagoge hingewiesen wurde. Wie wir gesehen haben, hatte Richey ja bereits in den 1720er Jahren als Herausgeber des *Patrioten* für Lockes Erziehungsschrift geworben. Zu Beginn der 1740er Jahre verfaßte Reimarus dann mit seiner für die Lateinische Gesellschaft zu Jena entworfenen Reform des Lateinunterrichts eine Schrift, die – auch wenn Reimarus das an keiner Stelle seines Textes hervorhebt – Lockes Ansichten ganz weitgehend verpflichtet ist. Es ist nun interessant zu sehen, daß Basedow in seinen erziehungstheoretischen Schriften des Jahres 1752 neben Locke eben auch mit großem Respekt Reimarus und dessen pädagogische Methoden anführt. Gerade „in sodalitatis, quae Jenae est, latinae scriptis" hätte Reimarus ja, wie vor ihm schon Locke, hinreichend Material für eine erfolgreiche „methodum discendae latinae linguae" vorgelegt.[418] Die von Reimarus favorisierte Methode unterscheide sich deshalb auch weit mehr von der gewöhnlichen, als von Basedows eigener, da in ihr „vocabularii abusum & praeproperum Grammaticae usum aeque ac ego respuit".[419]

Wie wir bereits gesehen haben, forderte Reimarus in seiner *Dissertatio de optima ratione discendi docendique elementa linguae latinae* – wie vor ihm Locke und nach ihm auch Basedow –, daß die lateinische Sprache wie die Muttersprache im natürlichen Gespräch erlernt werden solle, wobei der Grundwortschatz durch Benennen und Zeigen alltäglicher Gegenstände und nicht durch abstraktes Auswendiglernen erworben werden müsse. Ebenfalls wie Locke und Basedow verzichtete Reimarus auch auf ein vorschnelles Arbeiten mit der Grammatik. Auch seine Überzeugung, daß das Lateinische auf diese Weise „et melius, et citius, et facilius, et iucundus"[420] erlernt werden könne, entsprach den großen Hoffnungen, die der Borghorster Hauslehrer mit seiner Lehrmethode verknüpfte.

Wie weitgehend sich Basedow bei der Entwicklung seiner eigenen Methode nicht nur an Locke, sondern auch an Reimarus orientierte, belegt ein Brief aus dem Jahr 1751. Schon ein Jahr vor der Drucklegung seiner Magisterarbeit nahm Basedow nämlich mit seinem ehemaligen Lehrer Kontakt auf, schickte ihm das Rohmanuskript der Arbeit als „ein jugendliches Werk zur Beurtheilung" zu und bat ihn

---

[417] Als geeignete körperliche Betätigungen führt Locke „Exercises of Manual Arts, *Diversions* or *Recreations* an", Locke, *Some thoughts*, § 206, S. 258.
[418] Basedow, *Inusitata methodus*, § 41, S. 40.
[419] Ebd.
[420] Reimarus, *Dissertatio*, § 12, S. 366.

um die Mitteilung, „ob es mir gar zu schädlich, und den Lesern gar zu verdrießlich seyn mögte, wenn ich es dem Drucke überliesse".[421] Auf den „lehrenden Rath" von Reimarus wollte Basedow vor allem deswegen nicht verzichten, weil er durch seine bisherigen Arbeiten nachgewiesen habe, über welch umfassendes Wissen von der „allgemeinen Beschaffenheit der Sprachen, und [der] Übereinstimmung der daraus erwachsenen Regeln mit der lateinischen Wortfügung" er verfüge.[422] Da ein Antwortschreiben von Reimarus an Basedow nicht erhalten ist, wissen wir nicht, welche Verbesserungen der Hamburger Professor am Manuskript seines ehemaligen Schülers vornahm. Sicher ist jedoch, wie Basedows Brief zeigt, daß seine Erziehungsschriften von 1752 in enger Abstimmung mit Reimarus entstanden und auch mit dessen Billigung veröffentlicht wurden.

Da Basedow die Abhängigkeit seiner pädagogischen Methode von Locke und Reimarus nicht leugnete, ja diese sogar mit Nachdruck unterstrich, ist zu fragen, was für ihn denn das Außergewöhnliche und Neuartige seiner Borghorster Erfahrungen war, das ihn veranlaßte, diese dennoch als „methodus nova" zu veröffentlichen? Die Antwort auf diese Frage ist im Vorwort zu seiner lateinischen Erziehungsschrift zu finden. Was Basedow stolz und selbstbewußt genug machte, die von ihm auf einem kleinen Landgut im Schleswigschen im Umgang mit einem einzelnen Schüler gesammelten Erkenntnisse einem größeren Publikum mitzuteilen, und diese dann noch als pädagogisch wegweisend darzustellen, war seine tiefe Überzeugung, daß er gleichsam als erster den wissenschaftlichen Nachweis von der Realisierbarkeit der Lockeschen Methode erbrachte hatte. Daß Locke, Reimarus, auch Schatz, oder gar eine Gelehrtengesellschaft wie die Lateinische Gesellschaft zu Jena eine umfassende Reform des Lateinunterrichts angemahnt hatten, konnte Skeptiker nämlich nicht bewegen, diesen Forderungen nachzukommen, solange nicht durch „experientia confirmatus"[423] war, daß die neue Methode tatsächlich hielt, was sie versprach. Diesen empirisch gesicherten Beweis, glaubte Basedow, hatte er aber nun auf Borghorst mit der erfolgreichen Schulung des kleinen Josias von Qualen geliefert.

Daß Basedow mit seiner Behauptung, auf Borghorst pädagogische Pionierarbeit geleistet zu haben, nicht zu hoch griff, belegt im übrigen eine von Johann Wolfgang von Goethe bei Friedrich August Wolf in Auftrag gegebene Arbeit über den „Zustand der Philologie im allgemeinen in der ersten Hälfte des [achtzehnten] Jahrhunderts, als der Bildungszeit Winckelmanns".[424] In seinem Aufsatz, der als

---

[421] StAH, Familie Reimarus, Hermann Samuel Reimarus A23 Bd. 1, Briefe an H. S. Reimarus A–P, Unterakte: Briefe von J.B. Basedow in Borghorst und Sorö 1751–1758, Johann Bernhard Basedow an Hermann Samuel Reimarus, 22. Mai 1751.

[422] Ebd.

[423] Basedow, *Inusitata methodus*, Praefatio, S. 1.

[424] Johann Wolfgang Goethe an Friedrich August Wolf, 25. Februar 1805, in: Johann Wolfgang von Goethe, *Briefe*, Bd. 2: Briefe der Jahre 1786–1805, hg. v. Karl Robert Mandelkow. Hamburg 1964, S. 474.

Teil der von Goethe im Jahr 1805 herausgegebenen *Skizzen zu einer Schilderung Winckelmanns* erschien, datierte der kenntnisreiche Altphilologe Wolf nämlich „die Anfänge" der natürlichen Lehrmethode des Lateinunterrichts in Deutschland auf das Jahr 1752, also das Jahr, in dem „die erste Basedowsche Ankündigung der Inusitata et optima methodus erudiendae juventutis honestioris" erfolgte.[425] Damit bestätigte Wolf Basedows Einschätzung, daß die Mitteilung einer erfolgreichen Erziehungs*praxis* auf ein interessiertes Publikum oftmals anregender wirkte, als die pädagogischen *Theorien*, die einer solchen Erziehungstätigkeit notwendigerweise vorgearbeitet hatten.

4. Resümee

Die bisherigen Ausführungen zur Vorgeschichte und Gestaltwerdung des ersten pädagogischen Entwurfs Basedows haben deutlich werden lassen, wie wenig das ehedem von Pinloche und Fritzsch bemühte und bis heute kolportierte Bild des Einzelkämpfers und genialischen ‚Erfinders' neuer Erziehungsgrundsätze taugt, wenn damit Anteil und Leistungen des Borghorster Hauslehrers bei der Entwicklung einer neuartigen Pädagogik beschrieben werden soll. So ist festzuhalten, daß Basedow bereits als Hamburger Gymnasiast, später dann auch als Student in Leipzig, dem Einfluß pädagogisch hoch ambitionierter Lehrer ausgesetzt war, lange bevor er selbst die Pädagogik als sein eigentliches Arbeitsfeld entdeckte. Immerhin wurde Basedow von seinen Hamburger Lehrern Richey und Reimarus nicht zuletzt deswegen nach Kräften gefördert, weil sie sich von ihm erhofften, daß er zukünftig im von ihnen propagierten Sinne auf gemeinnützig-pädagogischem Gebiet tätig werden würde. Eben wegen dieser Erwartungshaltung schrieb er in einem seiner Briefe aus Leipzig an seinen Hamburger Gönner Wilckens ja auch davon, daß er sich wohl darauf gefaßt machen müsse, seine akademische Bildung demnächst „auf dem Schulcatheder und in Erziehungen junger Leute zu gebrauchen".[426] Auch sein Leipziger Bekanntenkreis um Ebert und Giseke, allen voran Gellert, wies ihn immer wieder eindringlich auf die Notwendigkeit sittlich-erzieherischer Arbeit hin.

Ironischerweise entzog sich Basedow jedoch erst einmal seiner ihm von außen suggerierten pädagogischen ‚Bestimmung', indem er sich als Student vordringlich mit theologischen Fragestellungen beschäftigte. Wenn er jemals soetwas wie ein Einzelgänger war, dann eben nicht als Pädagoge, sondern als Theologe in der Zeit

---

[425] Friedrich August Wolf, Dritter Aufsatz der ‚Skizzen zu einer Schilderung Winckelmanns', in: Johann Wolfgang von Goethe, *Sämtliche Werke*, Münchner Ausgabe, Bd. 6.2. München 1988, S. 394. Wolf fand, daß diese Schrift Basedows „wohl ein beiläufiges Andenken" verdiene, wiewohl er selbst den natürlichen Lateinunterricht eher skeptisch beurteilte. Ebd. S. 394.

[426] SUBH, Sup. Ep. 113, 124–125, Johann Bernhard Basedow an Matthäus Arnold Wilckens, 14. Mai 1746.

seiner religiösen Suche in Leipzig und Kiel. Nachdem er jedoch seine theologischen Zweifel grundsätzlich überwunden hatte und anschließend auf Borghorst erstmals das Amt eines Lehrer bekleidete, knüpfte er mit seinen pädagogischen Anschauungen umso enger an die erziehungstheoretischen Vorarbeiten seiner Lehrer an. Wie wir gesehen haben, entstand seine Magisterarbeit sogar in Rücksprache mit Hermann Samuel Reimarus. Basedow schöpfte bei der Konzeption seines Erziehungsprogramms von 1752 also aus einem bereits vorhandenem, reichen Schrifttum zur Theorie des Unterrichts, welches viele derjenigen Ideen bereits im Detail entwickelt hatte, die seinem pädagogischen Experiment auf Borghorst zugrunde lagen. Daß er für sich zurecht reklamierte, in der Erziehungs*praxis* weiter gekommen zu sein, als viele Hofmeister vor ihm, darf nicht darüber hinwegtäuschen, daß er auf Borghorst eine ganz bestimmte Diskussion über Erziehungsfragen lediglich fortführte, statt diese etwa neu zu begründen.

In diesem Zusammenhang ist es interessant zu sehen, daß sich Basedow auf Borghorst auschließlich auf pädagogische Impulse bezog, die er in Hamburg empfangen hatte. Wichtig und vorbildlich waren ihm offensichtlich die kinderfreundliche und motivierende Unterrichtspraxis Richeys sowie die über Reimarus vermittelten Grundsätze der Lockeschen Theorie des Unterrichts. Keine Rolle hingegen spielten die pädagogischen Akzente, die Gellert in Leipzig gesetzt hatte. Die Erziehung zur religiösen Toleranz und Menschenliebe, die in Gellerts Werk der 1740er Jahre ein so bedeutendes Thema ist, wird in Basedows Erziehungsschriften von 1752 nicht reflektiert. Lediglich auf „Gellerti epistolas"[427] verwies der Borghorster Lehrer in seiner Magisterarbeit, also auf Gellerts sprachlich und stilistisch vorbildlichen *Briefe, nebst einer praktischen Abhandlung von dem guten Geschmacke in Briefen,*[428] die ein Jahr zuvor erschienen waren.

Doch die Zeit für eine produktive Aneignung auch der Leipziger Einflüsse sollte noch kommen. Basedow hatte ja auf Borghorst noch kein abgeschlossenes und vollständig ausgereiftes System der Erziehung vorgelegt, sondern lediglich seinen – wenn auch sehr erfolgreichen – Einstand als Pädagoge gegeben. Weder war er mit seinen theologischen Studien zu einem ihn restlos befriedigenden Ende gekommen, noch glaubte er mit seinem Erziehungsexperiment auf Borghorst alles erreicht zu haben, was er als Pädagoge erstreben konnte. Sein theologischer und pädagogischer Weg setzte sich weiter fort, und nach einem nahezu vierjährigen Aufenthalt in der Abgeschiedenheit eines norddeutschen Landgutes kam es für Basedow mit Beginn des Jahres 1753 zu einem erneuten, außerordentlich fruchtbaren Austausch mit seinen Leipziger Kommilitonen. Allerdings führte der Weg zu den Leipziger Freunden nicht zurück nach Sachsen, sondern auf die dänische Ostseeinsel Seeland.

---

[427] Basedow, *Inusitata methodus,* § 15, S. 11 und § 21, S. 18.

[428] Christian Fürchtegott Gellert, *Briefe, nebst einer praktischen Abhandlung von dem guten Geschmacke in Briefen.* Leipzig 1751.

III. Entfaltung und programmatische Ausgestaltung der philanthropischen Pädagogik (1753–1758)

1. Basedows Berufung an die dänische Ritterakademie zu Sorö 1752/1753

1.1. Klopstocks Anteil an Basedows Berufung

Daß Basedow, wie wir schon gehört haben, aufgrund des für ihn erfreulichen Unterrichtserfolgs auf Borghorst danach strebte, sein Geschick als Lehrer nun auch einmal an einer größeren Anzahl von Zöglingen „zugleich zu bewerkstelligen",[1] kann als Indiz dafür gelten, daß er kurz vor Abschluß seiner Magisterarbeit, also mit Beginn des Jahres 1752, begann, sich nach einer adäquateren Anstellung umzusehen. Weil es zu diesem Zeitpunkt auch schon „in Hollstein landkundig" geworden war, wie Basedow später einmal berichtete, daß er durch seine Lehrart „einen jungen Cavalier, von dem Ende seines siebenten bis an das Ende des zehnten Jahres, in Wissenschaften und Sprachen zu einer fast erstaunlichen Fertigkeit gebracht"[2] hatte, durfte er auf ein überdurchschnittlich dotiertes Lehramt hoffen.

Die erwünschte Berufung auf ein solches Lehramt erfolgte im Spätsommer 1752, als er gebeten wurde, die Professur für Moralphilosophie an der dänischen Ritterakademie zu Sorö zu übernehmen. Wie kam es zu dieser Berufung nach Dänemark? Durch seinen außerordentlich erfolgreich praktizierten Unterricht war Basedow unter anderem auch dem im Hause Qualen verkehrenden Hofkanzler und damit Regierungsoberhaupt von Holstein-Gottorf, Johannes von Pechlin, als besonders talentierter Erzieher aufgefallen. Wenn nun Basedow seine am 7. Juni 1752 verteidigte Magisterarbeit nicht dem Herrn Qualen – was eigentlich nahe gelegen hätte – , sondern Pechlin als seinem „Maecenati ac domino meo devote colendo" widmete,[3] muß er sich, wie schon Armin Basedow richtig sah, dem Hofkanzler „in hohem Grade verpflichtet gefühlt haben".[4] Armin Basedow nahm daher weiter an, daß Pechlin, der sich zwischen 1750 und 1751 mehrfach aus Anlaß der Unterhandlungen zwischen Holstein-Gottorf und Dänemark in Kopenhagen aufhielt und mit allen maßgeblichen Persönlichkeiten der dänischen Regierung zu verhandeln hatte, die Aufmerksamkeit der für Kultur- und Bildungsfragen zuständigen Minister auf den Borghorster Hauslehrer lenkte. Weil der Hofkanzler auf

---

[1] Basedow, *Kurze Nachricht*, § 15, S. 13.
[2] Basedow, *Das Methodenbuch*, S. 160.
[3] Basedow, *Inusitata methodus*, Widmung: „Illustrissimo atque excellentissimo domino Joanni a Pechlin, [...] , Maecenati ac domino meo devote colendo."
[4] Armin Basedow, *Johann Bernhard Basedow*, S. 58.

diese Weise den Anstoß dazu gab, daß Basedow nach Dänemark eingeladen wurde, wollte dieser mit der Widmung der Magisterarbeit wohl Pechlin „seinen Dank abstatten".[5]

Nun findet sich in der einschlägigen Literatur neben Armin Basedows These aber noch einen anderer, ursprünglich von Friedrich Muncker gegebener Hinweis, der darauf hindeutet, daß ein ehemaliger Leipziger Studienfreund Basedows mindestens ebenso aktiv an dessen Berufung nach Sorö mitwirkte, wie der Hofkanzler Pechlin. Laut Muncker – der allerdings keine Quelle für seine Behauptung anführt – war es nämlich Klopstock, der Basedow die Stelle in Dänemark verschaffte.[6] Doch auch Carl Friedrich Cramer, der Sohn Johann Andreas Cramers, behauptete schon 1782 in seiner Schrift *Klopstock; er und über Ihn*: „[B]los auf [Klopstocks] Entscheidung kam Basedow nach Soröe".[7] Da, wie wir heute wissen, Klopstock Cramers Schrift vor ihrer Drucklegung intensiv gegengelesen hat, ist diese Information also durchaus ernst zu nehmen. Inwiefern aber hatte Klopstock überhaupt die Möglichkeit, die Entscheidung der dänischen Regierung über die Berufung Basedows zu beeinflussen?

Klopstock, der unmittelbar nach Beendigung seines Studiums in Leipzig vor der ihn bedrückenden Entscheidung stand, wie Basedow eine Stellung als Hauslehrer oder Schulmeister anzunehmen, hatte zwar durch seine zahlreichen Freunde mehrere bedenkenswerte Angebote erhalten – von denen das wohl attraktivste eine Hofmeisterstelle am braunschweigischen Collegium Carolinum war –, sich aber so bald nicht zur Annahme einer Stelle entschließen können. Da erreichte ihn im Sommer 1750 das großzügige Angebot des designierten dänischen Außenministers Johann Hartwig Ernst von Bernstorff, „er wolle [ihm] bey seinem Könige eine Pension auswirken",[8] damit der Dichter in Ruhe und Muße seinen *Messias* vollenden könne. Bernstorff war nämlich gegen Ende seiner Amtszeit als dänischer Botschafter in Paris, also in der ersten Hälfte des Jahres 1750, vom dänischen Gesandtschaftsprediger Matthias Schreiber auf die ersten Gesänge des *Messias* aufmerksam gemacht worden. Wie für so viele seiner Zeitgenossen war die Lektüre von Klopstocks religiösem Epos auch für Bernstorff eine außerordentlich eindrückliche Erfahrung. Schon unmittelbar nach den ersten, ihn offenbar tief berührenden Leseerlebnissen – und nicht zuletzt auch aufgrund der schnell in Erfahrung gebrachten Kenntnis der unbefriedigenden Lebensumstände Klopstocks – faßte Bernstorff den Entschluß, durch ein Schreiben an den dänischen Premierminister

---

[5] Ebd.

[6] Friedrich Muncker, *Friedrich Gottlieb Klopstock*. Geschichte seines Lebens und seiner Schriften. Berlin 1888, S. 271.

[7] Cramer, *Klopstock*, Teil 1, S. 12.

[8] Friedrich Gottlieb Klopstock an Johann Jakob Bodmer, 6. Juni 1750, in: Friedrich Gottlieb Klopstock, *Werke und Briefe*. Historisch-kritische Ausgabe, hg. v. Horst Gronemeyer, Elisabeth Höpker-Herberg, Klaus Hurlebusch und Rose-Maria Hurlebusch. Berlin und New York, 1974f., hier Briefe I, S. 80.

Adam Gottlob von Moltke König Friedrich V. um eine Pension für den Dichter zu ersuchen.

Nur wenige Tage nach Erhalt dieses Angebots schrieb Klopstock seinem Freund Ebert mit Genugtuung, seine „Gegenwart würde bald in Copp[enhagen] nötig seyn", wo ihn „[e]ine Pension u[nd] volle Musse" erwarteten.[9] Offensichtlich war es die Aussicht, ohne lästige Lehrverpflichtungen und mit ausreichendem Einkommen versehen am *Messias* weiterarbeiten zu können, die Klopstock dazu bewog, schnell und ohne große Bedenken die Einladung Bernstorffs anzunehmen. Einen bedeutenden Ruf als Zentrum der europäischen Intelligenz hatte Kopenhagen damals – jedenfalls in Deutschland – *noch* nicht. Daß Johann Gottfried Herder später davon träumen konnte, von Kopenhagen aus „Funken zu schlagen, zu einem neuen Geist der Litteratur, der vom Dänischen Ende Deutschlands anfange und das Land erquicke",[10] war eine Einschätzung, die am Ende, nicht am Anfang des Wirkens von Klopstock in Dänemark stand.

Klopstocks Freunde rieten ihm denn auch schon bald von seinem Ansinnen ab. „Warum nicht auch in Island oder Sibirien"[11] den *Messias* vollenden, spottete Ebert unter Anspielung auf die seines Erachtens so fernab von allen wichtigen geistigen Entwicklungen der Zeit liegende Hauptstadt Dänemarks. Noch deutlicher wurde Ebert gegenüber Johann Wilhelm Ludwig Gleim:

> Sagen Sie mir nur einmal, was Klopstock werden will. Was hat er denn für unpoetische Einfälle? Nach Dännemark zu gehen? Ich habe mich noch Gestern mit Gärtnern darüber geärgert u[nd] lustig gemacht [...] Will er Hofmeister werden? Versichern Sie ihm, daß es hundertmal besser ist, öffentlicher Herzog[licher] Hofmeister zu seyn, als bey dem Dänischen Premier-Minister.[12]

Klopstock blieb aber, trotz dieser und ähnlicher Spötteleien, in seinem Entschluß fest. Allerdings machte er Ebert mit Blick auf die von ihm vorgetragenen Befürchtungen gewisse Zugeständnisse. Nicht so sehr ein Dasein „so nahe am Nordpole",[13] bekümmerte Klopstock, sondern vielmehr die Aussicht, in Kopenhagen ohne seine alten Freunde leben zu müssen. Seine in Kopenhagen erwartete Muße, schrieb er, „würde mir nur halbangenehm seyn; wenn ich sie nicht bald bey diesem

---

[9] Friedrich Gottlieb Klopstock an Johann Arnold Ebert, 17. Juni 1750, in: Klopstock, *Briefe I*, S. 90.

[10] Johann Gottfried Herder, *Journal meiner Reise aus dem Jahr 1769*, hg. v. Katharina Mommsen. Stuttgart 1976, S. 119.

[11] Friedrich Gottlieb Klopstock an Johann Jakob Bodmer, 29. Juni 1750, in: Klopstock, *Briefe I*, S. 98.

[12] Johann Arnold Ebert an Johann Wilhelm Ludwig Gleim, [Juni 1750], zit. nach: Klopstock, *Briefe I*, S. 167.

[13] Friedrich Gottlieb Klopstock an Mara Sophia Schmidt, 11. Mai 1751, in: Klopstock, *Briefe II*, S. 34.

bald bey jenem Freunde sollte zubringen können."[14] Freunde, so wünschte sich Klopstock, sollten niemals zuweit voneinander entfernt leben und sich auch nie mit einer bloßen Brieffreundschaft zufrieden geben.

Schon bald nach seiner Ankunft in Kopenhagen wurde Klopstock jedoch erfreut gewahr, daß seine neue Stellung als Dichter am dänischen Hof, die er in seinen Augen vor allem „durch die Vermittlung zweener Minister" erlangt hatte, „die mehr als nur Minister sind, den Baron von Bernstorff u[nd] den Grafen von Moltke",[15] ihn weit über Erwarten befriedigte. „Der König ist ungemein liebenswürdig", schrieb er an Johann Christoph Schmidt,

> u[nd] Moltke u[nd] Bernstorff sind, nicht nach der gewöhnlichen Art der Minister, meine Freunde. Es ist an Leuten von Stande besonders schätzbar, wenn sie mehr tun als sie versprochen haben: u[nd] wenn sie, was sie thun, ohne Geräusch u[nd] mit Delicatesse thun.[16]

Von Anfang an war Klopstocks Verhältnis zu Bernstorff und Moltke – aber auch seine Beziehung zu König Friedrich V. – gekennzeichnet durch eine gegenseitige Wertschätzung, die frei war von jeglicher Herablassung auf der einen und Devotion auf der anderen Seite. Moltke versicherte Klopstock, es würde ihm

> völlig überlassen, ob ich in meinen Gedichten unterweilen etwas vom Könige sagen wollte, oder nicht. Er würde davon gar nichts sagen, wenn Er nicht glaubte, daß es für einen rechtschaffenen u[nd] freydenkenden Mann ein wahres Glück wäre, von einem wirklich Liebenswürdigen Könige zu reden.[17]

Insbesondere Bernstorff hielt sich an sein schon früh geäußertes Versprechen, daß die Berufung Klopstocks „sans autre obligation que celle d'achever son poème"[18] geschehen sei. Klopstocks Berufung war also ein Akt reinen Mäzenatentums, dessen Ursache zum einen ein genuines Interesse an der Pflege der deutschen Sprache war, deren meisterhafte Beherrschung der Verfasser des *Messias* in seinem Epos glänzend unter Beweis gestellt hatte, zum anderen aber auch die Begeisterung für den religiösen Gehalt des großen Gedichts. Der König hatte davon den Prestigegewinn, daß fortan den Ausgaben des *Messias* ein Widmungsgedicht vorangeschickt wurde, das „Daniens Friedrich" als „Menschenfreund" feierte.[19]

---

[14] Friedrich Gottlieb Klopstock an Johann Arnold Ebert, 17. Juni 1750, in: Klopstock, *Briefe I*, S. 98.

[15] Friedrich Gottlieb Klopstock an Maria Sophia Schmidt, 10. September 1750, in: Klopstock, *Briefe I*, S. 134.

[16] Friedrich Gottlieb Klopstock an Johann Christoph Schmidt, 11. Mai 1751, in: Klopstock, *Briefe II*, S. 34.

[17] Friedrich Gottlieb Klopstock an Nikolaus Dietrich Giseke, 4. Mai 1751, in: Klopstock, *Briefe II*, S. 31.

[18] Johann Hartwig Ernst von Bernstorff an Thomas Isak von Larrey, 1. August 1750, in: Friis, *Bernstorffske Papirer*, Bd. 2, S. 320.

[19] Friedrich Gottlieb Klopstock, Huldigungsode ‚Friedrich der Fünfte' [1750], in: Friedrich Gottlieb Klopstock, *Oden*, hg. v. Karl Ludwig Schneider. Stuttgart 1966, S. 77f.

Klopstocks Arbeit am *Messias* vollzog sich unter reger Anteilnahme seiner Gönner. Sowohl der König selbst, als auch Bernstorff und Moltke ließen sich regelmäßig aus den neu entstandenen Passagen des *Messias* vorlesen, lobten die Fortschritte überschwenglich, sparten aber auch Kritik nicht aus, wo sie ihnen angebracht schien. „Da ich beym Könige war", berichtete Klopstock den Freunden in Deutschland, „so gab Er mir in sehr gnädigen Ausdrücken Seinen Beyfall wegen des Mess[ias]".[20] Auch Moltke habe er

> vor einigen Tagen den ganzen fünften Gesang auf einmal vorgelesen. Ich habe es sehen können, daß er ihn ganz verstand. Er unterbrach mich oft, klagte sich dann immer selbst an, daß er mich unterbräche; aber er könnte sich nicht enthalten mir zu sagen, wie sehr es ihm gefiele.[21]

Bernstorff aber war für Klopstock „der Oberrichter über meine Critiken", der ihm damit „zugleich seine sagen" würde.[22]

Doch trotz der großzügigen Anteilnahme und des Verständnisses, das ihm Bernstorff und Moltke entgegenbrachten, konnte und wollte sich Klopstock nicht dauerhaft damit abfinden, daß der Zirkel der literarisch interessierten Hörer seines Werks in Kopenhagen eng begrenzt blieb. Gegenüber Bodmer bekannte er freimütig:

> Ich habe hier nur wenige, denen ich vorlesen kann. Unter den Grossen, ist, ausser Moltke u[nd] Bernstorf, der Kaiserl[iche] Envoié, Graf Rosenberg, der mich völlig versteht u[nd] dem ich vorlesen kann. Es sind noch zween dänische Grafen Ranzow, denen ich gern vorläse, wenn Sie deutsch genung verstünden.[23]

Dieser „Mangel an Hörern" war es, der Klopstock schließlich ein ums andere Mal wehmütig stimmte und an die „angenehme Zeit" erinnerte, da er seine Arbeiten – wie ehedem in Leipzig – im vertrauten Kreis zahlreicher Freunde vortragen konnte.[24] Was für Möglichkeiten aber boten sich Klopstock, wenigstens einige seiner damaligen Freunde zu sich nach Kopenhagen zu ziehen, um sich ein seinen Ansprüchen gemäßeres Umfeld zu verschaffen?

Eine erste Gelegenheit zur Vermittlung des ersehnten Freundes an seine Seite nach Kopenhagen eröffnete sich Klopstock, als die dänische Regierung daran ging, die vakante Professur für Philosophie und Geschichte neu zu besetzen, die der im Sommer 1749 verstorbene Staatsrechtler Johann Elias Schlegel an der Ritteraka-

---

[20] Friedrich Gottlieb Klopstock an Nikolaus Dietrich Giseke, 4. Mai 1751, in: Klopstock, *Briefe II*, S. 31.

[21] Friedrich Gottlieb Klopstock an Johann Wilhelm Ludwig Gleim, 24. Mai 1751, in: Klopstock, *Briefe II*, S. 47.

[22] Friedrich Gottlieb Klopstock an Johann Andreas Cramer, 19. Dezember 1752, in: Klopstock, *Briefe II*, S. 231.

[23] Friedrich Gottlieb Klopstock an Johann Jakob Bodmer, 5. Februar 1752, in: Klopstock, *Briefe II*, S. 132.

[24] Ebd.

demie zu Sorö innegehabt hatte. Sorö lag zwar im Westen der Insel Seeland und damit in gehöriger räumlicher Distanz zu Kopenhagen, war aber verhältnismäßig schnell und leicht zu erreichen, weshalb es zum erweiterten Umkreis Kopenhagens zählte. Schon bald nachdem Klopstock über die mit der Professur verbundenen Aufgaben erste Informationen eingeholt hatte, bot er seinem Intimus Giseke, der ja ebenfalls ein Mitarbeiter der *Bremer Beiträge* gewesen war, die Stelle in Sorö an. „Möchtest Du wohl", schrieb er Giseke,

> des verstorbenen Schlegels Stelle in Soroe haben? [...] Da der Graf Moltke mit mir davon redte, so verlangte er nur Philosophie und Historie; ich habe aber, wenn ich nicht irre, gehört, daß er auch das Staatsrecht gelehrt habe. Es versteht sich, mein lieber Giseke, daß ich über Alles umständlich bin, sobald Du mir überhaupt Deine Meinung gesagt hast.[25]

Nur wenige Tage später lieferte er Giseke mit Blick auf die Professur in Sorö noch weitere Hinweise, und warb zudem kräftig um die Zusage seines Freundes:

> Ich kann noch dieß hinzuthun. Soroe ist ein ungemein angenehmer Ort. Das Gehalt ist 500 Rthlr. Wohnung, u[nd] noch einige Kleinigkeiten. Es ist die Profession der Philosophie u[nd] Historie] [...] Ich darf dir nicht sagen, wie sehr ich wünsche, daß du die Stelle annimmst. Unterdeß weil ich nicht gewiß wußte, was du thun würdest, so sagte ich zum Grafen [Moltke]: Ich wollte nur fern bey dir anfragen.[26]

Wie sehr Klopstocks Rat bei der Neubesetzung der Professur geschätzt wurde, geht aus einem Zusatz desselben Briefs hervor, wonach Friedrich V. Klopstock nahezu freie Hand bei der Auswahl einer geeigneten Person lassen wollte: „Der König sagte mir diese ausdrücklichen Worte, welche mir lieber waren, als mir oder andern das größte, u[nd] gewählteste Geschenk hätte seyn können. Er sagte: ‚Weil ich dich empfohlen hätte, so solltest du es werden'".[27]

Klopstocks werbenden Worten war kein Erfolg beschieden. Giseke ging auf das Angebot nicht ein. Möglicherweise hatte ihm Johann Friedrich Wilhelm Jerusalem abgeraten, welcher als Wolfenbütteler Hofprediger und Begründer des Collegium Carolinum schon andere ehemalige ‚Bremer Beiträger' und Klopstockfreunde – darunter auch Ebert – von ihren verschiedenen Plänen abbringen konnte und allesamt nach Braunschweig geholt hatte. Zu diesem Sachverhalt vermerkte Klopstocks Braut Meta Moller etwas später:

> Ich kann die Ursachen noch nicht herausbringen, die Jerusalem hat, allen Leuten abzurathen nach Dänemark zu gehen. Ich erinnere mich noch, daß er zu Ihnen wegen der Soroeischen

---

[25] Friedrich Gottlieb Klopstock an Nikolaus Dietrich Giseke, 5. Juni 1751, in: Klopstock, *Briefe II*, S. 52.

[26] Friedrich Gottlieb Klopstock an Nikolaus Dietrich Giseke, 19. Juni 1751, in: Klopstock, *Briefe II*, S. 53–54.

[27] Friedrich Gottlieb Klopstock an Nikolaus Dietrich Giseke, 19. Juni 1751, in: Klopstock, *Briefe II*, S. 54.

Stelle gesagt: Man müsse den Anschlägen nach Dänemark zu kommen, nicht allzuviel Gehör geben.[28]

Klopstock verbarg seine Enttäuschung gebenüber Giseke nicht, bewies aber in seinem Antwortbrief an den Freund zugleich, daß er bereits einen neuen Kandidaten für die Professur ins Auge gefaßt hatte:

> Und also willst Du nicht, oder vielmehr, also kannst du nicht zu mir kommen? Über verschiedenes, was du mir geschrieben hast, will ich dir gern einmal mehr sagen, als schreiben [...] Ich habe nunmehr, wenn ich, (welches ich sehr vermute) von neuem vorschlagen darf, Rothen im Kopfe [...] ich denke ia, der Knabe wird gehorsamer seyn, als du mir gewesen bist.[29]

Doch Klopstock täuschte sich abermals. Wie Giseke lehnte auch Heinrich Gottlieb Rothe – ebenfalls Mitarbeiter der *Bremer Beiträge* und Freund aus Leipziger Zeit – Klopstocks dringendes Ersuchen ab. Klopstock predigte also weiterhin tauben Ohren. Auch daß er bei seinen Freunden immer wieder Vorurteile in Bezug auf das dänische Klima auszuräumen hatte – „Koppenhagen empfindet so viele Einflüsse vom Nordpole nicht, als man sich gewöhnlich vorstellt, u[nd] es ist hier Frühling, wie in Sachsen"[30] – zeigt, wie wenig man sich in Deutschland trotz Klopstocks Anwesenheit von Kopenhagen versprach. Erst 1752 gelang es Klopstock mit Johann Bernhard Basedow einen ehemaligen Leipziger Kommilitonen für die Professur in Sorö zu gewinnen.

Möglicherweise war es tatsächlich der Hofkanzler Pechlin, der Basedow erstmals gegenüber Moltke als talentierten Pädagogen ins Gespräch brachte. Gewiß aber hatte Klopstock die Freiheit, nach dem gewohnten Gang der Dinge, Moltkes nunmehrigen Vorschlag entweder abzulehnen oder aufzugreifen. Daher ist in jedem Fall richtig, wie sich nun feststellen läßt, daß es Klopstock war, dem Basedow die Berufung nach Sorö entscheidend zu verdanken hatte – und nicht etwa, weil Klopstock keine Alternativen zu Basedow vorzubringen gehabt hätte. Vielmehr wird er Moltkes Vorschlag freudig aufgegriffen haben, da ja auch Basedow in Leipzig zum Umfeld der ‚Bremer Beiträger' gehört hatte. Es ist zwar nicht verbürgt, daß Klopstock Basedow schon in Leipzig kennengelernt hat, doch immerhin sehr wahrscheinlich. Wie immer es sich mit dem Bekanntschaftsverhältnis Klopstocks und Basedows zu Leipziger Zeiten auch verhalten haben mag, so ist nicht von der Hand zu weisen, daß die beiden ehemaligen Kommilitonen schon unmittelbar nach Basedows Ankunft auf Seeland einen freundschaftlichen, ja herzlichen Umgang pflegten.

---

[28] Meta Moller an Giseke, 23. November 1753, in: Meta Klopstock, *Briefwechsel mit Klopstock, ihren Verwandten und Freunden*, hg. v. Hermann Tiemann. Hamburg 1956.

[29] Friedrich Gottlieb Klopstock an Nikolaus Dietrich Giseke, 20. Juli 1751, in: Klopstock, *Briefe II*, S. 63.

[30] Friedrich Gottlieb Klopstock an Johann Jakob Bodmer, 22. Mai 1751, in: Klopstock, *Briefe II*, S. 44.

1.2. Basedows Beziehungen zu Klopstock auf Seeland

Wie sehr Klopstock und Basedow einander privat verbunden waren, ist an verschiedenen Stellen zum Teil sehr eindrucksvoll belegt. So verbrachte Basedow im Jahr 1755 nachweislich das Weihnachtsfest bei Klopstock und seiner Frau Meta in ihrem nördlich von Kopenhagen gelegenen Wohnsitz Lyngby. Über diesen Besuch Basedows erfahren wir von Meta Klopstock: „Basedow [ist] von Soroe gekommen, welchen ich itzt erst recht kennen lerne, u[nd] der mir sehr gefällt".[31] Die freundliche Charakterisierung Basedows durch die so stilbewußte und empfindsame Meta ist im übrigen ein interessanter und wichtiger Gegensatz zu den geläufigen Beschreibungen Basedows, die sein eher rauhes Betragen herausstreichen.[32]

Basedow besuchte die Klopstocks aber auch regelmäßig in Kopenhagen, stand mit ihnen in einem intimen Briefwechsel und empfing einmal sogar, aufgrund eines Versehens des Briefausträgers, ein sehr persönliches Schreiben Klopstocks an seine Frau Meta, das den Soröer Professor als einen der ersten den bedrohlichen Gesundheitszustand Metas erahnen ließ. Vielleicht ist es daher auch kein Zufall, daß es wiederum Basedow war, der Klopstock nach dem tragischen Tod, den Meta Klopstock im Kindbett erleiden mußte, als einer der ersten einen mitfühlenden Trostbrief schrieb, den Klopstock später sogar drucken ließ. Auch Basedows erste Ehefrau Anna Emilie, die er als Gouvernante der Kinder Qualens auf Borghorst kennengelernt und 1752 geheiratet hatte, war 1753 in Sorö kurz nach der Geburt ihres ersten Kindes gestorben.[33] So wußte Basedow, wovon er sprach, als er Klopstock schrieb:

> Ich weiß, was sie empfinden, ich habe es auch erfahren; und mag mir Ihren Jammer kaum recht vorstellen. Können Sie Sich durch den Gram durchbeten, und durchdenken, und dadurch endlich ruhig werden: so ist dieses das beste Mittel [...] Ich will für Sie beten, so oft ich an Sie denke. Wo Sie mich ein wenig lieben: so bitte ich mir entweder selbst, oder durch einen andern, einige Nachricht von Ihnen aus, um mich wo möglich, ausser Sorgen für Ihr Leben zu setzen. Denn ich kenne Ihre Zärtlichkeit, die ihres Gleichen in der Welt vielleicht nicht gehabt

---

[31] Meta Klopstock an Elisabeth Schmidt, 28. Dezember 1755, in: Meta Klopstock, *Briefwechsel*, S. 485.

[32] Zu dem unvorteilhaften Bild, das oftmals von Basedow gezeichnet wurde, trug maßgeblich Johann Wolfgang von Goethes Charakterisierung des Pädagogen in *Dichtung und Wahrheit* bei: „Denn dieses war eine von den tiefgewurzelten üblen Eigenheiten des so trefflich begabten Mannes, daß er gern zu necken und die Unbefangensten tückisch anzustechen beliebte. Ruhen konnte [Basedow] niemand sehn; durch eine überraschende Frage setzte er in Verlegenheit, und lachte bitter, wenn er seinen Zweck erreicht hatte, war es aber wohl zufrieden, wenn man, schnell gefaßt, ihm etwas dagegen abgab", Goethe, *Dichtung und Wahrheit*, Dritter Teil, 14. Buch, S. 27.

[33] „Kaum ein Jahr nach dem Tode seiner ersten Gattin heiratete Basedow ohne Aufgebot am 28. Juni 1754 Gjertrud Elisabeth Hammer, deren Vater Pfarrer in Slagelille bei Sorö gewesen war", Carlsen, *Über J. B. Basedows Entlassung*, S. 42

hat, und deßwegen auch nicht lange hat dauern sollen, weil Gott vielleicht gesehen hat, daß sie in jedem Jahr höher steigen, und endlich der Liebe Gottes zu nahe kommen möchte.[34]

Basedows Beziehung zu Klopstock blieb jedoch nicht aufs Private beschränkt. Schon mit dem Druck von Basedows Antrittsvorlesung *De philosophiae studio a procerum filiis prudenter moderando* und seiner zugleich veröffentlichten Schrift *Versuch, wie fern die Philosophie zur Freigeisterey verführe* begann zwischen ihm und Klopstock ein außerordentlich reger Gedankenaustausch über literarische, religiöse und philosophische Fragen. Basedows Bestallungsurkunde ist auf den 26. Januar 1753 datiert.[35] Seine Antrittsvorlesung wie auch die Schrift über die Freigeisterei wurden unmittelbar danach in der Berlingischen Druckerei in Kopenhagen durch Heinrich Rudolph Lillie in einer limitierten Auflage von jeweils 100 Exemplaren ausgedruckt. Diese Drucklegung wurde auf Anordnung Moltkes auf Kosten der königlichen Privatkasse, die der Premierminister als Oberhofmarschall verwaltete, durchgeführt. Laut Rechnung vom 13. Februar 1753 hatte Lillie – ebenfalls auf Anordnung Moltkes – die frischausgedruckten 200 Exemplare der Basedowschen Bücher zuerst an Klopstock weitergeleitet. Klopstock bestätigte den Empfang, worauf am 19. März 1753 der fällige Rechnungsbetrag an Lillie ausgezahlt wurde.[36] In diesem Zusammenhang leitete Klopstock im März 1753 auch einen – heute verschollenen – Brief Basedows an Moltke weiter, dem er seine eigene gerade erst vollendete Schrift *Drey Gebete eines Freygeistes, eines Christen und eines guten Königs* zur Beurteilung beilegte.

Moltke förderte also zur gleichen Zeit die Veröffentlichung von zwei Schriften Basedows und Klopstocks, die das exakt gleiche Thema, nämlich die Freigeisterei, behandelten, und regte die Autoren überdies zum weiteren Gedankenaustausch in dieser Sache an. Auch für die Folgejahre ist eine Gleichzeitigkeit von literarischen Produktionen Basedows und Klopstocks zum jeweils gleichen Thema zu beobachten.[37] Daß daran die längeren und „ernsthafte[n] Unterredungen von der Religion

---

[34] Johann Bernhard Basedow an Friedrich Gottlieb Klopstock, 5. Dezember 1758, in: Klopstock, *Briefe III*, S. 109. Später ist Klopstock sogar bei Basedows 1770 geborenem Sohn Friedrich Pate, vgl. Armin Basedow, *Johann Bernhard Basedow*, S. 45.

[35] RK, Danske Kancelli D 18, Sjællandske Registre 1753–54: Bestallingsdokument 26. Januar 1753.

[36] RK, Partikulærkammer Regnskaber 1753, Nr. 1477 vom 19. März. In der *Konigl=Particuliere Cammer Rechnung pro Anno 1753* werden Basedows Schriften als seine beiden „dissertationes" bezeichnet.

[37] Als Basedow 1756 seine Abhandlung über die schönen Wissenschaften veröffentlicht, die den etwas irreführenden Titel *Lehrbuch prosaischer und poetischer Wohlredenheit* trägt, nimmt Klopstock gerade die langwierige Arbeit an seinem allerdings erst im Mai 1758 erscheinenden Aufsatz *Von den Schönen Wissenschaften* auf. In das Jahr 1756 fallen auch die Anfänge der Arbeit an einem neuen protestantischen Kirchengesangbuch, die Klopstock schon bald neben der Vollendung des *Messias* für seinen „zweyten Beruf" hielt (Klopstock an seinen Vater, 3./6. November 1756, in: Klopstock, *Briefe III*, S. 52.). Viele Jahre später schreibt Klopstock diesbezüglich von einem schon lange gefaßten Plan, daß nämlich das „neue protestantische Gesangbuch, auf deren Ausgabe ich mich so sehr freue" neben seinen eigenen Liedern auch

u[nd] Philosophie", die Basedow und Klopstock spätestens seit Weihnachten 1755 wiederholt und verbürgt in Klopstocks Wohnung in Lyngby und auch in Kopenhagen führten,[38] einen nicht zu unterschätzenden Anteil hatten, darf wohl vorausgesetzt werden. Sogar der geeignete sprachliche Ausdruck, mit dem religiöse und philosophische Botschaften übermittelt werden sollten, war unzweifelhaft ein Gesprächsthema zwischen Klopstock und Basedow, bei der sicher in erster Linie der Soröer Professor dazuzulernen hatte. Von Carl Friedrich Cramer, dem ersten Biographen Klopstocks, erfahren wir einige für diesen Zusammenhang aufschlußreiche Einzelheiten:

> ,Aber man wird ihre Sprache in Deutschland nicht verstehen', sagte Basedow zu ihm, da Klopstock ihm einst aus dem Messias vorlas. ,So mag Deutschland sie lernen!' antwortete er, und der Erfolg hats gezeigt, wie wenig dies kühne Wort Prahlerei war.[39]

Basedows und Klopstocks Gedanken über Theologie, Philosophie und Dichtkunst, soviel läßt sich bis hierher feststellen, reiften also im gemeinsamen Gespräch, was sicherlich von beiden auch so gewollt war. Wenn man, was legitim erscheint, die Maßstäbe der ‚Bremer Beiträger', denen Klopstock und Basedow nur wenige Jahre zuvor in Leipzig beigepflichtet hatten, auch auf Kopenhagen überträgt, wird dies noch deutlicher. Die Mitarbeiter der *Bremer Beiträge* hatten ja beschlossen, „wöchentlich zusammen zu kommen, Aufsätze einander vorzulesen, sich Anmerkungen, Critiken darüber zu machen, eine Auswahl darunter zu treffen" und „nur die von allen gebilligten Stücke dann herauszugeben".[40] Dabei war „jeder verbunden, die Critiken der Anderen nicht nur zu achten, sondern auch, wenn die Mehrheit der Stimmen ihnen das Siegel der Billigung aufdrückte, anzunehmen, oder dem Drucke der Ausarbeitung zu entsagen".[41] Selbst wenn Basedow und Klopstock diesen Anspruch auf Seeland nur im Ansatz verwirklicht haben sollten, wäre die gegenseitige Beeinflussung doch erheblich gewesen.

---

geistliche Gesänge von Cramer, Gellert und „wenigere von Basedow" enthalten werde. (*Vorrede zum zweiten Teil der geistlichen Lieder*, 1769, S. 4, zit. nach Muncker, *Klopstock*, S. 271.)
[38] Vgl. Klopstocks Eintragungen in sein Arbeitstagebuch vom 13. November 1755 bis 1. August 1756, in: Friedrich Gottlieb Klopstock, *Arbeitstagebuch*, hg. v. Klaus Hurlebusch. Berlin / New York 1977, S. 263ff. u. 368f.
[39] Cramer, *Klopstock*, Teil 4, S. 347.
[40] Ebd., Teil 1, S. 143.
[41] Ebd.

2. Tendenzen der dänischen Kultur- und Bildungspolitik seit 1746[42]

Auch wenn, wie wir gesehen haben, Klopstocks entschiedene Fürsprache den Ausschlag gab, daß Basedow nach Sorö berufen wurde, darf nicht übersehen werden, daß der für die Neubesetzung der Professur verantwortliche Minister, Oberhofmarschall Moltke, mehr als nur formell am Berufungsverfahren beteiligt war. Immerhin war es Moltke, der die Soröer Professur für Staatsrecht schon zu Beginn der 1750er Jahre ausdrücklich in eine Professur für Moralphilosophie umgewandelt wissen wollte und dabei auch ganz konkrete Vorgaben für den damit verbundenen Lehrauftrag machte. Unter einer wahrhaft modernen Moralphilosophie, so Moltke, sei nämlich vor allem „eine nüzliche pracktische Philosophie" zu verstehen, „wie sie für junge Leute von der grossen Welt gehört".[43] Genauso zeigt die außergewöhnlich engagierte Förderung, die Moltke dem neuen Professor schon unmittelbar nach Amtsantritt durch die Drucklegung seiner jüngsten Schriften zuteil werden ließ, mit welch großem Interesse der dänische Premierminister Basedows Entwicklung in Sorö von Anfang an verfolgte.

Schon bei der Vergabe der Pension an Klopstock hatte Moltke bewiesen, daß er kulturpolitisch bedeutsame Entscheidungen aktiv mittrug und zudem auch sehr selbstbewußt moralische und ästhetische Kriterien einer dänischen Kulturpolitik zu definieren verstand. Als Typus eines Politikers glich er damit im übrigen seinem Ministerkollegen Bernstorff, der ja Moltke überhaupt erst auf Klopstocks große Begabung aufmerksam gemacht hatte. Wie sehr Moltkes und Bernstorffs kenntnisreiche Auseinandersetzung mit zeitgenössischen Standards des Geschmacks und der Ethik dazu beitrug, daß sie eine auch inhaltlich profilierte Kulturpolitik betreiben konnten, wird nicht zuletzt dadurch unterstrichen, daß Klopstock beide Minister ja eine zeitlang als seine wichtigsten Kritiker betrachtete, die ihn sogar zur Veränderung einiger Passagen des *Messias* bewegen konnten.

Durch Moltkes und Bernstorffs engagierte Unterstützung wurden Klopstock und Basedow in Dänemark Freiräume und Wirkungsmöglichkeiten eröffnet, die die ehemaligen Leipziger Kommilitonen zuvor nicht gekannt hatten und die sie zu dieser Zeit anderswo, jedenfalls in Deutschland, auch nicht ohne weiteres erwarten durften. Bereits 1750 pries Klopstock in seinem prosaischen Vorbericht zur Huldigungsode an König Friedrich V. die günstigen Verhältnisse in Dänemark, indem er hervorhob, daß dem „Verfasser des Meßias, der ein Deutscher ist", bezeichnenderweise nicht in seinem Heimatland, sondern eben nur in Kopenhagen die nötige

---

[42] Vgl. zu dieser Thematik: Jürgen Overhoff und Franklin Kopitzsch, Der deutsch-dänische Kulturaustausch im Bildungswesen (1746–1800), in: *Das achtzehnte Jahrhundert* 25 (2001), Themenheft: Deutsch-dänischer Kulturtransfer im 18. Jahrhundert, S. 184–196.
[43] Friedrich Gottlieb Klopstock an Nikolaus Dietrich Gieseke, 4. Mai 1751, in: Klopstock, *Briefe II*, S. 54.

Muße gegeben worden sei, „die ihm zur Vollendung seines Gedichts nöthig war".[44] Außerdem unterstrich er, daß „der Verfasser des Meßias vornehmlich der würdigen Materie seine itzige Musse zu verdanken" habe.[45] Aus diesem Grunde forderte er seine Leser auch auf, „noch vieles zu diesem kurzen Vorberichte hinzu zu denken".[46] „Was das feinere Publikum sich zu diesem Vorbericht hinzudenken konnte und natürlich auch sollte", schreibt Dieter Lohmeier treffend, war die Tatsache, daß der bedeutendste deutsche Fürst dieser Zeit, „der preußische König [Friedrich II.], der selbst dichtete und musizierte, für die deutsche Literatur nichts tat und zeitlebens auch nichts übrig hatte" und obendrein der „‚würdigen Materie' des ‚Messias' beängstigend fremd gegenüberstand und statt dessen französische Freigeister an seinen Hof zog".[47]

Daß sich Moltke und Bernstorff also derartig gezielt Klopstocks und Basedows Schaffenskraft zunutze machten und dabei auch auf den Inhalt der von beiden verfaßten Schriften einzuwirken suchten, legt die Vermutung nahe, daß die beiden wichtigsten Minister des dänischen Königs mit Hilfe der beiden ehemaligen Leipziger eine ganz bestimmte, ihren eigenen Vorstellungen folgende Kulturpolitik inaugurieren wollten. Welche Tendenzen und Grundzüge aber charakterisierten die dänische Kulturpolitik zu Beginn der 1750er Jahre und in welchen größeren kulturpolitischen Rahmen ist die Berufung Klopstocks und Basedows einzuordnen? Um diese Fragen zu beantworten, lohnt es sich, zunächst einmal die kulturpolitisch bedeutsamen Weichenstellungen zu betrachten, die in Dänemark seit 1746 vorgenommen wurden.

Der einschneidende und anhaltende Klimawechsel auf kulturpolitischem Gebiet, der in Dänemark mit der Thronbesteigung Friedrichs V. im Jahre 1746 einsetzte, ist in der einschlägigen Geschichtsschreibung wiederholt und treffend als Ausgang aus einer ‚geistig unfruchtbaren Periode'[48] „pietistische[r] Kunst und Weltfeindlichkeit"[49] und zugleich als Beginn einer neuen, den Wissenschaften und Künsten weitaus freundlicher gesonnenen Epoche charakterisiert worden. In der Tat wurden die alten Staatsdiener Christians VI., deren allzu engstirniges Gebaren Ludvig Holberg einmal ironisierend mit dem überkorrekten, betont ‚ehrbaren und sittsamen' Auftreten ‚alter Katzen' verglich,[50] nun sukzessive von Ministern und Be-

---

44 Klopstock, *Oden*, S. 147.
45 Ebd.
46 Ebd.
47 Dieter Lohmeier, Kopenhagen als deutsches Kulturzentrum des 18. Jahrhunderts, in: Dietrich Jöns / Dieter Lohmeier (Hg.), *Festschrift für Erich Trunz zum 90. Geburtstag. Vierzehn Beiträge zur deutschen Literaturgeschichte*. Neumünster 1998, S. 180.
48 ‚åndeligt steril periode', Ole Feldbæk, *Den lange fred (1700–1800)*, Gyldendal og Politikens Danmarkshistorie, Bd. 9. Kopenhagen 1990, S. 207.
49 Lohmeier, *Kopenhagen*, S. 177.
50 ‚ærbare og alvorlige som gamle katte', zit. nach Feldbæk, *Den lange fred*, S. 207.

amten abgelöst, deren kulturpolitische Prämissen einer deutlich liberaleren Geisteshaltung verpflichtet waren.

Seit der Einführung der *Enevælde* (Eingewalt) im Jahre 1660,[51] worunter die Annahme einer streng absolutistischen Staats- und Regierungsform in Dänemark zu verstehen ist, galt der dänische König als „magtens og rettens eneste kilde",[52] die einzige Quelle von Macht und Recht. In der Praxis jedoch fand die theoretisch unumschränkte und alleinige Herrschaft des Königs gar nicht – oder doch nur in äußerst begrenztem Maße – statt, hatte der dänische Monarch im Kreis seiner Ratgeber im Staatskollegium doch ein kompetentes und willensstarkes Gegenüber, das einen großen Einfluß auf die jeweilige königliche Politik ausüben konnte. Auch Friedrich V. umgab sich im Geheimen Conseil[53] mit Ministern, deren vereintem Sachverstand und Empfehlungen er so gut wie immer folgte. Entscheidend für die Veränderungen in der dänischen Politik seit 1746 war daher, welche altgedienten Minister der neue König entließ und wen er stattdessen ins Conseil holte. Während sich die beiden höchsten Beamten des Kriegsministeriums, Michael Numsen und Frederik Danneskiold-Samsøe, sowie der Finanzminister Wilhelm August von der Osten – allesamt loyale Staatsdiener Christians VI. – sofort nach Friedrichs Thronbesteigung von ihren Ämtern verabschieden mußten und der langjährige Außenminister Johan Sigismund Schulin nur wenige Jahre später starb, wurden Moltke und Bernstorff von Friedrich V. als Neulinge ins Geheime Conseil aufgenommen, um fortan die höchsten Staatsämter zu bekleiden.

Moltke,[54] ein gebürtiger Mecklenburger, war schon als zwölfjähriger Knabe im Jahr 1722 nach Kopenhagen gekommen, um dem dänischen Kronprinzen, dem

---

51 Der dänische Absolutismus wurde 1660 mit der Erb- und Alleinherrschaftsakte (in der Form eines Herrschaftsvertrages) eingeführt und 1665 mit der Lex Regia (in der Form eines unaufhebbaren Grundgesetzes) festgeschrieben. Vgl. hierzu: Maria Eysell, *Wohlfahrt und Etatismus*. Studien zum dänischen Absolutismus und zur Bauernbefreiung 1787/88. Neumünster 1979; Kersten Krüger, Absolutismus in Dänemark. Ein Modell für Begriffsbildung und Typologie, in: *Zeitschrift der Gesellschaft für Schleswig-Holsteinische Geschichte* 104 (1979), S. 171–206 (dort auch der deutsche Text der Lex Regia) und Peter Brandt, Von der Adelsmonarchie zur königlichen ‚Eingewalt'. Der Umbau der Ständegesellschaft in der Vorbereitungs- und Frühphase des dänischen Absolutismus, in: *Historische Zeitschrift* 250 (1990), S. 33–72.

52 Sven Cedergreen Bech, *Oplysning og Tolerance 1721–1784*, Danmarks Historie Bd. 9. Kopenhagen 1970, S. 304.

53 In Dänemark hatte sich das Staatskollegium des frühen Absolutismus zu einem Geheimen Rat verfestigt, der im 18. Jahrhundert Geheimes Conseil hieß.

54 Leider fehlt noch immer eine wissenschaftliche Biographie Moltkes. Reichhaltiges und für diese Zwecke noch kaum genutztes archivalisches Quellenmaterial steht jedenfalls zur Verfügung. Seit 1993 befinden sich Mikrofilmaufnahmen des gesamten Moltkeschen Privatarchivs, Bregentved-Arkivet: *A.G. Moltke (1710–1792)*, im Landesarchiv für Seeland in Kopenhagen. Über seine wichtigsten Lebensphasen informiert Moltke selbst in seiner kleinen Autobiographie, die auch gedruckt vorliegt: Adam Gottlob von Moltke, Kurtze Beschreibung derer in meinem Leben mit mir vorgefallenen Veränderung, in: *Grev Adam Gottlob Moltkes efterladte Mindeskrifter*, hg. von C.F. Wegener, *Historisk Tidskrift*, 4. række, bind 2, 1873, S. 247–294. Moltkes politisches Wirken ist am eindrücklichsten zusammengefaßt in: Bech, *Oplysning*,

späteren König Christian VI., als Page zu dienen. Nach dessen Thronbesteigung im Jahr 1730 wurde er Kammerpage des neuen Kronprinzen Friedrich. Seit 1743 wirkte er als dessen Hofmarschall, bis er 1744 auch noch Oberkämmerer seines Hofstaates wurde und die Leitung seiner Haushaltung und der Finanzen übernahm. Unmittelbar nach Friedrichs Thronbesteigung wurde Moltke dann vom neuen König zu dessen Oberhofmarschall und Geheimen Rat ernannt, womit er – *de facto* – zum Premierminister Dänemarks avancierte. Schon weil Moltke lange vor Regierungsantritt Friedrichs V. dessen private Geschäfte getätigt und mit ihm einen engen Umgang gepflegt hatte, war er für den König ein unverzichtbarer Bediener geworden, „zu dem er unbegrenztes Vertrauen hatte".[55] Ein gravierendes Alkoholproblem Friedrichs V., mit dem dieser schon als Kronprinz zu kämpfen hatte, steigerte das Vertrauen des Königs zu Moltke an manchen Tagen geradezu zu einer bedingungslosen „Ergebung und Abhängigkeit".[56] König Friedrich V. war, wie viele Quellen belegen, im persönlichen Umgang zwar „ein liebenswürdiger Mensch",[57] außerordentlich „beliebt im Volk"[58], doch als vom Alkoholismus geplagter Regierungschef für sein Amt „ziemlich untauglich".[59] Welche Bürde es für Moltke war, in regelmäßigen Abständen den wüsten Beschimpfungen und sogar körperlichen Angriffen des alkoholisierten Königs ausgesetzt zu sein, geht aus zahlreichen Briefen[60] hervor, die Friedrich V. Moltke schrieb, um sich ein ums andere Mal bei seinem „hertz liebe[n] Moltcke und hertzens allerbeste[n] Freund"[61] für seine „hitzich und unbesonnen"[62] begangenen Taten zu entschuldigen. Im Verbund mit seinen hohen politischen Ämtern war es nicht zuletzt Moltkes vertrauensvolle Stellung gegenüber dem König – die der eines stets vergebenden Beichtvaters ähnelte –, welche „ihm die faktische Königsmacht in die Hände" gab[63] und ihn zum „Fundament der Staatsleitung"[64] unter Friedrich V. werden ließ.

Bernstorff,[65] im Jahr 1712 als Sohn eines hannoverschen Kammerherrn aus ursprünglich mecklenburgischem Adel in Gartow im hannoverschen Wendland ge-

---

S. 301–319 und Feldbæk, *Den lange fred*, S. 217–224. Vgl. auch den detaillierten Artikel: Svend Cedergreen Bech, Adam Gottlob Moltke, in: *DBL*, Bd. 13, S. 15–18.

55 ,til hvem han havde ubegrænset tillid', Bech, *Oplysning*, S. 298.

56 ,hengivenhed og afhængighed', Bech, *Oplysning*, S. 304.

57 Palle Lauring, *Geschichte Dänemarks*. Neumünster 1964, S. 162.

58 ,folkekær', Ole Feldbæk, *Nærhed og adskillelse 1720–1814*. Danmark-Norge, Bd. IV. Kopenhagen 1998, S. 34.

59 Lauring, *Geschichte Dänemarks*, S. 162.

60 Diese Briefe Friedrichs V. an Moltke sind abgedruckt in: *Historisk Tidsskrift*, 4. række, bind 2 (1873), S. 295–331.

61 König Friedrich V. an Adam Gottlob Moltke, 23. April 1751.

62 König Friedrich V. an Adam Gottlob Moltke, 27. Januar 1752.

63 ,ham den faktiske kongemagt i hænde', Bech, *Oplysning*, S. 301.

64 ,Statsledelsens fundament', Feldbæk, *Den lange fred*, S. 216.

65 Über Bernstorffs Leben und Wirken in Dänemark informiert bis heute am kenntnis- und detailreichsten: Aage Friis, *Bernstorfferne og Danmark*. 2 Bde. Kopenhagen 1903 und 1919. Vgl. auch P. Vedel, *Den ældre grev Bernstorffs ministerium*. Kopenhagen 1882.

boren, gelangte nach einem zweijährigen Studium in Tübingen und einer ebenfalls zweijährigen Studienreise, die ihn in die Schweiz, nach Italien, Österreich, Frankreich, England und Holland führte, im Jahr 1731 in den dänischen diplomatischen Dienst. Zwischen 1744 und 1750 residierte er als dänischer Gesandter in Paris, wo er „seine politisch-diplomatische und kulturelle Ausbildung vervollkommete",[66] ohne jedoch „the serious moral purpose and religious piety with which he had grown up"[67] aufzugeben. Nach Schulins Tod diente er seit 1751 in Kopenhagen als Mann aufgeklärter, humanitärer Prägung im Geheimen Conseil Friedrichs V. und vereinigte in seiner Hand die Ämter des Staatsministers, des Kultur- und Bildungsministers sowie des Außen- und Handelsministers mit dem Vorsitz der Verwaltungsbehörde für die deutschen Herzogtümer, der Deutschen Kanzlei.

Als die mit Abstand mächtigsten Männer der neuen dänischen Regierung waren sich Moltke und Bernstorff von Anfang an „vollkommen einig, was die Rolle des Geheimen Conseils betraf".[68] „[A]lle und jede Angelegenheit" Dänemarks, schrieb Moltke bereits im September 1746 an seinen König, „sie möge das Land selbst oder auch fremde Mächte angehen", solle immer zuerst das „Conseil untersuchen und aufs genauste prüfen lassen", ehe der Monarch „solche genehmigen".[69] „Denn da die Verrichtungen des Conseils vorzüglich darin best[ünden]", sämtliche politische Initiativen und Vorschläge, die „das Land selbst oder auch fremde Mächte angehen, aufs sorgfältigste zu erwägen, ob solche zur Beförderung des allgemeinen Besten dienen und ausgeführt werden können", so sei es „so nothwendig als nützlich, dass alle Vorschläge zu dessen Kenntnis gelangen".[70] Als Kernpunkt des politischen Programms, welches das neue Conseil unter Friedrich V. umsetzen sollte, bezeichnete Moltke neben dem Ziel, mit den Nachbarn Dänemarks „in gutem Verständnisse und in Einigkeit zu leben",[71] vor allem die erneute „Aufnahme der Wissenschaften und Künste", die „noch viele Verbesserung" erfordere.[72] So sei es außerordentlich „zu beklagen, dass die einzige Universität in Dero Majestät Reichen und Ländern, bei welcher den Professoren so ansehnliche und festgesetzte Einkünfte von Alters her beigelegt sind, nicht mehreren Nutzen schafft".[73]

Der Kultur- und Bildungspolitik wurde also von der neuen dänischen Regierung von Anfang an höchste Priorität eingeräumt. Dementsprechend entwarfen der König und seine Ratgeber eine Kulturpolitik, die auch im Urteil der europäischen

---

66 ‚fuldendtes hans politisk-diplomatiske og kulturelle udvikling', Jørgen Schoubye, Johann Hartvig Ernst Bernstorff, in: *DBL*, Bd. 2, S. 36.
67 S. P. Oakley, Bernstorff, in: Byron J. Nordstrom (Hg.), *Dictionary of Scandinavian History*. Westport, Connecticut 1986, S. 33.
68 ‚Fuldt enig, hvad angik konseilets rolle', Bech, *Oplysning*, S. 313.
69 Adam Gottlob von Moltke, Plan for Frederik den femtes Regering, in: *Historisk Tidskrift*, 4. række bind 4 (1873–1874), S. 48.
70 Ebd.
71 Moltke, *Plan*, S. 57.
72 Ebd., S. 63.
73 Ebd.

Öffentlichkeit Bestand haben sollte. Aus ganz Europa wurden Künstler nach Dänemark berufen, die auf den von ihnen vertretenen Gebieten der Architektur, Bildhauerei, Dichtung oder Malerei zu den Besten ihrer Zeit zählten. Offensichtlich erhoffte sich die neue Führung von dem ins Land geholten Künstlern neben einer neuen Glanzentfaltung nach außen auch eine fruchtbringende Wirkung auf die heimischen Künste und Wissenschaften, für die nahezu zwanzig Jahre lang nichts getan worden war. Gleichzeitig war die dänische Regierung unter Friedrich V. aber auch bereit, wichtige Erträge der eigenen Kulturförderung an Europa zurückzugeben.[74] Ole Feldbæk hat die sich seit 1746 abzeichnende dänische Kulturpolitik daher erst jüngst wieder zu Recht als wichtigen Beitrag zu einem großangelegten europäischen Kultur*austausch* gekennzeichnet, als ein systematisches Nehmen *und* Geben großen Stils im Rahmen und zum Wohle einer europäischen „Gemeinschaftskultur".[75]

Auch die deutschen Künstler und Gelehrten, die seit 1746 – vor allem in Klopstocks Gefolge – in wachsender Zahl nach Dänemark abwanderten, sollten dort im Sinne dieses von Moltke und Bernstorff lancierten europäischen Kulturaustauschs tätig werden. Es ist oft darauf hingewiesen worden, daß die „nördliche Verpflanzung der witzigen Köpfe"[76] Deutschlands, wie Gotthold Ephraim Lessing jene bemerkenswerte Abwanderungstendenz schon 1751 bezeichnete, vor allem die Schriftsteller betraf. Während sich auf dem Gebiet der bildenden Künste der Blick hauptsächlich nach Frankreich richtete und in der Musik italienische Künstler gefragt waren, seien die Deutschen vor allem auf dem Gebiet der Literatur in den Vordergrund getreten. Aus diesem Grunde ist der sich unter Friedrich V. vollziehende *deutsch*-dänische Kulturtransfer auch bis in die jüngste Vergangenheit ganz überwiegend aus der Perspektive der Literaturwissenschaft beschrieben und gewürdigt worden.[77]

---

[74] Das bedeutendste Beispiel für diese Art der Kulturförderung war sicherlich die von Friedrich V. finanzierte ‚Arabische Reise‘, eine in den 1760er Jahren unter Leitung des Deutschen Carsten Niebuhr durchgeführte dänische Forschungsexpedition, deren in den 1770er Jahren publizierte wissenschaftliche Erkenntnisse dem *gesamten* Europa erstmals ein gründliches Verständnis der Kulturen Babylons und Assyriens sowie der Tier- und Pflanzenwelt des Orients eröffnete.

[75] ‚[F]ælleskultur‘, Ole Feldbæk, *Nærhed*, S. 155.

[76] Zit. nach Leopold Magon, *Ein Jahrhundert geistiger und literarischer Beziehungen zwischen Deutschland und Skandinavien 1750–1850*, Bd. 1: *Die Klopstockzeit in Dänemark*. Dortmund 1926, S. 214.

[77] Zu den wichtigsten literaturwissenschaftlichen Arbeiten zum Thema zählen: Magon, *Ein Jahrhundert*; J.W. Eaton, *The German Influence in Danish Literature in the Eighteenth Century*. The German Circle in Copenhagen 1750–1770. Cambridge 1929; Klaus Bohnen, Der Kopenhagener Kreis und der ‚Nordische Aufseher‘, in: ders. und Sven Aage Jørgensen (Hg.), *Der dänische Gesamtstaat (Kopenhagen – Kiel – Altona)*. Tübingen 1992, S. 161–179; Heinrich Detering (Hg.), *Grenzgänge*. Skandinavisch-deutsche Nachbarschaften. Göttingen 1996 (= Grenzgänge. Studien zur skandinavisch-deutschen Literaturgeschichte, 1).

Nun gab es aber neben der Literatur – und teilweise sogar in enger Verflechtung mit der Literatur – noch einen weiteren, kulturell außerordentlich bedeutsamen Wirkungsbereich, in dem sich aus Deutschland nach Dänemark ziehende Künstler und Gelehrte seit 1746 in besonderer Weise auszeichnen sollten. Das hier in Rede stehende Betätigungsfeld, das in der dänischen Kulturpolitik unter Friedrich V. eine ganz besondere Förderung erfuhr, jedoch in der historischen Forschung noch nicht die entsprechende Beachtung finden konnte, war das Gebiet der Erziehungskunst, Bildung und Pädagogik. Daß der Bildungs- und Erziehungsproblematik in der dänischen Kulturpolitik seit 1746 ein ganz neuer Stellenwert zukam und daß gerade auch deutsche Schriftsteller maßgeblich an dieser Entwicklung beteiligt waren, läßt sich bereits anhand des Wirkens von Johann Elias Schlegel in nahezu exemplarischer Form verdeutlichen.

Schlegel, der 1743 als Privatsekretär des sächsischen Gesandten von Leipzig nach Kopenhagen übergesiedelt war, hatte unmittelbar nach der Thronbesteigung Friedrichs V. ein Trauerspiel verfaßt, in dem er das Ideal eines aufgeklärten, milden und tugendliebenden Herrschers zur Darstellung brachte. Dieses Trauerspiel, nach der Hauptfigur des Stückes, dem dänischen König Knud der Große, *Canut* genannt, war gleichsam als moderner Fürstenspiegel angelegt. Schlegel wollte Friedrich V. – dem er sein Stück ja auch widmete – vor Augen führen, daß ein König gegenüber jedermann, selbst seinen ärgsten Feinden, „Verträglichkeit",[78] „Mitleid"[79] und „Menschenliebe"[80] obwalten lassen solle, um sich als wahrhaft großer Regent zu erweisen. „Zum Herrschen braucht man mehr als Ruhmbegier und Mut", mahnte Schlegel, denn nur „wer stets voll Mitleid straft, stets freudenvoll belohnt, wer aus der Menschen Wohl sich selbst Gesetze nimmt", erst der sei dann zur Königsherrschaft recht bestimmt.[81] Zugleich würde ein so gütig agierender König eine vorteilhafte und ihm selbst wiederum nützliche Wirkung auf sein Volk und damit auf die Verhältnisse in dem von ihm geführten Staat ausüben.

Die Schaubühne war dabei für Schlegel ein bestens geeigneter Ort zur Vermittlung dieser erzieherischen Absichten. Anläßlich der Wiederaufnahme des öffentlichen Schauspiels in Kopenhagen im Jahr 1747 – übrigens ein Ereignis, das mehr als andere kulturpolitische Maßnahmen den unter Friedrich V. erfolgten kulturellen Paradigmenwechsel symbolisierte – brachte Schlegel dann seine Gedanken zu den pädagogischen Möglichkeiten des Theaters in ausführlicherer Form zu Papier. In seinem Aufsatz *Gedanken über die Aufnahme des dänischen Theaters* forderte er, daß des Zuschauers „Herz an der Handlung Anteil"[82] nehmen möge, und zwar in

---

[78] Johann Elias Schlegel, *Canut*, hg. v. Horst Steinmetz. Stuttgart 1989, S. 42.
[79] Ebd., S. 64.
[80] Ebd., S. 73.
[81] Ebd., S. 64.
[82] Johann Elias Schlegel, *Gedanken zur Aufnahme des dänischen Theaters*, in: ders., *Canut*, S. 96.

einer Weise, daß es zur „Nachahmung"[83] der auf der Bühne vorzustellenden tugendhaften Personen gereizt werde. Damit erreiche man dann die politisch sehr wünschenswerte, sittliche „Auszierung und Verbesserung des Verstandes bei einem ganzen Volke".[84] Vier Jahre vor dem Erscheinen von Gellerts programmatischer Abhandlung *Pro comoedia commovente*, die Lessing 1754 ins Deutsche übersetzte, warb Schlegel also schon von Dänemark aus für die Vorteile und den ethischen Nutzen des erzieherisch wirksamen, rührenden Schauspiels. Anders als Gellert, mit dem Schlegel in seiner Leipziger Zeit einen täglichen Umgang gepflegt hatte, ging der Verfasser des *Canut* in seinem dramaturgischen Hauptwerk sogar so weit, die Schaubühne als Forum der „Sittenlehre"[85] der Akademie gleichzustellen. Ein gutes Bühnenstück, so Schlegel, habe die gleiche heilsame pädagogische Wirkung wie Vorlesungen über praktische Philosophie und Naturrecht, was man „daraus abnehmen [kann], daß *Hugo Grotius* fast alle Sätze des Rechts der Natur mit den übereinstimmenden Lehrsprüchen der alten theatralischen Dichter bestätigt hat".[86] Friedrich V. wußte sich nun nicht nur mit dem von Schlegel vorgegebenen Ideal eines menschenfreundlichen Herrschers zu identifizieren, sondern förderte den jungen Autor schon bald nach Kräften, indem er sich dessen pädagogische Leitbilder und Talente auch an einer der wahrhaft klassischen Stätten dänischer Gelehrsamkeit zunutze machte. Schlegel wurde im Mai 1748 zum Professor für Staatsrecht und Politik an die gerade erst wiedereröffnete Ritterakademie zu Sorö berufen.

Sorö, eine mittelalterliche Klostergründung des Benediktinerordens, war nach der Reformation von Christian IV. in eine Ritterakademie umgewandelt worden, die bis zu ihrer Schließung im Jahr 1737 vielfach von deutschen Fürstensöhnen und Adligen aus dem Herzogtum Schleswig besucht wurde. Friedrich V. knüpfte hier nun bereits ein Jahr nach seiner Thronbesteigung wieder an die alte Tradition an und gründete die Ritterakademie neu, diesmal als reellen Gegenpol[87] zur seit 1479 bestehenden Universität Kopenhagen, der einzigen Universität des dänischen Gesamtstaates. Wie wir bereits gehört haben, hatte Moltke ja die Universität Kopenhagen in seinem Plan für die Regierung Friedrichs V. als besonders reformbedürftig gekennzeichnet. Zum einen hielt er die dort geleistete Ausbildung der höchsten Beamten der *Enevælde* für nicht mehr zeitgemäß,[88] zum anderen hatte er – wie

---

83   Ebd., S. 84.
84   Ebd., S. 88.
85   Ebd., S. 87.
86   Ebd.
87   Als „reelle Gegenpole" werden Kopenhagen und Sorö beschrieben in dem Aufsatz: Frederik Julius Billeskov Jansen, Universität Kopenhagen und Ritterakademie Sorø, in: Bohnen / Jørgensen, *Der dänische Gesamtstaat*, S. 49.
88   Feldbæk unterstreicht in diesem Zusammenhang, daß sich die Universität Kopenhagen Mitte des 18. Jahrhunderts weniger als Stätte der Forschung, sondern vielmehr als Ausbildungsinstitut der dänischen Beamtenelite verstand. Vgl. Feldbæk, *Nærhed*, S. 128.

später auch Bernstorff – immer wieder mit Schwierigkeiten zu kämpfen, neue Hochschullehrer, die modernere Lehrauffassungen vertraten, gegen den Willen der zumeist konservativen Universitätsprofessoren durchzusetzen.[89] In gewisser Weise wurde die Ritterakademie Sorö somit von der neuen dänischen Regierung seit 1747 planmäßig zu einer Art Gegenuniversität ausgebaut, und tatsächlich etablierte sich in Sorö schnell ein wahrhaft „alternatives Universtätsmilieu".[90] Die jungen Adligen wurden in Sorö nunmehr vor allem in denjenigen Fächern unterwiesen, die ihnen zukünftig im Dienst des Königs von praktischem Nutzen sein würden, namentlich die lebenden Sprachen, Politik, Staatsrecht und Moral. Die zur Finanzierung der neuen Ritterakademie benötigten Gelder entstammten den ihr von Holberg noch bei Lebzeiten in hochherziger Weise übermachten Vermögenswerten. Holberg war es auch, der sich bei der Erstbesetzung der wichtigen Professur für Moral und Staatsrecht für Schlegel aussprach – übrigens gegen den dänischen Mitbewerber Christian Frederik Wadskier.[91]

Schlegel wurde nun mit dem Hörsaal ein Forum zur Sittenerziehung der künftigen dänischen Beamtenelite bereitgestellt, das, wie wir sahen, die von ihm bereits im Königsdrama *Canut* vorgetragene pädagogische Botschaft der Menschenfreundschaft und Tugendliebe in dem der Akademie eigenen Rahmen vermitteln sollte. Doch schon im August 1749 verstarb Schlegel, viel zu früh, um dieser hohen Aufgabe gerecht werden zu können. Seine pädagogischen Zielsetzungen jedoch überlebten seinen frühzeitigen Tod. Schlegels Bildungsideal der Menschenliebe und seine persönlichen Fähigkeiten als Lehrer hatten bei der dänischen Führung derartig hohe Erwartungen geweckt, daß sich Moltke, der schon bei der Berufung Schlegels nach Sorö entscheidend mitgewirkt hatte,[92] nicht zuletzt auch aus diesem Grund sehr viel Zeit bei der Suche nach einem geeigneten Nachfolger ließ. Noch 1751, als Friedrich V. einmal im Gespräch äußerte, wie nahe ihm der Tod des verstorbenen Schlegels auch jetzt noch ginge,[93] war die Professur vakant. Erst als Moltke auf Klopstocks Empfehlung mit Basedow einen Mann nach Sorö berief, der den „milden und menschenfreundlichen" Bürger als Ziel jeglicher Bildungsarbeit voraussetzte, gelangte ein Professor in Schlegels Nachfolge, der dessen Erziehungsideal der Menschenfreundschaft und Menschenliebe in Gestalt einer kongenialen Erziehungstheorie weit über Dänemarks Grenzen hinaus bekannt machen sollte.

---

[89] Feldbæk, *Nærhed*, S. 130.
[90] ‚[E]t alternativt universitetsmiljø‘, Feldbæk, *Nærhed*, S. 132.
[91] Vgl. Eaton, *The German Influence*, S. 50–51.
[92] Ebd., S. 51.
[93] Friedrich Gottlieb Klopstock an Nikolaus Dietrich Giseke, 19. Juni 1751, in: Klopstock, *Briefe II*, S. 54.

3. Basedows Wirken an der Ritterakademie zu Sorö (1753–1758): Die Entfaltung der philanthropischen Pädagogik[94]

3.1. Die Entwicklung seiner philosophischen und theologischen Ideen (1753–1757)

Als Basedow am 26. Januar 1753 ganz offiziell in das Amt eines Professors der Moralphilosophie, Beredsamkeit und deutschen Sprache an der Ritterakademie zu Sorö eingeführt wurde,[95] nahm er sich zunächst einmal vor, gleichsam einen Rechenschaftsbericht über das Verhältnis der Philosophie zur Theologie vorzulegen, um damit dem dänischen Premierminister Moltke aber auch seinen Studenten zu demonstrieren, welchen ethisch-religiösen Bezugsrahmen er für seine künftigen moralischen Vorlesungen wählen würde. Wie seinem ehemaligen Leipziger Lehrer Crusius kam es Basedow vor allem darauf an, einem nur einseitig aufklärerischen Denken eine Gesamtschau entgegenzusetzen, welche Philosophie und Theologie in eine fruchtbare Symbiose führte. Offensichtlich wollte Basedow, kaum daß er selber Hochschullehrer geworden war, den ihm anvertrauten Zöglingen der Ritterakademie eingehend von den Chancen berichten, die einer wirklichen Symbiose von Philosophie und Theologie innewohnten. Bereits im Frühjahr 1753 veröffentlichte er deshalb seine kleine Schrift *Versuch, wie fern die Philosophie zur Freigeisterey verführe*,[96] in der er darlegte, daß sich die Wissenschaftsdisziplinen der Philosophie und der Theologie trotz ihrer unterschiedlichen Prämissen ganz ohne Zweifel gegenseitig ergänzen konnten und sollten. Basedow hatte diese Schrift ja, wie wir bereits gehört haben, auf Anweisung Moltkes verfaßt. In Basedows Berufungsverfahren hatte Moltke nun zur Bedingung gemacht, „daß Herr Basedow zugleich mit der Professur der Beredsamkeit notwendig einen oder den anderen Teil der Philosophie traktieren solle, falls er sein Amt mit Nutzen bekleiden solle".[97] Dabei wollte Moltke aber sichergestellt wissen, daß Basedow die Philosophie nicht als religionskritische, sondern als konstruktive, die Religion in ihrer unverzichtbaren Stellung und Bedeutung würdigende Wissenschaft auswies. Wie

---

[94] Vgl. zu diesem Abschnitt auch: Jürgen Overhoff, Johann Bernhard Basedows Frühschriften und die Anfänge der philanthropischen Pädagogik in Sorö (1753–1758), in: Jörn Garber (Hg.), *Die Stammutter aller guten Schulen – Studien zum deutschen Philanthropismus* [in Vorbereitung].

[95] In seiner Bestallungsurkunde wird Basedow dazu berufen, „til at være Professor Eloquentiae et Philosophiae Moralis ved vores Ridderlige Academie paa SorÖe, saa og der sammesteds at docere det Tydske Sprog", RK, Danske Kancelli D 18, Sjællandske Registre 1753–1754, Nr. 25.

[96] Johann Bernhard Basedow, *Versuch, wie fern die Philosophie zur Freygeisterey verführe*. Kopenhagen 1753.

[97] Brief des Grafen Heinrich IV. Reuß, Oberhofmeister der Ritterakademie zu Sorö, an Adam Gottlob von Moltke, 14.12.1752, zit. nach Armin Basedow, *Johann Bernhard Basedow*, S. 62. Es ist mir bei meinen eigenen Nachforschungen in den dänischen Archiven leider nicht gelungen, das von Basedow zitierte Schreiben im Original ausfindig zu machen.

sehr er diesen Ansprüchen Moltkes genügen würde, stellte Basedow in seiner kleinen Schrift nachdrücklich unter Beweis.

Daß es in der Geschichte der Philosophie verschiedene Systeme gegeben habe und noch immer gebe, die zum Abfall vom Glauben und zur Freigeisterei verführten, so Basedow, sei sicher unstrittig, doch solle man aufgrund dieses sicherlich beklagenswerten Befundes „etwa die Philosophie aus der Zahl der Wissenschaften verbannen?"[98] Stattdessen käme es doch wohl viel eher darauf an, die offenkundigen Fehler religionsfeindlicher Lehren zu entlarven, um alle falschen Beweise aus der Philosophie zu verbannen. Beispielsweise herrsche „in den meisten Philosophien die demonstrativische Denkungsart", doch frage er, ob statt einer mathematisch ausgerichteten Methode nicht „die Beweise der Wahrscheinlichkeit und der moralischen Gewißheit" die einzigen seien, „die mit Gründlichkeit für die Christliche Religion gebraucht werden können?"[99] Wie schon Crusius, sein „Vorgänger in dieser schweren Lehre",[100] dargestellt habe, könne die Offenbarung nun einmal nicht mittels mathematischer Sätze verifiziert oder falsifiziert werden. Hinsichtlich der Glaubwürdigkeit der historischen Bibeltexte genüge es aber, die philosophischen „Regeln der Wahrscheinlichkeit"[101] zu beherzigen, um die darin enthaltenen Lehren annehmen zu können. „So wenig es auch das Ansehen" habe, so gehöre doch gerade letztere Anmerkung ganz entscheidend zum hier verhandelten Sachverhalt, da sie deutlich genug aufzeige, „daß kein Besser Mittel sey, einen Menschen, der sich durch die Philosophie verleiten lassen, zurückzubringen, als die Philosophie selbst".[102] Recht gelehrt, folgerte Basedow also, sei die Philosophie der Hinführung zum Glauben nicht abträglich, sondern geradezu dienlich. Die Philosophie solle also getrost als ein überaus nützliches und in vielerlei Hinsicht unverzichtbares Instrument bei der Bewältigung schwieriger theologischer Fragestellungen geschätzt und in Gebrauch genommen werden.

Basedow hatte nunmehr gegenüber Moltke zum Ausdruck gebracht, daß die zeitgenössische Theologie von einer mit intellektueller Redlichkeit vorgetragenen Philosophie nicht nur verteidigt, sondern womöglich auch verbessert werden konnte. Noch wichtiger war Basedow aber, wie sich in der Folge herausstellen sollte, der Umkehrschluß dieser Feststellung. Nicht nur die Theologie bedurfte zur Stärkung ihrer Position philosophischer Beihilfe, auch die Philosophie lebte ganz wesentlich von den besonderen Erkenntnissen und Lehren der Theologie. Insbesondere Ethik und Politik, diese beiden wichtigen Zweige der praktischen Philosophie, glaubte Basedow, benötigten dringend theologische Unterstützung, wollten

---

[98] Basedow, *Versuch, wie fern*, S. 10.
[99] Ebd., S. 13.
[100] Ebd., S. 14.
[101] Ebd., S. 13.
[102] Ebd., S. 19.

sie ihr hohes Ziel, die Gesellschaft wirksam und dauerhaft zu verbessern, eines Tages wirklich erreichen.

Da nun gerade die praktische Philosophie derjenige Teil der Philosophie war, den Basedow laut Moltkes Geheiß vor allen anderen Teilbereichen dieser Wissenschaft als Unterrichtsfach an der Ritterakademie zu Sorö anzubieten hatte, arbeitete er seit Mitte der 1750er Jahre verstärkt an der Darstellung einer *theologisch* begründeten Moralphilosophie. So finden sich bereits in seinem 1756 veröffentlichten *Lehrbuch prosaischer und poetischer Wohlredenheit* – das Basedow allerdings in den Seitenüberschriften treffender „Lehrbuch der schönen Wissenschaften" nannte – zahlreiche Passagen, die davon handeln, daß menschliches Verhalten „in Gesellschaften angenehmer" und sittlicher gemacht würde, wenn man nur „Religion und Tugend auf die sicherste Art allgemeiner machen" könnte.[103] Deswegen könnten und sollten auch „die schönen Wissenschaften", wenn sie „auf die rechte Art erlernet, und in Ausübung gebracht" würden, Religiosität und Sittlichkeit befördern, wie ja vor allem Klopstock mit seinem meisterhaft komponierten *Messias* aller Welt überzeugend vorgeführt habe.[104] Damit eine gute, religiös gestimmte Erbauungsliteratur aber überhaupt geschrieben werden könne, dürften die Adepten der schönen Wissenschaften immer nur solche Schriften als theologische Lehrbücher konsultieren, die tatsächlich dazu beitragen würden, menschliche Moral und Tugendvorstellungen zu verbessern. In diesem Zusammenhang hob Basedow Lockes *Of the Reasonability of Christianity* sowie Grotius' *De veritate christianae religionis* als besonders lohnende Lektüre hervor, denn „[d]a die Religion einen jeden angeht; so wäre es für einen jeden Gelehrten und wohl unterrichteten Menschen eine Schande, diese schönen Schriften zu kennen und nicht zu lesen".[105] Wichtig seien diese Schriften nämlich vor allem deswegen, weil sie nicht wie so viele andere theologische Traktate „zum Abscheu an dem Umgange mit fremden Religionsverwandten" aufriefen, sondern explizit auch das sittliche und tugendhafte Verhalten Andersgläubiger respektierten.[106] Weil die verschiedenen Konfessionen immer auch voneinander zu lernen hätten, pries Basedow in seinem Lehrbuch zudem noch einige Werke von katholischen und reformierten Theologen an,

---

[103] Johann Bernhard Basedow, *Lehrbuch prosaischer und poetischer Wohlredenheit in verschiedenen Schreibarten und Werken zu academischen Vorlesungen eingerichtet.* Kopenhagen 1756, § 5, S. 4.

[104] Ebd. Basedow führt Klopstocks *Messias* in seinem Lehrbuch immer wieder als Musterbeispiel eines schönen und zugleich religiös gestimmten Textes an, der mehr als andere Schriften zu Sittlichkeit und Tugend ermuntere, vgl. vor allem Basedow, *Lehrbuch*, §§ 182–183, S. 277–285. Zur Zeit der Veröffentlichung von Basedows Lehrbuch notierte auch Klopstock in seinem *Arbeitstagebuch*: „Der Eindruk, den die Religion auf ieden rechtschaffenen Mann macht, wird durch die schönen Künste vergrößert" (Klopstock, *Arbeitstagebuch*, S. 137).

[105] Basedow, *Lehrbuch*, § 229, S. 441.

[106] Ebd., § 229, S. 449.

die man „mit großem Vergnügen und einiger Erbauung lesen" könne.[107] Abschließend betonte er dann noch, daß eine solche *über*konfessionelle Unterweisung in Religionssachen schon möglichst frühzeitig auch an Kindern vorgenommen werden müsse, doch wisse er „in der Religion" noch kein in dieser Hinsicht geeignetes und lesbares „erstes zierliches Lehrbuch vorzuschlagen".[108]

Unmittelbar nach der Veröffentlichung seines Lehrbuchs – von dem er ein Exemplar auch der dänischen Regierung zur Begutachtung übersandte[109] – bemühte sich Basedow in Sorö auch um die zusätzliche Übertragung der Professur für Theologie. Diese Stelle war nämlich Anfang August 1757 durch den Tod des Gemeindepfarrers von Sorö, Peder von Haven, der nominell auch als Theologieprofessor an der Ritterakademie Sorö gewirkt hatte, vakant geworden. Das Amt eines Theologieprofessors war wohl nicht zuletzt deswegen für Basedow interessant geworden, weil er den Studenten als ordentlich bestallter Theologe seine religiösen und theologischen Überlegungen mit einer weitaus größeren Selbstverständlichkeit und Autorität vortragen konnte. In einem entsprechenden Gesuch an den dänischen König Friedrich V. bat Basedow den Monarchen, ihm fortan – zusätzlich zu seinen ohnehin schon zahlreichen Lehrverpflichtungen als Professor der Philosophie und Beredsamkeit – auch zwei der „wöchentlichen Lehrstunden in der Theologie allergnädigst aufzutragen".[110] Dabei unterstrich er seine Qualifikation für dieses Lehramt mit dem schlichten Hinweis darauf, daß er einer sei, der in Leipzig und Kiel „Theologie studiert hat".[111]

Basedows Eingabe fand beim König Gehör. Gegen Ende des Jahres 1757 durfte er, seinem Vorschlag gemäß, die ersten öffentlichen theologischen Vorlesungen für die studierende Jugend in Sorö anbieten. Bemerkenswert ist, daß Basedow die Theologieprofessur bereits zwei Monate nach dem Tod von Havens zugesprochen wurde, obwohl der Oberhofmeister der Ritterakademie, Carl Juel, den König ersucht hatte, diese Stelle vorerst nicht neu zu besetzen. Juel wollte das Gehalt von 300 Reichstalern, welches einem Theologieprofessor in Sorö zustand, für andere

---

[107] Ebd., § 229, S. 441f. Basedow nannte als vorbildliche katholische Theologen Jacques Bénigne Bossuet und François de Salignac de la Mothe-Fenelon. Als lesenswerten reformierten Theologen führte er Jacques Saurin an. Es ist wohl bezeichnend, daß kein anderer als Gellert Saurins bis dahin wichtigste Schrift, *Abrégé de la théologie et de la morale chrétienne en forme de catéchisme*. Amsterdam 1737, kurz zuvor ins Deutsche übertragen hatte: Jacques Saurin, *Kurzer Begriff der christlichen Glaubens- und Sittenlehre, in Form eines Catechismus*, aus dem Französischen übersetzt von C. F. Gellert. Leipzig / Chemnitz 1749.

[108] Basedow, *Lehrbuch*, § 238, S. 470.

[109] In einem Brief an die dänische Regierung vom 7. Juli 1756 teilt Basedow dem Geheimen Rat Johann Ludwig Holstein mit, daß er sich mit diesem Schreiben die Freiheit nehme, dem Geheimen Conseil „ein Exemplar meines geringen Buches unterthänigst zu übersenden", KoBK, Sam. Ledreborg 525.

[110] Eingabe Johann Bernhard Basedows an König Friedrich V. vom 18. August 1757, RK, Danske Kancelli, Sjællands Missiver 454-55/1757. Abgedruckt in Armin Basedow, *Johann Bernhard Basedow*, S. 66.

[111] Armin Basedow, *Johann Bernhard Basedow*, S. 66.

Zwecke im Haushalt der Ritterakademie verwendet wissen. Dabei argumentierte er, daß die Zöglinge der Akademie – die ja zu zukünftigen Staatsdienern, nicht zu Geistlichen ausgebildet werden sollten – zur Ausübung ihres Berufs nicht unbedingt studierte Theologen sein müßten. Zudem seien die theologischen Vorlesungen bis zu diesem Zeitpunkt ohnehin so gut wie gar nicht frequentiert worden.[112] Juel lenkte jedoch ein, als sich abzeichnete, daß sich Basedow auch mit 200 Reichstalern Lohn für die zusätzliche Lehraufgabe zufrieden geben würde.

In seiner theologischen Antrittsvorlesung unterstrich Basedow gegenüber seinen jungen Zuhörern, daß er ihnen als Theologieprofessor nun nicht plötzlich ganz und gar neuartige Lehren vortragen würde. Stattdessen würde ihnen das, was sie von ihm als Philosophieprofessor schon immer an theologischen Einsichten hatten erfahren können, auch jetzt erläutert werden, nur eben mit mehr Zeit und in ausführlicherer Form. „Sie wissen es, meine Herren", versicherte Basedow seinen Studenten,

> daß ich immer dasselbe gesagt und lange zuvor, ehe die theologischen Lehrstunden mir übergeben werden konnten, berechtigt zu seyn gewünscht habe, die vollkommne Ueberzeugung und Empfindung des Christenthums, die Gott meiner anhaltenden Untersuchung geschenkt hat, Ihnen mitzuteilen, und daß ich schon lange in dem philosophischen Unterrichte und dem Umgange dasjenige that, was ich ohne die Gränzen meines Amtes zu überschreiten, thun durfte.[113]

Nach Basedows Dafürhalten war ein schon frühzeitig erworbenes theologisches Grundwissen vor allem deshalb so wichtig, weil die Tugend, deren Vorstellung und Einübung doch das Hauptziel der praktischen Philosophie darstelle, ohne Religion „entweder nicht möglich, oder wenn sie mit heftigen Begierden kämpfen soll, nicht sicher und stark genug" sei.[114] Da tugendhaftes Verhalten vorzüglich darin bestand, „unser gegenwärtiges Wohl für größre Vortheile andrer aufzuopfern",[115] konnte ohne Überzeugung von unserer Unsterblichkeit und von der Vergeltung des Gehorsams und Ungehorsams nach unserm Tode auch von niemandem

---

[112] Vgl. Carl Juel an Friedrich V., 27. August 1757: „[S]aa har jeg først og fornemmelig villet allerunderdanigste indstille til Deres Kongelig Mayts allernaadigste Resolution og Gotfindende, om die den aarlige Løn af 300 rd, som denne afdøede Professor og Sogne-Præst haver havt, kunde spares og blive Academiet forbeholden, og det af folgende Aarsager: først fordi ingen af Academisterne indtil denn Tiid haver frequentered de Theologiske Prælectioner i Auditorio, da ingen af dem giør Theologien til sit Hoved-Studium og de Lør alle efter Fundationen inden deres ankomst til Academiet have lagt deri den fornødne Grund og have været til Confirmation", RK, Danske Kancelli, Koncepter og Indlæg til Sjællandske Tegnelser 1757, Teil E.

[113] Johann Bernhard Basedow, *Vom Unterrichte in der Theologie auf Ritterakademien gehalten an statt der ersten theologischen Vorlesung*, in: *Reden über die glückselige Regierung Friedrichs des Fünften Königs in Dännemark und Norwegen*. Nebst andern Reden theils gehalten, theils übersetzt von Johann Bernhard Basedow Professor. Kopenhagen und Leipzig, S. 102.

[114] Ebd.

[115] Ebd., S. 103.

erwartet werden, dauerhaft selbstlos zu handeln. Deswegen könne auch nur ein der Religion innig verbundener Mensch

> Den stärksten natürlichen Bewegungsgrund aller Handlungen, ich meine die Selbstliebe, mit der Pflicht, das allgemeine Beste seiner Mitbrüder auf das genaueste zu beobachten, mit Grunde der Wahrheit vereinigen. Denn nur er weis es gewiß, das GOTT seine Seele nach dem Tode nicht zernichten, nicht in einen Zustand des ewigen Schlafes versinken lassen wolle; daß Gott alle Gedanken, Absichten und heimliche Thaten richten werde, um einen jeden nach seinen Werken zu vergelten, und daß wir daher heilig und vollkommen, das ist, für alle Menschen gemeinnützig, gerecht, redlich, hülfreich und barmherzig seyn sollen.[116]

Wie sehr ein tugendhaftes Verhalten von einer soliden theologischen Bildung abhing, demonstrierte Basedow noch anschaulicher und besonders eindringlich anläßlich einer weiteren Rede, einer Trauerrede „über den frühzeitigen Tod des Freyherrn von Rosenkranz",[117] die er nur wenige Monate nach seiner theologischen Antrittsvorlesung vorzutragen hatte.

Der an den Blattern verschiedene junge Herr Rosenkranz, ein Schüler der Ritterakademie, entstammte einer der ältesten und wichtigsten Adelsfamilien Dänemarks, die schon seit mehreren hundert Jahren bedeutende Ratgeber und Beamte der dänischen Könige gestellt hatte. Offensichtlich hatte auch der jüngste Sproß der Familie Rosenkranz eine vielversprechende Karriere als Staatsdiener vor sich, als ihn die tödliche Krankheit befiel. Basedow hob in seiner Trauerrede auf diesen jungen Adligen nun darauf ab, daß den Herrn Rosenkranz nicht allein seine Herkunft, sondern vor allem seine religiösen Überzeugungen zu einem Muster an tugendhaftem Verhalten gemacht hätten.[118] Er sei ein „Menschenfreund"[119] und „ein seltenes Muster einer klugen Friedfertigkeit"[120] gewesen, der Duelle und andere „hassenswürdige Gewohnheit[en] des Adels und des Kriegsstandes"[121] in gleicher Weise verabscheut habe. Auch habe er stets „den unbilliger Weise verachteten und unterdrückten Ständen der Menschen"[122] seine Liebe bezeugt, und dies „zwar einigermaßen nach seiner natürlichen Neigung, aber weit mehr vermittelst der Ueberzeugung, daß ein vernünftiger Mensch und Christ es verbunden ist zu seyn".[123] Rosenkranz habe nämlich gewußt, daß allein „die ächte Gottseligkeit" allezeit „in der Menschenliebe thätig" sei.[124] Nicht zuletzt deshalb habe er stets

---

[116] Ebd., S. 123.
[117] Johann Bernhard Basedow, *Rede, über den frühzeitigen Tod des Freyherrn von Rosenkranz*, in: Basedow, *Reden*, S. 130–155.
[118] Daß Rosenkranz „ein für mich selbst nachahmenswürdiges Muster des Christenthums ist", bekannte Basedow auch in einem Schreiben vom 8. Juli 1758 an Christian Fürchtegott Gellert, in: Gellert, *Briefwechsel*, Bd. 2: *1756–1759*, S. 181.
[119] Basedow, *Rede, über den frühzeitigen Tod*, S. 135.
[120] Ebd., S. 134.
[121] Ebd., S. 133.
[122] Ebd.
[123] Ebd., S. 135.
[124] Ebd., S. 142.

„mit der begierigsten Aufmerksamkeit" bei seinem Lehrer Basedow „die Uebereinstimmung der reinen Vernunft und der göttlichen Offenbarung freudig vern[ommen]".[125] So sei nun gerade auch die von Rosenkranz geglaubte Verheißung einer künftigen Glückseligkeit die beste Versicherung gegen die Annahme, er habe „vergeblich tugendhaft und christlich gelebt".[126] Auf diese Weise an Rosenkranz erinnernd und ihn zum Vorbild nehmend, appellierte Basedow schließlich auch an alle anderen Kommilitionen: „Wollte Gott, theureste Zuhörer, wollte Gott, ich könnte Sie dadurch allesamt zu Gottseligen, zu gläubigen, und zu mitleidigen Menschenfreunden machen!"[127]

3.2. Basedows *Practische Philosophie für alle Stände* (1758)

Nachdem Basedow seit Mitte der 1750er Jahre nun schon in einigen kleineren Schriften und Gelegenheitsreden skizzenhaft ausgeführt hatte, inwiefern theologische Einsichten der praktischen Philosophie entscheidend zugute kommen würden und religiöse Bindungen ein tugendhaftes Verhalten erst wirklich ermöglichten, legte er noch im Verlauf des Jahres 1758 das großangelegte System einer theologisch begründeten Moralphilosophie vor, an dem er seit mehreren Jahren gearbeitet hatte. Er nannte sein auf zwei voluminöse Bände angewachsenes Werk *Practische Philosophie für alle Stände*[128] und eröffnete gleich im Vorwort, daß es einer von seinen Hauptzwecken gewesen sei, „die Freunde der Philosophie" auch zu Freunden der „Religion zu machen, oder sie vor Zweifeln gegen dieselbe zu bewahren".[129] Denn, wie er weiter ausführte, „so nützlich überhaupt die practische Philosophie ist; so werden doch die Bewegungsgründe, die Pflichten für Pflichten zu erkennen und bey starken Reizungen zum Gegentheile dennoch auszuüben", bei jemandem, der die biblische „Offenbarung mit der Vernunft verbindet, weit kräftiger seyn, als bey einem bloßen Philosophen".[130]

Der entscheidende Unterschied zwischen einer bloß philosophischen und einer theologisch begründeten praktischen Philosophie bestand für Basedow in der jeweiligen Definition und Bewertung des Begriffs der Selbstliebe. Während so berühmte, und von Basedow durchaus verehrte Autoren wie Hugo Grotius und Samuel von Pufendorf[131] in ihren politischen Schriften zum Naturrecht die Selbst-

---

[125] Ebd., S. 140.
[126] Ebd., S. 153.
[127] Ebd., S. 139.
[128] Johann Bernhard Basedow, *Practische Philosophie für alle Stände*. Kopenhagen / Leipzig 1758.
[129] Ebd., Vorrede.
[130] Ebd., S. 1033.
[131] Basedow führt Grotius und Pufendorf in seiner Vorrede als zwei ihn außerordentlich inspirierende Verfasser einer praktischen Philosophie an und bemerkt, daß „es gleich ein unerträglicher Stolz seyn würde, wenn man sich nicht gerne für einen Schüler dieser großen Männer erkennen wollte" (Basedow, *Practische Philosophie*, Vorrede).

liebe des Menschen positiv deuteten und von ihr gar ein individuelles Recht auf Selbstverteidigung herleiteten, daß dann das Fundament ihrer Ethik und Politik bildete, stand Basedow der natürlichen Selbstliebe als Prinzip der Ethik weitaus reservierter und kritischer gegenüber. Bezeichnenderweise widmete Basedow seinen Reflexionen über die natürliche Selbstliebe kein eigenständiges Kapitel, sondern erörterte sie als Teil eines Paragraphen, der die allgemeine Menschenliebe zum Thema hatte.

Für all diejenigen, die sich an den Weisungen der göttlichen Offenbarung orientierten, sei es nämlich nicht sinnvoll, die Selbstliebe von der allgemeinen Menschenliebe abzusondern, da doch geboten sei: „Man liebe einen jeden Menschen als sich selbst".[132] Weil jeder andere Mensch „ein eben so wichtiges Mitglied der göttlichen Republik, als ich", sei, müsse „mir sein Wohl in eben dem Grade lieb seyn, als das Meinige".[133] Sollten wir hingegen an dem Nutzen des Lebens eines anderen Menschen „entweder zweifeln, oder ohne den allerstärksten Beweis, es gar für schädlich halten dürfen; so würde eine allgemeine Unsicherheit des Lebens eingeführt werden".[134] Die Folgen eines solchen Zustandes wären dann eine dauerhafte Feindseligkeit unter den Menschen, die sich niemand wünschen dürfe. Die von Gott gebotene, allgemeine Menschenliebe auch als Philosoph zu lehren und zu kultivieren, so Basedow, sei also das beste Mittel, Staat und Gesellschaft lebenswerter und „selbst die Freundschaften sicherer"[135] zu machen. Dies beinhalte selbstverständlich auch, „gegen Menschen unpartheyisch zu seyn", denn nur „ein Unpartheyischer vergißt nicht, daß er ein Bürger der ganzen Welt ist".[136] Das Gebot unparteiisch zu sein, erstrecke sich zweifelsohne auch auf den Umgang mit unseren Widersachern und Feinden. Wenn Menschenliebe nämlich das Bestreben bedeute, „jemanden glückseelig zu machen, oder zu Verhütung seines Unglücks bey Gelegenheit etwas beyzutragen", so sei man unbedingt „schuldig, seinen ärgsten Feind zu lieben, und nicht zu haßen, oder sein Unglück nicht zu wünschen und nicht zu befördern", denn auch „er ist unter der Zahl derjenigen Geschöpfe, die wir als uns selbst lieben sollen."[137]

Basedow hob nun hervor, daß Feindesliebe nicht etwa nur ein unerreichbar hohes Ideal gottgefälligen Handelns war, sondern durchaus auch im gesellschaftlichen Alltag von jedermann praktiziert werden konnte, wenn man darunter vor allem die Bereitschaft und den festen Willen zur Versöhnung und Vergebung verstand. So solle ein jeder „die Endigung der Feindschaft und das Aufhören der Nothwendigkeit, dem Feinde Schaden und Verdruß zu verursachen aufrichtig

---

[132] Basedow, *Practische Philosophie*, S. 31.
[133] Ebd., S. 31–32.
[134] Ebd., S. 39.
[135] Ebd., S. 87.
[136] Ebd., S. 104.
[137] Ebd., S. 86–87.

wünschen"[138] und fremdem Zorn mit Sanftmut, „ohne Grausamkeit und Rachbegierde",[139] begegnen und entgegenwirken. „Denkt", rief Basedow seine Leser zur Vergegenwärtigung eigener Schwächen auf, „wie oft ihr die Sanftmuth derer, die ihr beleidigt, wünscht und bedürft".[140]

Die von Basedow biblisch-theologisch begründeten Postulate, Selbstliebe in allgemeine Menschenliebe aufgehen zu lassen, auch Feinden gegenüber unparteiisch und grundsätzlich wohlgesonnen zu sein sowie allen Widersachern die ständige Bereitschaft zur Versöhnung zu signalisieren, blieben für ihn nicht ohne Konsequenzen auch für den Umgang mit fremden Religionsverwandten oder gar andersgläubigen Menschen. Die geoffenbarte Religion lehre nämlich, so Basedow, daß mir „das menschliche Geschlecht" fraglos „wichtiger" sein müsse, als „meine Religionssecte".[141] Deswegen sei auch kaum etwas so „abscheulich" wie der „Mord in Religionsverfolgungen".[142] Wer die Form seiner eigenen Religiosität über den Wert des Lebens anderer Menschen stelle, handele verwerflich und allen göttlichen Geboten zuwider, zumal allein Gott beurteilen könne, ob jemand, der eine bestimmte „Religion verwirft, oder nicht für zuverläßig hält, ungläubig sey".[143] Deshalb müsse der Staat auch „sehr vorsichtig seyn, und die Freyheit, daß man in Religionssachen einige ungewöhnliche Meinungen vortragen und vertheidigen darf, nicht mit zu engen Gränzen umschließen".[144] Vielmehr sei eine für jedermann freie Untersuchung der Religionswahrheiten „in aufgeklärten Zeiten"[145] unerläßlich.

Wer in die Forderung nach allgemeiner Menschenliebe auch die Anerkennung und Duldung fremder Religionen so fraglos einschloß, wie Basedow es tat, mußte auch danach trachten, bestehenden staatlichen Benachteiligungen zu widersprechen. In der Tat forderte Basedow, daß „Bürger, die eine besondere", aber dem Gemeinwesen nicht schädliche, ja sogar „gute Religion haben", nicht von „Aemtern und anderen Vortheilen" ausgeschlossen werden dürften.[146] Wenn dies nämlich geschehe und wenn man solche Bürger überdies noch „mit vorzüglichen Lasten belegt, oder auszuwandern zwingt", sei dieses „zwar eine gelinde aber doch ungerechte Art der Verfolgung".[147] Deshalb würden beispielsweise auch „die Juden", die ein solches Schicksal so oft hatten erdulden müssen, „beßre Bürger", „wenn man ihnen mit den Christen gleiche Rechte verstattete".[148]

---

[138] Ebd., S. 90.
[139] Ebd., S. 87.
[140] Ebd., S. 96.
[141] Ebd., S. 33.
[142] Ebd., S. 52.
[143] Ebd., S. 683.
[144] Ebd., S. 734.
[145] Ebd., S. 681.
[146] Ebd., S. 740.
[147] Ebd.
[148] Ebd., S. 742. Vgl. auch ebd. S. 798: „Die Partheilichkeit der Christen gegen die Juden ist also eine höchst strafbare Sache", denn, „Aemter dürfen sie nicht bekleiden, Landgüter nicht

Einzig solche Sekten oder Religionen, die ihrerseits eine andere Glaubensgemeinschaft verfolgten, solle „der Staat nicht leiden"[149] und in ihrem Wirkungskreis beschneiden. Ansonsten könne ein jeder Staat, „in dem die Rechte einer Kirche gegen die andre gut bestimmt" sind, und in dem auch „keine sehr mächtige, zur Verfolgung geneigte Secte" vorhanden ist, „bey zwanzig gleich privilegierten Religionen sehr ruhig und glücklich seyn", wovon, laut Basedow, unter den zeitgenössischen Staaten „ein Pensylvanien" ein vortreffliches Exempel sei.[150] Der Vorteil und Gewinn eines mit so weitreichenden religiösen Freiheiten und Pflichten ausgestatteten Staates bestünde nämlich ganz offensichtlich darin, der allgemeinen Pflicht, so viel Menschen „als möglich, zu brauchbaren Mitgliedern der menschlichen Gesellschaft zu machen" – um auf diese Weise „selbst unser eignes Glück dadurch befördern" zu helfen – besonders gut zu genügen.[151]

Basedows Forderung nach religiöser Toleranz – um die er das bereits von Schlegel in Sorö propagierte Ideal einer Erziehung zur Menschenfreundschaft nunmehr erweitert hatte – stand durchaus im Einklang mit aktuellen Tendenzen der dänischen Innenpolitik. Ein knappes Jahr vor der Veröffentlichung der *Practischen Philosophie* hatte der Generalanwalt in der dänischen Kanzlei, Henrik Stampe, dem Kopenhagener Magistrat die Zuständigkeit in Fragen der jüdischen Erbteilung abgesprochen, um sie an die jüdische Gemeinde zurückzugeben.[152] Um dem Geist einer solchen Politik aber zukünftig zu noch größerer Wirksamkeit zu verhelfen, wollte Basedow das Bildungsideal der Menschenfreundschaft und religiösen Toleranz auch an Kinder vermitteln wissen. Gelebte Menschenfreundschaft und praktizierte religiöse Toleranz waren nämlich für Basedow so unabdingbare Vorausset-

---

kaufen, Handwerk nicht treiben, unter Tagelöhnern und Soldaten werden sie nicht geduldet. Was sollen also die armen Nachkommen Abrahams anfangen?" Basedows hier vehement vorgetragene Forderung nach einer umfassenden bürgerlichen Gleichstellung der Juden ist ein bemerkenswert frühes Beispiel der humanitären Toleranzidee in der deutschsprachigen Literatur des 18. Jahrhunderts. Erst vier Jahre zuvor war Lessings Mitgefühl und Toleranz einforderndes Schauspiel *Die Juden* im Druck erschienen. Vor dieser bemerkenswerten Veröffentlichung hatte allein Gellerts Roman *Leben der schwedischen Gräfin von G**** das Porträt eines edlen Juden zu zeichnen gewagt. Über Basedows große Verdienste als Vorkämpfer der religiösen Toleranz und der Judenemanzipation ist bisher noch kaum zusammenhängend gearbeitet worden. Vgl. aber immerhin die Würdigung von Basedow als besonders früher Verfechter der religiösen Toleranz in: Klaus Schreiner, Toleranz, in: *Geschichtliche Grundbegriffe. Historisches Lexikon zur politisch-sozialen Sprache in Deutschland*, hg. v. Otto Brunner, Werner Conze und Reinhart Koselleck, Bd. 6. Stuttgart 1990, S. 524–605.
[149] Ebd., S. 739.
[150] Ebd., S. 747. Über die Vorbildfunktion Amerikas und insbesondere Pennsylvanias für Basedows pädagogische Reformbestrebungen ist bislang noch gar nicht gearbeitet worden. Eine erste Annäherung an diesen Themenbereich habe ich selbst erst jüngst vorgenommen: Jürgen Overhoff, Franklin's Philadelphia Academy and Basedow's Dessau Philanthropine: Two models of non-denominational schooling in eighteenth century America and Germany [erscheint in: Philip Stewart / Byron Wells (Hg.), *Transnational Reading*. Intercultural Discourse in the Eighteenth Century].
[151] Ebd., S. 409.
[152] Vgl. Feldbæk, *Nærhed*, S. 121.

zungen einer aufgeklärten, leistungsstarken und zufrieden in sich ruhenden Gesellschaft, daß sie seiner Ansicht nach nicht früh genug vermittelt werden konnten. Er widmete daher zwei umfangreiche Paragraphen seines Werks einer seinen gesellschaftlichen Vorstellungen entsprechenden Erörterung der Erziehung und des Unterrichts der Kinder.

„Hauptzweck der Erziehung" sei, so Basedow, daß Kinder „glückselige und gemeinnützige" Glieder der menschlichen Gesellschaft würden.[153] Die Mittel, diesen Zweck zu erreichen, dürften aber niemals dem Zweck selbst widersprechen, weshalb man „nie berechtigt sey, die Glückseligkeit der Kinder durch lasterhafte Mittel befördern zu wollen".[154] Daher laute ein erstes Gebot in der Erziehung: „Ueberhäuft eure Kinder nicht mit vielen Befehlen", sondern „verbindet, bey zunehmender Einsicht, die Gründe eurer Befehle mit denselben; so wird der Gehorsam, williger und vernünftiger", und „desto weniger stöhrt er die Liebe und Freude".[155] Zärtlich zu warnen und zu belehren sei also immer klüger als zu schimpfen und zu bestrafen, da der Wunsch gemeinnützig zu handeln auf diese Weise viel stärker ausgeprägt werden könne. Wolle man Kinder „zu Liebe und zum Vertrauen" zu ihren Mitmenschen bewegen, „so schränke man ihre unschuldigen Begierden nicht ein".[156] Vor allem aber sei man ein Freund der Kinder so oft und so bald man kann, und nur Herr so oft und so lange man muß".[157] „Die Hochachtung der Kinder gegen die Eltern und Aufseher" werde nämlich befördert, wenn ihnen ihre Pflichten den Mitmenschen gegenüber „ohne Zwang angewöhnt" würden.[158] Nicht „durch Furcht herrschen", sondern „durch unschuldige Sachen ihre Liebe zu vergrößern" suchen,[159] sei der einzuschlagende Weg bei der Erziehung unserer Kinder.

Zärtliches und liebevolles Anleiten zu freundlichem, vernünftigem und vor allem auch gemeinnützigem Handeln in der Gesellschaft konnte aber nur erfolgreich sein, so Basedow weiter, wenn der Wunsch, Menschenfreundschaft und allgemeine Menschenliebe zu praktizieren, ein Resultat echter Gottesfurcht war. „Hauptsächlich" solle man daher „seinen Kindern Gottseligkeit und Liebe zur Religion einflößen" und den entsprechenden „Unterricht in der Religion" dann mit „lauter angenehmen, wenigstens niemals mit verdrießlichen Umständen" verbinden.[160] So stelle man „Gott den Kindern anfangs als lauter Liebe und Weisheit vor", und erst wenn sie von Liebe und Dankbarkeit gegen ihn eingenommen seien, erkäre man göttliche Gebote und zeige, „wie ein weiser und liebender Gott auch Strafe

---

[153] Basedow, *Practische Philosophie*, S. 540.
[154] Ebd.
[155] Ebd., S. 542–543.
[156] Ebd., S. 545.
[157] Ebd.
[158] Ebd.
[159] Ebd.
[160] Ebd., S. 547.

drohe".[161] Weiterhin lehre man die Kinder auch Rachbegierde zu verabscheuen, und weder die niedrigsten Stände noch irgendwelche anderen Religionsparteien und Bevölkerungsgruppen zu verachten. Könne man die Kinder dazu bringen, uneingeschränkt alle Menschen zu achten und zu respektieren, würde man sie schon frühzeitig zur „Gerechtigkeit und Menschenliebe"[162] gewöhnen und zu glücklichen und gemeinnützigen Bürgern erziehen.

Basedows Erziehungsideal, eine allgemeine Menschenliebe und Menschen-freundschaft möglichst frühzeitig zu vermitteln und religiös zu fundieren, um die kreativen Energien der Kinder für die Gestaltung einer aufgeklärten, toleranten und gemeinnützigen Gesellschaft zu gewinnen, spiegelt sich auch in der von ihm im Anschluß an diese Ausführungen vorgeschlagene Reform der gängigen Unter-richtsmethoden wider. Denn auch eine „unvernünftige Strenge"[163] in der *Methode* des Unterrichts könne das angestrebte Erziehungs*ideal*, den Kindern Menschen-freundlichkeit, Toleranz und eine gründliche und eifrige Gottesfurcht zu vermit-teln, vereiteln.

So könnten diejenigen, die die lateinische Sprache zu erlernen hätten, diese durch „eine leichtre Methode" lernen, „als gemeiniglich geschicht".[164] Man solle zunächst spielerisch, ohne unnötigen Zwang, lateinische Wörter und Wendungen im lebendigen Umgang mit den die Kinder umgebenden Realien bekannt machen. Erst nach dem Erwerb eines gewissen Vokabulars solle dann „die grammatica-lische Richtigkeit" der erlernten Wendungen „durch gewiße Uebungen, die ich hier so weitläuftig nicht ausführen kann",[165] eingeübt werden. Auch in anderen Fächern solle, so viel wie eben möglich „in zufälligen Gesprächen",[166] die den kindlichen Trieb zur Nachahmung ganz wesentlich stimulierten, vermittelt werden. „Sitzen, ein Buch in der Hand halten, die Augen drauf heften, lange auf einerley Sache merken",[167] sei den Kindern nämlich mit Recht ein Abscheu. Ob nun lateinischer Sprachunterricht oder Rechenlehre anstehe, es müsse in jedem Fall gewährleistet sein, dass keine unnötigen Qualen für die Schüler entstünden.

Wiewohl Basedow mit seinen Vorschlägen zur Reform der gängigen Unter-richtsmethode genau diejenigen Punkte wiederholte, die er bereits in seiner Magi-sterarbeit des Jahres 1752 entwickelt hatte, verwies er in der *Practischen Philoso-phie* nicht auf seine eigenen, früheren Ausführungen zum Thema. Stattdessen erklärte er schlicht, daß er mit seinen Darlegungen zur Unterrichtsreform „beson-ders Locke"[168] gefolgt sei, da man „in Locks Buche von der Erziehung, etwas

---

[161] Ebd.
[162] Ebd., S. 548.
[163] Ebd., S. 562.
[164] Ebd., S. 560.
[165] Ebd., S. 561.
[166] Ebd., S. 555.
[167] Ebd., S. 556.
[168] Ebd., S. 540.

vollständigeres und ordentlicheres" antreffe, „als in den gesammelten Stellen der [Heiligen] Schrift über dieselbe Sache".[169] Neu war im Vergleich zu seinem pädagogischen Programm von 1752 jedoch die Forderung, auch die Erziehung zur religiösen Toleranz zum festen Bestandteil des Curriculums öffentlicher Schulen zu machen. Im Hinblick auf dieses Unterrichtsziel habe er deswegen auch neuerdings schon „oft an die Verbeßerung der großen öffentlichen Stadtschulen gedacht".[170] Wie eine verbesserte, der Toleranzerziehung verpflichtete Methode des Religionsunterrichts jedoch auszusehen habe, wolle er aber erst „in einer künftigen weitläufigern Abhandlung davon anführen".[171] Daß ein in dieser Weise reformierter Religionsunterricht aber grundsätzlich „zu wünschen sei", werde wohl jeder „ohne [weiteren] Beweis zugeben".[172]

3.3. Basedows Unterricht an der Ritterakademie zu Sorö

Daß es Basedow keinesfalls genügte, seine neuen Erziehungsideale nur theoretisch zu durchdenken, um sie dann in Form von Büchern und Traktaten einem interessierten Fachpublikum zur Diskussion zu stellen, geht schon aus Ton und Pathos seiner oben zitierten theologischen Antrittsvorlesung sowie seiner Trauerrede über den Tod des Freiherrn von Rosenkranz hervor. Beide Vorträge waren nämlich – obwohl sie den Charakter von Vorstudien zur *Practischen Philosophie* hatten – nicht als allgemein gehaltene philosophische und theologische Erörterungen konzipiert, sondern als aufrüttelnde Ansprachen, mit denen Basedow das sittliche Empfinden und Verhalten seiner jungen Zuhörer unmittelbar zu beeinflußen trachtete. Ganz offensichtlich wollte Basedow die von ihm propagierte Erziehung zur religiösen Toleranz und Menschenliebe bereits in Sorö an den ihm anvertrauten Zöglingen selbst vornehmen. Auch wenn die Schüler der Ritterakademie dem Kindesalter bereits entwachsen waren, befanden sie sich doch, wie Basedow glaubte, nach wie vor in einem Alter, in dem ihre Meinungen und Vorstellungen keinesfalls festgelegt und also immer noch zu beeinflussen waren. Daß er darauf abzielte, die Akademisten zu religiösen, toleranten und liebevollen Menschen zu erziehen, gestand er ihnen ja auch freimütig ein, indem er ihnen mitteilte, er wolle sie „allesamt zu Gottseligen, zu gläubigen, und zu mitleidigen Menschenfreunden machen".[173] Inwieweit gelang es Basedow aber, seine Erziehungsideale im Soröer Unterrichtsalltag zu verwirklichen und wie groß war sein akademischer Freiraum tatsächlich?

---

[169] Ebd., S. 12.
[170] Ebd., S. 560.
[171] Ebd., S. 634.
[172] Ebd., S. 635.
[173] Basedow, *Rede, über den frühzeitigen Tod*, S. 139.

Zunächst einmal läßt sich feststellen, daß sich durch Basedows engagierte Lehrtätigkeit viele Zöglinge der Ritterakademie überhaupt erst für theologische und ethische Fragen zu interessieren begannen, die vorher kaum in der Sittenlehre unterrichtet worden waren und auch keine theologische Vorlesungen besucht hatten. Das erhalten gebliebene Examinationsprotokoll der Ritterakademie Sorö aus den Jahren 1754 bis 1761 belegt eindeutig, daß die Schüler, wenn sie als Neulinge in Sorö auf ihre Vorkenntnisse hin geprüft wurden, zwar stets mit zufriedenstellenden Kenntnissen in der lateinischen Sprache und in der demonstrativischen Logik aufwarten konnten, doch in den Fächern, die gemäß der Devise des Ministers Moltke in Sorö eine besondere Förderung erlangen sollten, so gut wie gar nicht vorgebildet waren. Im Völkerrecht und der Staats- und Gesellschaftskunde sowie in der für Moltke so wichtigen „nüzliche[n] praktische[n] Philosophie, wie sie für junge Leute von der grossen Welt gehört",[174] waren die neuen Zöglinge von ihren bisherigen Privatlehrern kaum jemals in den Anfangsgründen unterwiesen worden. „In der Philosophie hatte er nichts gehört" und „auch nichts von der Moralphilosophie" lautete beispielsweise das Resultat der Prüfung des jungen Herrn Clemens August von Haxthausen im Jahr 1754.[175] Gleich drei Prüflinge, die im Jahr 1755 zusammen examiniert wurden, ließen jegliche Kenntnisse im Recht und in der Moral vermissen: „In Jure publico hatte keiner von ihnen etwas gelernt. In der Moral hatte keiner von ihnen etwas gehört".[176] Auch der junge Herr Friedrich von Rosenkranz, der, wie wir ja bereits gehört haben, Basedows beflissener Musterschüler werden sollte, war bei seiner Ankunft im Jahr 1755, wiewohl im Lateinischen gut vorgebildet, ohne Vorkenntnisse von Recht und Moral: „[I]n jure publico wußte der Kandidat nichts und auch nicht in der Philosophia moralis".[177]

Diese hier aufgeführten Prüfungsbeispiele sind repräsentativ für die gesamten 1750er Jahre, so daß Basedow im Jahre 1760 zu Recht das Fazit ziehen konnte, „Gemeldte H[erren] Academister" hätten bisher leider weder in den Staatswissenschaften noch „auch in der Practischen Philosophie sich einiges bisherigen Unterrichtes gerühmet".[178] Basedow führte die jungen Adligen also in seinen Vorlesungen über praktische Philosophie überhaupt erst in diese Materie ein, und man darf wohl davon ausgehen, daß sich seine Schüler – allein schon wegen mangelnder Alternativen – seine Lesart der Moralphilosophie weitgehend zu eigen machten,

---

[174] Friedrich Gottlieb Klopstock an Nikolaus Dietrich Giseke, 19. Juni 1751, in: Klopstock, *Briefe II*, S. 54.
[175] LAK, Sorø Akademi og Skole, *Examinations-Protocoll indrettet for de nye ankommende Academister 1754–1780*, 1754: ‚I Philosophien hafde hand indtet hørt' und ‚ikke heller af Moralphilosophien'.
[176] LAK, Sorø Akademi og Skole, *Examinations-Protocoll*, 12. April 1755: ‚In Jure publico hafde ingen af dem lært noget. I moralen hafde ingen af dem hørt noget'.
[177] LAK, Sorø Akademi og Skole, *Examinations-Protocoll*, 5. August 1755: ‚[I]n jure publico profiterede Candidaten intet i heller i Philosophia moralis'.
[178] LAK, Sorø Akademi og Skole, *Examinations-Protocoll*, 2. Dezember 1760.

oder doch zumindest stark von seinen Anschauungen beeinflußt wurden. Basedow legte seinen Vorlesungen über Moralphilosophie jedenfalls ausschließlich sein eigenes Lehrbuch zugrunde,[179] und wenn er seinen Schülern auch auf dieser Grundlage Mitteilung von anderen Systemen der Ethik machte, blieb seine *Practische Philosophie* doch der Maßstab, an dem sich die Zöglinge der Ritterakademie zu orientieren hatten.

Auch in seinen theologischen Vorlesungen brachte Basedow seinen Schülern religiöse Gedanken und Perspektiven nahe, die ihnen bis dahin unbekannt geblieben waren. Bevor Basedow nämlich im Jahr 1757 auch das Amt eines Professors der Theologie zugesprochen bekam, waren die neuen Akademisten bei ihrer Ankunft in Sorö lediglich befragt worden, ob sie schon konfirmiert worden seien. Wurde diese Frage bejaht, „so wurde es nicht für notwendig befunden", wie aus dem Examinationsprotokoll hervorgeht, daß ein Schüler „in der Theologie examiniert werden sollte".[180] Wenn ein neuer Akademist noch nicht zur Konfirmation gegangen war, genügte es, wenn er eine gute Kenntnis wichtiger Bibelstellen nachweisen konnte. Ein weitergehendes theologisches Wissen wurde nicht erwartet.[181]

Mit Basedows Amtsantritt als Professor der Theologie änderte sich die Lage jedoch grundlegend. Wie wir bereits gehört haben, hatte der Oberhofmeister der Ritterakademie in einem Schreiben an König Friedrich V. unumwunden zugegeben, daß vor Basedows Übernahme der Professur für Theologie „keiner der Akademisten bis zu dieser Zeit die theologischen Vorlesungen im Hörsaal besucht hat", weil ja die Studenten nicht als Geistliche ausgebildet werden sollten und der Konfirmationsunterricht als ganz und gar hinreichende religiöse Grundausbildung, als „fornødne Grund" der Zulassung an der Akademie, angesehen wurde.[182] Basedow selbst schrieb später über die Zeit vor 1757: „Vorhin war die Akademie in der Religion so sehr verwildert, daß die Theologie in vielen Jahren unter dem jungen Adel und ihren Hofmeistern keinen Zuhörer gefunden hatte".[183] Dabei hielt er es aber vor allem für die „Schuld des vorigen Profeßors in der Theologie", Peder von Haven, daß die theologischen Vorlesungen in Sorö „ganz in Abnahme gerath[en]"

[179] LAK, Sorø Akademi og Skole, *Lektions-Protocoll 1760–1778*: „Prof. Eloqe. Germ. et Phil. Mor. Hr Joh. Bernh. Basedow læser 5 Timer om ugen, Mandag, Tusdag, Torsdag fra 3 til 4, og om Fredagen fra 3 til 5 Eftermeds over den Practiske Philosophie, repeterer Onsdag og om Løverdagen fra 3 til 4."

[180] LAK, Sorø Akademi og Skole, *Examinations-Protocoll*, 7. Mai 1754: „saa bliv det ikke befunden fornøden" daß ein Schüler „skulde examineres i Theologien".

[181] Zu Art und Umfang der religiösen Unterweisung dänischer Schüler in den 1750er Jahren vgl. jetzt: Jürgen Overhoff, Das lutherische Schulwesen Dänemarks im 17. und 18. Jahrhundert, in: *Zeitschrift für historische Forschung*, Beihefte 2004 [im Druck].

[182] Carl Juel an Friedrich V., 27. August 1757, RK, Danske Kancelli, Koncepter og Indlæg til Sjællandske Tegnelser 1757, Teil E: „ingen af Academisterne indtil denn Tiid haver frequentered de Theologiske Prælectioner i Auditorio".

[183] Johann Bernhard Basedow, *Hauptprobe der Zeiten in Ansehung der Religion, Wahrheitsliebe und Toleranz*. Berlin und Altona 1767, S. 115ff.

seien.[184] Erst nachdem er selbst „auf Königl[ichen] Befehl"[185] diese Vorlesungen wieder aufgenommen habe, hätte er es nach und nach dahin gebracht, daß in seinen theologischen Vorlesungen, „fast niemals einer aus der Zahl der Herren Akademisten und Hofmeister fehlte".[186]

Was Basedows Hörer von ihm in den theologischen Vorlesungen gesagt bekamen, dürfte in den Grundzügen dem Themenkreis zugehört haben, den er bereits bei seiner theologischen Antrittsvorlesung umrissen hatte. Wahrscheinlich hat er also die Bedeutung der Religion für die Ausübung wahrer Tugend nachdrücklich vorgeführt und gezeigt, daß Opferbereitschaft und selbstlose Anteilnahme an den Lebensumständen unserer Mitmenschen einem religiösen, gläubigen Menschen besser gelängen, als einem Freigeist. Auch der Aufruf zur religiösen Toleranz wird eine zentrale Stellung in seinem theologischen Unterricht eingenommen haben. Da er schon in seinem *Lehrbuch prosaischer und poetischer Wohlredenheit* von 1756 die theologischen Traktate von Locke und Grotius als besonders vorbildlich anpries, weil sie nicht einmal im Ansatz „zum Abscheu an dem Umgange mit fremden Religionsverwandten"[187] aufriefen, wird man mit der Annahme kaum fehlgehen, daß Basedow in seinen theologischen Vorlesungen aus genau dieser Literatur schöpfte.

Erstaunlich ist nun, daß Basedow als jemand, der den philosophischen und theologischen Unterricht an der Ritterakademie Sorö so deutlich nach seinen eigenen, reformerischen Vorstellungen ausrichtete, ein vollkommener Freiraum gewährt wurde. Sowohl die dänische Regierung, die ihm ohnehin wohlgesonnen war, wie auch der Oberhofmeister der Ritterakademie Carl Juel – der ja ursprünglich nach von Havens Tod auf eine Neuausschreibung der Theologieprofessur verzichten wollte – gestatteten Basedow, seine Erziehung zur Menschenfreundschaft und religiösen Toleranz gemäß den von ihm in der *Practischen Philosophie* dargelegten Prinzipien an den jungen Adligen zu vollziehen. Auch seine Kollegen verhielten sich ihm gegenüber loyal und gönnten ihm den Zulauf, den er in seinen Vorlesungen genoß. Ein besonders freundschaftliches Verhältnis unterhielt Basedow zu seinem Kollegen Jens Schelderup Sneedorff, der in Sorö als Professor für öffentliches Recht und Politik wirkte und damit ebenfalls ein Fach unterrichtete, daß von Moltke für besonders wichtig erachtet wurde. Bezeichnenderweise war es Sneedorff, der bei der Drucklegung der „Practischen Philosophie" diesem Buch das „imprimatur" erteilte[188] und damit besonders nachdrücklich seine Zustimmung zu dessen Inhalt bekundete.

---

[184] Johann Bernhard Basedow an Christian Fürchtegott Gellert, 10. März 1758, in: Gellert, *Briefwechsel*, Bd. 2, S. 156.

[185] Ebd.

[186] Basedow, *Hauptprobe*, S. 115ff.

[187] Basedow, *Lehrbuch*, § 229, S. 449.

[188] Vgl. die Schlußseite von Basedow, *Practische Philosophie*: „Imprimatur in fidem Protocolli J. S. SNEEDORFF". In den 1750er Jahren verhielt es sich in Dänemark in der Tat so, daß „i Sorø forvaltede Akademiet selv censuren", Feldbæk, *Nærhed*, S. 135.

4. Fortentwicklung und programmatische Ausgestaltung der philanthropischen Pädagogik: Johann Andreas Cramer und *Der Nordische Aufseher*

Trotz seines Unterrichtserfolgs in Sorö hatte Basedow in seiner *Practischen Philosophie* freimütig eingeräumt, daß er eine der Toleranzerziehung verpflichtete Methode des Religionsunterrichts erst noch in aller Form auszuarbeiten habe. Erst „in einer künftigen weitläufigern Abhandlung davon"[189] wollte er den systematischen Plan eines methodisch durchdachten Unterrichts der Jugend in der Religion vorlegen. Allerdings griff ein enger Freund Basedows noch im Jahr der Veröffentlichung der *Practischen Philosophie* dessen Anliegen auf und publizierte seinerseits in Kopenhagen Gedanken über die Grundlagen eines modernen Religionsunterrichts an öffentlichen Schulen. Es war Basedows ehemaliger Leipziger Kommilitone Johann Andreas Cramer, der sich in mancherlei Hinsicht dessen Ausführungen zur religiösen Unterweisung der Kinder anschloß, diese aber noch um sehr konkrete Ratschläge zur Methode des Unterrichts erweiterte.

Cramer war, nachdem er Leipzig im Jahr 1748 verlassen hatte, zunächst Pfarrer im sächsischen Cröllwitz und seit 1750 Oberhofprediger und Konsistorialrat in Quedlinburg geworden.[190] 1754 bekam er dann die Stelle eines deutschen Hofpredigers König Friedrichs V. in Kopenhagen zugesprochen. Seine Berufung nach Dänemark verdankte Cramer, wie schon vor ihm Basedow, der Empfehlung des gemeinsamen Freundes Klopstock.[191] Klopstock hatte also sein Ziel, möglichst viele seiner Freunde nach Dänemark nachzuholen, ehrgeizig weiterverfolgt. Cramers Eintreffen in Dänemark animierte Klopstocks Frau Meta deshalb auch zu der Bemerkung, daß sich das dänische Seeland – mit Anspielung auf den Leipziger Kreis der ‚Bremer Beiträger' – nun zu einer „Beyträgerinsel" entwickele.[192] In der Tat vermochte Cramer „als energische Integrationsfigur diese kulturelle ‚Insel' auszubauen".[193]

Als Hofprediger wuchs Cramer zunächst erstaunlich schnell in die Rolle eines den gesellschaftspolitischen Tagesfragen stets zugewandten Kanzelredners hinein, dessen wichtige Aufgabe es wurde, die dänische Regierungspolitik gleichsam theologisch zu begleiten, zu erläutern und abzusichern. Die politisch-rhetorischen Talente, die Cramer dabei auf der Kopenhagener Kanzel entfaltete, lassen sich

---

[189] Basedow, *Practische Philosophie*, S. 634.

[190] Skizzen zu Cramers Biographie, insbesondere zu seinem Wirken in Dänemark, finden sich in Gustav Stoltenberg, Johann Andreas Cramer, seine Persönlichkeit und seine Theologie, in: *Schriften des Vereins für Schleswig-Holsteinische Kirchengeschichte*, 2. Reihe, 9,4 (1935), S. 385–452 und Svend Cedergreen Bech, Johann Andreas Cramer, in: *DBL*, Bd. 3, S. 491–492.

[191] Magon, *Ein Jahrhundert*, S. 206f.; Eaton, *The German Influence*, S. 118–137.

[192] Magon, *Ein Jahrhundert*, S. 77.

[193] Bohnen, *Der Kopenhagener Kreis*, S. 161.

anhand seiner 450 publizierten Predigten allenfalls erahnen.[194] Große Bedeutung als politischer Publizist erlangte Cramer aber auch als Hauptautor des *Nordischen Aufsehers*, einer von ihm selbst herausgegebenen moralischen Wochenschrift.

Journale und moralische Wochenschriften, die ein wirklich hohes literarisches Niveau erreichten, erschienen in Dänemark erst seit Mitte der 1750er Jahre. Seit 1757 gab Bernstorffs schweizerischer Privatsekretär André Roger die regierungs-verherrlichenden *Lettres sur le Dannemarc* heraus; ab 1758 veröffentlichte dann ein anderer junger Schweizer, Paul-Henri Mallet, sein literarisches Magazin *Mercure danois*, das sich der dänischen Regierung gegenüber ebenfalls sehr loyal verhielt. Damit erhielt „die Kopenhagener Zeitschriftenwelt" zugleich ein „kosmo-politischeres Gepräge als zu irgend einem anderen Zeitpunkt im 18. Jahrhundert, sei es davor oder danach".[195] Daß die neugegründeten Zeitschriften faktisch die Funktion von Publikationsorganen der dänischen Regierung ausübten, geht vor allem auf das Bestreben des dänischen Premierministers Moltke zurück, der diese Periodika ideell und finanziell nach Kräften unterstützte. Schon im Januar 1756 hatte Moltke gegenüber Klopstock geäußert, „daß es bisweilen gut sey, wenn der Staat, von dem was er unternäme, das Publikum unterrichtete".[196] Diese Aufgabe sollten nun die neuen dänischen Zeitschriften übernehmen. Aus diesem Grunde ist es keinesfalls verwunderlich, das auch der *Nordische Aufseher*, den Cramer seit Beginn des Jahres 1758 herausgab, vielen Zeitgenossen in Ton und Gehalt als Sprachrohr der Regierungspolitik galt.[197] Während sich nun die *Lettres sur le Dan-nemarc* vornehmlich den politischen und ökonomischen Aktivitäten des Staates auf den Gebieten von Handel, Industrie und Landwirtschaft widmeten und der *Mer-cure danois* eher ästhetisch-literarische Themen verhandelte, war der Schwerpunkt des Gesprächs, das Cramer im *Nordischen Aufseher* etablierte, „das Verhältnis von Religion und Pädagogik".[198]

Bereits im ersten Stück des *Nordischen Aufsehers* erklärte Cramer seinen Le-sern, daß die Reform des zeitgenössischen Erziehungswesens das wichtigste Thema seiner neuen Wochenschrift sein werde. Zwar habe man mittlerweile „un-terschiedne Schriften, welche über die Regeln einer guten Erziehung viele vor-

---

[194] Eine präzise Darstellung Johann Andreas Cramers als ein die dänische Regierungspolitik publi-zistisch begleitender und erläuternder Theologe findet sich in Michael Bregnsbo, *Samfundsorden og statsmagt set fra prædikestolen. Udviklingen i præsternes syn på samfundsorden og statsmagt i Danmark 1750–1848, belyst ved trykte prædikener.* Kopenhagen 1997, S. 230–234.

[195] Ole Feldbæk, Aufklärung und Absolutismus. Die Kulturpolitik Friedrichs V., in: *Text & Kon-text. Zeitschrift für Germanistische Literaturforschung in Skandinavien* 33 (1994), S. 31.

[196] Klopstock, *Arbeitstagebuch*, S. 35.

[197] Vgl. dazu Martens, *Die Botschaft*, S. 340: „Der ‚Nordische Aufseher' in Kopenhagen kann in gewissem Sinne als Organ des reformfreudigen Bernstorffschen Regierungskreises angespro-chen werden", da er „eine Art von Propaganda im Dienste der Bestrebungen der dänischen Krone" durchführt.

[198] Bohnen, *Der Kopenhagener Kreis*, S. 174.

treffliche Gedanken vortragen",[199] von denen die bedeutendste sicherlich die Gedanken über Erziehung von „Locke" seien,[200] doch wären gerade solche Erziehungsschriften, die auf bereits durchgeführte pädagogische Experimente mit Kindern verweisen könnten, für Eltern und Erzieher immer noch nützlich und von großem Interesse. Da er nun selbst als Vater einschlägige pädagogische Erfahrungen gesammelt habe, sei er nunmehr in der Lage, neue Vorschläge zur Erziehungsreform auf ihre Praxistauglichkeit hin zu überprüfen: „Ich hatte Kinder", betonte er, „ich habe die Kinder allezeit geliebt; ich habe ihren Umgang gesucht, und durch diesen Umgang bin ich in den Stand gesetzt worden, Anmerkungen zu machen, die zu ihrer Erziehung nützlich seyn können."[201]

Bevor Cramer allerdings im *Nordischen Aufseher* seine eigenen pädagogischen Vorstellungen zur Sprache brachte, verfaßte er zwischen Mai und Juni 1758 zunächst eine umfassende Rezension von Basedows *Practischer Philosophie*. Basedows Buch, so Cramer, sei eine vortreffliche Einführung in die wichtigsten Fragestellungen der modernen Ethik und Moral. Daher eigne es sich auch ganz besonders als philosophisches Lehrbuch für junge Studenten. „Eine vorzügliche Aufmerksamkeit" verdiene die *Practische Philosophie* aber vor allem wegen der in diesem Werk detailliert ausgearbeiteten Lehre „von der Erziehung und dem Unterrichte der Kinder".[202] Basedows Erziehungsgrundsätze seien nämlich so einleuchtend, klar und richtig, daß sie von all denen, die zur Erziehung „verpflichtet sind, mit einer vorzüglichen Achtung erwogen"[203] werden müßten. Insbesondere Basedows Aufruf zur Erarbeitung „eines verbesserten Unterrichts in der Religion" sei „einer besonderen Aufmerksamkeit würdig".[204] Wenn nun Cramer ab September 1758 seine eigenen Gedanken zur Religionserziehung der Kinder in loser Folge im *Nordischen Aufseher* veröffentlichte, tat er dies also ganz offensichtlich im unmittelbaren Anschluß an Basedows erziehungstheoretische Vorgaben.

Bei seinem ambitionierten Versuch, das Verhältnis von Religion und Pädagogik neu zu bestimmen, schlüpfte Cramer in die Rolle des Arthur Ironside, eines fiktiven Sohnes des einst von Steele geschaffenen „Nestor Ironsides, des englischen Aufsehers".[205] So wie Nestor Ironside zu Beginn des Jahrhunderts als englischer ‚Guardian' zu seinen englischen Landsleuten gesprochen hatte, wollte Arthur Ironside als ‚Nordischer Aufseher' nun auch zu seinen dänischen Mitbürgern reden. Dabei, so Cramer, bediene er sich nur deswegen der deutschen Sprache, weil er ihrer mächtiger sei, „als der Sprache meines zweyten Vaterlandes".[206] Doch

---

[199] *Der Nordische Aufseher*, Stück 1, 5. Januar 1758, S. 10.
[200] Ebd., S. 11.
[201] Ebd.
[202] *Der Nordische Aufseher*, Stück 24, 11. Mai 1758, S. 211.
[203] Ebd.
[204] *Der Nordische Aufseher*, Stück 29, 8. Juni 1758, S. 251.
[205] *Der Nordische Aufseher*, Stück 1, 5. Januar 1758, S. 16.
[206] Ebd.

seien „die Dänen und die Deutschen so sehr verwandte Völker, daß billig keine Sprache auf die andere eifersüchtig seyn muß",[207] weshalb er auch in jedem Fall „mit einer patriotischen Freude"[208] ans Werk gegangen sei.

Als Aufseher Dänemarks berichtete Arthur Ironside alias Cramer nun von den Erfahrungen, die er als Kind mit den vorbildlichen Erziehungsgrundsätzen seines Vaters gemacht habe. Vor allem die religiöse Unterweisung, die Nestor Ironside ihm habe angedeihen lassen, sei so vortrefflich, modern und deshalb auch richtungsweisend gewesen, daß er davon allen an Erziehung interessierten Zeitgenossen einen ausführlichen Bericht geben müsse. Von der Vorstellung ausgehend, daß die „noch unentfalteten Seelen" kleiner Kinder „ihrer selbst und ihrer Wirkungen wenig bewußt sind", also gewissermaßen „noch schlummern",[209] habe sein Vater nämlich mit der Religionserziehung des Sohnes erst zu dem Zeitpunkt begonnen, als dessen „Seele so viele Begriffe gesammelt hatte, daß daraus die Ideen eines höchsten Wesens, unsrer Verhältnisse und unsrer Pflichten gegen dasselbe, entwickelt werden konnten".[210]

Bei der Beschreibung dieses höchsten Wesens habe der Vater allerdings zunächst davon abgesehen, den *Namen* Gottes samt allen dazugehörigen Attributen zu gebrauchen. Stattdessen habe er seinem Sohn Gott als einen ihm noch „unbekannten, sehr vortrefflichen, und sehr theuren Freund" vorgestellt, dem er „alles zu danken" hätte.[211] Weiterhin habe er versichert, daß dieser unbekannte Freund „gegen alle Menschen gütig wäre; daß er auch mich liebte, und von mir geliebt zu werden wünschte."[212] Weitere Einzelheiten über die Eigenschaften Gottes oder gar diesbezügliche theologische Dogmen seien ihm aus dem Munde seines Vater jedoch nicht zu Ohren gekommen. Dieser sei nämlich überzeugt gewesen, daß Arthur solche Dinge in seinem jungen Alter „noch nicht verstehen könnte".[213]

„Hier muß ich wünschen", resümierte Cramer fürs erste, daß alle Religionserzieher dem Beispiel Nestor Ironsides folgten, und in den ihnen anvertrauten Kindern zu Beginn des Religionsunterrichts nichts anderes als *Empfindungen* von Zuneigung" und Liebe gegenüber dem unbekannten Freund „und Verlangen, ihm zu gefallen" zu wecken suchten.[214] Ein auf diese Weise erworbenes Wissen um das höchste Wesen begründe nämlich ein unerschütterliches religiöses Urvertrauen – ein Bewußtsein des unbedingten Angenommenseins – das die Seelen der Kinder dauerhaft festigen würde. Diese Grundlegung des religiösen Bewußtseins sei deshalb so wichtig, weil „die meisten Kinder" vor Gott zittern lernten, „ehe sie wissen

---

[207] Ebd.
[208] Ebd., S. 15.
[209] *Der Nordische Aufseher*, Stück 46, 30. September 1758, S. 414.
[210] Ebd., S. 415.
[211] Ebd., S. 416.
[212] Ebd., S. 417.
[213] Ebd., S. 416.
[214] Ebd., S. 419.

wie liebenswürdig er ist".[215] Bloße Furcht aber erzeuge Abneigung. Gleichwohl verlange Gott „Liebe von ganzem Herzen, von ganzer Seele, von ganzem Gemüthe, und aus allen Kräften".[216]

Nur ein Kind, das mit einem tiefen Vertrauen auf die liebevollen Absichten und großartigen Fähigkeiten des höchsten Wesens ausgestattet sei, könne dann in einem Folgeschritt sinnvoll von Gott als Weltschöpfer unterrichtet werden. Doch machte Nestor Ironside seinen Sohn Arthur „später als sonst zu geschehen pflegt mit dem großen Gedanken bekannt, daß Gott der Schöpfer aller Wesen ist", da der Verstand der Kinder nur „stufenweise erweitert werden" könne.[217] Zunächst beschrieb er seinem Kind daher den eigenen Garten, „der mir so viel Vergnügen machte, mit den Blumen, die so schön wären, mit den prächtigen Bäumen, die einen so kühlen Schatten gäben, und mit den Früchten, die ich so gern genösse", als ein wunderbares Geschenk „seines großen und herrlichen Freundes".[218] Anschließend, so Arthur, unterredete sich der Vater „mit mir von der Beschaffenheit und dem mannichfaltigen Gebrauch der Gewächse; er machte mich auf die kunstvolle Bildung der Blumen aufmerksam, und zugleich auf die erstaunliche Verschiedenheit derselben".[219] Dadurch wurden die Begriffe des Kindes „von Ordnung, Verknüpfung, Absicht, Regel und Weisheit, erweitert, und zugleich lebhafter und stärker".[220] Erst „nach einer solchen stufenmäßigen Erweiterung meiner Einsichten" glaubte der Vater endlich, seinen Sohn „zu dem höchsten Begriffe, den ein Mensch denken kann, zum Begriffe eines Schöpfers der Welt und aller ihrer bewundernswürdigen Werke erheben zu können".[221] Deshalb machte Nestor Ironside seinen Sohn mit dieser höchsten Einsicht auch in einem besonders feierlichen Augenblick mit eigens dafür ausgesuchten, pathetischen Worten bekannt:

> Siehe, mein Sohn, und hier ergriff er mit einer rührenden Zärtlichkeit meine Hand, alles dieses ist ein Werk des großen Freundes und Wohlthäters aller Menschen, von dem ich so oft mit dir geredet habe. Jene Saaten, aus denen dein Brodt bereitet wird; dieses blumenreiche Thal mit dem sanften Bache, der es wässert; jener Obstwald mit allen seinen Früchten, die Heerden, die auf jener Wiese weiden, dieses hohe blaue Gewölbe des Himmels über uns, jene große untergehende Sonne, und diese deine Augen, die das alles sehen, alles mein Sohn, hat dieser Freund, dein Vater, mein Vater, und der Vater aller Menschen gemacht, alles damit wir uns über ihn freuen sollten.[222]

Was Cramer an dieser stufenmäßigen Lehrmethode des Vaters besonders schätzte, war das allmähliche Darstellen und Beschreiben der religiösen Wirklichkeit in

---

[215] Ebd.
[216] Ebd.
[217] Ebd.
[218] Ebd.
[219] Ebd., S. 422.
[220] Ebd.
[221] Ebd., S. 423.
[222] Ebd.

einem Prozeß des Emporsteigens „von der Wirkung zur Ursache".[223] Der große und gefährlich Irrtum der bisher gebräuchlichen religiösen Unterweisung bestünde nämlich, darin, daß man den umgekehrten Weg, also den Weg von der Ursache zur Wirkung, beschreite, ohne zu fragen, ob diese Methode nicht „für den schwachen Verstand der Kinder"[224] eine Überforderung darstelle. Eben darin aber scheine die gewöhnliche Erziehung zu irren,

> daß man die Kinder das Licht nicht nach und nach ertragen lernt; daß man ihnen Gott in einer Gestalt zeigt, die sie blendet; daß man ihnen, wenn sie mehr empfinden, als deutlich denken, schon Wahrheiten von ihm beybringen will, die völlig außer den Grenzen der Empfindung liegen, und fast von aller Sinnlichkeit gereinigt sind.[225]

Nachdem Arthur nun erklärt hatte, wie sein Vater ihm in kindgerechten Etappen Gott als Schöpfer aller Menschen vorgestellt habe, kam er als nächstes darauf zu sprechen, wie ihm – unter Zuhilfenahme der gleichen Methode – Gott als Gesetzgeber vermittelt worden sei. Üblicherweise würden die Kinder ja „nach dem Herkommen der gewöhnlichen Erziehung" leider „sehr frühzeitig und, was zu beklagen ist, nur allzu oft ohne die nöthige Vorbereitung" davon unterrichtet, „daß Gott der unumschränkte Herr, Gesetzgeber, und Richter der Menschen sey".[226] Aus diesem Grund faßten sie „diese großen Vorstellungen" zumeist „nicht schnell genug, aber gemeiniglich mit Mühe und Unlust".[227] Oftmals würden sie daher „durch das rauhe Verfahren und durch eine übelverstandene Zucht der Lehrer dazu gezwungen", theologische Dogmen, „von denen sie nichts verstehen", auswendig zu lernen.[228] Dies aber hätte zur Folge, daß sie zwar wüßten, „was das göttliche Gesetz befiehlt und untersagt", sich aber niemals im klaren darüber wären, „wie nothwendig und unentbehrlich Gesetze unwissenden und kurzsichtigen Menschen sind, denen es an Fähigkeit fehlt, Regeln zu erfinden, die zur wahren Glückseligkeit führen".[229]

Nestor Ironside wählte bei der Erziehung seines Sohnes jedoch erneut den umgekehrten Weg. Schließlich verlange selbst die Heilige Schrift, „die zuverläßigste und sicherste Lehrerinn unsrer Pflichten" keinen „blinden Gehorsam, dessen ganzes Wesen bloße Unterwürfigkeit und ängstliche Furcht ist",[230] sondern rufe die Menschen dazu auf, Gott aus freier „Zuneigung und Liebe als Herr und Gesetzgeber" zu verehren.[231] Da nun „kein Gehorsam schöner und edler" sei als der, wel-

---

[223] Ebd., S. 421.
[224] Ebd., S. 419.
[225] Ebd., S. 421.
[226] Ebd., S. 425.
[227] Ebd.
[228] Ebd.
[229] Ebd.
[230] *Der Nordische Aufseher*, Stück 47, 5. Oktober 1758, S. 427.
[231] Ebd., S. 428.

cher „aus Zuneigung und Erkenntlichkeit entspringt",[232] bemühte sich der Vater seinem Sohn Arthur Gott ausschließlich „in seiner Liebenswürdigkeit, und seine Werke in ihrer Bestimmung zum Vergnügen und Nutzen der Menschen zu zeigen, und meine Seele zur Liebe und Dankbarkeit gegen ihn zu reizen".[233] Würde man in der Erziehung anders verfahren, und nur Zwang gebrauchen, wünschten sich die Kinder umso eher, sich von einer derartigen „Tyranney" loszureißen, um schnellstmöglich „unabhängig werden zu können".[234]

Um einem solchen Drang nach anarchischer Freiheit und Unabhängigkeit zu wehren und stattdessen einen rechten Gehorsam zu lehren, unterrichtete Nestor Ironside seinen Sohn zunächst in demjenigen Gehorsam, „den er selbst andern schuldig wäre".[235] Sodann bewies er ihm „die Nothwendigkeit dieses Gehorsams, und überführte mich durch die Folgen desselben, von dem Nutzen, den er davon hätte, daß es sein Glück wäre, daß er und andere sich von einer höhern Macht regieren ließen".[236] Um das Verständnis des Jungen für die Notwendigkeit von Obrigkeit, Regierung und Gesetz zu vertiefen, dachte sich der Vater zudem ein spezielles Rollenspiel aus, daß er von Zeit zu Zeit gemeinsam mit seinem Sohn aufführte:

> So pflegte er zuweilen seinen Stand mit dem meinigen zu vertauschen, mich zum Vater und zu seinem Herrn auf einen halben Tag zu erklären, jedoch mit der ausdrücklichen Bedingung, daß ich von meiner Herrschaft so gleich abgesetzt werden sollte, sobald ich einen unvernünftigen Befehl gäbe. An solchen Erfindungen war er sehr reich, und dadurch wußte er mir Unterwürfigkeit und Gehorsam angenehm, und die Idee, daß man beherrscht werden müsse, so gar liebenswürdig zu machen. Denn meinem Vater war daran gelegen, mich mehr mit guten Erfindungen als mit einer Menge todter Erkenntnisse zu bereichern.[237]

---

[232] Ebd., S. 426.
[233] Ebd., S. 427.
[234] Ebd., S. 428. Gegen den Gebrauch von Zwangsmitteln in der Kindererziehung wendet sich Cramer im *Nordischen Aufseher* auch an anderer Stelle. So hält er es für „unvernünftig und grausam, besonders in den ersten Jahren mit der Ruthe deswegen zu züchtigen", weil die Kinder „nicht so lange einerley Gedanken verfolgen können, als Erwachsene, nicht immer auf einer Stelle stille sitzen, leicht durch äußerliche Eindrücke zerstreut werden, und von einem Gegenstande zum andern eilen" (Stück 58 [1758], S. 552). Zudem könne immer weitaus mehr „durch eine weise Nachsicht, durch Geduld und Aufmerksamkeit" erreicht werden sowie durch die gute Art, „mit welcher sie beschäfftigt und unterrichtet werden, und überdieß verändern sie sich selbst durch die Zeit" (Ebd.). Aus diesem Grunde dürften auch Belohnungen wie Süßigkeiten und Spielwerk niemals verachtet werden, sofern sie als Antrieb oder „Aufmunterung und nicht ein Hauptzweck" aller Erziehungsbemühungen würden (Stück 71 [1759], S. 104). Unersetzlich seien aber in jedem Fall die liebevolle Zuwendung der Eltern oder Erzieher, Kinder durch „eine jede väterliche und mütterliche Liebkosung, eine freundliche Mine, ein lächelndes Gesicht" mehr als durch alles andere gerührt würden und sie sich über alle Maßen erfreut zeigten, wenn „die Aeltern eine Lust daran finden, sich mit ihnen zu beschäfftigen, oder sich zuweilen auch in ihre unschuldigen Spiele zu mischen" (Stück 72 [1759], S. 106).
[235] *Der Nordische Aufseher*, Stück 47, 5. Oktober 1758, S. 429.
[236] Ebd.
[237] Ebd., S. 431.

Auf diese Weise gelang es dem Vater seinem Sohn auch so wichtige Tugenden wie „die Sorge für die Gesundheit, die Mäßigkeit, die Arbeitsamkeit, die Geduld, den Muth, die Gutthätigkeit, die Dienstfertigkeit, die Barmherzigkeit, die Friedfertigkeit und die Gelindigkeit" in ihrer gesellschaftlichen Bedeutung vorzustellen, ohne sie explizit „als befohlne Handlungen oder als Pflichten" ausgewiesen zu haben.[238]

In einem letzten Schritt seiner Religionserziehung machte Nestor Ironside seinen Sohn Arthur dann noch „mit den Lehren von der Nothwendigkeit und dem Daseyn eines Erlösers der Menschen und seiner Genugthuung für sie bekannt", wobei er auch diese Lehren gebrauchte, um den Jungen vornehmlich „in der Dankbarkeit und im Gehorsame gegen Gott zu befestigen".[239] Auch auf dieser Stufe des Unterrichts verfuhr er gemäß der schon früher aufgestellten „Regel, von dem Leichten und Begreiflichen zu dem Schwereren fortzugehen".[240] In einem gründlich zu modernisierenden Religionsunterricht solle den Kindern nämlich nicht immer zuerst „von den tiefsten, erhabensten und unbegreiflichsten Geheimnissen" Gottes erzählt werden, also etwa „von seiner unendlichen Natur; von der Menschwerdung; von der persönlichen Vereinigung seiner Gottheit und Menschheit; von seinen großen Aemtern; von seiner Genugthuung und Versöhnung; von der Kraft seines Blutes und Todes",[241] da den Kindern die Voraussetzungen für das echte Verständnis all dieser Dogmen vollkommen fehlten. Denn würden die Kinder in dieser Weise mit den Erlösungstaten Gottes bekannt gemacht, führte man sie in Gegenden, „wo sie völlig fremd sind; alles ist ihnen dunkel; alles unbegreiflich" und somit leider auch „gleichgültig".[242] Man dürfe eben nicht den Fehler machen, mit Kindern umzugehen, „als wenn es Erwachsene wären, die einen ganz reifen Verstand hätten!"[243]

Nicht als ein Versöhner, der durch die Opfertat Christi „für die Menschen eine vollkommene Genugthuung geleistet hatte", sollte Gott also den Kindern vorgestellt werden, sondern als ein Erlöser, der seine heilenden Lehren durch Jesus von Nazareth als wichtigsten „Lehrer des menschlichen Geschlechts" vermitteln wollte.[244] Dementsprechend, so Cramer, „entwarf Nestor Ironside folgenden Plan" in der Lehre von der Erlösung der Menschheit durch Gott.[245] Er beschloß zunächst nur von den „liebenswürdigen Eigenschaften, von der moralischen Würde und Hoheit" Jesu zu reden sowie „von seinen vortrefflichen Lehren, von den Tugenden, die er in seiner Erniedrigung ausübte, von den liebreichen Gesinnungen desselben gegen die Menschen, und von seinen wohlthätigen Wundern, die er durch die Kraft

---

[238] Ebd., S. 433.
[239] *Der Nordische Aufseher*, Stück 50, 28. Oktober 1758, S. 453.
[240] Ebd.
[241] Ebd.
[242] Ebd., S. 454.
[243] Ebd.
[244] Ebd., S. 456.
[245] Ebd.

der Gottheit that".[246] Dieses, so glaubte er, seien „die ersten Stufen" des Unterrichts vom Erlöser, auf denen jedes Kind dann allerdings später auch „zu den höhern Lehren von ihm aufsteigen" könnte.[247]

Entscheidend für das kindliche Verständnis von Erlösung sei somit, daß die Kinder Jesus Christus in erster Linie „als den liebreichsten, zärtlichsten, sorgfältigsten Freund und Wohltäter"[248] der Menschen kennenlernten, der „alle Menschen zu gleichen Gesinnungen zu bewegen" trachtete, vor allem zu einer allgemeinen „Menschenliebe".[249] Die heilende, erlösende Wirkung, die Gott den Menschen durch Jesus zukommen ließ, bestand nach Cramer in Jesu „Begierde, alle Menschen zu erfreun und glücklich zu machen", indem er „keinen Unglücklichen, keinen Elenden und Kranken sehn" konnte, „ohne ihn von seiner Krankheit und von seinen Elende zu erretten".[250] Eine möglichst allgemeine Nachahmung des menschenfreundlichen Handelns Jesu Christi war daher für Cramer auch der vielversprechendste, von Gott gebotene Weg zur Erlösung der Menschheit. Erziehe man Kinder auf diese Weise „frühzeitig zur Liebe gegen Gott und ihren Erlöser", rüste man sie „dadurch wider die künftigen Anfälle unordentlicher Leidenschaften" und mache sie „unüberwindlich".[251]

Nicht als dunkles Geheimnis, stattdessen aber sehr wohl als hell leuchtende Sittenlehre, welche die Kinder zu tugendhaften und menschenfreundlichen Mitbürgern erziehen würde, wollte Cramer die Religion also wirken sehen. Um dieses Ziel zu erreichen, verzichtete er darauf, die Kinder zu früh an das Gebet oder das Memorieren von Religionssätzen zu gewöhnen, da diese traditionellen Übungen, wenn sie von Kindern angewendet würden, mehr mit rituellem und kritiklosem Auswendiglernen gemein hätten, als mit verständigem Begreifen. Zudem wirke die Forderung, unverständliche Sätze nachzusprechen oder aufzusagen, auf Kinder meist abschreckend. Weitaus einladender, wichtiger und einer modernen Religionserziehung gemäßer erschien ihm demgegenüber ein auf Zwang verzichtendes und die Grundsätze der Vernunft beachtendes *Gespräch* zwischen Erzieher und Kind, das nur solche Religionswahrheiten zu vermitteln suchte, die für Kinder faßlich waren. Ein wünschenswerter Begleiteffekt dieser Erziehungsmethode war, daß den Kindern auf diese Weise von Anfang an ein überkonfessionelles Religionsethos vermittelt wurde, das auch von fremden Religionsverwandten geschätzt und praktiziert werden konnte.

Wie vor ihm schon Basedow, der seine Vorschläge zur Erziehungsreform in der „Practischen Philosophie" nicht zuletzt auch mit Blick auf eine nötige „Verbeße-

---

[246] Ebd.
[247] Ebd.
[248] Ebd.
[249] Ebd.
[250] Ebd., S. 463.
[251] Ebd., S. 464.

rung der großen öffentlichen Stadtschulen"[252] unterbreitet hatte, wünschte sich nun auch Cramer, daß „nicht allein die Lehrer der Christen, und besonders die Lehrer der Kinder, sondern auch vornehmlich die Obrigkeiten, die auf den öffentlichen Unterricht ein wachsames Auge richten sollen", seine im *Nordischen Aufseher* entwickelten Gedanken über eine Reform der Religionserziehung „ihrer Aufmerksamkeit würdigen möchten!" Denn es sei „nicht schwer zu beweisen, daß der öffentliche Unterricht der Christen und ihrer Kinder hierinnen sehr großer und wichtiger Verbesserungen bedürfe!".[253]

5. Erste Reaktionen und Rezensionen

Mit ihren detaillierten und offensichtlich auch aufeinander bezogenen Vorschlägen zur Verbesserung der Erziehung und des öffentlichen Unterrichts hatten Basedow und Cramer in Dänemark ein pädagogisches Konzept erarbeitet, das so deutlich profiliert wie neuartig war. Klar konturiert war die umfassende Erziehungsreform, zu der die beiden Männer im Jahr 1758 von Kopenhagen aus aufriefen, weil ihren wesentlichen Grundsätzen zufolge sowohl der Sprachen- wie auch der Sach- und Religionsunterricht in Form einer präzise formulierten, sinnlich-spielerischen und auf Kindgemäßheit ausgerichteten Lehr- und Lernmethode erteilt werden sollte. Neuartig, ja kühn waren vor allem diejenigen Gedanken Basedows und Cramers, die darauf abzielten, den religiös-moralischen Zuschnitt des öffentlichen Religionsunterrichts in den Stadtschulen auf das Überkonfessionelle und Praktische zu lenken statt auf das Dogmatische. Gerade weil Basedows und Cramers Ideen so erstaunlich ambitioniert waren, stellt sich nunmehr die Frage, welche unmittelbare Wirkung die erziehungstheoretischen Passagen der *Practischen Philosophie* und des *Nordischen Aufsehers* in der Öffentlichkeit hervorriefen?

Zunächst einmal ist es vielleicht nicht sehr verwunderlich, daß es vor allen anderen die dänische Führung war, die ihre große Zufriedenheit mit der *Practischen Philosophie* und dem *Nordischen Aufseher* schon unmittelbar nach deren Erscheinen zum Ausdruck brachte. Basedows und Cramers Arbeiten, die ja schon während des Enstehungsprozesses seitens der dänischen Regierung großzügig gefördert worden waren, wurden von Moltke und dem König sofort nach ihrer Veröffentlichung mit hohem Lob versehen. Die *Practische Philosophie* hielt Moltke für so gelungen, daß er noch im Jahr 1758 Teile dieses Werkes ins Dänische übertragen und unter dem Titel *Philosophiske Pligter for dem, som vilde indgaa Ægteskab* veröffentlichen ließ.[254] Leider ist die dänische Übersetzung heute verschollen, doch

---

[252] Basedow, *Practische Philosophie*, S. 560.
[253] *Der Nordische Aufseher*, Stück 50, 28. Oktober 1758, S. 454.
[254] Johann Bernhard Basedow, *Philosophiske Pligter for dem, som vilde indgaa Ægteskab*. Kopenhagen 1758. Leider ist es mir nicht gelungen, ein Exemplar dieser Übersetzung ausfindig zu

läßt sich aus dem Titel erschließen, daß es wohl das 10. Kapitel der „Practischen Philosophie" war – also genau der Teil, der von der Kindererziehung handelt – der auch einem dänischsprachigen Publikum zugänglich gemacht werden sollte.[255] Cramer wiederum bekam im Februar 1759 für den ersten Jahrgang des *Nordischen Aufsehers* vom König die stattliche Summe von 300 Reichstalern geschenkt, weil dem Monarchen die neue Wochenschrift und die in ihr verhandelten Themen außerordentlich gut gefielen.[256] Die regierungstreue Zeitschrift *Mercure Danois* widmete der *Practischen Philosophie* zwischen August und Oktober 1759 eine ausführliche Besprechung. Paul-Henri Mallet, der diese Rezension verfaßt hatte, lobte vor allem das 10. Kapitel des Werkes, also Basedows Gedanken über Erziehung, die ihm deutlich von Locke inspiriert zu sein schienen:

> Parmi les articles qui partagent le dixième chapitre, & qui regardent le mariage, les enfans, les parents, les domestiques, les amis, celui qui traite de l'éducation est un des plus utiles. L'auteur a su reduire avec ordre & sans obscurité à peu de pages ce qu'on trouve là-dessus dans les meilleurs livres & particulièrement dans celui de *Locke* qu'il cite.[257]

Besonders bemerkenswert und auch angebracht erschien Mallet Basedows Forderung, die Kinder schon frühzeitig zur religiösen Toleranz zu erziehen. Allerdings hielt er es für fragwürdig, ob Basedows in diesem Zusammenhang aufgestellte Behauptung, „que les Juifs deviendroitent meilleurs citoyens, [...], si on leur accordoit les mêmes droits qu'aux Chrétiens",[258] wirklich zutreffend sei. So gab er in einer Fußnote zu bedenken, daß die Juden, im Unterschied zu den anderen religiösen Gemeinschaften, aus zwei Gründen keine mit allen Rechten versehenen Staatsbürger werden könnten. Zum einen seien sie nämlich nicht einfach eine Religionsgemeinschaft unter vielen anderen, sondern „une nation à part, qui ne s'incorpore pas comme les autres étrangers avec le peuple qui les adopte".[259] Zum anderen aber erwarteten sie noch immer „du ciel un Roi sous lequel leur nation sera triomphante, il faut donc qu'ils soient sans pouvoir, afin que si quelque fourbe profitoit

---

machen. Aufgeführt wird das Buch in Basedows Werkverzeichnis in H. Ehrencron-Müller (Hg.), *Forfatterlexikon, omfattende Danmark, Norge og Island indtil 1814*, Bd. 1. Kopenhagen 1924, S. 295. Dort findet sich auch folgender erklärender Zusatz: „Er et Stykke af [Basedows] Practische Philosophie i dansk Oversættelse".

[255] Der Titel weist darauf hin, daß wohl die Paragraphen 69 bis 77 übersetzt wurden. Paragraph 69, der „Vom Ehestande überhaupt" handelt, beginnt mit den Worten: „Folglich sind Eltern schuldig nach dem Gesetze der Natur, ihre Kinder zu verpflegen und zu erziehen, die Obrigkeit muß es zum Gesetze machen, der vernünftige Wohlstand muß es bestätigen, und diese Pflicht wird durch den natürlichen Trieb erleichtert", Basedow, *Practische Philosophie*, S. 487.

[256] Vgl. Johann Andreas Cramer an Christian Fürchtegott Gellert, 24. Februar 1759: „Haben Sie den nordischen Aufseher gelesen u. sind Sie damit zufrieden? Hier findet er Beyfall u[nd] der König ist so gnädig gewesen, mir ein Geschenk von 300rth. dafür zu machen", in: Gellert, *Briefwechsel*, Bd. 2, S. 219.

[257] *Mercure Danois*, Août 1759, S. 94.

[258] *Mercure Danois*, Octobre 1759, S. 34.

[259] Ebd.

de cette superstition pour troubler l'Etat, il fut promptement éclaire & réprimé".[260] Man könne daher Regierungen verstehen, die wegen der jüdischen Messiaserwartung und mit Blick auf das nationale Selbstverständnis der Juden „leurs refusent des emplois".[261] Doch dürfe man die Juden unter keinen Umständen mit überhöhten Abgaben belasten oder ihnen gar das Aufenthaltsrecht im Staat verweigern. Diese Ausführen zeigen, daß Basedow im *Mercure Danois* neben dem ganz überwiegend hohen Lob durchaus auch kritische Anmerkungen entgegengehalten wurden, was aber zugleich als Beispiel dafür gelten mag, daß die von der dänischen Regierung geförderten Journale und Wochenschriften recht offen über für Dänemark relevante Reformvorschläge diskutieren konnten. Wie aber wurden Basedows und Cramers erziehungstheoretische Anschauungen außerhalb Dänemarks wahrgenommen und diskutiert?

Verständlicherweise wollte keiner der beiden Autoren es allein dem Zufall überlassen, wie die *Practische Philosophie* und *Der Nordische Aufseher* in Deutschland aufgenommen werden würden. Der wohl einflußreichste Mittelsmann, den sowohl Basedow als auch Cramer aus diesem Grunde anschrieben und baten, in Deutschland für ein positives Echo auf ihre jüngsten Schriften zu sorgen, war Gellert. Cramer hatte seit seinem Fortgang aus Leipzig ohnehin in beständigem Kontakt mit Gellert gestanden, doch Basedow mußte sich in seinem Schreiben vom 10. März 1758 zunächst einmal wieder in Erinnerung bringen. Als ein nachweislich „vertrauter Freund eines Cramers und Klopstocks"[262] glaubte er Gellert aber ersuchen zu dürfen, seine *Practische Philosophie* entweder selbst zu besprechen oder das Buch einem ihm gewogenen Rezensenten zuzuleiten:

> Das Buch, welches ich Ihnen zusende, bedarf einer Recension in Leipzig, und zwar von einem Manne, der neue und bescheidne Versuche auf dem Wege zur Wahrheit nicht verabscheut; der sie beurtheilen kann, und durch sein System nicht verhindert wird, es zu wollen; der die Wahrheit sehr liebt, und keine Ursache hat, mich weder zu haßen noch zu beneiden; der so billiget und so tadelt, als es zugleich die Liebe der Wahrheit und die nöthige Gelindigkeit gegen andre Verehrer derselben erfordert. Ich kenne keinen von dieser Art, als Sie, Hochzuehrender Freund, und ersuche Sie also, so bald es Ihre Zeit zuläßt, entweder unmittelbar oder durch einen andern eine Recension zu veranstalten, und mir mit den Meßleuten gütigst zu senden. Denn es giebt verschiedne in Leipzig, von denen ich weder getadelt noch gelobt seyn möchte, und ich wollte denselben gern zuvorkommen.[263]

Tatsächlich veranlaßte Gellert umgehend eine ausführliche und sehr anerkennende Rezension der *Practischen Philosophie* in den Leipziger *Neuen Zeitungen von ge-*

---

[260] Ebd.
[261] Ebd.
[262] Johann Bernhard Basedow an Christian Fürchtegott Gellert, 10. März 1758, in: Gellert, *Briefwechsel*, Bd. 2, S. 156.
[263] Ebd.

lehrten Sachen.[264] Die Rezension, die ein Freund Gellerts verfaßte, wurde bereits am 1. Mai 1758 veröffentlicht. Am Ende dieser Besprechung bedauerte der Rezensent lediglich, daß Gellert ein solch schönes Werk nicht selbst geschrieben habe:

> Sonst wünscht der Herr Verfaßer, daß unser Herr Prof. Gellert sich möchte entschlossen haben, ein Lehrgebäude dieser Wissenschaft, nach seinem Geschmacke, aufzuführen. So sehr wir glauben, daß Herr Basedow in demselbigen Geschmacke geschrieben hat, so werden doch Kenner urtheilen, wie sehr eine solche Bemühung des Herrn Gellerts der Philosophie zur Ehre gereichen würde.[265]

Gellert selbst bestätigte dieses hohe Lob dann in seinen Vorlesungen über Moral[266] sowie in vielen seiner Briefe. In einem Schreiben vom 26. Februar 1759 an Johanna Erdmuth von Schönfeld, in dem er dieser jungen Dame eine „kleine deutsche Bibliothek" von guten, lesenswerten Büchern zusammenstellte, empfahl Gellert auch Basedows *Practische Philosophie* als ein Buch für den Verstand u[nd] das Herz zugleich, keine ängstliche und auch keine schwatzhafte Philosophie".[267] Daß Gellert insbesondere die pädagogischen Zielsetzungen der *Practischen Philosophie* befürwortete, geht aus einem Brief an Caroline Lucius hervor. „Basedow in seiner practischen Philosophie für alle Stände", so Gellert, habe „in zwey kurzen Capiteln die vornehmsten Regeln von dem Unterrichte und der Erziehung der Jugend (zu Ende des ersten Bandes) gesammlet, und, einfältig mit Zahlen bemerkt, dem Leser hingesetzt".[268] „Lesen sie diese, gute Mademoiselle", forderte Gellert seine junge Freundin auf, „und sagen Sie mirs alsdann auf Ihr Gewissen, ob ein verständiger sorgfältiger, christlicher Vater, oder auch eine ihm ähnliche Mutter, oder so ein Lehrer, Anführer, oder Freund", bei einer klugen Anwendung dieser Regeln, „den Verstand und das Herz ihrer Jugend nicht gewisser und kürzer und glücklicher bilden werden,[269] als bei den Ratschlägen anderer Schriftsteller.

Auch Cramer bekam von Gellert Unterstützung bei der Vermehrung des Ansehens seines *Nordischen Aufsehers*. Schon im Frühjahr 1758 hatte Gellert durch den sächsischen Diplomaten und Kammerherrn Hans Moritz von Brühl erfahren, daß Cramer in Kopenhagen als Herausgeber einer moralischen Wochenschrift tätig geworden war: „Der Baron von Bernstorf meldet mir, daß Cramer ein Wochen-

---

[264] Die Rezension von Basedows *Practischer Philosophie* erschien anonym in: *Neue Zeitungen von gelehrten Sachen*, Nr. 35, 1. Mai 1758, S. 313–316. Sie ist nicht von Gellert geschrieben, sondern von einem seiner Freunde. Basedows Arbeit wird im ganzen positiv rezensiert.

[265] *Neue Zeitungen von gelehrten Sachen*, Nr. 35, 1. Mai 1758, S. 316.

[266] In einer frühen Textfassung seiner moralischen Vorlesungen aus dem Jahre 1758 empfiehlt Gellert seinen Studenten bereits Basedows „practische philosophische Moral" zur Lektüre, vgl. Gellert, *Moralische Vorlesungen*, Anhang, Moral, Vorlesungsnachschrift (h), S. 471.

[267] Christian Fürchtegott Gellert an Johanna Erdmuth von Schönfeld, 26. Februar 1759, in: Gellert, *Briefwechsel*, Bd. 2, S. 225.

[268] Christian Fürchtegott Gellert an Caroline Lucius, 26. Oktober 1762, in: Gellert, *Briefwechsel*, Bd. 3, S. 253.

[269] Ebd.

blatt, wie der Zuschauer, schreibt. Ist es Ihnen bekannt? Ich werde es mir kommen lassen".[270] Seit spätestens Dezember 1758 waren Gellert dann Teile des *Nordischen Aufsehers* bekannt und im Januar 1759 schickte Cramer ihm 15 Stücke des ersten Jahrgangs nach Leipzig, um sie an interessierte und einflußreiche Personen weiterzuleiten. Gellert empfahl daraufhin den gesamten ersten Jahrgang des *Nordischen Aufsehers* in seinen Vorlesungen[271] wie auch im privaten Briefverkehr,[272] ohne irgendwelche Abstriche an einzelnen Stücken vorzunehmen. Er hielt Cramers Wochenschrift sogar für ganz „vortreflich".[273]

Wiewohl wir wissen, daß Cramer, Gellert und die anderen Bremer Beiträger ihre Arbeiten schon in der Leipziger Zeit einer offenen und ehrlichen Kritik aussetzten, wenn sie sie einander vorlegten, durften Basedow und Cramer doch erwarten, daß Gellert ihre in Dänemark entstandenen Arbeiten wohlwollend besprach oder besprechen ließ, zumal die Prämissen ihrer Erziehungstheorien den pädagogischen Anschauungen Gellerts deutlich verpflichtet waren. Um so beachtlicher ist es daher, daß auch aus dem Umkreis derjenigen Kritiker, die nicht oder noch nicht zum Freundeskreis Basedows und Cramers zählten, lobende Äußerungen zur *Practischen Philosophie* und zum *Nordischen Aufseher* zu hören waren. In den beiden bedeutendsten deutschen Rezensionsorganen der Zeit, der *Bibliothek der schönen Wissenschaften und der freyen Künste* aus Berlin und den *Göttingischen Anzeigen von gelehrten Sachen* wurden Basedows und Cramers Schriften zur Erziehungsreform gründlich besprochen. Den Anfang machte in der *Bibliothek der schönen Wissenschaften und der freyen Künste* der junge Moses Mendelssohn, der schon 1757 Basedows *Lehrbuch prosaischer und poetischer Wohlredenheit* rezensiert hatte, in dem der Soröer Professor ja bereits in ersten Andeutungen gefordert hatte, daß eine *über*konfessionelle Unterweisung in Religionssachen schon möglichst frühzeitig auch an Kindern vorgenommen werden müsse.[274]

---

[270] Hans Moritz von Brühl an Christian Fürchtegott Gellert, 6. Juni 1758, in: Gellert, *Briefwechsel*, Bd. 2, S. 174.

[271] In der frühen Textfassung seiner moralischen Vorlesungen aus dem Jahre 1758 empfiehlt Gellert seinen Studenten das moralische Wochenblatt *Der nordische Aufseher* ganz besonders zur Lektüre (vgl. Gellert, *Moralische Vorlesungen*, Anhang, Moral, Vorlesungsnachschrift (h), S. 472).

[272] Vgl. z.B. Gellerts Brief an Johanna Erdmuth von Schönfeld, 26. Februar 1759, in: Gellert, *Briefwechsel*, S. 226.

[273] Vgl. den Brief von Johann Jacob Mack an Christian Fürchtegott Gellert vom Dezember 1759. Dort schreibt Mack Gellert: „Sie haben mir diesen [Nordischen] Aufseher, den Sie mit Recht vortreflich nennen am ersten bekannt gemacht, und ich kann Ihnen nicht genug sagen wie viel Danck ich Ihnen für diese Empfehlung schuldig bin. Mich dünckt diese Schrift zeige die mannichfachen Gaben und Vorzüge dieses erhabnen Genies in einem recht vielfältigen und ausgebreiteten Lichte, fast mehr als irgend eine seiner übrigen", in: Gellert, *Briefwechsel*, Bd. 2., S. 297.

[274] Basedow, *Lehrbuch*, § 238, S. 470.

Mendelssohn stellte zunächst anerkennend fest, daß „ein Mann von der Einsicht des Herrn Basedow"[275] genau der richtige sei, um die oftmals „schwere Materie" von „dem Nutzen der schönen Wissenschaft überhaupt" in für Studenten leicht faßlicher Schreibweise abzuhandeln.[276] So sei es auch nicht verwunderlich, daß man in Basedows Lehrbuch „Spuren eines philosophischen Geistes" finde, „der richtig denket und öfters sehr gründliche Anmerkungen macht",[277] die noch dazu „schön durch Exempel erläutert" seien.[278] Insgesamt enthalte das Buch „so viel gründliches und auch so manches neues; der Herr Verfasser zeigt so viel Philosophie und so viel Geschmack", daß man es „weder ohne Nutzen noch ohne Vergnügen lesen wird".[279]

Was jedoch Basedows Ausführungen zur Sittenlehre und der frühzeitig einsetzenden Religionserziehung betraf, zeigte sich Mendelssohn erst einmal sehr erstaunt darüber, daß der dänische Professor diese Themen in einem Lehrbuch der schönen Wissenschaften „ziemlich weitläuftig"[280] abhandelte. Er vermutete, daß es „die Absicht des Herrn Verfassers im gemeinen Leben nützlich zu seyn", gewesen sei, die ihn dazu genötigt habe, sich in bestimmten Passagen mehr um Theologie und Erziehung zu kümmern, „als um den guten Geschmack".[281] Denn „zu unserer Absicht", erklärte Mendelssohn daher mit Blick auf das eigentliche Thema des Lehrbuchs, „gehören sie nicht".[282] Doch versicherte er immerhin auch, daß „diese Materien" für „die lernende Jugend" sicherlich „nicht ohne Nutzen" seien.[283]

Auch Cramer wurde in der *Bibliothek der schönen Wissenschaften und der freyen Künste* freundlich besprochen. Ein anonymer Rezensent widmete dem *Nordischen Aufseher* eine längere Kritik, in der er hervorhob, daß allein „der Name eines Kramers, den schon das Titelblatt anzeiget", für das hohe Niveau der Wochenschrift bürge.[284] Cramers „Eifer die Tugend zu befördern und etwas zur Glückseligkeit seiner Landsleute beyzutragen", sei nämlich in Deutschland „zu bekannt, als daß sie unserer Lobsprüche bedürfen".[285] Den Ansichten des *Nordischen Aufsehers* zur Religionserziehung zollte der Rezensent seinen uneingeschränkten Beifall, in dem er sie in einigen Auszügen wiedergab.[286] So blieb ihm gegen Ende seiner Rezension nur noch zu wünschen übrig, daß „einer so lehrreichen und

---

[275] *Bibliothek der schönen Wissenschaften und der freyen Künste*, Bd. 2, Stück 1, 1757, S. 60.
[276] Ebd., S. 58.
[277] Ebd., S. 62.
[278] Ebd., S. 70.
[279] Ebd., S. 90.
[280] Ebd., S. 73
[281] Ebd.
[282] Ebd.
[283] Ebd.
[284] Ebd., Bd. 5, Stück 2, 1759, S. 274.
[285] Ebd.
[286] Vgl. ebd., S. 298.

angenehmen Wochenschrift" ein möglichst „lange[r] Fortgang" vergönnt sein möge.[287]

In den *Göttingischen Anzeigen von gelehrten Sachen* verfaßte Johann Georg Heinrich Feder, der nachmalige Göttinger Philosophieprofessor, Anfang Februar 1759 eine längere Rezension von Basedows *Practischer Philosophie*. Basedows Absicht „bey diesem Lehrbuche" sei es ganz grundsätzlich gewesen, allgemein-verbindliche moralische Grundsätze und „die Pflichten aller Stände, so viel als möglich besonders zu bestimmen".[288] Dieses selbstgesteckte Ziel habe er zweifels-ohne „mit einer genugsamen Deutlichkeit erreicht" und „glücklich ausgeführet".[289] „Sein Vortrag" sei durchweg „leicht, und unterhaltend, und dennoch reich von philosophischer Erkenntniß", weshalb auch „die bekanntesten Wahrheiten" unter seiner Feder „ein gewisses Ansehen der Neuigkeit angenommen" hätten, „welches die Aufmerksamkeit fesselt".[290] Vor allem aber seien Basedows Verbesserungsvor-schläge „zu einem moralischen Unterrichte" an öffentlichen Stadtschulen, an de-nen solche religiöse und „moralische Wahrheiten vorgetragen würden, die sich an heiligen Oertern nicht so umständlich sagen lassen, und doch sehr gemeinnützig sind",[291] außerordentlich bedenkenswert. „Seine Moral" sei nämlich „weder über-trieben, noch gar zu gelinde" und bei jeder von Basedow vorgestellten Pflicht rede zugleich „die Empfindung und das Herz".[292] Insgesamt habe sich Basedow daher

in seinem Lehrbuche, zugleich als einen Philosophen, Menschenfreund, Patrioten, und Christen erwiesen, und seine genaue Kenntniß der neuesten und besten Sittenlehrer, mit der eigenen Ueberlegung und Erfahrung so wohl vereiniget, daß seine Arbeit seinen Einsichten, seinen Ge-sinnungen, und seinem Geschmacke Ehre macht.[293]

6. Resümee

Was diese durchweg positiven ersten Reaktionen auf Basedows und Cramers Ende der 1750er Jahre entstandenen Schriften zum Ausdruck gebracht haben, ist die Tatsache, daß die von beiden Männern auf Seeland entwickelte Pädagogik schon unmittelbar nach ihrer Veröffentlichung als neuartige, wegweisende und zukunfts-trächtige Erziehungslehre wahrgenommen wurde, und zwar in Dänemark wie in Deutschland. Das von Basedow entscheidend mitgestaltete Konzept einer Erzie-hung zur Menschenfreundschaft und religiösen Toleranz hatte also bereits um

---

[287] Ebd., S. 301.
[288] *Göttingische Anzeigen von gelehrten Sachen*, Stück 20, 15. Februar 1759, S. 185.
[289] Ebd.
[290] Ebd., S. 187.
[291] Ebd., S. 185.
[292] Ebd., S. 188.
[293] Ebd., S. 189.

1759 – und nicht erst ab 1768 – ein nicht zu überhörendes Echo in der aufgeklärten Öffentlichkeit erzeugt, wobei hervorzuheben ist, daß dieser Entwurf einer Erziehungslehre bereits alle wesentlichen Punkte des später noch detaillierter ausgestalteten und erst ab 1774 so bezeichneten Programms der ‚philanthropischen' Pädagogik enthielt. Dies wußte niemand besser als Basedow selbst. Noch Jahre später bezeichnete er die erziehungstheoretischen Kapitel der *Practischen Philosophie* für alle Stände als sein erstes und zugleich „vollständige[s] System der Erziehung und des Unterrichts", daß er „nachher niemals aus dem Sinn gelassen"[294] habe.

Weiterhin ist festzuhalten, daß Basedow, wie schon zuvor auf Borghorst, auch in Dänemark nicht als genialischer und einsamer Vordenker auftrat, sondern seine theologischen, philosophischen und pädagogischen Gedanken im beständigen Gespräch mit Klopstock und Cramer weiterentwickelte und reifen ließ, und dies auch niemals bestritt. Möglicherweise ist Basedow sogar erst durch Klopstock auf die pädagogische Bedeutung Gellerts hingewiesen worden, die er noch auf Borghorst übersehen hatte. Während in der Magisterarbeit des Jahres 1752 nämlich deutlich ersichtlich wurde, daß sein Borghorster Unterrichtsexperiment vor allem Lockes *Some thoughts concerning education* verpflichtet war, hatte Basedow in Sorö sein pädagogisches Programm um das Ziel der Erziehung zur religiösen Toleranz erweitert, ein Ideal, das aber vor Basedow allein Gellert in seinen moralischen Vorlesungen benannt hatte. Daß Gellert die Aufnahme seiner Anregungen durch Basedow anerkannte und auch als solche verstand, zeigt die Leipziger Rezension, die Gellert veranlaßte, besonders nachdrücklich.

Schließlich ist zu betonen, daß sowohl Basedow wie auch sein Freund und Mitstreiter Cramer in Dänemark von einer Art der Förderung profitierten, welche die Stipendienprogramme und ideelle Unterstützung des Hamburger Hagedornkreises weit in den Schatten stellte. In Dänemark wußten Basedow und Cramer eine noch unverbrauchte, ambitionierte Regierung auf ihrer Seite, deren kulturpolitische Prämissen die Voraussetzung für den bemerkenswerten Freiraum und die finanzielle Unterstützung schufen, die der Professor für Theologie und Moralphilosophie in Sorö und der Hofprediger in Kopenhagen genießen durften. Basedow und Cramer fanden auf Seeland also ideale Arbeitsbedingungen vor, die sicherlich einen entscheidenden Anteil am Erfolg des neuen Erziehungskonzepts hatten.

---

[294] Johann Bernhard Basedow, *Ueberzeugende Methode*, Vorrede.

IV. Weitere Wirkung und erste Praxisfelder der philanthropischen Pädagogik 1759–1771

1. Gegenwind: Die philanthropische Pädagogik und ihre Kritiker

1.1. Gotthold Ephraim Lessing und seine Kritik des *Nordischen Aufsehers*

Während die meisten und wichtigsten Rezensionsorgane Dänemarks und Deutschlands die von Basedow und Cramer auf Seeland entwickelten Vorschläge einer weitreichenden Reform der Erziehung und des Unterrichts einhellig begrüßt und mit viel Lob versehen hatten, erschien in der zweiten Hälfte des Jahres 1759 in Berlin eine Kritik des *Nordischen Aufsehers*, deren Polemik an Schärfe kaum zu überbieten war. Es war Gotthold Ephraim Lessing, der als anonymer Verfasser der Berliner *Briefe, die neueste Literatur betreffend*[1] völlig überraschend zu einem eminenten Schlag gegen die von Cramer propagierte Methode der frühkindlichen Religionserziehung ausholte. Überraschend war eine fulminante Kritik des *Nordischen Aufsehers* nicht allein wegen der bis dahin so außerordentlich positiven Aufnahme des Blattes durch alle anderen Zeitschriften, sondern auch deswegen, weil die seit Januar 1759 erscheinenden Berliner *Literaturbriefe* ein Gemeinschaftsprojekt Lessings und der Berliner Freunde Friedrich Nicolai und Moses Mendelssohn bildeten. Wie wir gesehen haben, hatten Mendelssohn und Nicolai aber in der *Bibliothek der schönen Wissenschaften und der freyen Künste* bereits sehr freundliche Besprechungen der Texte Basedows und Cramers erscheinen lassen. Was veranlaßte Lessing also, so plötzlich und in so unerwartet heftiger Weise gegen Cramers Pädagogik vorzugehen?

Zunächst einmal war Lessing sich vollständig bewußt, daß seine Kritik an Cramers neuem Wochenblatt als Meinung eines krassen Außenseiters empfunden werden mußte. „Die großen Lobsprüche, welche ‚Der nordische Aufseher‘ in so manchen öffentlichen Blättern erhalten" hatte, waren ihm nämlich keinesfalls entgangen, sondern hatten geradezu seine „Neugierde gereizet",[2] diese Wochenschrift selbst zu lesen, um sich ein eigenes Urteil bilden zu können. Ein weiterer, gewichtiger Grund für sein Interesse am *Nordischen Aufseher* war übrigens die von

---

[1] Die Berliner *Briefe, die neueste Literatur betreffend* erschienen zwischen Januar 1759 und Juli 1765 in über 230 Folgen zu 23 Teilen. Lessings Mitarbeiterschaft endete im November 1760 mit der überstürzten Abreise nach Breslau. In den 20 Monaten seiner Redaktionstätigkeit verfaßte er 55 Briefe, also den ganz entscheidenden Anteil der ersten fünf Folgen.

[2] *Briefe, die neueste Literatur betreffend*, in: Gotthold Ephraim Lessing, *Werke*. Nach den Ausgaben letzter Hand. Mit entstehungsgeschichtlichen Kommentaren und Otto Manns revidierten Anmerkungen von Peter-André Alt, Bd. 2. München 1995 (nachfolgend zitiert als *Literaturbriefe*), S. 711–991; hier *Literaturbriefe*, 26. Juli 1759, S. 838.

ihm schon früher angestellte Beobachtung, daß „die deutschen Werke des Witzes, welche in Dänemark erscheinen" bereits seit der Zeit des Wirkens von Johann Elias Schlegel in Kopenhagen einen „sehr vorzügliche[n] Wert" aufwiesen.[3] Die Kulturpolitik Friedrichs V. hatte also in den Augen Lessings in relativ kurzer Zeit für ein hohes literarisches Niveau in Dänemark gesorgt, weshalb es auch kaum mehr verwunderte, daß „unsere besten Köpfe" sich in wachsender Zahle dorthin zu „expatriieren" suchten.[4]

Was Lessing bei der Lektüre des *Nordischen Aufsehers* nun als ein echtes Problem ins Auge sprang, waren Cramers Ausführungen zur „Erziehung der Jugend", auf die dieser in seinem Wochenblatt „seinen Fleiß besonders zu wenden" versprochen hatte.[5] Zwar habe der Kopenhagener Hofprediger in Absicht auf dieses Vorhaben im ersten Jahrgang des Blattes „bereits schon vieles geleistet",[6] was ihm einst gewiß große Anerkennung eintragen werde. Auch habe er in diesem Zusammenhang „zum Besten der unstudierten Liebhaber guter Schriften" zu Recht „des Herrn Basedow ‚Praktische Philosophie für alle Stände‘"[7] nachdrücklich empfohlen. Doch habe er in seiner Darstellung der angeblich besten Religionserziehung eine Methode vorgeschlagen, die erstaunlich weit von orthodoxen Glaubensauffassungen entfernt sei.

So habe sich Cramer bei dem Versuch, Kinder mit „den Lehren der Notwendigkeit und dem Dasein eines Erlösers der Menschen und einer Genugtuung für sie" vertraut zu machen, der allgemeinen Regel bedient, „von dem Leichten und Begreiflichen zu dem Schweren fortzugehen".[8] Konkret habe dies bedeutet, den Kindern „JEsum erst bloß als einen frommen und ganz heiligen Mann, als einen zärtlichen Kinderfreund"[9] nicht aber als göttliches Opferlamm vorzustellen. Es sei aber, so Lessing, außerordentlich fraglich, ob die an sich gut gemeinte und mit einiger pädagogischer Berechtigung vorgetragene Regel, vom Leichten zum Schweren voranzuschreiten, von Cramer überhaupt beobachtet worden sei. Denn heiße es wirklich, „den geheimnisvollen Begriff eines ewigen Erlösers erleichtern",[10] wenn man den göttlichen Erlöser als bloß frommen Menschen darstelle? Lessing verneinte seine selbstgestellte Frage mit großer Entschiedenheit: Jesus nur als Heiligen darzustellen heiße vielmehr, den Begriff eines göttlichen Erlösers völlig aufzuheben, ja es heiße sogar, „einen ganz andern an dessen Statt setzen: es heißt,

---

[3] *Literaturbriefe*, 26. Juli 1759, S. 838.
[4] Ebd.
[5] Ebd., S. 839.
[6] Ebd., S. 840.
[7] Ebd., S. 841.
[8] Ebd., S. 840.
[9] Ebd.
[10] Ebd.

mit einem Worte, sein Kind so lange zum Sozinianer machen, bis es die orthodoxe Lehre fassen kann."[11]

Gesetzt nun, argumentierte Lessing weiter, man lasse Kinder eine zeitlang ganz bewußt in Unkenntnis der Gottheit Christi – ziehe sie also in diesem Sinne erst einmal als Sozinianer auf – um zunächst vor allem ihr Interesse an der sittlichen Botschaft des Evangeliums zu wecken, dann stelle sich jedoch immer noch die Frage, in welchem Alter Jugendliche denn endlich befähigt seien, die orthodoxe Lehre von der Gottheit des Erlösers zu begreifen? Denn in welchem Alter würden wir geschickter, „dieses Geheimnis einzusehen, als wir es in unsrer Kindheit sind?"[12] Und da es nun einmal ein Geheimnis sei, wäre „es nicht billiger, es gleich ganz der bereitwilligen Kindheit e i n z u f l ö ß e n, als die Zeit der sich s t r ä u b e n - d e n Vernunft damit zu erwarten?"[13] Es bleibe also dabei, daß man sich schon sehr wundern müsse, „wie der ‚Aufseher‘ eine so heterodoxe Lehrart zur Nachahmung habe anpreisen können".[14]

Lessings kritische Überlegungen, die – wie er selbst behauptete – lediglich mit leichter Hand „im Vorbeigehen"[15] geäußert worden waren, erbosten nun ihrerseits Cramer und vor allem dessen Freund Basedow aufs äußerste. Doch während Cramer zunächst schwieg und die von Lessing formulieren Anwürfe erst einmal ignorierte, griff Basedow bereits unmittelbar nach Erscheinen der Berliner Kritik am *Nordischen Aufseher* zur Feder und verfaßte eine detaillierte „Vergleichung der Lehren und Schreibart des Nordischen Aufsehers, und besonders des Herrn Hofprediger Cramers, mit den merkwürdigen Beschuldigungen gegen dieselben, in den Briefen die neuste Literatur betreffend",[16] die als 70 Seiten umfassendes Traktat im Frühjahr 1760 in Sorö im Druck erschien.

Gerade weil Basedow vor allem diejenigen „Stücke des N[ordischen] Aufsehers, welche von der Erziehung und dem Unterricht handeln" als „von ganz besonderem Wehrte" erachtete und in ihnen wohl auch eine gelungene Weiterentwicklung seiner eigenen Methode des Unterrichts erblickte, konnte er nicht begreifen, wie ein so augenscheinlich talentierter Kritiker Cramers „so verdienstvolle Wochenschrift anzuschwärzen" trachtete.[17] Es müsse „einen jeden wahren Menschenfreund kränken, daß auch nur ein einziger Journalist" – im Gegensatz zu so vielen positiven Besprechungen des *Nordischen Aufsehers* – sich die Mühe mache, dieses Wochenblatt mit Cramers engagiertem Aufruf zu einer dringend notwendigen

---

[11] Ebd.
[12] Ebd., S. 841.
[13] Ebd.
[14] *Literaturbriefe*, 2. August 1759, S. 842.
[15] *Literaturbriefe*, 26. Juli 1759, S. 841.
[16] Johann Bernhard Basedow, *Vergleichung der Lehren und Schreibart des Nordischen Aufsehers, und besonders des Herrn Hofprediger Cramers, mit den merkwürdigen Beschuldigungen gegen dieselben, in den Briefen die neueste Literatur betreffend.* Soröe 1760.
[17] Basedow, *Vergleichung*, S. 35.

Erziehungsreform in Verruf zu bringen.[18] So wolle er auch „aus Menschenliebe wünschen", daß sich der ihm namentlich unbekannte Verfasser der „Brief[e] die neueste Literatur betreffend, den Augen der Welt verbergen könne."[19]

Daß Cramer im *Nordischen Aufseher* angeblich „einen Unterricht billige, wodurch die Kinder auf eine Zeitlang Socinianer" würden, und daß er somit eine zutiefst „heterodoxe Lehrart zur Nachahmung anpreise"[20] sei, so Basedow, eine perfide Verleumdung des Hofpredigers, dessen „reine Erkenntniß und Lehre von der Göttlichkeit des Erlösers so wohl in seinen Predigten, als in der Weltgeschichte und vornehmlich in der Auslegung des Briefes an die Hebräer vor Augen liegt",[21] und von dem man nicht eine Seite lesen könne, ohne überzeugt zu werden, wie weit er von aller Ketzerei entfernt sei. Doch da man ja wisse, daß „eine sehr nachtheilige Recension, so unverdient sie seyn mag", bei denen „niemals ohne alle Wirkung" sei, „welche ein Werk nicht weiter kennen, als daß sie den Namen desselben gehört haben", zumal dann, wenn die Rezension „im gewissen Grade witzig" sei,[22] wolle er nun Cramer gegen die unlauteren Anschuldigungen der „Literaturbriefe" verteidigen. Allerdings sei der Versuch „Beschuldigungen zu wiederlegen, die so falsch, liebloß und unbesonnen sind, daß man ohne Traurigkeit an ihre Existenz zu unsern Zeiten nicht denken kann," eine der „unangenehmsten Arbeiten von der Welt", zumal „ihr Urheber ein fähiger Kopf zu sein scheint, der, wenn er von seinen Abwegen zurückkehrt, ein sehr nützlicher Mann werden könnte.[23]

Unleugbar sei, so Basedow, daß „der Criticus den N[ordischen] Aufseher und zwar namentlich den Herrn Hofprediger" ganz grundsätzlich in den Verdacht eines „heterodoxen Gottesgelehrten" habe setzen wollen, da doch sein entscheidender Vorwurf laute, Cramer habe in seinen Ausführungen zur Religionserziehung „über die Orthodoxie neumodisch lachen" und sich „mit einer lieblichen Quintessenz des Christenthums begnügen" wollen.[24] Doch bedenke der anonyme Verfasser bei seinen Vorwürfen nicht, daß sich Cramer zur Rechtfertigung seiner Methode religiöser Unterweisung mit dem Apostel Paulus einig wisse, der sowohl in der Rede, die er „vor den Atheniensern als in der Schutzrede, die er vor dem Landpfleger Felix und vor dem Könige Agrippa hielt" eine immer noch gültige „Anleitung zu einer vorzüglichen Art des Unterrichts in diesen uns so nothwendigen und unentbehrlichen Lehren" gegeben habe.[25] Insbesondere in dem „ersten Unterrichte, den er den Atheniensern gab" habe der Apostel zunächst mit einer bewunderungswür-

---

[18] Ebd.
[19] Ebd., S. 10.
[20] Ebd., S. 5.
[21] Ebd., S. 11.
[22] Ebd., S. 13.
[23] Ebd., S. 15.
[24] Ebd., S. 17.
[25] Ebd., S. 20.

digen Weisheit „von den schweren und tieffsten Geheimnissen des Christenthums" geschwiegen.[26] Hätte Paulus nämlich von Anfang an „Lehren von einem tiefern Innhalte" gepredigt, hätte er entgegen seinen Absichten „eine ganz wiedrige Wirkung hervorgebracht" und den noch unvorbereiteten Verstand der Athener „nicht so wohl erleuchtet als verblendet".[27] Ganz ähnlich sei der Apostel danach auch vor dem Statthalter Felix und dem König Agrippa zu Werke gegangen, als er „ihnen Christum, welches besonders merkwürdig ist, zuerst nicht als einen Versöhner, der für die Menschen eine vollkommne Gnugthuung geleistet hatte, sondern als den Lehrer des menschlichen Geschlechts" bekannt machte.[28] Diese von Paulus selbst gewählte Methode der religiösen Unterweisung belege mithin nachdrücklich, „daß es nicht ketzerisch sey, von Christo anfangs dasjenige zu sagen, was weniger wunderbar ist, und vors erste von dem Schweren und Geheimnißvollen zu schweigen".[29]

Was nun Lessings Vorwurf betraf, Kinder würden mittels der von Cramer favorisierten Methode des Unterrichts unweigerlich zu Sozinianern erzogen, da ihnen das Geheimnis von der Gottheit des Erlösers vorenthalten werde, so habe dieser Kritikpunkt „ein solches äußerliche[s] Ansehen, daß er genauer betrachtet zu werden verdient".[30] Man müsse jedoch bedenken, daß es einen Unterschied gebe zwischen „dem Verständnisse der Worte, wodurch ein Geheimniß vorgetragen wird" und „der Einsicht in das Geheimniß selbst, wodurch ein Geheimniß vorgetragen wird".[31] So würden wir in der Tat „niemals, wenigstens nicht in diesem Leben" fähiger „als wir es in der Kindheit sind" zu fassen, daß Jesus Christus „Gott und auch Mensch" ist und „die Menschen von den Strafen der Sünden erlöst" hat,[32] „woferne fassen oder begreifen, so viel heißen soll, als die bey dem Geheimnisse vorkommenden Fragen auflösen, deren Unauflöslichkeit dasselbe zum Geheimnisse macht".[33] Andererseits aber würde ein Kind oder ein Unwissender „durch Erfahrung, öftern Gebrauch der Wörter und guten Unterricht nach und nach fähiger" werden, die Sätze, „worinnen die Geheimnisse angezeigt werden, zu verstehen, und das Wahre, so unbestimmt es auch seyn mag, dabey zu denken".[34] Ein solches Verstehen könne man dann auch „Fassen und Begreifen nennen".[35] In genau diesem Verstande aber sei ein Kind eben „früher fähig, zu fassen, daß der Heiland ein gehorsam Kind, ein weiser und unschuldiger Mann, ein großer Lehrer,

---

[26] Ebd.; vgl. dazu Apostelgeschichte 17, 16–34.
[27] Basedow, *Vergleichung*, S. 21.
[28] Ebd.; vgl. dazu Apostelgeschichte 26, 16–23.
[29] Basedow, *Vergleichung*, S. 22.
[30] Ebd., S. 26.
[31] Ebd.
[32] Ebd., S. 27.
[33] Ebd., S. 28.
[34] Ebd.
[35] Ebd.

Wunderthäter, und Menschenfreund war, als es seine Gottheit und Erlösung fassen kann".[36]

Wenn nun aus den genannten Gründen Jesus Christus den Kindern zunächst nicht als göttlicher Erlöser vorgestellt werde, so folge daraus keinesfalls, daß die kleinen Kinder zwangsläufig Sozinianer seien. Zwar denke ein Sozinianer zwar auch so wie ein Kind zu der Zeit, „da es Christum als einen Menschenfreund, Wunderthäter und Lehrer denkt", doch leugne derselbe „doch zugleich, daß er auch Gott und ein wahrer Versöner sey", und nur „durch das letzte verdient er den Namen eines Socinianers".[37] Doch ein Kind, „welches noch die Frage nicht gethan hat, ob Christus Gott sey, ob er die göttliche Gerechtigkeit für die Sünden der Menschen zu Leiden, Tod und Gehorsam befriedigt habe",[38] befände sich in einer grundsätzlich anderen Situation als ein Leugner der Gottheit Christi.

Weil Basedow den Kritiker des *Nordischen Aufsehers* auf diese Weise hinreichend widerlegt zu haben glaubte, wünschte er sich abschließend nur noch:

> Möchte doch der Verfasser der Briefe sein Genie, womit ihn der Himmel gewiß aus einer andern Absicht begabt hat, ferner nicht dazu anwenden, erleuchtete reine Lehrer der wahren Kirche in den Verdacht der Ketzerei und fanatischen Denkart zu bringen, oder solche Männer, von welchen tüchtige Lehrer ohne Schande lernen können, eines schülerhaften Vortrages zu beschuldigen! Dann wünsche ich ihn namentlich zu kennen, und dann will ich unter denen seyn, die seine Verdienste rühmen, seinen Schwachheiten entschuldigen, und wünschen, von ihm gerühmt oder entschuldigt zu werden.[39]

Mit Basedows Replik auf Lessings im Sommer 1759 vorgebrachte Kritik am *Nordischen Aufseher* war der Disput beider Männer jedoch noch nicht abgetan. Zwischen Mai und Juni 1760 reagierte Lessing in einer Reihe von *Literaturbriefen*, die ausschließlich Basedows *Vergleichung* gewidmet waren, ganz ausführlich auf die Zurückweisung seiner Kritik an Cramer durch den Professor aus Sorö. „Ich weiß gar nicht, was Herr Basedow will", gab sich Lessing erstaunt, schicke es sich doch für den Verfasser der *Practischen Philosophie* am allerwenigsten, Cramers *Nordischen Aufseher* zu verteidigen, da doch in dieser Wochenschrift Basedows eigene Methode der Kindererziehung „Lobsprüche" habe, „die seine Unparteilichkeit sehr zweifelhaft machen" müßten.[40] Am Ende sei „Herr Basedow" gar „selbst einer von den Verfassern des ‚Nordischen Aufsehers'", der „gerne wolle, daß ein ewiger Weihrauch für ihn dampfe".[41] Bemerkenswert sei ja immerhin auch, daß „Herr

---

[36] Ebd.
[37] Ebd., S. 29.
[38] Ebd.
[39] Ebd., S. 71.
[40] *Literaturbriefe*, 8. Mai 1760, S. 938.
[41] Ebd.

Cramer selbst" sich „durch unsere Kritik bei weitem nicht so beleidiget" findet, „als ihn Herr Basedow beleidiget zu sein vorgibt".[42]

Dies sei auch gar nicht weiter verwunderlich, da Cramer ein rechtschaffener Mann sei, „den es auf keine Weise befremdet, wenn andere andrer Meinung sind, und er nicht immer den Beifall erhält, den er sich überhaupt zu erhalten bestrebet".[43] Im übrigen habe er auch nie angezweifelt, daß Cramer „ein verdienter Gottesgelehrter" und „einer von unsern trefflichsten Schriftstellern" sei, „[a]ber Herr Cramer ist ein Mensch; könnte er in einer Wochenschrift nicht etwas gemacht haben, was ihm nicht ähnlich wäre? Und wenn ich das und das an ihm mißbillige, verkenne ich darum seine Verdienste?"[44] Die Ungereimtheiten des Herrn Cramers aufzuzeigen, sei aber nun einmal die Aufgabe eines redlichen Kritikers und „die Kritik, die einzelne Blätter von ihm trifft"[45] treffe deswegen nicht zugleich alle seine Schriften. Genauso sei daher Basedows Verteidigung des *Nordischen Aufsehers* zu kritisieren, da er in diesem Traktat „ebensowenig Billigkeit als Verstand" gebraucht habe, wiewohl die anderen „Basedowschen Schriften" dieses harte Urteil keineswegs verdienten.[46]

So sei Basedows Argument, daß ein gemäß Cramers Methode unterrichtetes Kind zu der Zeit, da es Christus als einen Menschenfreund, Wundertäter und Lehrer denkt, kein Sozinianer sei, weil es die Gottheit Christi nicht zugleich leugne, ganz und gar nicht überzeugend, ja geradezu schwach. Denn frage man einmal ein solches Kind, das Christus nur als einen Menschen kenne, ob nicht Christus auch wahrer Gott sei, so würde sich wohl folgender Dialog zwischen Kind und Fragesteller entwickeln: „,Gott! Das wüßte ich nicht.' – Ja, er war es ganz gewiß. – Ach nicht doch; Papa, der mir so viel von ihm gesagt hat, hätte mir das sonst auch wohl gesagt."[47] Dieser kindliche Widerspruch sei aber wohl schwerlich etwas anderes als ein entschiedenes Leugnen, weshalb Basedows haarspalterische Unterscheidungen zwischen Nichtwissen und Leugnen nichts als „Armselige Ausflüchte!"[48] seien.

---

[42] Ebd. Cramer nahm erst in seiner Vorrede zum dritten Band des *Nordischen Aufsehers* Stellung zu Lessings Kritik. So habe er bisher allein deswegen Lessings Ausführungen mit Stillschweigen bedacht, weil er glaubte, „daß diejenigen, denen daran gelegen wäre, zu wissen, ob die gefällten Urtheile gegründet, oder ungegründet wären, unpartheyisch richten würden". Da er aber nun einmal von Basedow vertheidigt worden sei, müsse er noch anmerken, „daß Herr Basedow, mein in Absicht auf seine Achtung gegen mich zu gütiger Freund, keinen Antheil an der Verfertigung" des *Nordischen Aufsehers* genommen habe; *Der Nordische Aufseher*, 3. Band 1761, Vorrede.

[43] *Literaturbriefe*, 8. Mai 1760, S. 938.

[44] Ebd.

[45] *Literaturbriefe*, 15. Mai 1760, S. 947.

[46] Ebd.

[47] Ebd., S. 959.

[48] Ebd.

Auch Basedows Rechtfertigung der Methode Cramers, vom Leichteren zum Schwereren voranzuschreiten, durch den Hinweis darauf, daß auch der Apostel Paulus sich vor den Athenern, dem Statthalter Felix und dem König Agrippa einer ähnlichen Vorgehensweise bedient habe, wollte Lessing nicht gelten lassen. Zwar erkenne er „diese Regel der Didaktik" grundsätzlich an, doch müsse er erneut daran erinnern, „daß dieses Leichtere, von welchem man auf das Schwerere fortgehen müsse, nie eine Verstümmelung, eine Entkräftung der schweren Wahrheit, eine solche Herabsetzung derselben sein müsse, daß sie das, was sie eigentlich sein sollte, gar nicht mehr bleibt".[49] Aus diesem Grunde bezweifle er auch, „daß Paulus bei besagten Gelegenheiten besagte Methode wirklich gebraucht habe".[50]

Paulus habe vor den Athenern allein deshalb die Gottheit des Erlösers unerwähnt gelassen, weil man dem Apostel gar nicht lange Gehör schenkte: „Paulus erwähnt des Glaubens, erwähnt des Gerichts: aber seine Zuhörer gehen fort".[51] Gerade weil Paulus aber mit seiner Predigt auf dem Areopag nicht den erwünschten Erfolg hatte, sei es widersinnig, ihm zu unterstellen er habe die Gottheit Christi dort „vorsätzlich mit einer bewunderungswürdigen Weisheit in dem ersten Unterrichte verschwiegen", denn „verschweigt man das, wozu man uns nicht kommen läßt?".[52] Auch in „des Apostels Schutzrede vor dem Landpfleger Felix" sei „nicht die geringste Spur von der didaktischen Klugheit, welche die Methode des Herrn Cramer entschuldigen soll" auszumachen.[53] Paulus habe nämlich nicht zu Felix gesprochen, um diesen „zu größern Geheimnissen vorzubereiten", sondern „bloß um von ihm als Richter, bürgerliche Gerechtigkeit zu erlangen".[54] Bei dem König Agrippa, der ein Jude war, konnte Paulus schließlich ein Wissen um die „Göttlichkeit und Genugtuung des Messias"[55] sogar voraussetzen, weshalb er an diesem Fürsten auch gar keinen besonderen Unterricht vollziehen mußte. „Kurz, es ist mir unbegreiflich", folgerte Lessing, wie Cramer – oder auch sein Verteidiger Basedow – in der neutestamentlichen Apostelgeschichte „seine Methode hat finden können".[56]

Wenn nun die Rechtfertigung von Cramers Methode des Unterrichts in der Offenbarung nicht zu finden war, so war sie nach Lessings Dafürhalten nirgends zu finden, „als in seiner guten Absicht".[57] Diese gute Absicht bei der Propagierung seiner Methode wollte er Cramer zwar „nicht im geringsten Streitig machen, doch ginge es nun einmal nicht an, wenn jemand „die strenge Orthodoxie seinen guten

---

[49] *Literaturbriefe*, 5. Juni 1760 S. 960.
[50] Ebd., S. 963.
[51] Ebd., S. 964.
[52] Ebd.
[53] Ebd., S. 966.
[54] Ebd., S. 967.
[55] Ebd., S. 968.
[56] Ebd., S. 967.
[57] *Literaturbriefe*, 12. Juni 1760, S. 968.

Absichten aufopfert".[58] Ein „theologischer Projektmacher" müsse „mehr als eine gute Absicht haben", wenn sein Projekt überzeugen solle.[59] So müsse sein Vorhaben „nicht allein für sich selbst praktikabel sein, sondern die Ausführung desselben muß auch unbeschadet anderer guter Verfassungen, die bereits im Gange sind, geschehen können".[60] Beides aber vermisse er an Cramers Erziehungsprojekt. Zum einen sei es nämlich „für sich selbst nicht praktikabel", da ein Kind, das den Erlöser erst als einen frommen Mann kennen und lieben lernte, „solange dieser vorbereitende Unterricht dauerte, von allem öffentlichen und häuslichen Gottesdienste zurückgehalten werden" müßte.[61] Es würde also „weder beten noch singen hören, wenn es in den Schranken der mit ihm gebrauchten Methode bleiben sollte."[62] Damit aber stünde Cramers Methode in eklatantem Widerspruch zu „mehr als einer angenommenen Lehre unserer Kirche".[63] Schließlich müsse Cramer doch wissen, „was unsere Kirche von dem Glauben der Kinder, auch schon alsdenn, wenn sie noch gar keine Begriffe haben, lehrt; er muß wissen, daß die Frage, die einem Täufling geschiehet: Glaubst du etc. mehr saget, als: Willst du mit der Zeit glauben etc."[64]

Mit dieser heftigen Attacke gegen Cramers Erziehungsmethode hatte Lessing der deutschsprachigen Öffentlichkeit nunmehr schonungslos dargelegt, daß die von Cramer und seinem Freund Basedow favorisierte Art der religiösen Unterweisung Züge einer Lehre aufwies, die allem Anschein nach nicht mit der orthodoxen Lehre der lutherischen Kirche vereinbar war.[65] Gerade weil Lessing ein Meister der deut-

---

[58] Ebd., S. 969.
[59] Ebd., S. 968.
[60] Ebd.
[61] Ebd.
[62] Ebd., S. 968–969.
[63] Ebd., S. 969.
[64] Ebd.
[65] Emanuel Hirsch schienen Lessings Einwände gegen Cramers und Basedows Religionsunterricht ganz unzweifelhaft „von untadeligem orthodoxen Eifer", Emanuel Hirsch, *Geschichte der neuern evangelischen Theologie*, Bd. 4,1. Gütersloh 1952, S. 141. Interessant ist jedoch, daß sich Lessing viele Jahre später, nämlich in seiner Schrift *Die Erziehung des Menschengeschlechts* von 1780, dann doch wesentliche Punkte der Argumentation Basedows zu eigen machte. Dort schrieb er über die Frühzeit des israelitischen Volkes und dessen fehlenden Begriff der Unsterblichkeit der Seele: „[E]s sehnte sich nach keinem zukünftigen Leben. Ihm aber nun schon diese Dinge zu offenbaren, welchen seine Vernunft noch so wenig gewachsen war: was würde es bei Gott anders gewesen sein, als der Fehler des eiteln Pädagogen, der sein Kind lieber übereilen und mit ihm prahlen, als gründlich unterrichten will", G. E. Lessing, Die Erziehung des Menschengeschlechts, in: ders., *Werke*, Bd. 2, hg. von Otto Mann. München 1995, § 17, S. 1113. „Ein Elementarbuch für Kinder", so Lessing weiter, dürfe nämlich „gar wohl dieses oder jenes wichtige Stück der Wissenschaft oder Kunst, die es vorträgt, mit Stillschweigen übergehen, von dem der Pädagoge urteilte, daß es den Fähigkeiten der Kinder, für die er schrieb, noch nicht angemessen sei". Zu achten sei lediglich darauf, daß ein solches Elementarbuch nur nichts enthalte, „was den Kindern den Weg zu den zurückbehaltenen wichtigen Stücken versperre oder verlege. Vielmehr müssen ihnen alle Zugänge zu denselben sorgfältig offen gelassen werden: und sie nur von einem einzigen dieser Zugänge ableiten, oder verursa-

schen Sprache war, der seine Leser allein schon „durch seine heitere Mine" dazu verführte, „daß man alles so lange für wahr hält, als *er* es sagt",[66] wog die Kritik der Berliner *Literaturbriefe* besonders schwer, trotz der ansonsten einhellig positiven Besprechungen der *Practischen Philosophie* und des *Nordischen Aufsehers* in den anderen Wochenschriften und Journalen Deutschlands und Dänemarks. Immerhin war Lessing aber nicht als Inquisitor aufgetreten, sondern eben nur als Kritiker, der einer bestimmten Aussage Cramers und Basedows eine freie Gegenrede gegenüberstellte, um das Publikum zu einer ebenso freien Meinungsbildung über die verhandelte Sache aufzufordern. Doch waren Basedow und Cramer nach langen Jahren der Bestätigung und Förderung nun in aller Deutlichkeit von Lessing darauf hingewiesen worden, daß ihrem Erziehungsprojekt aus den Reihen der lutherischen Orthodoxie eine erbitterte Gegnerschaft erwachsen würde.[67]

1.2. Frederik Danneskiold-Samsöe und Basedows Entlassung von der Ritterakademie zu Sorö

Lessings Prophezeiung sollte sich nur wenige Wochen nach Abschluß seiner monatelangen Kritik an Cramers und Basedows Erziehungstheorie bewahrheiten. Im Herbst 1760 wurde Carl Juel, der Basedow grundsätzlich wohlgesonnene Oberhofmeister der Ritterakademie Sorö, in seinem Amt abgelöst, da er als neuer Stiftsamtmann von Fünen nach Odense übersiedeln mußte.[68] Als seinen Nachfolger bestallte die dänische Regierung den ehemaligen Oberkriegssekretär und Generaladmiralleutnant der dänischen Marine Frederik Danneskiold-Samsöe.[69] Danneskiold-Samsöe hatte sich nach seiner 1746 von Moltke betriebenen Entlassung aus dem dänischen Militärdienst für lange Jahre ins Privatleben zurückgezogen, auch ein Ersuchen Friedrichs II. von Preußen, als Reformer der preußischen Marine tätig

---

chen, daß sie denselben später betreten, würde allein die Unvollständigkeit des Elementarbuchs zu einem wesentlichen Fehler desselben machen" (ebd., § 26, S. 1116). Die hier zitierten Paragraphen veröffentlichte Lessing übrigens bereits 1777 im Anschluß an den „Gegensatz" zum vierten Reimarus-Fragment, „Daß die Bücher A.T. nicht geschrieben worden, eine Religion zu offenbaren".

[66] Anon., Rezension der Briefe, das neueste aus der Litteratur betreffend, in: *Bibliothek der schönen Wissenschaften und der freyen Künste*. 1759, Band 5, Stück 1, S. 158.

[67] Vgl. dazu jetzt auch: Jürgen Overhoff, Die Anfänge der philanthropischen Bildungsreform in Dänemark im Spannungsfeld lutherischer Aufklärungstheologie und lutherischer Orthodoxie (1746–1768), in: Heinz Schilling / Stefan Ehrenpreis (Hg.), *Erziehung und Schulwesen zwischen Konfessionalisierung und Säkularisierung: Forschungsperspektiven, europäische Fallbeispiele und Hilfsmittel*. Münster 2003, S. 153-173

[68] Vgl. Harald Jørgensen, Carl Juel, in: *DBL*, Bd. 7, S. 459.

[69] Die bis heute einzige umfassende Biographie Danneskiold-Samsöes ist: Herman Treschow, *Bidrag til Hr. General Admiral Lieutenant Greve Frederik Danneskiold-Samsöes levnets beskrivelse*. Kopenhagen 1796. Eine nützliche biographische Skizze Frederik Danneskiold-Samsöes bietet jedoch: Th. Topsøe-Jensen, Frederik Danneskiold-Samsøe, in: *DBL*, Bd 3, S. 581–583.

zu werden, abgelehnt, als er sich nach längerem Zögern entschied, wieder in den Staatsdienst einzutreten. Zwar mußte ihm als hoher Militär die Leitung einer Ritterakademie zunächst als „ein gänzlich fremdes Geschäft"[70] erscheinen, doch gelang es ihm recht schnell, den mit der Leitung der Akademie verbundenen Anforderungen gerecht zu werden.

Daß mit Danneskiold-Samsöes Amtsantritt in Sorö ein neuer Wind zu wehen begann, läßt sich allein schon formal daran erkennen, daß es eine der ersten Amtshandlungen des neuen Oberhofmeisters war, eine penible Ordnung in die Akten und schriftlichen Verzeichnisse der Ritterakademie zu bringen. So legte er am 3. November 1760 ein „Lections-Protocoll" an, das, wie er selbst im Vorwort des Protokolls bemerkte, alle zukünftigen Vorlesungen und Veranstaltungen der Ritterakademie auflisten und protokollieren sollte.[71] Drei Wochen später ließ er ein Verzeichnis aller seit dem Jahr 1754 an der Ritterakademie abgehaltenen Prüfungen anlegen, das er fortan gewissenhaft fortführte.[72] Aber auch über die Inhalte der an der Ritterakademie angebotenen Lehrveranstaltungen sowie über die bereits veröffentlichten oder im Entstehen begriffenen Schriften der Soröer Professoren zog er genaue Erkundigungen ein. In diesem Zusammenhang fiel ihm auch die nur wenige Wochen vor seinem Amsantritt von Basedow in Sorö veröffentlichte Verteidigungsschrift des *Nordischen Aufsehers* in die Hände. Diese Schrift Basedows schockierte den „als streng orthodox bekannten"[73] Danneskiold-Samsöe zutiefst, ja sie verletzte ganz offenkundig sein empfindliches, „tief religiöses Gemüt".[74]

„Kaum war ich einige Tage im Amte", schrieb Danneskiold-Samsöe in der Rückschau, „erkannte [ich]", daß Basedow „beinahe in allen Teilen der Religion ein falscher Lehrer war", da er doch glaubte, „daß die Kinder nicht Christum als Gott kennen lernen dürften, ehe sie völligere Einsicht erhalten hätten".[75] Dies bedeute aber wohl, folgerte er, wie vor ihm schon Lessing – dessen Kritik ihm durch die Lektüre von Basedows Schrift ja bekannt war –, daß den Kindern auch zu keinem späteren Zeitpunkt von der Gottheit Christi berichtet werden dürfe, denn wer könne „je scharfsinnig genug werden, so daß er diese Mysteria erkennen kann?"[76] Basedow, so fand er, verstieß als Lehrer in Sorö also in eklatanter Weise gegen die von der lutherischen Orthodoxie ausgearbeiteten Regeln der religiösen Unterweisung.

---

70 „ganske fremmede forretninger", ebd., S. 583.
71 LAK, Sorø Akademi og Skole, Lektions-Protocoll indrettet den 3 November 1760 for Det Ridderlige Academie paa Sorøe.
72 LAK, Sorø Akademi og Skole, Examinations-Protocoll 1754–1780.
73 Armin Basedow, *Johann Bernhard Basedow*, S. 77.
74 ,dyb religiøs følelse', Topsøe-Jensen, *Danneskiold-Samsøe*, S. 583.
75 Eingabe Frederik Danneskiold-Samsöes an König Christian VII, Oktober 1767, übersetzt und abgedruckt in Armin Basedow, *Johann Bernhard Basedow*, S. 74–77, hier S. 74. Es ist mir leider nicht gelungen, das französische oder dänische Original der Eingabe ausfindig zu machen.
76 Armin Basedow, *Johann Bernhard Basedow*, S. 74.

Doch nicht nur den in der Verteidigungsschrift des *Nordischen Aufsehers* vorgestellten Religionsunterricht „diese[s] falschen Lehrer[s]", der ja „niemals [in der Theologie] examiniert worden ist", fand er verwerflich, auch seine anderen Schriften, „die ebenso angefüllt sind mit irrigen Sätzen, als sie an sich schlecht und jämmerlich sind", stufte er als schädlich und gefährlich ein.[77] Vor allem der neuesten, im Herbst 1760 gerade „unter der Presse befindlichen Schrift" Basedows, „genannt Philosophica theoretica", brachte Danneskiold-Samsöe nichts als Mißbilligung entgegen und befand, sie sei durchweg mit „schändlicher Lehre" erfüllt.[78] So erbost war der neue Oberhofmeister über Basedow, daß er sogar entschied, „die zuvor nach dem Gesetze angeordnete", aber dann in Sorö „unter die Füße getretene Censur wieder in ihre volle Kraft" zu setzen,[79] um die bereits im Druck befindliche Schrift des Soröer Theologieprofessors noch in letzter Minute unterdrücken zu können.

Da sich nun vor allem am Inhalt dieser Schrift ein Streit zwischen dem Oberhofmeister und dem Theologieprofessor entzündete, der schließlich zu Basedows Entlassung von der Ritterakademie Sorö führte, ist es wichtig zu verstehen, was Basedow mit der Veröffentlichung dieser Schrift leisten wollte. Nach eigener Aussage hatte Basedow mit der von Danneskiold-Samsöe so vehement kritisierten Schrift zunächst nur einen „Anfang der theoretischen Philosophie"[80] drucken lassen wollen, bei dem es sich vornehmlich um eine logische Propädeutik sowie um eine Ontologie als Grundlegung „einer Lehre von Gott selbst"[81] handelte. Die eigentliche Gotteslehre, verstanden als „philosophisch[e] oder natürlich[e] Gottesgelahrtheit",[82] wollte Basedow jedoch erst später, in einem separat zu veröffentlichenden Buch, vorstellen.

Gemäß seiner eigenen Zielsetzung lieferte Basedow mit seiner *Theoretischen Philosophie* also zum einen eine Beschreibung der „Logik oder Vernunftlehre" als „Mittel, das Wahre, das Wahrscheinliche, das Falsche und das Unwahrscheinliche zu kennen und zu unterscheiden",[83] zum anderen aber eine Einführung in die Wahrheiten der Eigenschaften, „die man bey allen und jeden oder doch bey sehr vielen Dingen zugleich antrifft".[84] Im Verlauf seiner Argumentation kam Basedow jedoch immer wieder darauf zu sprechen, daß das philosophische Regelwerk der

---

[77] Ebd.
[78] Ebd., S. 75.
[79] Ebd.
[80] Johann Bernhard Basedow, *Hauptprobe der Zeiten*, S. 120.
[81] Johann Bernhard Basedow, *Theoretische Philosophie.* [Sorö] 1760, S. 391f. Dieses Werk Basedows, daß zwar unvollendet blieb, wurde immerhin in einer sehr geringen Auflage mit einem Seitenumfang von 448 Seiten zum Druck gegeben. Zwei Exemplare der *Theoretischen Philosophie* sind in der Königlichen Bibliothek zu Kopenhagen vorhanden. Nach der Druckfassung dieser beiden Exemplare wird die *Theoretische Philosophie* im folgenden zitiert.
[82] Basedow, *Theoretische Philosophie*, S. 6.
[83] Ebd., S. 5.
[84] Ebd., S. 6.

Logik, also die Kunst der schließenden Vernunft, auch bei der Beurteilung theologischer Fragen konsequent zur Anwendung gebracht werden müsse, da allein eine gute Kenntnis der theoretischen Philosophie die Theologie vor verhängnisvollen Fehlentwicklungen bewahren könne.

Es sei nämlich nun einmal so, daß viele Menschen „in der Religion einen sehr schlechten Unterricht gehabt" hätten, da sie von ihren Erziehern dazu angehalten worden seien, schwierige Glaubenssätze zu lernen, „ohne die Worte zu verstehen".[85] Da aber „[d]ie heiligen Sätze vieler Nationen und Secten" zum Teil „mit den offenbarsten Wiedersprüchen vermischt" seien,[86] könne allein die Vernunft ermitteln, ob und in welcher Weise solche Widersprüche aufzulösen seien. Es sei nämlich verheerend seine „Religion aus Vorurtheil" zu glauben statt „aus den rechten Gründen",[87] denn selbst wenn die eigene Religion gut wäre, könnten ihre Anhänger leicht auf Irrwege geführt werden „[s]olange der vernünftige Grund fehlt, einen Satz zu glauben oder zu verwerfen".[88] Vor allem manch falscher „Religionseifer", der die eigene Religiosität „ohne Klugheit" über das religiöse Empfinden anderer stelle,[89] könne nur mit Hilfe logischer Vernunftregeln bekämpft und außer Kraft gesetzt werden.

Da Danneskiold-Samsöe sich schon an der Verteidigungsschrift des *Nordischen Aufsehers* sehr gerieben hatte, ist es nicht verwunderlich, daß ihm auch die Ausführungen der *Theoretischen Philosophie*, die ja in ganz ähnlicher Weise auf die Vernunft als unabdingbare Instanz zur Beurteilung von Glaubenssätzen verwies, außerordentlich mißfielen. Erstaunlich ist jedoch, daß er über diesen, für ihn sicherlich inakzeptablen Inhalt der *Theoretischen Philosophie* kein Wort verlor. Stattdessen suchte er Basedow in Miskredit zu bringen, indem er behauptete, daß der Soröer Theologieprofessor in der *Theoretischen Philosophie* den „Materialismus" gelehrt und „die Unsterblichkeit der Seele, der einzige Trost, den vernünftige Menschen, am meisten aber Christen, besitzen", in Frage gestellt habe.[90]

Mit diesen Vorwürfen spielte er zweifellos auf Basedows Feststellung an, daß die Seele zu Lebzeiten des Menschen in dessen Körper „in einem kleinen Raume"[91] sein müsse. Wohl mit Blick auf diese Stelle lautete denn auch Danneskiold-Samsöes Vorwurf, Basedow bediene sich „solcher Ausdrücke, daß er der Seele formam, figuram et extensionem zuspricht, die eigentlichen und essentiellen Eigenschaften der Materie".[92] Nun hatte Basedow jedoch zugleich unmißver-

---

[85] Ebd., S. 116.
[86] Ebd., S. 118.
[87] Ebd., S. 144.
[88] Ebd., S. 215.
[89] Ebd., S. 257.
[90] Armin Basedow, *Johann Bernhard Basedow*, S. 74–75.
[91] Basedow, *Theoretische Philosophie*, S. 395.
[92] Armin Basedow, *Johann Bernhard Basedow*, S. 74. Interessant ist an dieser Stelle noch folgende Beobachtung: Danneskiold-Samsöe brüstet sich in seiner Kritik Basedows unter ande-

ständlich klar gemacht, daß die Seele eine „von unserm sichtbaren Körper ver-schiedne Substanz"[93] sei, was Danneskiold-Samsöe aber völlig unerwähnt ließ. Vollends unverständlich wird Danneskiold-Samsöes Kritik, wenn man bedenkt, daß die *Theoretische Philosophie* einen Paragraphen enthält, der explizit „Wider die Materialisten und Idealisten"[94] gerichtet war und daß Basedow in dieser Schrift sogar – wie ja auch in allen früheren Schriften – ganz ausdrücklich „die Gewißheit der Unsterblichkeit meiner Seele"[95] lehrte. Es ist also anzunehmen, daß Danneskiold-Samsöe Basedow nur deshalb so willkürlich als irreligiösen Materia-listen brandmarkte, weil er auf diese Weise über ein Argument verfügte, daß es ihm ermöglichen sollte, Basedow aus seinem Lehramt zu vertreiben. Tatsächlich war dies auch Danneskiold-Samsöes unumwunden geäußerte Absicht.

Nachdem der Oberhofmeister die *Theoretische Philosophie* der Zensur unter-worfen und ihren Druck verboten hatte, bewirkte er anschließend mit seiner Dro-hung, Basedow „wegen seiner falschen Lehre und gefährlichen Schriften anzukla-gen", daß dem Professor umgehend „untersagt wurde, über die Theologie zu le-sen".[96] Doch auch dabei blieb es nicht lange. Weil Danneskiold-Samsöe glaubte, er müsse die ihm „anvertraute Jugend" dauerhaft vor Basedows „vergifteten Lehre" bewahren, drang er darauf, daß der Professor auch die Vorlesungen über Moral aufgeben solle und daß er schließlich sogar ganz „von der Akademie entfernt werde".[97] Dabei war es dem Oberhofmeister keinesfalls gleichgültig, welches Amt Basedow nach seinem Fortgang von Sorö ausüben würde. So mahnte er dem König gegenüber an, „daß es am besten sei, ihm ein Civilamt zu geben, sogar mit besse-ren Bedingungen, aber ihm nicht zu erlauben, zu lehren oder zu schreiben, da all seine Gedanken in der Theologie falsch und schädlich seien, und in der Moral schlecht".[98]

Basedow ließen die massiven Angriffe des Oberhofmeisters selbstverständlich nicht ungerührt und in einem Brief an Danneskiold-Samsöe vom 21. November 1760 bezog er erstmals Stellung zu den zahlreichen Vorwürfen und Drohungen seines Vorgesetzten. Vor allem brachte er in diesem Brief zum Ausdruck, wie

---

rem damit, daß er seine Behauptung über den Materialismus Basedows „mit einem noch er-haltenen Exemplar" der *Theoretischen Philosophie* beweisen könne (Danneskiold-Samsöe, *Eingabe*, S. 75). In einem der in der Königlichen Bibliothek zu Kopenhagen vorhandenen Ex-emplar dieses Buches, das offensichtlich aus den Beständen der Ritterakademie Sorö stammt – auf die erste Seite dieses Exemplars ist nämlich ein Zettel aufgeklebt, auf dem der Akade-mieprofessor John Erichsen auf Dänisch von dem Schicksal dieser Schrift berichtet –, findet sich als Marginalie zu Basedows Ausführungen über die Seele ein aus dem 18. Jahrhundert stammender, handschriftlicher Eintrag „N[ota] B[ene]". Ob es allerdings Danneskiold-Samsöe war, der diese Anstreichung vorgenommen hat, oder ein anderer Zensor, muß offen bleiben.

[93] Basedow, *Theoretische Philosophie*, S. 400.
[94] Ebd., S. 401.
[95] Ebd., S. 398.
[96] Armin Basedow, *Johann Bernhard Basedow*, S. 75.
[97] Ebd.
[98] Ebd.

wichtig ihm sein Lehramt an der Ritterakademie war und daß er nicht ohne weiteres zu gehen wünsche. „Die Profession der praktischen Philosophie und schönen Wissenschaften auf der Ritterakademie des besten Königes scheint mir ein solches Amt zu sein, welches meinen Kräften und Übungen am meisten angemessen ist", schrieb Basedow, weshalb er auch „kein Amt zu erdenken" wüßte, worin er „hoffen könnte, dem Könige und Publico wahrhaftigere Dienste zu leisten".[99] So sehe er das „Lehramt in Sorö als einen solchen Posten an, dessen Vertauschung ich ohne die wichtigsten Ursachen werde nicht wünschen können".[100] Daher sei es auch sein aufrichtiges Verlangen, „ein Mitglied der Akademie zu bleiben".[101]

Daß einige seiner „philosophischen Sätze, welche ich hier vortrage und teils schon habe drucken lassen, teils dem Druck gewidmet hätte", dem Oberhofmeister „in einem solchen Grade missfallen" hätten, „dass Sie sich verpflichtet halten, den Vortrag und Druck derselben, als etwas, welches der Religion nachteilig sein könnte, [von] Amts wegen zu untersagen",[102] erfülle ihn mit „verzehrende[r] Traurigkeit".[103] Es bedrücke ihn sehr, daß es ihm nicht gelungen sei, Danneskiold-Samsöe „teils die Unschuld meiner Absicht, teils die Unschädlichkeit und Brauchbarkeit gedachter Sätze zur Ehre der geoffenbarten Religion zu zeigen".[104]

Was nun den Druck der *Theoretischen Philosophie* in Sorö betreffe, sei es ihm zwar durchaus möglich, so Basedow, „dem Gewissen Ew. Hochgräfl[ichen] Excell[enz] gehorsame Folge zu leisten".[105] Denn auch wenn dieses Opfer wegen noch bestehender Schulden – die er wegen des Drucks der *Theoretischen Philosophie* gemacht hatte[106] – sehr groß sei, wolle er „doch gerne durch Aufhebung des ferneren Drucks in Sorö zeigen", wie bereitwillig er sei, „dem Gewissen Ew. hochgräfl[ichen] Excell[enz] in allem was mir das meinige erlaubt, auch zum Schaden meiner äusserlichen Umstände untertänig auszuweichen".[107] Gänzlich unmöglich erscheine es ihm jedoch, „die Profession der Moral, welche eine der nützlichsten ist, zu versäumen".[108]

Schon allein deshalb, weil seine *Practische Philosophie* ja bereits in einer von Danneskiold-Samsöes Vorgänger unbeanstandeten Fassung veröffentlicht worden

---

[99] Johann Bernhard Basedow an Frederik Danneskiold-Samsöe, 21. November 1760, in: Carlsen, *Über Basedows Entlassung*, S. 21.

[100] Ebd., S. 22.

[101] Ebd., S. 21.

[102] Ebd., S. 22–24.

[103] Ebd., S. 22.

[104] Ebd., S. 24.

[105] Ebd.

[106] Vgl. Johann Bernhard Basedow an Andreas Peter von Bernstorff, 7. November 1760, in: Siegfried Aschner, Basedow und seine Freunde, in: *Zeitschrift für Geschichte der Erziehung und des Unterrichts* 8/9 (1918–1919), S. 133 und 135.

[107] Johann Bernhard Basedow an Frederik Danneskiold-Samsöe, 21. November 1760, in: Carlsen, *Über Basedows Entlassung*, S. 24–25.

[108] Ebd., S. 25.

war, bat Basedow den Oberhofmeister um Verständnis dafür, daß „ich also über meine gedruckte ‚Practische Philosophie' Vorlesungen halten muss".[109] So beanspruchte er für sich auch weiterhin, dasjenige, was in der *Practischen Philosophie* „gedruckt ist, vorzutragen und erklären zu dürfen, so lange die Überzeugung, womit ich die Sätze geschrieben habe, bei mir fortdauert".[110] Sollte Danneskiold-Samsöe aber auch weiterhin „befinden, dass Dieselben mir solche Sätze, die ich nach meinen – vielleicht unschuldigerweise ungegründeten – Gedanken weder verbergen noch leugnen darf, vorzutragen nicht erlauben könnten", so bitte er der Oberhofmeister wenigstens darum, ihm

> zu einem andern Amt gnädig zu verhelfen, wozu ich fähig sein könnte, und wodurch, nach einer achtjährigen getreuen und fleissigen Verwaltung des jetzigen, meiner anwachsenden Familie, welche von allem eigentümlichen Vermögen entblösst ist und mit einigen Schulden sich beschwert befindet, kein Nachteil verursacht würde.[111]

Obwohl Basedow, wie Olaf Carlsen zu Recht anmerkte, „aus Höflichkeit und Demut dem mächtigen Oberhofmeister und vornehmen Grafen gegenüber natürlich den damaligen Umgangston zwischen einem hochstehenden Edelmann und einem Bürgerlichen genau beobachtet",[112] fällt dennoch auf, wie selbstsicher der Professor in seinem Brief an Danneskiold-Samsöe agierte und argumentierte. Trotz einiger Zugeständnisse an den Oberhofmeister gab Basedow in der Sache kaum nach. Insbesondere an den Sätzen seiner *Practischen Philosophie* sowie an den ja erst am 25. Oktober 1760 angekündigten Vorlesungen „over den Practiske Philosophie"[113] hielt er mit großer Unnachgiebigkeit fest. Weil aufgrund dieser selbstbewußten Haltung Basedows wohl nicht mehr an eine erfolgversprechende Vermittlung zwischen den Positionen des Professors und des Oberhofmeisters zu denken war, kam, was aus Sicht Danneskiold-Samsöes ohnehin kommen mußte: Basedow war für den Leiter der Ritterakademie als Lehrer untragbar geworden, so daß seine Entlassung von der Lehranstalt noch in der Weihnachtszeit des Jahres 1760 erfolgte. In den Akten der Ritterakademie zu Sorö findet sich zu diesem Vorgang lediglich eine schlichte Notiz vom 2. Januar 1761, die vermerkt, daß „Professor Basedow von der Akademie abgegangen ist".[114]

Was nun noch zwischen Basedow und Danneskiold-Samsöe auszufechten blieb, beschränkte sich auf finanzielle Angelegenheiten. In einem Brief vom 23. Februar 1761 forderte Basedow vom Oberhofmeister, ihm seine „auf meine Unkosten

---

[109] Ebd.

[110] Johann Bernhard Basedow an Frederik Danneskiold-Samsöe, 21. November 1760, in: Carlsen, *Über Basedows Entlassung*, S. 25.

[111] Ebd., S. 26.

[112] Carlsen, *Über Basedows Entlassung*, S. 27.

[113] LAK, Sorø Akademi og Skole, Lektions-Protocoll, 25. Oktober 1760.

[114] „Professor Basedow fra Academiet afgaae", LAK, Sorø Akademi og Skole, Lektions-Protocoll, 2. Januar 1761.

veranstalteten Verbeßerungen" desjenigen „academischen Hauses, welches ich bisher bewohnt habe" mit „20 Rthl [zu] vergüte[n]".[115] Die von ihm zuletzt vorgenommene Verbesserungen seines Wohnhauses in Sorö, so Basedow, bestünden „in 60 jungen Bäumen im Garten, in zweyen Doppelthüren mit Beschlag und Schlößern, in einer eisernen Thüre eines von mir angelegten Backofens, in einem Lattenwerk um den Holzstall, in eisernen Schornsteinstangen, und einem eingemauerten Feuerfaße, nebst andern Kleinigkeiten".[116] Unter Anspielung auf seine durch das Druckverbot der *Theoretischen Philosophie* weiterbestehenden Schulden, schloß Basedow den Brief mit den Worten: „Wäre ich in beßern Umständen, gnädiger Graf; so würde ich mich meiner Unkosten zum Nutzen des künftigen Bewohners mit Vergnügen erinnern, ohne einmal den Versuch zu machen, ob ein Theil davon ersetzt werden könne".[117]

Mit seiner Zahlungsanweisung an Basedow vom 12. März 1761[118] zog Danneskiold-Samsöe dann den endgültigen Schlußstrich unter das Kapitel eines immerhin acht Jahre währenden Wirkens des Professors an der Ritterakademie zu Sorö. Zur von Danneskiold-Samsöe so rasch und unnachgiebig betriebenen Entlassung Basedows merkte Eaton zu Beginn des 20. Jahrhunderts bedauernd an: „Had Basedow met with a more favourable reception at Sorö, and had he found a more tolerant and more widely intelligent audience in Denmark, he might have made that country a focus for new and important educational ideas".[119] Und auch Carlsen befand: „Bei Basedows Entlassung von Sorö erlitt ohne Zweifel die dänische pädagogische Welt einen Verlust".[120] Tatsächlich aber blieb Basedow dank der dänischen Regierung und der Einflußnahme Moltkes und Bernstorffs dem dänischen Gesamtstaat erhalten, wenn auch nicht auf Seeland, so doch im dänischen Herrschaftsgebiet Schleswig-Holsteins. Denn Basedow, so erfuhr die Leitung der Ritterakademie erst durch dessen eigene „Communication", war bereits unmittelbar nach seiner Entlassung von Sorö im Januar 1761 „ans Altonaische Gymnasium versetzt"[121] worden.

---

[115] RK, Sorø Academies Oeconomie Regnskab 1760–1761, Betienternes Qwitungen Nr. 36a und 36b, Johann Bernhard Basedow an Frederik Danneskiold-Samsöe, 23. Februar 1761.

[116] Ebd.

[117] Ebd.

[118] „Saa maae Academiets Inspector hojædle og Velbyrdge Hr. Justits-Raad Kraft af Academiets Cassa udbetale bemældte Hr: Professor Basedow = 20 rth, som i Regnskabet til Udgift passerer hvorimod det i hosfolgende hans skrivelse Specificerte, bliver ved Stædet, som inventarium at anføre. Soröe Academie den 12 Mart. 1761. FDanneskioldSamsöe", RK, Sorø Academies Oeconomie Regnskab 1760–1761, Betienternes Qwitungen Nr. 36.

[119] Eaton, *The German Influence*, S. 147.

[120] Carlsen, *Über Basedows Entlassung*, S. 46.

[121] „er forflyktet til det Altonaische Gymnasium", LAK, Sorø Akademi og Skole, Lektions-Protocoll, 2. Januar 1761.

1.3. Basedows Versetzung nach Altona und Johan Melchior Goezes Kritik seines philanthropischen Religionsunterrichts

Wie aus der Bestallungsurkunde „für den Professor Johann Bernhard Basedow als Professor moralium bei dem Gymnasium zu Altona" vom 19. Januar 1761 hervorgeht,[122] war es vor allem der Minister Bernstorff, der Basedows Versetzung nach Altona betrieben hatte. Nur wenige Tage nachdem dessen Entlassung von der Ritterakademie zu Sorö von Danneskiold-Samsöe verfügt worden war, versuchte Bernstorff nämlich die für Basedow höchst unehrenhafte Dimission nachgerade in einen Karriere*aufstieg* des Professors umzuwandeln. Schon am 13. Januar 1761 ordnete Bernstorff an, daß „der Professor Basedow zu Soröe, mit Beybehaltung seines Rangs" nach Altona versetzt werden solle, „[d]a es für das Altonaische Gymnasium von besonderem Nutzen seyn würde, wenn daselbst ein ordentlicher Professor Moralium bestellet werden mögte".[123] Mit Basedows Versetzung nach Altona sei somit eine bedeutsame „Verbesserung des dortigen Gymnasii" zu erwarten, zumal die dänische Regierung „zu der Geschicklichkeit, der Treue und dem Fleiß dieses Mannes ein großes Zutraun billig hab[e]".[124]

Basedows Wechsel von Sorö nach Altona wurde also von Bernstorff zum einen ausdrücklich als Lohn für die bisherige gute und treue Arbeit des Professors gedeutet, zum anderen aber auch als neue Herausforderung beschrieben. Immerhin waren die neuen Lehraufgaben am Altonaer Gymnasium für Basedow mindestens so anspruchsvoll wie seine vormaligen Verpflichtungen in Sorö. Das 1738 unter der Regierung Christians VI. als königliches „Christianeum" gegründete Gymnasium zu Altona hatte nämlich – ganz wie die Ritterakademie zu Sorö – die Funktion einer Art ‚Ersatzuniversität'. Im deutschen Herrschaftsbereich des dänischen Königs gab es nämlich in der Mitte des 18. Jahrhunderts noch keine Universität, da Kiel zum Herzoglich Gottorfschen Anteil von Holstein gehörte. „Wollte man also die Deutschen aus den Kgl. Dänischen Landen am Besuch der Kieler Universität hindern", um sie als Beamte für die dänische Krone zu gewinnen, „so mußte man ihnen, wenigstens für die ersten Jahre des Studiums, einen Ersatz schaffen".[125] So entstand das Gymnasium Christianeum in dem seit 1640 zum dänischen Gesamtstaat gehörenden Altona aus dem dynastischen Gegensatz, der erst 1773 durch die Vereinigung des Gottorfer Anteils mit dem königlichen beendet wurde.

---

[122] LAS, Deutsche Kanzlei Abt. 65.2, Nr. 603 II, Bestallung für den Professoren Johann Bernhard Basedow als Professor moralium bei dem Gymnasium zu Altona 1761.

[123] Ebd.

[124] Ebd.

[125] Heinz Schröder (Hg.), *200 Jahre Christianeum zu Altona 1738–1938*. Festschrift zur Zweihundertjahrfeier des Christianeums in Hamburg-Altona. Hamburg 1938, S. 17. Zur Geschichte des Christianeums von 1738 bis 1771 vgl. auch Georg Heß, *Übersicht über die Geschichte des königlichen Gymnasiums zu Altona*. Festschrift zur Feier des 150-jährigen Bestehens der Anstalt. Altona 1888, bes. S. 1–14.

Basedows Wechsel ans Gymnasium zu Altona kam also keinesfalls einer – von Danneskiold-Samsöe gewünschten – Degradierung gleich. Stattdessen wurde ihm in Altona die Fortsetzung seines pädagogischen Wirkens unter grundsätzlich gleichen, teilweise sogar verbesserten Bedingungen ermöglicht. Nicht nur den Rang eines Professors durfte er behalten, auch „die 200 Rthl: so er von der Academie zu Soröe bisher genossen", sollten ihm laut Bernstorffs Anordnung vom 24. Januar 1761 als Jahresgehalt so lange weiter gezahlt werden, „bis er anderweitig versorgt werden könne".[126] Einige Monate später verfügte Friedrich V. auf Bernstorffs Empfehlung sogar, daß Basedow

> von den Conferentzen der Professorum, vom Secretariat, vom Directorat, und andern solchen Verrichtungen gänzlich befreyet seyn, und blos seine Collegia in den ihm vorzuschreibenden Lehrstunden ohne weitern Einführung in das Collegium professorium mit einer öffentlichen Rede anzufangen schuldig seyn solle.[127]

Diese öffentliche Rede, seine Antrittsvorlesung, hielt Basedow dann am 7. Oktober 1761. Wiewohl er bereits im Januar zum Professor bestallt worden war, konnte er, wie er Bernstorff schrieb, sein neues Amt „wegen Einrichtung des Gymnasii vor Michälis [also am 29. September, J.O.] nicht antreten".[128] So zog er auch erst im Frühsommer 1761 mit seiner Familie von Sorö nach Altona. In seiner Antrittsvorlesung nun wiederholte er vor allem seine zuvor schon mehrmals geäußerte Überzeugung, daß eine gute philosophische Schulung auch bei der Interpretation der Heiligen Schrift und bei der Hinführung zum Glauben unverzichtbare Dienste leisten könne und solle.[129] Bemerkenswert ist, daß Basedow in dieser Rede aber auch schon auf geheime Neider hinweisen mußte, die sich seinem Wirken in Altona entgegengestellt hatten, weil er trotz seines stattlichen Gehalts von vielen dienstlichen Verpflichtungen befreit war. Demnach kursierten am Christianeum „insidiosi quorundam rumusculi, qui dictitant, non esse mihi propositum, huius cathedrae officiis strenue perfungi, sed Canonicorum papalium more publica beneficia per inglorium otium consumere".[130]

---

[126] LAS, Deutsche Kanzlei Abt. 65.2, Nr. 603 II., S. 7.
[127] LAS, Schulsachen – Gelehrtenschulen – Altonaer Gymnasium [603: Lehrer am Gymnasio bis 1772 (Convolut1)], Teil D.
[128] LAS, Schulsachen – Gelehrtenschulen – Altonaer Gymnasium [603: Lehrer am Gymnasio bis 1771 (Convolut 1)], Teil D, *Resolution für den Professorem moralium bei dem Altonaischen Gymnasio Johann Bernhard Basedow.*
[129] Vgl. Armin Basedow, *Johann Bernhard Basedow*, S. 81. Die Antrittsvorlesung trägt den Titel: Johann Bernhard Basedow, *Oratio auspicalis, de variis gravissimis circa axiomata moralia quaestionibus: die VII octobris 1761 Altonae habita.* Altona 1761. Armin Basedow konnte „ein Exemplar dieser ‚nur zum Privatgebrauche einigemal gedruckten' und bisher wohl ganz unbekannt gebliebenen Schrift" (Armin Basedow, *Johann Bernhard Basedow*, S. 38) in der Bibliothek des Christianeums zu Altona einsehen. Ein Exemplar der Vorlesung befindet sich in der Staats- und Universitätsbibliothek Hamburg.
[130] Armin Basedow, *Johann Bernhard Basedow*, S. 81.

Wer der Urheber dieser üblen Nachrede war, konnte Basedow nicht ermitteln, doch ist, wie Armin Basedow folgert, „die Vermutung nicht von der Hand zu weisen, daß der durch die Berufung Basedows am ehesten benachteiligte Professor [Gottfried] Profe die Quelle der Gerüchte war".[131] Immerhin hatte sich der Altonaer Philosophieprofessor Gottfried Profe bereits im Februar 1761, also kurz nach Bekanntwerden der Versetzung Basedows ans Christianeum, mit besorgten Worten an den Minister Bernstorff gewandt, um zu ermitteln, ob der neue Professor der Moral für ihn möglicherweise eine gefährliche Konkurrenz darstelle. Schließlich habe er doch bisher auch „als Professor der Philosophie auch die Moral publice und privatim gelehret, auch zum Behülf dieser moralischen Lectionen vor einigen Jahren Institutiones Philosophiae moralis abdrucken lassen".[132] Zwar suchte Bernstorff Profe mit den Worten zu beruhigen, „diese Arbeit" dürfe „jetzt, weil der H. Basedow zum ordentl. Professore Moralium daselbst bestallet worden, keineswegs eingehen, sondern kann, nach wie vor, von Ihnen ungehindert fortgesetzt werden".[133] Ob diese Versicherung den Professor Profe aber wirklich besänftigte, muß dahingestellt bleiben.

Öffentlich wurden in Altona jedoch zunächst keine Ressentiments gegen Basedow vorgetragen. So konnte der neue Professor der Moral seine Vorlesungen auch ungehindert und mit großem Selbstvertrauen aufnehmen, wobei er in den ersten Jahren seines Wirkens immer wieder seine „Philosophiam practicam" den eigenen „praelectionibus supponere consuevit".[134] Aber auch Probleme der Theologie und der Religion besprach er am Christianeum. So kündigte er bereits 1762 im Vorlesungsverzeichnis ein Privatissimum über Hugo Grotius' Traktat von der Wahrheit der christlichen Religion an,[135] in dem er sehr wahrscheinlich philosophische Argumente zur Verteidigung der Religion sowie mögliche Wege zur Einheit der Konfessionen erörtert haben wird.

Neben seiner Vorlesungstätigkeit befaßte sich Basedow in Altona aber auch ganz grundsätzlich mit der Frage der Verbesserung des öffentlichen Schulwesens im dänischen Gesamtstaat. In einer Rede anläßlich des Geburtstags des dänischen Königs im März 1762 plädierte er beispielsweise dafür, daß sich „zur Beförderung des gemeinen Bestens" neben den bereits bestehenden staatlichen Unternehmungen auch „Privatgesellschaften" konstituieren müßten, die sich der „Besserung der

---

[131] Ebd.

[132] LAS, Schulsachen – Gelehrtenschulen – Altonaer Gymnasium [603: Lehrer am Gymnasio bis 1772 (Convolut 1)], Teil C. Gymnasium, 3. Februar 1761.

[133] LAS, Schulsachen – Gelehrtenschulen – Altonaer Gymnasium [603: Lehrer am Gymnasio bis 1772 (Convolut 1)], Teil C. Gymnasium, 21. Februar 1761.

[134] Index Recitationum [...] Altona 1763, 1765 und 1766, in: *Opuscula Nonnulla Professorum Christianei*, Vol. 9, Varia 1759–1766.

[135] Index Recitationum [...] Altona 1762, in: *Opuscula Nonnulla Professorum Christianei*, Vol. 9 Varia 1759–1766.

Schulen, Gymnasein, [und] Academien" widmen sollten.[136] Im November 1763 verfertigte er dann für Bernstorff einen Plan zu einer sehr weitreichenden Reform des Christianeums. In diesem Papier forderte Basedow neben einer zentralen Schulkommission in Kopenhagen, die von Bernstorff, ihm selbst, dem Hofprediger Cramer und dem Soröer Professor Sneedorff geleitet werden sollte, auch eine Musterschule in Altona, welche er – im Verbund mit einem Internat – als Armen-, Real- und Gelehrtenschule konzipierte.[137] In dieser Musterschule sollten selbständiges Denken, Menschenfreundschaft und Toleranz als Leitwerte einer aufgeklärten Gesellschaft vermittelt werden, also eben jene Ideale, die Basedow mit wohlwollender Unterstützung der dänischen Regierung gemeinsam mit Cramer im zurückliegenden Jahrzehnt auf Seeland entwickelt hatte. „[N]othwendig in das Cabinett einer guten Schule" gehörten seiner Ansicht nach aber auch „Bilder, Kupferstiche, Instrumente und andere Nachahmungen der natürlichen Körper", wodurch man „die Schüler auf die sinnlichste und nützlichste Art belehren" könne und zwar „zum Vergnügen der Kinder".[138]

Obwohl Basedows Plan sehr detailliert war, blieb er fürs erste unausgeführt. Möglicherweise wollte Bernstorff zunächst abwarten, welche Wirkung Basedows neueste pädagogische Schriften in Altona haben würden. Noch 1763 verfaßte Basedow eine ausführliche Einleitung in die Arithmetik „zur Beförderung des guten Unterrichts in den Schulen".[139] An der Schwelle des Jahres 1764 erschien seine *Philalethie*,[140] eine ihrem Inhalt nach der *Theoretischen Philosophie* ganz ähnliche Einleitung in die Philosophie, die sich jedoch durch die noch zugespitztere Wiederholung seiner schon in der *Practischen Philosophie* geäußerten Toleranzforde-

---

[136] Johann Bernhard Basedow, *Rede Am 39sten Geburtsfeste Seiner Königl. Majestät Friedrich des Fünften des gekrönten Menschen Freundes u. Patrioten, den 31 Märtz 1762, von der christlichen und patriotischen Redlichkeit, auf dem Königl. Gymnasio in Altona gehalten*, S. 67, KoBK, NKS 254, 8°.

[137] Dazu im Zusammenhang mit anderen Reformvorstellungen jener Jahre Kopitzsch, *Reformversuche*. Basedows Plan befindet sich im LAS, Abt. 65.2, Nr. 604 Christianeum. Rectores des Pädagogii 1750–1767, *Von dem Gymnasio der Schule und dem Rectorate in Altona am ... Nov. 1763*, darin: Johann Bernhard Basedow, *Einige Gedanken über des Herrn Rectors Baden in Altona zwey Memoriale am 4ten Novbr. 1763, wegen des Gymnasiums, der Schule und des Rectorats auf gnädigen Befehl unterthänigst aufgesetzt*, S. 3–8.

[138] LAS, Schleswig, Abt. 65.2, Nr. 604 Christianeum. Rectoren des Pädagogii 1750–1767, *Von dem Gymnasio der Schule und dem Rectorate in Altona am ... Nov. 1763*, darin: Johann Bernhard Basedow, *Einige Gedanken über des Herrn Rectors Baden in Altona zwey Memoriale am 4ten Novbr. 1763, wegen des Gymnasiums, der Schule und des Rectorats auf gnädigen Befehl unterthänigst aufgesetzt*, § 3.

[139] Johann Bernhard Basedow, *Überzeugende Methode der auf das bürgerliche Leben angewandten Arithmetik, zum Vergnügen der Nachdenkenden und zur Beförderung des guten Unterrichts in den Schulen*. Altona 1763.

[140] Dieses dickleibige, zweibändige Werke wurde von Basedow bereits zur Michaelismesse im Herbst 1763 vorgelegt. Es erschien jedoch erst im Januar 1764 im Verlag von David Iversen in Altona.

rung auszeichnete.[141] Im März 1764 veröffentlichte er dann endlich seinen schon 1758 angekündigten *Methodischen Unterricht der Jugend in der Religion und Sittenlehre der Vernunft*.[142] In diesem *Methodischen Unterricht*, dem er als Motto die Aufforderung ‚Denket selbst‘ voranstellte, wollte Basedow vor allem eine religiös begründete Sittenlehre vorstellen, die für alle christlichen Konfessionen in gleichem Maße brauchbar sein würde,[143] die letzlich aber „auch die außerchristlichen Religionen"[144] miteinbezog. Insofern war diese Schrift eine Aufforderung zum gegenseitigen Respekt der Religionen und damit eine Fortentwicklung seiner bisherigen Texte zum Problem der religiösen Toleranz.

Grundlage eines solchen zur Vernunft und Toleranz erziehenden Religionsunterrichts, so Basedow, durfte nun keinesfalls das traditionelle „Herstammeln unverstandener Worte"[145] sein, wozu er sowohl das Memorieren ungereimter Religionssätze zählte wie auch das bloß rituelle Händefalten und Beten der Kinder. „Kaum kann der entwöhnte Säugling stammeln", klagte Basedow, „so lehrt man ihn auch mit gebrochener Stimme Gebete hersagen, deren Bedeutung nicht verstanden werden kann, ohne zuvor in den tieffsten Geheimnissen des Christenthums unterwiesen zu seyn",[146] so daß „Wahrheiten und Irrthümer" auf „gleiche Art eingepfropft" würden.[147]

Stattdessen sollten vernünftige „Gespräche mit den Kindern"[148] über die Religion und deren moralische Bedeutung einen Zugang zu den wichtigsten bürgerlichen Moral- und Tugendlehren vermitteln. So mache sich der Lehrer „zuvor selbst durch Lesen und Nachdenken mit dem zweckmäßig geordneten Inhalte" derjenigen religiösen und ethischen Wahrheiten bekannt, die er seinem Zögling vermitteln wolle, rede davon mit ihm und untersuche dann „durch selbstgewählte Fragen, wie weit sein Schüler ihn verstanden habe".[149] Bei dieser dialogischen Unterrichtsmethode sei immer die Auffassungsgabe des Schülers, niemals aber die Erwartungshaltung des Lehrers Maßgabe für den Aufbau des Stundenplans.

Wohl wissend, daß seine Vorschläge zur Verbesserung des traditionellen Religionsunterrichts bei orthodoxen Lutheranern auf wenig Gegenliebe stoßen würden, unterstrich Basedow in seinem *Methodischen Unterricht*, daß die Bibel „die ein-

---

[141] Vgl. z.B. „Ein Staat, als Staat betrachtet, handelt klug und gerecht, alle politisch guten Religionen neben einander zu dulden" (Basedow, *Philalethie*, S. 404).

[142] Johann Bernhard Basedow, *Methodischer Unterricht der Jugend in der Religion und Sittenlehre der Vernunft*. 2 Bde. Altona 1764.

[143] Basedow, *Methodischer Unterricht*, S. XLVI.

[144] Otto Brunken, Basedows Methodischer Unterricht, in: Theodor Brüggemann und Hans-Heino Ewers (Hg.), *Handbuch zur Kinder- und Jugendliteratur. Von 1750 bis 1800*. Stuttgart 1982, S. 706.

[145] Basedow, *Methodischer Unterricht*, Bd. 1, S. XLII.

[146] Ebd., S. IV.

[147] Ebd., S. XI.

[148] Ebd.

[149] Ebd.

zige Richtschnur"[150] seiner Erziehungslehre sei. Als „freygläubige[r] Christ" und „Schriftsteller in der Religion" sei er jedoch gehalten, seiner eigenen „wahren oder vermeinten Einsicht in die heilige Schrift" im Urteilen über diese Dinge zu folgen, möge seine Auffassung vom Religionsunterricht auch „dieser oder jener Kirche orthodox oder paradox und ketzerisch scheinen".[151] Gerade als Lutheraner würde er ja „den symbolischen Büchern derjenigen Kirche, zu der er sich bisher gehalten hat, nicht aus blinder Ehrerbietung"[152] glauben, sondern unter Zuhilfenahme des Verstandes und auf der Grundlage eines freien Gewissens.

Doch trotz dieser lebhaften Hinweise auf sein lauteres Luthertum und die biblischen Fundamente seiner Religionspädagogik entsprachen auch seine neuesten Vorschläge zur Reform des Religionsunterrichts bei weitem nicht den Vorstellungen führender Repräsentanten der lutherischen Orthodoxie. Die Kritik an seinen religionspädagogischen Vorstellungen von 1764 entsprang jedoch diesmal nicht dem Kreis seiner Schulkollegen in Altona oder gar der Schulleitung des Christianeums, sondern dem Kollegium der lutherischen Geistlichen in der benachbarten Hansestadt Hamburg. Kurz nach dem Erscheinen des *Methodischen Unterrichts* begannen die Pastoren des Hamburger Geistlichen Ministeriums gegen das Werk mit allen ihnen zur Verfügung stehenden Mitteln zu opponieren.

Insbesondere der als Senior des Geistlichen Ministeriums amtierende Hamburger Hauptpastor Johan Melchior Goeze versuchte mit Beginn des Jahres 1764 die Verbreitung der neuesten Schriften Basedows zu unterdrücken und ihren Verfasser zu verunglimpfen. Goeze, der zwischen 1734 und 1738 in Jena und Halle Theologie, Mathematik und Physik studiert hatte, war zunächst in Aschersleben und Magdeburg Prediger gewesen, bevor ihm im Juni 1755 das Hauptpastorat an St. Katharinen in Hamburg angeboten wurde.[153] Schon bald nach seinem Amtsantritt an dieser Kirche im November 1755 wurde er „zu einem sehr selbstbewußten, gelegentlich selbstherrlichen Hauptpastor",[154] der sich in die vom preußischen Magdeburg so verschiedenen Verhältnisse der Stadtrepublik schnell einlebte. Seit 1760 fungierte er dann, als nunmehr dienstältester Hauptpastor der Hansestadt,

---

[150] Basedow, *Methodischer Unterricht*, Bd. 2, S. 44.

[151] Ebd., S. 45.

[152] Ebd.

[153] Goeze, der heute fast nur noch als Gegenspieler Lessings bekannt ist, hatte zu seiner Zeit als einer der führenden, durchaus einflußreichen Vertreter der lutherischen Orthodoxie in Deutschland einen großen Bekanntheitsgrad. Über sein Leben und Wirken geben folgende Schriften gute Auskunft: Georg Heinrich Röpe, *Johan Melchior Goeze*. Eine Rettung. Hamburg 1860; Heimo Reinitzer (Hg.), *Johann Melchior Goeze 1717–1786*. Abhandlungen und Vorträge (Vestigia Bibliae, 8), mit Beiträgen von Hans-Otto Wölber, Peter Stolt, Bernhard Lohse, Georg Syamken, Rose-Marie Hurlebusch. Hamburg 1986; William Boehart, *Politik und Religion*. Studien zum Fragmentenstreit (Reimarus, Goeze, Lessing). Schwarzenbek 1988; Franklin Kopitzsch, Politische Orthodoxie. Johan Melchior Goeze 1717–1786, in: Friedrich Wilhelm Graf (Hg.), *Profile des neuzeitlichen Protestantismus*, Bd. 1, Aufklärung, Idealismus, Vormärz. Gütersloh 1990, S. 72–85.

[154] Kopitzsch, *Politische Orthodoxie*, S. 73.

auch als Senior des Hamburger Geistlichen Ministeriums, der Vollversammlung aller Prediger und Pastoren der Stadt.

Da Goeze als Leiter des Geistlichen Ministeriums die Kirchenaufsicht und -verwaltung der Stadt Hamburg zu organisieren hatte, mußten ihm Schriften, die eine einschneidende Veränderung des geistlichen Lebens der Hansestadt provozierten, schon von Amts wegen interessieren. So forderten auch Basedows im *Methodischen Unterricht* geäußerte Ansichten zur Reform des traditionellen Religionsunterrichts eine deutliche Stellungnahme Goezes geradezu heraus. Denn auch wenn Basedow seine Schriften im dänischen Altona veröffentlicht hatte und mit seinen Vorschlägen zunächst auf eine Veränderung des Schulwesens im dänischen Gesamtstaat zielte, blieb die Lektüre seiner Bücher doch nicht ohne Einfluß auf die an Erziehungsfragen interessierten Bürger Hamburgs. „Wenn der Herr Professor [B]asedow" nun „Beyfal u[nd] Glauben" auch „bey unsern Gemeinen findet", sorgte sich deshalb Goeze, wer wird dann zukünftig in Hamburg „seine Kinder in die Catechisation schicken"?[155] „Dann wenn die Basedowischen Phantaseyn, von der Erziehung der Kinder zur Religion, Grund haben, und ferner ungehindert ausgebreitet werden", wie er sarkastisch hinzufügte, so „müßten wir zugleich bitten, die Kirchthüre mit Wachen zu besetzen, damit keine Kinder", die einer Predigt noch nicht folgen könnten, „hineingelassen würden, u[nd] zu ihrem größesten Schaden den Nahmen des Erlösers nennen hörten".[156]

Als Senior des Geistlichen Ministeriums machte Goeze seine Hamburger Amtsbrüder deshalb gleich in mehreren Missiven auf Basedows „Methodischen Unterricht" aufmerksam.[157] In einem Missiv vom März 1764 forderte Goeze, daß gegen Basedow etwas unternommen werden müsse, da dieser nicht allein „die Symbol[ischen] Bücher unsrer Kirche" den Menschen „verächtlich u[nd] verhast gemacht" habe, „sondern auch eine Art die Kinder zu unterweisen"[158] favorisiere, die allem Herkommen widerspreche. Goeze kritisierte, daß gemäß Basedows Vorgaben ein jedes Kind „bis in das 12. Jahr" mit dem „größesten Fleiße in der Unwißenheit der Grundlagen der christ[lichen] Religion erhalten werden" solle und

---

[155] StAH, 511-1,Bd.1, Ministerium (Ministerial-Archiv) III A 1 v, S. 196. Daß Basedows Prinzipien des Religionsunterrichts in Hamburg Anklang fanden, geht auch aus einem zu dieser Zeit vom Hauptpastor der Hamburger Nikolaikirche, Johann Dietrich Winckler, verfaßten Brief an Johann Christian Bartholomäi vom 31. März 1764 hervor, in dem es heißt: „Die geringen Leute sogar lassen sich schon öfters verlauten, sie wollten ihre Kinder nicht mehr beten und lesen lernen lassen, da ein so gelehrter Mann öffentlich bewiesen habe, daß es nicht gut und nötig sei", in Theodor Wotschke (Hg.), Johann Dietrich Wincklers Briefe an Johann Christian Bartholomäi und Christian Wilhelm Schneider, in: *Zeitschrift des Vereins für Hamburgische Geschichte* 37 (1938), S. 42.

[156] Ebd.

[157] Zu Goeze Angriffen gegen Basedow vgl. Boehart, *Politik und Religion*, S. 180–194.

[158] StAH, 511-1 Bd. 1, Ministerium (Ministerial-Archiv) III A 1 v, *Missiv Johan Melchior Goezes an seine Amtskollegen vom März 1764*, S. 197.

„nicht eher das Vater unser beten lernen" dürfe, „bis es solches verstehet".[159] Wer jedoch „den Eigenwill und die Begierden der Kinder, so lange will verwildern" lassen, könne später nur noch „in Dornen greifen, deren Stacheln schon hart und steif sind".[160]

Ganz offensichtlich waren aber nicht alle Prediger der Hansestadt mit Goezes harscher Bewertung der Schriften Basedows einverstanden, da sich der Senior genötigt fühlte, seine Kollegen in einem Missiv vom 6. Mai 1764 wegen dieser Sache nochmals zur Einigkeit aufzurufen: „Ich habe in den vorigen Mißiven bemerkt, daß einige Membra R[everendi] M[inisterii] in diesen Fragen anderer Meinung sind. Ich bin aber überzeugt, daß der Grund allein darin liegt, weil sie noch nicht gründlich die Sache gedacht haben".[161] Insbesondere der Prediger Julius Gustav Alberti, der wie Goeze an St. Katharinen wirkte – wohin er 1755 übrigens durch die Fürsprache des Kopenhagener Hofpredigers Cramer vermittelt worden war[162] – schien sich nicht zu einem Vorgehen gegen Basedow entschließen zu können. Nicht zuletzt weil Basedow in der *Philalethie* von seiner „zärtlichsten Freundschaft"[163] zu Alberti berichtet hatte, war es aber für Goeze zwingend geboten, daß gerade dieser Kollege sich entschieden gegen Basedow stellte. Nur sehr unwillig gab Alberti Goezes Druck nach, als er schließlich feststellte, Basedow „sei ein Irrender, aber eigentlich kein Verführer, denn er mißbrauche seine Irrthümer nicht".[164] Dieser nur außerordentlich vorsichtige Tadel provozierte wiederum eine deutliche Reaktion Goezes. Basedow sei sehr wohl ein Verführer, weil er „ganz aus Überzeugung" die Gemeinde irrezuleiten suche.[165] Ein nur Irrender handele ohne Einsicht. Basedow hingegen bemühe sich mit Überzeugung die orthodoxe Lehre durch seine falsche Doktrin zu ersetzen, weshalb ihm keine Toleranz entgegengebracht werden dürfe.

Nachdem Goeze seine Amtsbrüder mit großer Unnachgiebigkeit auf seinen Kurs verpflichtet hatte, ging er dazu über, auch beim Hamburger Senat Stimmung gegen den Altonaer Professor zu machen, und dies ganz offensichtlich auch mit Erfolg. Eindeutig gegen Basedow gerichtet war nämlich die Senatsverordnung von 1764, mit der das Lesen und Verbreiten aller Schriften untersagt wurde,

> worinn die Ehrfurcht gegen die Religion verletzet, allerley Secten und Schwärmereyen Thür und Thor geöffnet, auch die, nach Maaßgabe der heil. Schrift, und der von den gottseeligen Vorfahren angenommenen symbolischen Bücher, durch die Grundsätze der Stadt eingeführte Lehre, und darauf gebaute Kirchen-Verfassung, untergraben wird.[166]

---

[159] Ebd., S. 229.

[160] Ebd.

[161] StAH, 511-1 Bd. 1, Ministerium (Ministerial-Archiv) III A 1 v , 6. Mai 1764.

[162] Vgl. Boehart, *Politik und Religion*, S. 173.

[163] Basedow, *Philalethie*, S. 297.

[164] StAH, 511-1 Bd. 1, Ministerium (Ministerial-Archiv) III A 1 v, 29. Juni 1764.

[165] StAH, 511-1 Bd. 1, Ministerium (Ministerial-Archiv) III A 1 v, 10. Juli 1764.

[166] Klefeker, *Sammlung*, Bd. 12, 1773, S. 433.

Um Basedows verderblichem Einfluß aber möglichst dauerhaft Einhalt zu gebieten, sollten vor allem auch die lutherisch-orthodoxen Prediger Altonas – die in den Sitzungen des Geistlichen Ministeriums als „unsere Männer aus dem geistlichen Orden dänischen Gebietes"[167] bezeichnet wurden – dazu aufgerufen werden, die Bürger Altonas und insbesondere die Eltern der Gymnasiasten des Christianeums von den verheerenden Folgen des *Methodischen Unterrichts* in Kenntnis zu setzen. Die Schulakten des Christianeums belegen, daß „[d]ie Prediger" Altonas denn auch tatsächlich ab Mitte der 1760er Jahre begannen den „Aeltern ab[zu]rathen", ihre „Kinder in ein Gymnasium zuschicken, wo ein öffentlicher Lehrer, ihrem Vorgeben nach, heterodoxe Sätze lehrete".[168] Einzelne Eltern attackierten Basedows Unterrichtsmethoden daraufhin auch in Eingaben an die Schulleitung.[169]

Wiewohl bereits diese Angriffe gegen Basedow sehr arg waren, sollten sogar noch schlimmere Sanktionen und Attacken folgen. Nicht nur wurde Basedow samt seiner Familie von dem Altonaer Propst Johann Gotthilf Reichenbach vom lutherischen Abendmahl ausgeschlossen – wodurch über den Verfasser des *Methodischen Unterrichts* gleichsam der geistliche und weltliche Bann verhängt wurde –, auch sein Haus wurde einmal vom Mob aufgebrachter Altonaer Schustergesellen angegriffen.[170] Wer die Altonaer Handwerker zu diesem üblen Hausfriedensbruch angestiftet haben mag, ist unklar, doch immerhin machte Alberti Goeze für die unverhältnismäßig heftigen Reaktionen gegen die Person Basedows mitverantwortlich, da der Senior des Geistlichen Ministeriums einmal am Ende einer seiner Predigten über den Altonaer Professor gesagt habe: „Den Kerl muß man steinigen".[171]

Nicht einmal vier Jahre nach seiner Entlassung von der Ritterakademie zu Sorö und dem anschließenden hoffnungsvollen Neubeginn in Altona befand sich Basedow aufgrund des rigorosen Vorgehens des Seniors Goeze nun in größeren Nöten als je zuvor. Daß es Basedow „gar nicht um eine Zerstörung des Glaubens zu tun war, sondern um eine Reinigung seiner Fundamente durch die Trennung von allen nebensächlichen Zusätzen",[172] war Goeze zu keinem Zeitpunkt bewußt. Noch viel

---

[167] StAH, 511-1, Bd. 1, Ministerium (Ministerial-Archiv) III A 1 v, *Missiv Johan Melchior Goezes an seine Amtskollegen vom März 1764*, S. 197.

[168] AC, M 36, Paul Christian Henrici, *Anzeige der Ursachen, warum die Frequenz bey dem akad. Gymnasio und dem Paedagogio zu Altona abgenommen, 24. März 1768*, § 6.

[169] Vgl. AC, M 7, *Aktenvorgang zu den Anklagen des reformierten Predigers Fielbaum gegen Basedow*.

[170] Vgl. Basedow, *Hauptprobe*, S. 151–156.

[171] Vgl. Boehart, *Politik und Religion*, S. 192. Vgl. in diesem Zusammenhang auch Boehart, *Politik und Religion*, S. 199: „[D]as Beharren auf Rechtgläubigkeit schuf bei den Pastoren sowie im Volk eine Atmosphäre des Verdachts innerhalb der eigenen Kirche. Der Schrei nach dem ‚Verräter' war ein sicheres und oft benutztes Mittel, um die Ängste des ‚Pöbels' zu mobilisieren. Es war den orthodoxen Hamburger Pastoren, deren Erbe Goeze antrat, mehrmals gelungen, die soziale Unzufriedenheit der mittleren und niedrigen Schichten für die ‚gute Sache der wahren Religion' zu gewinnen".

[172] Kopitzsch, *Grundzüge*, S. 459.

weniger war der Hauptpastor bereit, Basedow zumindest eine ‚gute Absicht' beim Entwurf seiner Religionspädagogik zu unterstellen, was Lessing mit Blick auf das Ideal der Erziehung zur Toleranz doch immerhin getan hatte.[173] Um in dieser für ihn beklemmenden Situation überhaupt weiterarbeiten zu können, bedurfte Basedow nun einer „Zuversicht", die ihm, wie er glaubte, einzig und allein noch „die bekannte Weisheit der dänischen Regierung" geben konnte, von der er jetzt hoffte,

> dass sie sich nicht werde von meinen Gegnern bewegen lassen, mich zu einem philosophischen Lehramte deswegen für untüchtig zu halten, oder meinen Schriften deswegen die Erlaubniss des Druckes zu versagen, weil ich mich von meinem Gewissen gedrungen sehe, einige zufälligerweise authorisirte Kirchenlehren, mit christlicher Bescheidenheit und Anständigkeit zu untersuchen und zu widerlegen; besonders da wohl niemand abrathen wird, so gar den Büchern anderer Religions-Verwandten bey uns den Verkauf zuzulassen, welcher mit dem Drucke gleiche Wirkung hat. Diejenige Regierung, welche einen reformirten Professor der schönen Wissenschaften besoldet, hat gewiss auch das Recht einen Professor der Philosophie zu besolden, von dem es durch bescheidene Schriften bekannt wird, dass er einige Methoden und Lehren des Luthertums nicht billigt.[174]

2. Ermutigung: Freunde und Förderer des Philanthropismus

2.1. Bernstorff, Moltke und Sneedorff

Wie sehr die für ihn und seine Familie bedrückenden Auswirkungen der „entsetzlich feindselige[n]" Angriffe des „Herr[n] Goeze"[175] Basedow zu schaffen machten, belegen vor allem seine Hilferufe an den Minister Bernstorff, in denen er diesem „aus der Fülle meines Herzens"[176] von seinen Ängsten berichtete: „Was ich am meisten fürchte", schrieb der Altonaer Professor im Sommer 1764, „ist (ach Gott wende es ab!) eine Verrückung meiner Verstandes-Kräfte".[177] Diese Befürchtung, unterstrich Basedow, sei sicherlich nicht bloß „hypochondrischer Schwermuth"[178] geschuldet, sondern den schlimmen Umständen, in denen er sich zur Zeit in Altona befinde. „Meine Kränklichkeit", so Basedow, gründe sich nämlich „in

---

[173] *Literaturbriefe*, 12. Juni 1760, S. 968.

[174] RK, Privatarkiv 5129, Bernstorff-Wotersen, Breve til J.H.E. Bernstorff fra Johann Bernhard Basedow (1763–1770), Untertanigstes Pro=Memoria in Amtssachen, Johann Bernhard Basedow an Johann Hartwig Ernst von Bernstorff, [November 1763].

[175] Johann Bernhard Basedow an Johann Hartwig Ernst von Bernstorff, 1. Mai 1764, in: Aage Friis, (Hg.), *Bernstorffske Papirer*. Udvalgte breve og optegnelser vedrørende Familien Bernstorff i tiden fra 1732 til 1835, Bd. 2. Kopenhagen 1904, S. 38.

[176] Johann Bernhard Basedow an Johann Hartwig Ernst von Bernstorff, 9. November 1763, in: Friis, *Bernstorffske Papirer*, Bd. 2, S. 27.

[177] Johann Bernhard Basedow an Johann Hartwig Ernst von Bernstorff, 1. Mai 1764, in: Friis, *Bernstorffske Papirer*, Bd. 2, S. 38.

[178] Johann Bernhard Basedow an Johann Hartwig Ernst von Bernstorff, 23. Juli 1764, in: Friis, *Bernstorffske Papirer*, Bd. 2, S. 36.

der beständigen Angst, meine Widerwärtigkeiten von der Intoleranz immer vermehrt zu sehen".[179]

Um sich nun des besonderen Schutzes und der weiteren Unterstützung der dänischen Regierung versichern zu können, war es für Basedow außerordentlich wichtig, seine theologische Position Bernstorff gegenüber als mindestens ebenso lutherisch zu kennzeichnen, wie die theologischen Auffassungen seiner Gegner. Seiner Ansicht nach war es ohnehin eine unerträgliche und letzlich unhaltbare Behauptung, daß „jene lutherischer wären als ich".[180] Er sei nämlich nicht nur nach seinem Selbstverständnis, sondern auch nach seinen „bisherigen Schriften ein Lutheraner".[181] Wie der große Reformator Martin Luther selbst reklamiere er für sich doch nichts anderes als die ungehinderte und „bescheidene Untersuchung" solcher Lehren, welche von der „durch Menschen gemachten Orthodoxie" bislang als unverrückbare Glaubenswahrheiten verkündet wurden.[182] Sollte nun eine auf diese Weise als lutherisch verstandene, „bescheidene Prüfung, der Methoden der Liturgie und der Lehrsätze der herrschenden Kirche", durch öffentlichen Druck verboten werden, so würden „die Rathgeber eines solchen Verfahrens" dadurch lediglich anzeigen, daß sie selbst „keine protestantische Grundsätze hätten", da sie ihre Kirche – ganz unlutherisch – „für unfehlbar und für unverbesserlich hielten und päbstlich herrschen wollten".[183] „Großer Gott! Was wären wir", stieß Basedow deshalb gegen die ihn bedrängenden Repräsentanten der lutherischen Orthodoxie aus, „wenn die Regierung vor 200 Jahren nicht durch deine Vorsehung veranlasst wäre, besser zu denken oder wenigstens besser zu handeln, als diese Vergötterer der authorisierten Lehren zu handeln rathen wollen".[184]

Daß lebendiges Luthertum ganz selbstverständlich auch „eine Gewissensfreiheit" beinhalte, „für die Wahrheit nach meiner Erkenntniss zu zeügen",[185] hätten

---

[179] Johann Bernhard Basedow an Johann Hartwig Ernst von Bernstorff, 28. Mai 1766, in: Friis, *Bernstorffske Papirer*, S. 44.

[180] Johann Bernhard Basedow an Johann Hartwig Ernst von Bernstorff, 3. Februar 1764, in: Friis, *Bernstorffske Papirer*, Bd. 2, S. 34. Vgl. dazu auch Overhoff, *Die Anfänge*.

[181] Johann Bernhard Basedow, Unterthanigstes Pro=Memoria in Amtssachen an Johann Hartwig Ernst von Bernstorff, November 1763, in: Friis, *Bernstorffske Papirer*, Bd. 2, S. 31.

[182] Ebd., S. 32.

[183] Ebd., S. 33.

[184] Ebd. Ganz ähnlich argumentierte einige Jahre später auch Lessing in seinem *Anti-Goeze* von 1778: „Der wahre Lutheraner will nicht bei Luthers Schriften, er will bei Luthers Geiste geschützt sein; und Luthers Geist erfordert schlechterdings, daß man keinen Menschen in der Erkenntnis der Wahrheit nach seinem eigenen Gutdünken fortzugehen, hindern muß. Aber man hindert alle daran, wenn man auch nur einem verbieten will, seinen Fortgang in der Erkenntnis andern mitzuteilen. Denn ohne diese Mitteilung im Einzeln, ist kein Fortgang im Ganzen möglich", Gotthold Ephraim Lessing, Anti-Goeze, in: ders., *Werke*, Bd. 2, S. 1012.

[185] RK, Privatarkiv 5129, Bernstorff Wotersen, Breve til J.H.E. Bernstorff fra Johann Bernhard Basedow (1763–1770), Promemoria Johann Bernhard Basedows an Johann Hartwig Ernst Bernstorff, 23. Juli 1764.

seit Luther schon viele mutige protestantische Theologen vor ihm mit Nachdruck bekannt. Sie alle seien der Meinung gewesen,

> dass die lutherische Kirche in den Lehrsätzen, in der Liturgie, in dem Zwange der symbolischen Bücher u.s.w. noch grosse Fehler und fast diejenigen habe, die ich mit ernsthafter und bescheidener Aufrichtigkeit in dem meth[odischen] Unterrichte vorstelle und widerlege.[186]

Um Bernstorff davon zu überzeugen, daß er mit dieser Meinung auch gegenwärtig keinesfalls alleine dastehe, übersandte er dem Minister sogar einmal eine Liste von lutherischen Theologen, die er als Bürgen seiner Rechtgläubigkeit empfahl. Neben dem Hofprediger Cramer, der sich ja bereits im *Nordischen Aufseher* ganz deutlich zu Basedows religionspädagogischen Prinzipien bekannt hatte, verwies der Altonaer Professor auf dieser Liste auch mit Johann Salomo Semler und Johann Joachim Spalding auf weithin bekannte Verfechter einer lutherischen Aufklärungstheologie, allerdings ohne deren einschlägige Schriften zu zitieren.[187]

Wenn der Vorwurf überhaupt zutraf, wie Basedow freimütig einräumte, daß er theologisch Wege beschritt, die außer ihm kaum jemand zu gehen geneigt war, dann konnte damit allenfalls seine Bereitschaft gemeint sein, Dinge beim Namen zu nennen, die andere aus Vorsicht lieber verschwiegen. „Ich weis", behauptete Basedow, „dass meine alten Freunde" hinsichtlich der nötigen Verbesserungen des Religionsunterrichts „ebenso denken".[188] Doch die Furcht, „Elend um der Ausbreitung der Wahrheit Willen zu leiden",[189] hätte sie davon abgehalten, sich wie Basedow in der Öffentlichkeit zu äußern. Zwar sei diese Furcht schon oft als „allgemein und menschlich"[190] beschrieben worden, doch dürfe man sie deswegen noch lange nicht zu einer Tugend stilisieren. Aus diesem Grunde hoffe er auch inständig, „Gott werde in Gnaden das Versehen derer sonst rechtschaffenen Männer vergeben, die es sich für erlaubt halten, für die Wahrheit gegen erkannte Kirchen-Irrthümer weniger zu thun und zu leiden".[191]

Ihm selbst jedenfalls sei, wie er mit großer Entschiedenheit versicherte, „die Pflicht in der Religion Wahrheit zu bekennen, und, wenn man ein Schriftsteller geworden ist, auch ferner zu vertheidigen, noch immer eine solche Regel, davon man vermöge der Christlichen Einfalt keine Ausnahme machen darf",[192] selbst

---

[186] Ebd.,
[187] Vgl. RK, Privatarkiv 5129, Bernstorff-Wotersen, Breve til J.H.E. Bernstorff fra Johann Bernhard Basedow, Johann Bernhard Basedow, *Namen einiger mir sehr bekannten Männer in unterthänigst angezeigter Absicht aufgezeichnet*, undatiertes MS.
[188] RK, Privatarkiv 5129, Bernstorff Wotersen, Breve til J.H.E. Bernstorff fra Johann Bernhard Basedow (1763–1770), Promemoria Johann Bernhard Basedows an Johann Hartwig Ernst Bernstorff, 23. Juli 1764.
[189] Ebd.
[190] Ebd.
[191] Ebd.
[192] Ebd.

wenn man deswegen mit seiner „Person und Famielie" dem „Unglück" ausgesetzt sei.[193] Schließlich habe sich doch in der Geschichte der Menschheit einzig und allein „die fortgesetzte Erfüllung dieser Regel unter dem Leiden oder unter der Gefahr" als probates Mittel erwiesen, „wodurch starke Irrthümer, welche autorisirt sind und sich durch obrigkeitliche Gewalt schützen, wenigstens nach und nach geschwächt und endlich abgeschafft werden können".[194]

Wiewohl Basedow im für ihn so schwierigen Sommer des Jahres 1764 auch Kraft aus der Überzeugung schöpfte, daß sich „die Vorsehung" der „Fehler der Menschen" bediente, indem sie nicht zuletzt durch die Attacken der Orthodoxen gegen seine Schriften bei den „Lehrbegierigen" das „Verlangen nach den Büchern geweckt" und gesteigert habe,[195] bedurfte er doch ganz zweifelsohne auch des unmittelbaren Zuspruchs und Trostes der dänischen Regierung. Obschon kein einziger Brief Bernstorffs an Basedow erhalten geblieben ist, läßt sich jedoch aus anderer Quelle rekonstruieren, daß der dänische Außenminister tatsächlich im entscheidenden Moment für den Altonaer Professor als seelische Stütze zur Stelle war. Zum einen sorgte er dafür, daß Basedow – trotz aller Anfeindungen – weiter schriftstellerisch tätig sein und auch am Christianeum lehren durfte. Zum anderen ermutigte er ihn in sehr persönlichen Briefen, sein pädagogisches Programm nicht aus den Augen zu verlieren.

So konnte Basedow Bernstorff bereits im Frühjahr 1766 für die in den vergangenen zwei Jahren „wiederhohlten gnädigen Versicherungen Ew. Excellenz" danken, vermöge derer es gelungen sei, „allen Kummer meines Herzens" erfolgreich „zu zerstreun" und „mich und meine Familie in sicherer Wohlfarth zu erhalten".[196] Insbesondere „[z]wey in Ew. Excellenz Nahmen von dem Herrn Hofprediger [Cramer] an mich geschriebene (übrigens sehr tröstende) Briefe"[197] hätten ihm gezeigt, daß er stets auf die Unterstützung der dänischen Regierung zählen dürfe. Daß neben Bernstorff in der Tat auch der dänische Premierminister Moltke gewillt war, Basedow gegen alle Widerstände zu schützen, um die Weiterentwicklung seiner pädagogischen Reformprojekte nicht dauerhaft zu gefährden, belegen zwei Briefe Basedows an Moltke aus der zweiten Hälfte der 1760er Jahre. In diesen Briefen dankte Basedow Moltke nämlich für dessen in den zurückligenden Jahren bezeigte „Gewogenheit", die in bedrückender Zeit „eine meiner vorzüglichsten Glückseligkeiten" dargestellt habe.[198] Gerade der ehrliche „Beyfall so würdiger Personen" wie Moltke und Bernstorff, sei ihm „eine wahre, und bey solchen Schwierig-

---

[193] Ebd.
[194] Ebd.
[195] Ebd.
[196] Johann Bernhard Basedow an Johann Hartwig Ernst von Bernstorff, 28. Mai 1766, in: Friis, *Bernstorffske Papirer*, Bd. 2, S. 42.
[197] Ebd., S. 43.
[198] LAK, Bregentved-Arkivet, A.G. Moltke (1710–1792). Film-Fortegnelse, LAK 9.201,1-2, I.A.1-I.A.3, Johann Bernhard Basedow an Adam Gottlob von Moltke, 14. Februar 1767.

keiten fast unentbehrliche Aufmunterung" gewesen.[199] Daß Moltkes Beifall und Trost von Herzen kam, geht auch aus einem Brief des Premierministers an Bernstorff hervor, der Mitte der 1760er Jahre verfaßt wurde. „Je me flatte", schreibt Moltke in diesem Brief, „de trouver moyen pour consoler le pauvre Basedow, qui ne mérite assurément pas le traitement que l'on lui fait essuyer".[200] Gerade dieser Brief zeigt, Wie sehr Moltke und Bernstorff davon überzeugt waren, „dass Basedow nicht aus Bosheit handele und deshalb ein besseres Schicksal verdiene",[201] als dasjenige, das ihm seine Gegner zugedacht hatten.

Letzlich war es dieser von Moltke und Bernstorff gewährte Rückhalt, „der Basedow davor bewahrte, das Schicksal vieler Andersdenker im Zeitalter des Absolutismus zu teilen – Publikationsverbot, Verbannung oder sogar Inhaftierung" – , denn „[w]enn es nach der orthodoxen Geistlichkeit in Hamburg oder Altona gegangen wäre, hätte er diesen Lebensweg nicht abwenden können".[202] Nur Bernstorff und Moltke ermöglichten Basedow also in prekärer Lage die Fortführung seiner pädagogischen Reformanstrengungen. So klagte denn auch der Goeze sehr nahestehende Hauptpastor der Hamburger Nikolaikirche, Johann Dietrich Winckler, am 20. November 1765, daß Basedow entscheidend von Bernstorff geschützt würde und daß der holsteinische Generalsuperintendent Adam Struensee – nicht zuletzt wegen dieser Protektion – dem Altonaer Professor gegenüber eine viel zu große Zurückhaltung an den Tag lege.[203]

Auch wenn Moltkes und Bernstorffs Schutz die ganz entscheidende Garantie für ein gesichertes Wirken Basedows in Altona darstellte, war es für den langfristigen Erfolg seiner Erziehungstheorie doch nicht minder wichtig, daß sich auch nach der umfassenden Kritik Lessings und den verheerenden Nachstellungen Danneskiold-Samsöes und Goezes wieder Stimmen öffentlich zu Wort meldeten, die an den von ihm und Cramer entwickelten Grundsätzen religiöser Unterweisung festhielten. Und wirklich gab es auch in der Zeit nach Basedows Entlassung von der Ritterakademie zu Sorö noch immer Journalisten und Publizisten, die die vom Altonaer Professor propagierten Erziehungsmethoden nachdrücklich befürworteten.

Zwischen Januar 1761 und Dezember 1763 erschien in Kopenhagen – „mit königlicher Unterstützung"[204] – eine moralische Wochenschrift, Den *Patriotiske Tilskuer*, die „als eine dänische Fortsetzung von J. A. Cramers ,Der Nordische Aufseher'"[205] konzipiert war. In der Tat hatte Cramer im letzten Stück des *Nordi-*

---

[199] LAK, Bregentved-Arkivet, A.G. Moltke (1710–1792). Film-Fortegnelse, LAK 9.201,1-2, I.A.1-I.A.3, Johann Bernhard Basedow an Adam Gottlob von Moltke, 2. Juli 1768.

[200] Adam Gottlob von Moltke an Johann Hartwig Ernst von Bernstorff, undatiert, in: Friis, *Bernstorffske Papirer*, Bd. 2, S. 352.

[201] Carlsen, *Über Basedows Entlassung*, S. 13.

[202] Kopitzsch, *Grundzüge*, S. 460.

[203] Vgl. Wotschke, *Johann Dietrich Wincklers Briefe*, S. 47.

[204] ‚med kongelig understøttelse', K.F. Plesner, J.S. Sneedorff, in: *DBL*, Bd. 13, S. 539.

[205] „som en dansk fortsættelse af J. A. Cramers Der nordische Aufseher", ebd.

schen Aufsehers ja bereits erfreut angekündigt, daß „[i]n die Stelle des Aufsehers" ein „patriotischer Zuschauer treten" werde, den „ein dänischer Scribent" herausgeben wolle.[206] Eine dänischsprachige Fortsetzung des „Nordischen Aufsehers" sei schon allein deswegen geboten, weil ein dänischer Editor mehr Recht „zu einer grösseren Freymüthigkeit, zu einem ausgebreitetern Lobe oder Tadel vor dem voraus" habe, „der sich immer erinnern muß, daß er in einem zweiten Vaterlande schreibt".[207]

Der dänische Herausgeber des *Patriotiske Tilskuer* – und zugleich Verfasser von 270 der insgesamt 308 Stücke dieser Zeitschrift – war nun Basedows Freund Jens Schelderup Sneedorff,[208] der noch im ersten Erscheinungsjahr des ‚patriotischen Zuschauers' „als Lehrer des achtjährigen Erbprinzen Friedrich nach Kopenhagen berufen"[209] wurde. Sneedorff, der als Professor der Rechte in Sorö schon die Veröffentlichung von Basedows *Practischer Philosophie* mitbetreut hatte[210] und ja auch in der von Basedow 1763 geplanten zentralen dänischen Schulkommission eine leitende Rolle spielen sollte, legte in seiner Wochenschrift denn auch – wie Cramer im *Nordischen Aufseher* – ein besonderes Gewicht auf die Erörterung pädagogischer Fragen.[211] Ganz im Stile des englischen *Spectators* oder des Hamburger *Patrioten* stellte der dänische *Patriotiske Tilskuer* demzufolge zunächst fest, daß die dringend benötigte Stärkung des Gemeinsinns und eine allgemeine Verbesserung der Sitten im dänischen Vaterland von einer guten Erziehung abhänge. Von einer durchgängig guten Kinderaufzucht sei man aber in Dänemark leider noch immer sehr weit entfernt.

Um nun den dänischen Eltern und Lehrern Regeln an die Hand zu geben, die auf dem Weg zur angestrebten Erziehungreform unbedingt beachtet werden müßten, legte Sneedorff vor allem im 80. und 81. Stück des *Patriotiske Tilskuer* seine Auffassung „[v]on den ersten Grundsätzen der Kinderzucht" und „[v]on der Erzie-

---

[206] *Der Nordische Aufseher*, Bd. 3, Nr. 193, S. 530.
[207] Ebd.
[208] Basedows Freundschaft mit Sneedorff begann im Frühjahr 1753 und währte bis zu Sneedorffs frühzeitigem Tod im Jahr 1764. Zu den engen Banden zwischen Basedow und Sneedorff vgl. Carlsen, *Über Basedows Entlassung*, S. 44 „Basedows erstes Kind in seiner zweiten Ehe war eine Tochter, Christiana Henriette Lovise, die den 3. September 1755 getauft und am 19. November desselben Jahres begraben wurde. Sie wurde von der Geheimrätin Juel, nach der sie benannt wurde, über die Taufe gehalten. Eine Schwester der Geheimrätin, die Baronesse Schleinitz, stand dabei. Unter den Gevattern war ausser dem Professor J.S. Sneedorff der Oberhofmeister, Geheimrat Carl Juel". Das umfassendste Werk über Leben und Wirken Sneedorffs ist bis heute K. F. Plesner, *J.S. Sneedorff*. Kopenhagen 1930. Vgl. aber auch K. F. Plesner, *Sneedorff*, in: DBL, Bd. 13, S. 539.
[209] ‚kaldt til København som lærer for den otteårige arveprins Frederik', Feldbæk, *Nærhed*, S. 154.
[210] Auch in seinem Buch *Babues Svar*. Sorö 1759, S. 27 erwähnte Sneedorff Basedows *Practische Philosophie* lobend und kündigte zugleich an, daß bald ein neues Buch von Basedow erscheinen werde. Gemeint war mit diesem Buch wohl die von Danneskiold-Samsöe dann so verkezerte *Theoretische Philosophie*.
[211] Vgl. Bd. 1, Stück 33, Bd. 2, Stücke 52, 71, 80, 81 und Bd. 4, Stücke 84, 86, 92, 137.

hung insbesondere" in umfassender Form dar. Zunächst betonte Sneedorff wie nötig es sei, daß die Eltern anfangs selbst, und zwar möglichst früh, im täglichen Umgang mit ihren Kindern auf deren Bedürfnisse und Talente achtgeben sollten, um „den Verstand und das Herz ihrer Kinder selbst zu bilden".[212] Dabei sollten die Eltern aber in jedem Fall beachten, daß „Kinder weit geneigter sind, dem zu folgen, was sie an andern im freyen Umgange und Gesprächen bemerken, als dem, was ihnen anbefohlen wird".[213] Allerdings könne aber auch diejenige Erziehung, die mittels vernünftiger Gespräche anstelle von Zwang und Befehl Kinder anleiten wolle, nur dann wirklich Erfolg haben, wenn man den Kleinen alles, „was man ihnen vorsagt, nicht allein leicht, sondern auch angenehm zu machen"[214] suche.

Angenehme Empfindungen beim vernunftbetonten Lehrgespräch, so Sneedorff, könnten sich wiederum erst dann einstellen, wenn man den Verstand der Kinder nicht überfordere. Was die Kinder nämlich „am meisten von Wissenschaften abschreckt" sei „dieses, daß man ihr Gedächtniß mit Dingen beschweret, die sie nicht begreifen können".[215] „Ich weiß wohl", räumte Sneedorff ein, „daß es Dinge giebt, die man nicht aus Gründen beweisen kann, und welche auch natürlicher Weise die Seele nicht vergnügen können, und doch in der Jugend gelernt werden müssen".[216] Zu diesen Dingen zählte Sneedorf neben grammatischen Übungen im Lateinunterricht auch die Vermittlung bestimmter religiöser Lehrsätze. Doch in der gleichen Weise, in der man die Lateinische Sprache zunächst am besten im Gespräch und unter weitestgehendem Ausschluß grammatischer Exerzitien – also wie die eigene Muttersprache – erlernen könne, ereiche man auch im Religionsunterricht mehr, wenn man zumindest anfangs auf das Auswendiglernen der schwierigsten und für Kinder unbegreiflichen Dogmen verzichte.

Gerade im Religionsunterricht, der den Kindern ja mehr als jeder andere Unterricht die „Haupttugenden, die man vor allen ihnen einprägen muß",[217] vor Augen führen sollte, so Sneedorff, dürfe das kindliche Vorstellungsvermögen unter keinen Umständen überfordert werden. Hier genüge es wirklich „Gottesfurcht" und „Menschenliebe" als wichtigste religiöse Erziehungsziele zu vermitteln, ohne daß damit zugleich ein ganzes System geheimnisvoller Dogmen mitgelernt werden müsse.[218] So solle ein Religionslehrer sich zum einen damit begnügen, „Gott als die erste Ursache alles Guten, und als den höchsten Vater"[219] des menschlichen Geschlechts

---

[212] Bd. 1, Stück 33, S. 271. In diesen Zusammenhang gehört auch Sneedorffs Ermahnung, daß im Idealfall eine „Frau selbst ihre Kinder säuget", Bd. 2, Stück 52, S. 82.
[213] Es wird im folgenden aus der deutschen Übersetzung des *Patriotiske Tilskuer* zitiert, die zwischen 1769 und 1772 in Flensburg erschien: *Der Patriotische Zuschauer* [Den patriotiske Tilskuer], Bd. 2, Stück 80, S. 347.
[214] Ebd.
[215] Ebd., S. 351.
[216] Ebd., S. 351–352.
[217] Ebd., S. 353.
[218] Ebd.
[219] Ebd.

darzustellen, der allen Menschen in gleicher Weise zugetan sei. Zum anderen gelte es Menschenliebe schon „in einem Alter zu erwecken, wo man so gerne will geliebet seyn, und wo man zu lieben geneigt ist".[220] Man verstärke also nur diesen naturgegebenen Trieb „durch die Vorstellung der natürlichen Gleichheit des Gefühls, das alle Menschen miteinander gemein haben; des Nutzens, den wir von anderer Arbeiten haben, und des Vortheils und der Ehre, die wir durch ihre Liebe erhalten".[221] Wenn Kinder also „etwas Gutes, so sie haben, mit andern theilen, oder etwas ihnen zu Gefallen thun: so muß man sie dafür loben und belohnen, und sich aller Gelegenheit bedienen, um ihnen zu zeigen, wie sehr Zorn, Misgunst, Grobheit und Härte" den einzelnen Menschen wie auch die Menschheit insgesamt verrohen und „verunstalten".[222]

Daß Sneedorff in seiner Zeitschrift mit diesen Hinweisen zwar „selbständig, doch ohne eigentliche Originalität"[223] Gedanken über Erziehung verbreitete, die ganz offensichtlich Locke und Basedow verpflichtet waren, gab der *Patriotiske Tilskuer* unumwunden zu. So findet sich im 86. Stück des *Patriotiske Tilskuer* in einer Fußnote die Anmerkung, daß „[u]eber die Verbesserung des Unterrichts auf Schulen und Akademien" die „Basedowischen Schriften vor andern lesenswürdig" seien.[224] Die Funktion der im *Patriotiske Tilskuer* dargestellten Überlegungen zur Pädagogik war es aber eben, solche Erziehungshinweise, „die noch nicht auf Dänisch vorlagen",[225] nun auch in der Sprache der Dänen zur Geltung zu bringen, was der Herausgeber Sneedorff auch bis Ende Dezember 1763 gewissenhaft tat.

Als die Auseinandersetzungen um Basedows Religionspädagogik im Sommer 1764 in Altona und Hamburg einem Höhepunkt zustrebten, konnte Sneedorff seinem Altonaer Kollegen jedoch keine publizistische Schützenhilfe mehr leisten: Am 5. Juni 1764 verstarb Basedows langjähriger Freund in Kopenhagen an den Blattern. Wiewohl mit Sneedorffs Tod eine wichtige Stimme verstummte, die sich stets für Basedows neue Erziehungsmethoden ausgesprochen hatte, gab es in Kopenhagen doch auch andere Rezensenten, die der Religionspädagogik des Altonaer Professors durchaus positive Aspekte abgewinnen konnten. So war im 24. und 25. Stück der *Copenhagenschen neuen Zeitungen von gelehrten Sachen* des Jahres 1764 eine kurze „Beurtheilung Des von Hn. Joh. Bernhard Basedow Königl. Dän. Prof. herausgegebenen doppelten methodischen Unterrichts" zu lesen, welche hervorhob, daß „[k]ein redlicher Mensch leugne[n]" könne, „daß in diesen des

---

[220] Ebd.
[221] Ebd., S. 353–354.
[222] Ebd., S. 354.
[223] ‚selvstændigt, men uden egentlig originalitet', Plesner, Sneedorff, in: *DBL*, Bd. 13, S. 539.
[224] *Der Patriotische Zuschauer*, Bd. 4, Stück 86, S. 36.
[225] ‚som endnu ikke var repræsenteret på dansk', Plesner, Sneedorff, in: *DBL*, Bd. 13, S. 539.

Verfassers Schriften nicht viel Gutes gefunden werden sollte, welches der Vernünftigen Beyfall verdienet".[226]

2.2. Martin Ehlers und Basedows Freunde in Hamburg und Altona

Trotz der massiven Kritik, die seit 1764 in Altona und Hamburg an Basedows Schriften geübt wurde, behielt die Religionspädagogik des Altonaer Professors also in Kopenhagen durchgängig ihre Fürsprecher. In Schleswig-Holstein hingegen meldete sich erst 1766 wieder ein Autor zu Wort, der es wagte, sich öffentlich zu den von Basedow verfochtenen Erziehungsprinzipien zu bekennen, auch wenn er den Verfasser des *Methodischen Unterrichts* nicht direkt beim Namen nannte. Es war der Schulmann Martin Ehlers, seit 1760 Rektor der Segeberger Lateinschule, der in seiner dem Minister Bernstorff gewidmeten und im März 1766 in Altona und Lübeck veröffentlichten Schrift *Gedanken von den zur Verbesserung der Schulen nothwendigen Erfordernissen*[227] einem interessierten Publikum pädagogische Reformvorschläge unterbreitete, die ganz offensichtlich Basedows einschlägigen Vorarbeiten verpflichtet waren.

Vor der Publikation seiner *Gedanken* von 1766 hatte Ehlers bereits in zwei kleineren Veröffentlichungen unter Beweis gestellt, daß er als Pädagoge in der Lage war, nicht nur in der täglichen Schulpraxis, sondern auch schriftstellerisch zu einer, wie er fand, längst überfälligen Reform des Schulwesens beizutragen. In der heute nicht mehr erhaltenen lateinischen Schrift *Quatenus Scholae Magister philosophus esse debeat*, die Ehlers wohl um das Jahr 1760 verfaßte, war es dem Segeberger Rektor zunächst darum zu tun gewesen, angehende Lehrer zum Studium der Philosophie zu ermuntern, da erst ein philosophisches – daß heißt kritisches und reflektiertes – Verhältnis zur Pädagogik und ihren Aufgabenfeldern den Lehrer zur erfolgreichen Ausübung seines Berufs befähige.[228] 1764 veröffentlichte er dann die

---

[226] Anon., *Copenhagensche Beurtheilung des von Hn. Joh. Bernhard Basedow Königl. Dän. Prof. herausgegebenen doppelten methodischen Unterrichts, Wie solche in den Copenhagenschen neuen Zeitungen von gelehrten Sachen dieses Jahres in dem 24. und 25. Stück enthalten ist.* Aus dem dänischen übersetzt. Altona 1764.

[227] Martin Ehlers, *Gedanken von den zur Verbesserung der Schulen nothwendigen Erfordernissen.* Altona / Lübeck 1766. In der Widmung an Bernstorff heißt es: „Eure Excellenz haben bey Dero Wachsamkeit auf alles, was für das Wohl des Landes von Wichtigkeit ist, nicht unterlassen auch die Schulanstalten Dero Aufmerksamkeit zu würdigen. Es ist unleugbar, daß es bisher darin ungemein grosse Mängel giebt. Sehr glücklich würde ich mich schätzen, wenn meine Gedanken über die bessere Einrichtung derselben von Eurer Excellenz nicht ungünstig beurtheilet werden. Muß ich aber durch den Mangel des Beyfalls eines so einsichtsvollen Staatsmannes belehret werden, daß ich nicht zu dergleichen Arbeiten einen Beruf habe: so werde ich mich ferner bemühen in dem kleinen Kreise, worin ich durch meine Schularbeiten mich wirksam beweisen kann, mich meinen Nebenmenschen möglichst nützlich zu machen". Vgl. zu Ehlers' *Gedanken* auch Kopitzsch, Reformversuche, S. 67–70.

[228] In seinen *Gedanken* von 1766 weist Ehlers selbst auf diese Schrift als ein „vor etlichen Jahren gedruckte[s] Programma" hin, „worin ich untersucht: quatenus Scholae Magister philosophus

---

175

kleine Programmschrift *Die bey Zulassung und Beförderung der Jugend zum Studiren nöthige Behutsamkeit*, in der er vehement für die Verbesserung des Status der Lehrer eintrat und einer Professionalisierung ihrer Ausbildung das Wort redete, da der Berufsstand des Lehrers für das Wohlergehen der Gesellschaft insgesamt doch viel zu bedeutend sei, um dauerhaft vernachlässigt zu werden.[229] Noch gelte nämlich, daß einem Lehrer nur „[e]ine enthusiastische Neigung zum Schulwesen, welche sich über die Betrachtung der Glücksgüter und der Bequemlichkeiten des Lebens heldenmüthig hinweg setzt", den „Beruf zu jenem Amte geben" könne.[230]

Nachdem Ehlers sich also in seinen ersten Publikationen eingehend mit der Ausbildung und dem Ansehen der Lehrer beschäftigt hatte, legte er mit seinen *Gedanken* von 1766 nun ein Werk vor, in dem er einzeln und nacheinander alle Fächer und Disziplinen abhandelte, die seines Erachtens in den öffentlichen Schulen zu unterrichten seien. Dabei beschrieb er im Detail den Unterrichtsstoff und die Unterrichtsmethode, die bei der Unterweisung in den jeweiligen Fächern am ehesten in Anschlag zu bringen sei, und zwar angefangen bei den modernen Sprachen bis hin zur Theologie. Diese Beschreibung des Unterrichts und seiner Methodik verfaßte er übrigens laut eigener Aussage ganz allgemein als Nachfolger Lockes.[231] Rousseaus vier Jahre zuvor erschienener Erziehungsroman *Emil* schien ihm hingegen ganz und gar nicht vorbildlich zu sein.[232]

In einigen „[a]llgemeinen Vorerinnerungen" gab Ehlers erst einmal bekannt, daß er die Erziehung, die doch „einen mächtigen Einfluß in die Sitten der Völker und in die Glückseligkeit eines Staates habe",[233] in der Weise neu ordnen wolle, daß fortan aus einem jeden Kind ein wahrhaft „patriotischer Weltbürger und Menschenfreund"[234] werden könne. Um dieses Ziel zu erreichen, müsse ein völlig neuer Fächerkanon in den Schulen etabliert werden, der darauf abziele, die Kinder vor-

---

esse debeat", Ehlers, *Gedanken*, S. 78. Die früheste noch erhaltene Schrift von Ehlers stammt übrigens aus dem Jahr 1761: Martin Ehlers, *Die Vorzüge einer unumschränkten monarchischen Regierung vor andern Regierungsformen*. Eine Seiner königlichen Majestät unsers allergnädigsten Erbkönigs Königs Friederichs des Fünften allerhuldreichstem Befehl zu Folge den 17ten October 1760 gehaltenen Jubelrede. Altona 1761.

[229] Martin Ehlers, *Die bey Zulassung und Beförderung der Jugend zum Studiren nöthige Behutsamkeit*. Einladungsschrift Segeberg. Altona 1764.

[230] Ehlers, *Zulassung und Beförderung*, S. 16.

[231] Vgl. Ehlers, *Gedanken*, S. 1.

[232] „Es ist ungereimt, wenn ein Rousseau und Rousseauisch denkende Leute die Jugend so wollen geleitet wissen", schrieb Ehlers, „daß der Lehrer mit ihr auf tausend irrigen Wegen herumirren müsse, um sie am Ende jedes irrigen Weges sehen zu lassen, daß sie nicht den rechten Weg getroffen habe", Ehlers, *Gedanken*, S. 122. Weiterhin fragte Ehlers in diesem Zusammenhang: „Warum sollen Aeltern und Lehrer, die einen Weg kennen, worauf sie glückselig und vergnügt durch diese Welt hindurch wandern können, selbigen ihren Kindern und Untergebenen nicht entdecken, sondern selbige auf ein Gerathewohl herum irren lassen und sie der Gefahr aussetzen, ein elendes Leben (denn ein Leben der Ungewißheit muß elend seyn) zu führen"?, Ehlers, *Gedanken*, S. 122.

[233] Ehlers, *Gedanken*, S. 1.

[234] Ebd., S. 328.

nehmlich mit solchem Wissen vertraut zu machen, das ihnen und der Gesellschaft, in der sie lebten, ganz *praktische* Dienste leisten könne. Das bedeute beispielsweise, daß die Kinder neben dem Lateinischen als zweite oder dritte Fremdsprache nicht Griechisch und Hebräisch, wohl aber Englisch und Französisch, vielleicht sogar auch noch das „Italiänisch[e], Spanisch[e], Dänisch[e]" erlernen sollten.[235] Dabei sei es „einer guten Lehrart gemäß", daß man diese Fremdsprachen „früh lerne", denn „[e]ine vernünftige Methode erfordert es", daß sich die Kinder diese Sprachen möglichst analog zum Erwerb der Muttersprache aneigneten.[236] Ebenfalls aus rein praktischen Erwägungen heraus befand Ehlers, daß „die deutsche Sprache" unter allen Sprachen „doch mit Recht die erste Stelle" verdiene, man möge doch nur die Notwendigkeit zur Kenntnis nehmen, „selbige sowol in Schriften als Reden öfters zu gebrauchen" als jede andere Sprache.[237]

Von größtem praktischen Nutzen für den Staat sei es aber auch, wenn den Kindern in den Schulen zukünftig ein möglichst umfassendes Wissen auf den Gebieten der Geographie und Menschheitsgeschichte sowie der Mathematik vermittelt würde. Eine gründliche Ausbildung in diesen Fächern ermögliche es den Schülern nämlich zum einen, die Beschaffenheit der Erde und die durch historische Entwicklungen bedingte Vielfalt der Staaten und Gesellschaften besser zu verstehen, zum anderen aber auch den Verstand und das logische Denken zu schulen. Eine vortreffliche Erweiterung der Fähigkeit logisch zu denken biete zudem die Disziplin der Philosophie, weshalb den Kindern auch unbedingt die wichtigsten Grundregeln des Philosophierens nahegebracht werden sollten, da „in der Schule nichts oder wenig getrieben" werde, „wobey die Bekanntschaft mit der Philosophie" in jedem Falle „höchst nützlich" sei.[238]

Zwar gebe es immer wieder Mitglieder von kirchlichen Schulaufsichtsbehörden, die bedenken trügen, „daß die Philosophie eine Feindin der Religion sey",[239] weshalb sie diese Disziplin auch nicht in der Schule behandelt wissen wollten. Doch fürchteten diese Geistlichen wohl weit eher um ihre Stellung, wie Ehlers mutmaßte, als um die Wahrheit der Religion, da die Philosophie doch unter anderem auch dazu da sei, falsche Kirchenlehren und ihre Verkünder bloßzustellen. Indem die kirchlichen Kritiker der Philosophie nämlich „dem ungeachtet" danach trachteten,

irgend ein hohes Amt in der Kirche zu bekleiden: so suchen sie mit einer verwegenen Kühnheit das Licht, bey dessen Glanz ihre Schwäche geprüft und erkannt werden könnte, andern zu entreissen, damit sie nicht von der Höhe, wozu sie sich hinauf schwingen, wo sie sich als solche, die mit dem Höchsten in Vertraulichkeit leben, und ich weiß nicht, durch welches geheimniß-

---

[235] Ebd., S. 23.
[236] Ebd., S. 21.
[237] Ebd., S. 11.
[238] Ebd., S. 87.
[239] Ebd., S. 80.

volles Licht, erleuchtet werden, zu ihrer süßten Zufriedenheit bewundern und verehren lassen, heruntergestürzt und ein Spott der Menschen werden.[240]

Gerade im Religionsunterricht habe die Philosophie also die wichtige Aufgabe, bei der Vermittlung der Lehren der Offenbarung deren „Uebereinstimmung mit den Vernunftwahrheiten zu zeigen".[241] Nur auf diese Weise könnten nämlich gegebenenfalls falsche Lehrtraditionen korrigiert werden. So könnten gerade reifere Schüler auch „mit Billigkeit darauf dringen", daß man sie „nicht allein von den Lehren ihrer Kirche unterrichte, sondern daß man sie auch mit dem bekannt mache, was gegen einige derselben eingewandt wird, und daß man, ehe man sie bewegt etwas für wahr zu halten, ihnen jede Sache von allen Seiten vorstelle", damit sie auf eine möglichst „unpartheyische Art zur Annehmung derjenigen Lehre geleitet werden, welche die meisten und sichersten Kennzeichen der Wahrheit an sich hat".[242] Solch ein philosophisches Gespräch über die Wahrheiten der Religion zu führen sei also weitaus angemessener als das bloße „Auswendiglernen" des Katechismus, welches rigoros „eingeschränkt werden" müsse", da dieses für „viele Kinder, die nicht ein sehr glückliches Gedächtniß haben, eine sklavenmäßige Arbeit" sei.[243] Denn indem ihnen „selbige sauer" werde, bekämen sie natürlicher Weise eine starke „Abneigung davor", was jedoch unbedingt zu vermeiden sei, da sie sonst dauerhaft „eine unangenehme Vorstellung von dem Christenthum überhaupt und von den darin befohlnen Pflichten" entwickelten.[244]

Gerade die Erläuterung der religiösen Pflichten und die „Sittenlehre der Vernunft"[245] seien aber als die Hauptpunkte des Religionsunterrichts zu verstehen, so daß derjenige „ungemein vieles zur Glückseligkeit der Menschen beytragen" könne, der imstande sei, „Tugend und Religion in einer liebenswürdigen Gestalt zu schildern".[246] Vorbildliches hätten auf diesem Gebiet beispielsweise der Kopenhagener Hofprediger Cramer sowie die einschlägigen „Werke unsers Gellerts" geleistet.[247] Gerade in Gellerts Schriften sei all das „mit Geschmack und Tugendliebe" ausgeführt, was in der religiösen Sittenlehre von größter Bedeutung sei, nämlich daß es ganz und gar unstatthaft sei, „diejenigen, welche anders, als er, in Religionsmaterien denken, zu verfolgen und endlich die Vernachläßigung irgend einer Pflicht und eines Liebesdienstes gegen fremde Religionsverwandte für erlaubt zu halten".[248]

---

[240] Ebd., S. 81.
[241] Ebd., S. 117.
[242] Ebd., S. 118.
[243] Ebd, S. 111.
[244] Ebd.
[245] Ebd., S. 37.
[246] Ebd., S. 52.
[247] Vgl. Ebd., S. 37 u. 137.
[248] Ebd., S. 119.

Ein Schullehrer dürfe also nicht bedenken tragen, „wenn von fremden Religionsverwandten die Rede ist, selbige mit vieler Liebe zu beurtheilen" und „den Haß, welchen gemeiniglich Menschen verschiedner Religionen gegen einander hegen, nebst allen Arten von Religionsverfolgungen öffentlich zu verabscheuen und mit den häßlichsten Farben abzumalen".[249] Zudem solle er die Schüler sogar ermuntern, „die verschiedenen Religionen zu prüfen" und zwar so, „daß das Urtheil der größten Männer ihrer Religion in ihre Denkungsart [k]einen Einfluß habe".[250] Denn nur wenn die Kinder sich gewissenhaft nach diesen Vorschriften der religiösen Toleranz richteten, würden sie „gute Weltbürger und zum gesellschaftlichen Leben überhaupt vorzüglich geschickt"[251] sein, was ja für Ehlers das wichtigste Ziel jeder pädagogischen Arbeit war.

Wiewohl Ehlers sich mit diesen Ausführungen wesentliche Teile von Basedows Religionspädagogik zu eigen machte und mit Locke, Cramer und Gellert genau die Autoren anführte, die nicht nur für ihn selbst sondern auch für Basedow die entscheidenden pädagogischen Vorbilder waren, kam er letztlich nicht auf die doch offensichtlich bestehenden Gemeinsamkeiten seiner Ansichten mit den erzieherischen Prinzipien des Altonaer Professors zu sprechen. Dies ist vor allem deswegen erstaunlich, weil Ehlers doch seit Anfang der 1760er Jahre nachweislich mit Basedow Kontakt hatte und sich von dessen Ideen genauso beeinflussen ließ, wie umgekehrt Basedow von Ehlers' pädagogischen Erfahrungen zu lernen bereit war.[252] Daß Ehlers nur zu gut wußte, wie übel Basedow in Altona und Hamburg mitgespielt wurde, läßt sich auch anhand einer Bemerkung des Segeberger Rektors vom September 1766 belegen. In einem Schulprogramm äußerte er nämlich, daß es einem Lehrer *zu Unrecht* übel genommen würde, wenn dieser wie Basedow

in der Schule eine ganze Stunde beym Katechismus dazu verwendet, der Jugend davon andere Begriffe beyzubringen, und wenn er aus Beyspielen zeiget, daß aus den gewöhnlichen alten irrigen Vorstellungen die gefährlichsten und traurigsten Folgen fließen.[253]

Es ist deshalb wohl nicht ganz abwegig anzunehmen, daß sich Ehlers in seinen *Gedanken* durch die Nichtnennung von Basedows Namen schlicht unnötigen Ärger

---

[249] Ebd., S. 129.
[250] Ebd., S. 118.
[251] Ebd., S. 119.
[252] Vgl. Kelle, *Ehlers*, S. 86. Der erste Hinweis auf einen wechselseitigen Einfluß beider Männer findet sich erst 1768 bei Basedow: „Ich glaube also, meinen Satz von der Notwendigkeit eines höchst angesehenen Edukations- und Studienkollegii bei jeder Regierung erwiesen zu haben. Einen Satz, welchen nebst andern auch der höchst verdiente Herr Rektor *Ehlers* einer höhern Überlegung dargestellt hat", Johann Bernhard Basedow, Vorstellung an Menschenfreunde, in: ders., *Ausgewählte pädagogische Schriften*, hg. v. Albert Reble. Paderborn 1965, S. 11.
[253] Martin Ehlers, *Einladungsschrift zu einer den 3ten September 1766 in Segeberg angestellten Redeübung, worin untersucht wird, ob es ein sicheres Merkmaal von der guten und rechtschaffenen Amtsführung eines Schulmannes sey, wenn er an seinem Ort allgemein geliebt und gelobt wird.* Altona 1766, S. 40.

ersparen wollte, Ärger, den sich beispielsweise Alberti in Hamburg durch seine –
wenn auch außerordentlich vorsichtige – Parteinahme für Basedow eingehandelt
hatte. So gedeutet wäre Ehlers' Zurückhaltung durchaus symptomatisch für das
Verhalten der meisten anderen Freunde Basedows, denen der Altonaer Professor ja
insgesamt vorgeworfen hatte, sich gar nicht oder jedenfalls nicht genügend mit
seinen Ansichten zu solidarisieren, was ihm denn auch, zusätzlich zu seinen so-
wieso schon großen Schwierigkeiten, einen nicht zu unterschätzenden Kummer
bereitete.

Tatsächlich war in dem ohnehin eher „kleine[n] Kreis seiner Freunde"[254] in Altona und Hamburg bis gegen Ende der 1760er Jahre niemand ernsthaft bereit, sich
öffentlich und ohne Abstriche für Basedow und seine Religionspädagogik einzu-
setzen. Das markanteste Beispiel für das Verschweigen der eigenen Überzeugungen lieferte sicherlich Basedows ehemaliger Lehrer Reimarus. Reimarus war von
allen frühen Förderern Basedows der einzige, der Mitte der 1760er Jahre noch
immer in Hamburg lebte, denn nachdem Brockes und Hagedorn bereits 1747 und
1754 verstorben waren, hatte auch Richey – nur wenige Monate vor Basedows
Amtsantritt in Altona – am 10. Mai 1761 das Zeitliche gesegnet.[255]

Reimarus hatte nun, wie wir bereits gesehen haben, in den 1750er Jahren als
vertrauter Ratgeber Basedows zu einem guten Teil mitgeholfen, dessen Pädagogik
überhaupt erst auf den Weg zu bringen. Gerade Basedows Briefe an Reimarus aus
den 1750er Jahren zeigen, wie sehr sich der ehemalige Schüler durch die offensichtlich aufmunternden Urteile seines Lehrers – auch zur neuartigen Religionspädagogik – „bestätigt"[256] fühlte. Da Reimarus auch bei Basedows Amtseinführung am 7. Oktober 1761 im Altonaer Christianeum zugegen war, wo ihm der
ehemaliger Schüler übrigens in seiner „Antrittsrede seinen Dank abstattet[e]"[257]
und der Altonaer Professor noch im Mai 1766 hoffte, „durch geheime Communication" von seinem ehemaligen Lehrer „nützliche Belehrungen selbst zu erhalten",[258] darf gefolgert werden, daß Basedow und Reimarus auch in den 1760er

---

[254] Kopitzsch, *Grundzüge*, S. 460.

[255] Diesen Verlust des frühesten und wichtigsten Förderers beklagte Basedow in seiner Altonaer
Antrittsvorlesung vom 7. Oktober 1761 mit bewegenden Worten: „O quanto gaudio, beate
Richei, gratias Tibi publice agerem, nisi ante hunc diem ex terrarum orbe ad coelestia fidei, la-
borum et beneficientiae praemia avocatus esses! Verba Tuis in me beneficiis satis digna haud
reperio, nisi quae sponte offert haud fucata simplicitas", Armin Base-
dow, *Johann Bernhard Basedow*, S. 38.

[256] StAH, Familie Reimarus, Hermann Samuel Reimarus A 23 Bd. 1, Briefe an H. S. Reimarus
A–P, Briefe von J. B. Basedow in Borghorst und Sorö 1751–1758, Johann Bernhard Basedow
an Hermann Samuel Reimarus, 8. Juli 1758. In diesem Brief bedankt sich Basedow vornehmlich für eine von Reimarus veranlaßte lobende Besprechung seiner *Practischen Philosophie*.

[257] Armin Basedow, *Johann Bernhard Basedow*, S. 36.

[258] Johann Bernhard Basedow an Johann Hartwig Ernst von Bernstorff, 13. Mai 1766, in: Friis,
Bernstorffske Papiere, Bd. 2, S. 42.

Jahren miteinander befreundet blieben und auch in wesentlichen Punkten ihrer pädagogischen Anschauungen weiterhin übereinstimmten.

Trotz dieser bestehenden Affinität ergriff Reimarus Mitte der 1760er Jahre nicht für Basedow Partei – was jedoch dann nicht verwundert, wenn man sich vor Augen führt, daß der Hamburger Professor auch seine eigene radikale Religionskritik, wie er sie in der *Apologie oder Schutzschrift für die vernünftigen Verehrer Gottes*[259] dargelegt hatte, „nicht an die Öffentlichkeit gab, sondern nur wenigen vertrauten Freunden"[260] mitteilte. Bezeichnenderweise wurde die *Apologie* erst posthum und nur in Teilauszügen ab 1774 von Lessing veröffentlicht. Für das Schweigen in eigener wie in Basedows Sache war, wie Reimarus selbst eingestand, vornehmlich die Angst vor drohender Verfolgung und Benachteiligung bei der Berufsausübung verantwortlich:

> [I]ch bin nachher nimmer auf den Vorsatz gerathen, die Welt durch meine bekanntgemachte Einsichten irre zu machen, oder zu Unruhen Anlaß zu geben. Die Schrift mag im Verborgenen, zum Gebrauch verständiger Freunde liegen bleiben; mit meinem Willen soll sie nicht durch den Druck gemein gemacht werden, bevor sich die Zeiten mehr aufklären.[261]

Welche Zumutung es für ihn war, unter diesen Bedingungen in Hamburg zu arbeiten, hat Reimarus in der ihn seit den 1740er Jahren beschäftigenden *Apologie* besonders eindrücklich geschildert:

> Die Herren Prediger mögen gewiß glauben, daß ein ehrlicher Mann seinem Gemüthe keine geringe Qual anthun muß, wenn er sich sein gantzes Leben hindurch stellen und verstellen muß. Was soll er aber anfangen, da die meisten Menschen, worunter er lebt, mit Haß und Boßheit gegen den Unglauben von der Priesterschaft erfüllt sind? Man würde ihm Freundschaft, Vertraulichkeit, Umgang, Handel und Wandel, ja alle Liebesdienste versagen, und ihn als einen ruchlosen und abscheulichen Missethäter vermeyden.[262]

Was sei aber an „der Heucheley so vieler bedruckten vernünftigen Menschen anders schuld" als der „mit so manchem zeitlichen Unglück verknüpfte Glaubens-Zwang," welchen die „Herren Theologi und Prediger, vermöge ihrer Schmähungen und Verfolgungen, den Bekennern einer vernünftigen Religion bis an ihren Tod anlegen?"[263]

Auch die anderen Freunde und Bekannten Basedows, die mit ihm in den 1760er Jahren in Altona und Hamburg häufig verkehrten, folgten grundsätzlich Reimarus'

---

[259] Hermann Samuel Reimarus, *Apologie oder Schutzschrift für die vernünftigen Verehrer Gottes*, hg. v. Gerhard Alexander, 2 Bde. Frankfurt am Main 1972.

[260] Kopitzsch, *Grundzüge*, S. 320. Zu den eingeweihten Freunden gehörten „Brockes, der Dichter", ferner „der Hamburgische Senatssyndikus Johannes Klefeker (1696–1775), die Kinder des Reimarus, auch der niederländische Konsul in Hamburg und später Lessing" (Schmidt-Biggemann, *Hermann Samuel Reimarus*, S. 53).

[261] Reimarus, *Apologie*, Bd. 1, S. 41.

[262] Ebd., S. 129

[263] Ebd.

Beispiel. Klopstock, der sich nach dem Tod seiner Frau Meta überwiegend in Hamburg aufgehalten hatte und erst 1764 wieder nach Kopenhagen zurückging, äußerte sich in den 1760er Jahren zu keiner Zeit öffentlich zu den pädagogischen Reformvorschlägen seines Altonaer Freundes, obwohl er sie im vertraulichen Gespräch guthieß.[264] Der Hamburger Redakteur Matthias Claudius, bei dem Basedow in den 1760er Jahren nachweislich einkehrte,[265] bezog erst Anfang der 1770er Jahre öffentlich zu den von Basedow favorisierten Erziehungsmethoden Stellung, als er im *Wandsbeker Boten* bezeichnenderweise die *Gedanken* von Ehlers lobend besprach. Ehlers habe nämlich in dieser wie auch seinen anderen pädagogischen Schriften „von dem Umgang mit der Jugend und ihrer moralischen Bildung" mit so viel „Kenntnis und Enthusiasmus" gesprochen, „als man bei andern gewohnt ist, wenn sie von glänzenden Irrwischen reden.[266]

Auch der Altonaer Stadtphysikus Johann Friedrich Struensee, der seit 1768 als Reise- und Leibarzt des dänischen Königs Christian VII. wirkte und ab 1770 als allmächtiger Reformminister die dänische Politik bestimmen sollte, erörterte zwar schon zu Beginn der 1760er Jahre in „langen Diskussionen mit dem befreundeten Pädagogen Basedow"[267] Fragen einer zeitgemäßen Erziehung; Struensee war es übrigens auch, der Basedow in Altona behandelte, als die Attacken seiner Gegner ihren Höhepunkt erreicht hatten.[268] Doch obgleich sich Struensee nicht scheute, in zwei von ihm herausgegebenen und seit 1763 erscheinenden Unterhaltungs- und Nachrichtenblättern, der *Monatsschrift zum Nutzen und Vergügen* und der *Altonaischen Monatsschrift*, allerlei gesellschaftspolitisch brisante Themen darzustellen,[269] besprach er Basedows Schriften und Schicksal nicht.

Lessing schließlich, der 1767 nach Hamburg zog, war frei und aufgeschlossen genug, sich mit dem von ihm nur wenige Jahre zuvor noch vehement kritisierten

---

[264] In einem Brief an seinen Onkel Johann Hartwig Ernst von Bernstorff vom 27. Juli 1768 schreibt Andreas Peter von Bernstorff, daß Klopstock über Basedows Pädagogik gesagt habe, „que l'idée est bonne", A. P. Bernstorff an J. H. E. Bernstorff, 27. 7. 1768, in: Friis, *Bernstorffske Papirer*, Bd. 1, S. 522.

[265] Kopitzsch, *Grundzüge*, S. 241.

[266] *Wandsbeker Bote* 24 (1773); zit. nach: Matthias Claudius, *Sämtliche Werke*. München 1968, S. 833.

[267] Stefan Winkle, *Johann Friedrich Struensee. Arzt, Aufklärer und Staatsmann. Beitrag zur Kultur-, Medizin- und Seuchengeschichte der Aufklärungszeit*. Stuttgart 1983, S. 582.

[268] RK, Privatarkiv 5129, Bernstorff Wotersen, Breve til J. H. E. Bernstorff fra Johann Bernhard Basedow (1763–1770), *Promemoria Johann Bernhard Basedows an Johann Hartwig Ernst Bernstorff*, 23. Juli 1764: „In Hanover habe ich ein Gerücht gehört, welches auch in den Anzeigen gedruckt seyn soll, daß dieses Jahr der Pyrmonter Brunnen vielen gefährlich sey. Herr Werlhorst, der mir niemals Gesundheit verspricht, wenn ich die Anstrengung der Gedanken bey meiner überhand nehmenden Narren=Krankheit und Gemüths Schwäche nicht unterlasse, hat mir das Pyrmonter Wasser gerathen. Aber jenes Gerücht und des Hrn. Orlichs Tod macht mich so unentschlossen, daß ich vielleicht dem gegenseitigen Rathe meines Altonaer Arztes [Johann Friedrich Struensee, J.O.] folge."

[269] Vgl. Kopitzsch, *Grundzüge*, S. 456.

Basedow regelmäßig zu treffen.[270] Zu einem Wort des Einspruchs gegen den öffentlichen Bann, den Basedow seit Goezes Angriffen zu erdulden hatte, konnte aber auch er sich nicht aufraffen. Erst viele Jahre später, als er selbst unter Goezes Attacken zu leiden hatte, nannte er es in seinem *Anti-Goeze* von 1778 einen Skandal, daß der Hamburger Hauptpastor „die Ehre und das Vergnügen" gehabt habe, neben „meiner Wenigkeit" auch dem „Herr[n] Basedow" die „Verdammung anzukündigen".[271]

Festzuhalten bleibt also, daß Basedows Altonaer und Hamburger Freunde zwar stets ein offenes Ohr für seinen Kummer hatten, seine pädagogischen Projekte auch im privaten Gespräch unterstützten, diese Unterstützung und Ermutigung aber nicht öffentlich kundtaten. Für Basedow war dieser heimliche Zuspruch sicherlich eine sehr zwiespältige Erfahrung. Einerseits half jede noch so bescheidene Ermunterung seitens der Bekannten und Freunde, ihm das Leben in Altona und die Weiterarbeit an seinen Projekten zu erleichtern. Auf der anderen Seite wog die in den Briefen an Bernstorff ausgedrückte Enttäuschung über das öffentliche Schweigen der Freunde doch sehr schwer. Deshalb können Basedows Leistungen auch nur dann gerecht gewürdigt werden, wenn man stets bedenkt, in welcher seelischen Extremsituation er in den 1760er Jahren arbeiten mußte.

3. Erste philanthropische Schulpraxis in Schleswig-Holstein und Oldenburg

3.1. Altona

Trotz des massiven Drucks, dem er in Altona ausgesetzt war, konnte Basedow jedoch dank des Rückhalts, den er an seiner Regierung fand, überraschend lange als Lehrer am Christianeum wirken. Es stellt sich von daher die Frage, inwieweit es Basedow mit Hilfe der Patronage Moltkes und Bernstorffs gelang, zumindest Teile seiner pädagogischen Reformvorstellungen in der Altonaer Schulpraxis zu verwirklichen. Tatsächlich läßt sich dank der noch vorhandenen Vorlesungsverzeichnisse und Schulakten des Christianeums, die uns gut über die Zeit der 1760er Jahre unterrichten, ein durchaus verläßliches Bild der in diesem Zeitraum gegebenen Altonaer Unterrichtssituation zeichnen.

Basedow standen von 1761 bis 1768 durchgehend drei Lehrstunden pro Woche zur Verfügung, in denen er seinen Hörern in öffentlichen Vorlesungen Jahr für Jahr die Philosophie „secundum Tomum libri, cui est titulus Praktische Philosophie für

---

[270] Vgl. Kopitzsch, *Grundzüge*, S. 370.
[271] Lessing, *Anti-Goeze*, S. 1021.

alle Stände"[272] erklärte. Selbst im Oktober 1764, als es Basedow eine zeitlang geboten schien, auf seine Vorlesungstätigkeit zu verzichten, notierte einer seiner Kollegen in den Schulakten des Christianeums dann doch, „daß dH Prof. Basedow schon gestern wieder selbst zu lesen angefangen habe, und heute fortfahre".[273] Daß Basedow seinen Vorlesungen über Moral gerade den *zweiten* Teil seiner *Practischen Philosophie* zugrunde legte, deutet darauf hin, daß er seinen Schülern wohl vornehmlich seine in diesem Abschnitt des Buches enthaltene Erziehungstheorie zu erläutern suchte.

Da der schon in Sorö entwickelte Kern dieser Erziehungslehre aber nun einmal der aufrüttelnde Aufruf zur praktisch gelebten religiösen Toleranz war, ist weiterhin anzunehmen, daß die Erziehung zur religiösen Toleranz ein wesentlicher Aspekt und zudem der selbstgesetzte Anspruch seiner Erziehungstätigkeit am Christianeum war. Diese Annahme wird auch durch die Tatsache gestützt, daß Basedow seit 1762 in seinen Privatvorlesungen den Schülern Grotius' Traktat *De religionis christianae veritate* erläuterte.[274] Da er ja schon 1756 Grotius gerade deswegen als besonders vorbildlich angepriesen hatte, weil der holländische Rechtsgelehrte es gänzlich vermieden hatte, „zum Abscheu an dem Umgange mit fremden Religionsverwandten"[275] aufzurufen, wird man wohl zu recht vermuten dürfen, daß Basedow auch in seinen Altonaer Vorlesungen hauptsächlich den *Toleranz*begriff des Grotius erläuterte.

Daß Basedow Grotius' Traktat *De religionis christianae veritate* vornehmlich als Lehrbuch der religiösen Toleranz verstand, wird außerdem auch eindrucksvoll durch den Inhalt eines von Basedow im Jahr 1766 vorgelegten Buches belegt, dem er bezeichnenderweise den nahezu gleichlautenden Titel *Versuch für die Wahrheit des Christenthums als der besten Religion*[276] gab. Wiewohl er mit der Wahl des Titels suggerierte, daß es sich bei diesem Buch um einen Beweis der Vortrefflichkeit des Christentums auf Kosten der anderen Religionen handele, beinhaltete diese Schrift jedoch einen ganz erstaunlichen Aufruf zur religiösen Toleranz, der alle früheren Forderungen Basedows substantiell übertraf.

Neben der schon in der *Practischen Philosophie* vorgetragenen Klage, daß die „von der Kette des Todes zitternde[n] Juden" ganz „mit Unrecht bedrängte, vom

---

[272] Index Praelectionum quae in Christianeo Academico [...] publice privatimque instituentur 1763, in: *Opuscula Nonnulla Professorum Christianei*, Vol. 7. Vgl. aber auch die Vorlesungsverzeichnisse der Jahre 1762, 1765, 1766, 1768 in: *Opuscula Nonnulla Professorum Christianei*, Vol. 7–9. Diese Vorlesungsverzeichnisse werden noch heute im Archiv des Christianeums aufbewahrt. Basedows Lehrveranstaltungen sind aber auch abgedruckt in Armin Basedow, *Johann Bernhard Basedow*, S. 82–84.

[273] AC, R 37, Schulakten 1764–1766, 5. Oktober 1764.

[274] Vgl. Index Praelectionum [...] Altona 1762: *Privatarum praelectionum argumenta suppenditabit Grotius in tractatu de religionis christianae veritate.*

[275] Basedow, *Lehrbuch*, § 229, S. 449.

[276] Johann Bernhard Basedow, *Versuch für die Wahrheit des Christenthums als der Besten Religion.* Berlin / Altona 1766.

Bürgerrecht ausgeschlossene" Mitmenschen seien, die ein besseres Schicksal verdient hätten, schloß er nun auch die „Mahomedaner" in die Gruppe derjenigen Gläubigen ein, die Christen in den von ihnen dominierten Staaten dulden sollten, da es sich selbstverständlich auch bei ihnen um „Miterschaffen[e] und Miterlöset[e]" handele.[277] Stellvertretend für die Repräsentanten auch der anderen Religionsgemeinschaften wünschte Basedow den Juden und Muslimen, daß sie „irgendeinmal, wenn Gott ein Land mit einer wohleingerichteten Toleranz gesegnet" habe, gemeinsam mit den Christen die „Verheißungen Gottes mit Aufmerksamkeit" vernehmen könnten, um dann „nach Möglichkeit [zu] untersuchen", welcher religiöse Weg der ihnen gemäßeste sei.[278] Schließlich handele es sich bei der freien Suche nach religiöser Wahrheit und der Duldung Andersgläubiger um etwas,

> was die natürliche Billigkeit, ferner die Pflicht, auch das redende Gewissen Niemandes unnöthigerweise einzuschränken, und überhaupt die nöthige Sorge für die wahre bürgerliche Wohlfahrt, für die öffentliche Tugend und Ruhe, und für die dazu nöthigen Mittel der Ausbreitung der Einsicht, in Ansehung der Toleranz[279]

dringend erforderlich machten. Derartig wichtig schien ihm ein gründliches Verständnis der religiösen Toleranz zu sein, daß er in seinem „Versuch für die Wahrheit des Christenthums" dann auch die Lektüre eines parallel gedruckten Werkes empfahl, in dem er die Möglichkeiten und Grenzen der Toleranz in aller Ausführlichkeit erörterte.[280]

Mit diesem im Frühjahr 1766 veröffentlichten Werk, den *Betrachtungen über die wahre Rechtgläubigkeit und die im Staate und in der Kirche nothwendige Toleranz*,[281] unternahm Basedow nun den Versuch, seine bis dahin in verschiedenen Schriften verstreute Beobachtungen zum Problem der Toleranz zu bündeln und in theologisch-systematische Form zu bringen. Auch wenn man glaube, so Basedow, daß „nur ein einziger Gott sei", gehöre es sicherlich „nicht zum Seligwerden der Menschen", daß sie alle „einerley Gedanken und Redensarten von Gott haben, und alle einerley Ceremonien beobachten".[282] Es finde sich nämlich „in der Untersuchung der Glaubensartikel ein so großer Unterschied des Unterrichts, der Gaben und der Umstände", daß es unmöglich sei, „alle in allen Stücken zu einerley Meinung zu bringen".[283] Die Vielfalt der Meinungen sei ja auch schon in der unterschiedlichen Beschaffenheit und den höchst differenzierten Begabungen der Menschen unwiderruflich angelegt.

---

[277] Basedow, *Versuch für die Wahrheit*, S. 278.
[278] Ebd.
[279] Ebd., S. 277.
[280] Vgl. ebd.
[281] Johann Bernhard Basedow, *Betrachtungen über die wahre Rechtgläubigkeit und die im Staate und in der Kirche nothwendige Toleranz*. Altona 1766.
[282] Ebd., S. 28.
[283] Ebd.

Diese unvermeidliche Verschiedenheit der theologischen Meinungen und religiösen Auffassungen sei nun aber keineswegs bedauerlich oder gar tragisch zu nennen, da erst durch diese Verschiedenheit „eine Harmonie zur Glückseligkeit der Menschen"[284] entstehen könne. Auch in der Musik bestehe ja „wahrlich nicht die beste Uebereinstimmung darinnen", daß alle „Stimmen unaufhörlich nur einen Ton von sich geben".[285] Weiterhin sei „die Verschiedenheit der Meinungen nicht allemal ohne Nutzen", da doch „ein Verstand durch den andern geschliffen" und die menschlichen Einsichten erst „dadurch aufgeklärt" würden.[286] Der Weg zur Wahrheit erfordere es also geradezu, daß eine möglichst große Meinungsvielfalt akzeptiert werde. In eben diesem Sinne habe auch schon Grotius „keine Bedenken" getragen „zu sagen, daß in keiner Secte die ganze Wahrheit, und in einer jeden ein Theil derselben sey".[287]

„Endzweck der Religion" sei es nämlich nicht, „die Köpfe der Menschen mit einer großen Menge von Wahrheiten zu verwirren, und das Gedächtniß zu betäuben", sondern „dem Herzen Liebe und Furcht Gottes einzuflössen, und uns zur Wohlthätigkeit gegen den Nächsten anzutreiben".[288] Die eigentliche, *praktische* religiöse Wahrheit sei deshalb auch eine höchst „einfältige und allen Menschen begreifliche Sittenlehre, nemlich die Liebe Gottes und des Nächsten", wobei es gar nicht darauf ankomme, „eine Secte zu gründen, sondern die Laster von der Erde zu verjagen, und die Menschen zur Ausübung aller Tugenden zu berufen".[289] Deshalb bestehe die einzig wahre Religion mit ihren durchaus zahlreichen Spielarten auch vornehmlich darin,

daß der Mensch aus einer reinen Liebe zu seinem Schöpfer in den Gesetzen desselben wandle, ihn über alles liebe und ehre, ihm über alles vertraue, in ihm allein sich beruhige, eine ewige Glückseligkeit von ihm hoffe, und den Nächsten wie sich selbst, nicht mit Worten, sondern in der That und Wahrheit liebe, und sich gegen ihn in allen Stücken so verhalte, wie er selbst, ohne etwas der gemeinen Wohlfahrt Nachtheiliges zu verlangen, wünschen darf, daß der andre, wenn die Umstände verwechselt wären, gegen ihn sich verhalten mögte[290]

Gerade weil diese *eine* religiöse Wahrheit ihre größte Strahlkraft in der *Praxis* erweise, so Basedow, sei es in einer aufgeklärten Gesellschaft auch zwingend geboten, daß die religiöse „Duldung auch gegen diejenigen müsse ausgeübt werden, die nicht einmal die Wahrheit der christlichen Religion erkennen".[291] Dies

---

[284] Ebd.
[285] Ebd.
[286] Ebd.
[287] Ebd., S. 61.
[288] Ebd., S. 32.
[289] Ebd.
[290] Ebd., S. 29.
[291] Ebd., S. 63. Auch wenn Basedow, wie wir gesehen haben, immer wieder vor der zunehmenden Freigeisterei und einem damit einhergehenden Erstarken des Atheismus in der zeitgenössischen Gesellschaft warnte und in der Folge sogar die „Glaubenspflicht, welche die sich selbst ge-

habe im übrigen auch vor ihm schon Grotius gefordert.[292] Somit dürften „wir uns nicht weigern" neben „Juden, Türken und Socinianer[n]" auch „braminische, chinesische, mahomedanische und andre Mißionarien an uns in unserm Lande zu dulden".[293] Voraussetzung für deren Wirken sei allerdings, daß sie „keine friedensstörerische Mittel ihrer vermeinten Bekehrung anwendeten".[294]

Mit dieser Einschränkung gab Basedow zu verstehen, daß auch eine sehr weitreichende Toleranz allerdings ihre Grenzen haben müsse. Vertreter von Sekten, die Religionshaß predigten, könnten nämlich auch in einem toleranten Gemeinwesen nicht geduldet werden, da es sich bei diesen Sekten nicht um politisch gute Religionen handele. Es sei daher eine „politisch gute Religion" nur „diejenige, welche den rechten Unterschied unter Tugend und Laster macht; eine überwiegende Belohnung der Tugend, und eine überwiegende Strafe des Lasters nach dem Tode behauptet" und „keine Pflicht oder Erlaubniß der Verfolgung gegen andre Religions=Verwandten lehret".[295]

Zu beachten sei in diesem Zusammenhang aber schließlich auch, so Basedow, daß einer „vollkommne[n] Toleranz",[296] ohne die Verleihung von bürgerlichen Rechten an alle Vertreter der friedliebenden Sekten, keine lange Dauer beschieden sein könne. Aus diesem Grunde würde die „Ertheilung gleicher Bürgerrechte an die Mitglieder *aller* politisch-unschuldigen Religionen" zur „Beförderung der politischen und bürgerlichen Glückseligkeit ein wahrer Vortheil seyn".[297] Auch Voltaire habe in seinem 1763 erschienenen Buch von der Toleranz in dieser Hinsicht „vieles Uebereinstimmende" geäußert.[298]

Gerade weil Basedow seinen Toleranzbegriff vornehmlich unter Berufung auf die einschlägigen Schriften von Grotius entwickelte, wird man annehmen dürfen, daß er seinen Schülern die theologischen Lehren des Holländers in genau der Interpretation vorstellte, die er selbst in seinen Schriften des Jahres 1766 vorgelegt hatte. Wie schon in Sorö erhielt Basedow nun auch in Altona wegen des neuartigen Inhalts und wohl auch wegen des engagierten Vortrags seiner Vorlesungen einen bemerkenswerten Zulauf. Aus den Schulakten des Christianeums geht ganz un-

---

lass'ne Vernunft den Nachdenkenden anbeut", propagierte (Basedow, *Vorstellung an Menschenfreunde*, § 22, S. 25), zeigt doch gerade dieser Satz seiner *Betrachtungen* deutlich, daß auch gegenüber Atheisten das Praktizieren von Toleranz unbedingt geboten war – jedenfalls solange Ungläubige sich nicht friedensstörerisch, also ‚politisch gut' verhielten.

[292] Vgl. Basedow, *Betrachtungen*, S. 63.

[293] Ebd., S. 90.

[294] Ebd.

[295] Ebd., S. 82.

[296] Ebd., S. 83.

[297] Ebd., Vorrede [Hervorh. J.O.].

[298] Ebd., Anmerkungen, S. 13. Tatsächlich verlangte Voltaire in seinem Traktat über die Toleranz „tous les droits des citoyens" auch für Anhänger solcher Religionen, „qui ne sont point de la religion du prince", sofern diese nicht „troublent cette société" oder „inspirent le fanatisme", Voltaire, *Traité sur la tolérance*, hg. v. René Pomeau. Paris 1989, Kapitel 4, S. 49 und Kapitel 18, S. 121.

zweifelhaft hervor, daß die Schüler auch in der schwierigen Zeit des Jahres 1764 danach verlangten, ihren Lehrer Basedow zu hören. So notierte ein Kollege Basedows im Oktober 1764, daß sich Basedow nicht zuletzt „durch das Bitten einiger Studirender" habe „bewegen lassen, Donnerstags von 3–4, und Freytags von 10–11 diesen Winter hindurch zu lesen".[299] Möglicherweise waren es sowohl die Anerkennung, die Basedow bei seinen Schülern genoß, wie auch die Sonderrechte, die der Altonaer Professor für sich am Christianeum in Anspruch nehmen durfte, die seinen Kollegen Georg Christian Maternus de Cilano dazu verleiteten ihn als jemanden zu charakterisieren, der „sich zu gut zu seyn dünkte sich zu uns zu stellen".[300]

Daß Basedow als Lehrer selbstgefällig und dünkelhaft handele und dabei auch gegen die üblichen pädagogischen und moralischen Normen verstoße, unterstellte ihm neben seinen Kollegen auch der Altonaer Prediger Samuel Fielbaum. Im Jahr 1765 beschuldigte Fielbaum Basedow nämlich, ein beim Kontrahenten wohnender Schüler hätte seinen Sohn, der ebenfalls das Altonaer Gymnasium besuchte, zur unstatthaften Geldaufnahme verführt. Das Geld habe der junge Fielbaum dann beim „Weintrinken"[301] und auch „für Thee, Caffe und Confect verzehret".[302] All diese Handlungen hätten sich „in dem Hauße des Professor Basedow, als dem jetzigen Auffenthalt dieses Verführers"[303] zugetragen. Der Altonaer Professor habe mithin seine Aufsichtspflicht aufs gröbste verletzt, da „dH Professor Basedow bekanntlich öfters von Hauße ist" und „sich seine weibliche Familie, um das, waß im Obersten Stock des Haußes mit den Studenten vorgeht, wenig bekümmern".[304] Basedow habe den jungen Fielbaum durch seine Nachlässigkeit also zu nichts Geringerem als „zum Ungehors[am] gegen seinen Vater verleiten wollen".[305]

Nach eingehender Prüfung dieser, wie Basedow sofort entgegnete, impertinenten und „ehrenrühigen"[306] Vorwürfe, kam es dann im September 1765 zu Basedows Rehabilitierung, als offenbar wurde, daß die vorgetragenen Beschuldigungen des Altonaer Predigers jeder seriösen Grundlage entbehrten. In einem reumütigen

---

[299] AC, R 37, Schulakten 1764–66, 6. Oktober 1766.

[300] AC, R 37, Schulakten 1764–66, 20. März 1766.

[301] AC, M 7 Basedow, Aktenvorgang zum Fall Fielbaum, Promemoria Johann Bernhard Basedows vom 2. November 1770.

[302] AC, M 7 Basedow, Aktenvorgang zum Fall Fielbaum, Schreiben Samuel Fielbaums vom 30. August 1765 an die Professorenschaft des Christianeums.

[303] AC, M 7 Basedow, Aktenvorgang zum Fall Fielbaum, Schreiben Samuel Fielbaums vom 17. August 1765 an das Kollegium der Professoren zu Altona.

[304] AC, M 7 Basedow, Aktenvorgang zum Fall Fielbaum, Schreiben Samuel Fielbaums vom 30. August 1765 an die Professorenschaft des Christianeums.

[305] AC, M 7 Basedow, Aktenvorgang zum Fall Fielbaum, Protokoll des Professors Henrici vom Oktober 1765.

[306] AC, M 7 Basedow, Aktenvorgang zum Fall Fielbaum, Promemoria Johann Bernhard Basedows vom 2. November 1770.

Entschuldigungsschreiben an den Rektor des Christianeums mußte der Pastor Fielbaum dann am 24. September 1765 erklären:

> Mein wahrhaftig gekränktes Gemüth erlaubet mir nun noch dieses zu melden, daß ich Ew: Hochadelgeb: für die meinen Kindern gegebene Unterweisung den verbindlichsten Dank abstatte; und daß ich die Bezahlung für die 2 Privat Collegia unausgesetzt folgen werde.[307]

Daß überhaupt solche Vorwürfe, die viel vom Charakter einer Schmutzkampagne hatten, gegen Basedow laut werden konnten, daß es ein Theologe war, der diese Angriffe vortrug und daß sich das Schulkollegium fünf lange Wochen Zeit nahm, um Fielbaums Anschuldigungen zu überprüfen, zeigt, was für ein großes Mißtrauen allein das gute Verhältnis, das Basedow zu den von ihm in der Religion und Moral unterwiesenen Schülern unterhielt, bei den Lehrerkollegen und in der Elternschaft hervorgerufen hatte. Bezeichnend für Basedows prekäre Stellung im Altona der 1760er Jahre ist übrigens auch, daß er in einem 1770 verfaßten Promemoria erklären mußte, er habe den Fall Fielbaum im Jahr 1765 persönlich nicht weiter verfolgt,

> weil ich von meinen Freunden wußte, sich die Hoffnung der Gefahr zu entgehen, die ich nach dem Reste hierarchischer Gesetze wegen paradoxer Schriften zu befürchten hatte, nur dadurch vermehren würde, wenn man meiner bey Hofe und in Copenhagischen Gesellschaften so wenig als möglich erwähnte.[308]

Wohl nicht zuletzt wegen der vielen Schwierigkeiten und Behinderungen, denen Basedow bei der Ausübung seines Lehrberufs in Altona trotz des Schutzes der dänischen Regierung fortwährend ausgesetzt blieb, willigte er schließlich Anfang des Jahres 1768 in ein Angebot des Ministers Bernstorff ein, das vorsah, ihn unter Beibehaltung eines großzügigen Gehalts von allen Verpflichtungen am Christaneum zu befreien, damit er sich ganz der „emendanda et adornanda altera philosophicae practicae editione aliusque ad rem philosophicam, scholasticam et literariam scriptis"[309] widmen könne. Auch wenn Basedow damit in Altona endgültig verwehrt blieb, das Christianeum insgesamt nach seinen Vorstellungen zu reformieren und zu einer Musterschule des dänischen Gesamtstaates umzuformen, bleibt als Fazit seiner Lehrtätigkeit doch immerhin festzuhalten, daß er in Altona erstmals eine Generation von noch sehr jungen Schülern mit den von ihm verfochtenen Gedanken einer Erziehung zur religiösen Toleranz vertraut machen konnte und dabei auch offensichtlich auf ein großes Interesse vieler Gymnasiasten stieß.

---

[307] AC, M 7 Basedow, Aktenvorgang zum Fall Fielbaum, Schreiben des Pastors Samuel Fielbaum an den Rektor des Christianeums vom 24. September 1765.
[308] AC, M 7 Basedow, Promemoria von Johann Bernhard Basedow vom 2. November 1770.
[309] Index Praelectionum ... Altona 1768.

3.2. Segeberg

Während Basedow seine pädagogischen Reformideen in Altona nur ansatzweise und unter großen Schwierigkeiten verwirklichen konnte, gelang es dem mit ihm befreundeten Rektor Ehlers im holsteinischen Segeberg weit besser, die dortigen Eltern vom Wert einer Erziehung zur Toleranz zu überzeugen.[310] Dies hatte möglicherweise zum einen mit seinen sehr konzilianten Umgangsformen zu tun und einer gewissen Zurückhaltung beim Äußern strittiger Ansichten, zum andern aber wohl auch mit der recht aufgeschlossenen Segeberger Elternschaft. Daß Ehlers in Segeberg nämlich zu seiner größten Zufriedenheit bei den Eltern seiner Schüler hohe Anerkennung genoß, beschrieb er in einer seiner kleinen Schriften mit dankbaren Worten: „[I]ch habe selbst Ursache, in dieser Hinsicht sehr vergnügt zu seyn, zumal wenn ich bedenke", daß „in meiner Person den hiesigen Einwohnern ein Schulmann gegeben wurde, den sie vorher nicht hatten, und den sie glaubten, sehr wohl entbehren zu können".[311]

Ehlers' Erfolg in Segeberg lag aber sicher auch in seiner glänzenden pädagogischen Ausbildung begründet, auf die er auch verwies, als er in seinen *Gedanken* schrieb, er habe sich schon von seinen Studien- und „Schuljahren her" aufs gründlichste dem „Geschäfte der Erziehung gewidmet".[312] Ehlers, der am 6. Januar 1732 im holsteinischen Nortorf bei Wilster geboren wurde, war zu Beginn der 1750er Jahre Student an der damals noch jungen Universität in Göttingen geworden, wo er vornehmlich bei dem bedeutenden Altphilologen Johann Matthias Gesner hörte. Bis zu seinem Studienabschluß im Jahr 1758 saß er nach eigener Aussage über vier Jahre zu dessen Füßen, wobei er sich Gesners Anschauungen weitgehend zu eigen machte.[313]

Gesner vertrat in seinen Vorlesungen die Ansicht, daß man „nicht wie bisher im Unterricht in den alten Sprachen mit dem Auswendiglernen der Grammatik" beginnen, sondern die Schüler „in einer Art ‚direkter' Fremdsprachenmethodik durch die Lektüre von verschiedenartigen Ganzschriften" in die Fremdsprache einführen sollte.[314] Erst später sollten grammatikalische Strukturen analytisch an den so erarbeiteten Texten erlernt werden.[315] Ganz ähnliche Forderungen hatte vor Gesner ja

---

[310] Zu Ehlers' Wirken in Segeberg vgl. Norbert Grube, *Das niedere und mittlere Schulwesen in den Propsteien Stormarn, Segeberg und Plön 1733 bis 1830. Realisierung von Sozialdisziplin?* Frankfurt a.M. 1999, bes. S. 152–179.

[311] Martin Ehlers, *Ob es ein sicheres Merkmal von der guten und rechtschaffenen Amtsführung eines Schulmannes sey, wenn er an seinem Ort allgemein geliebt und gelobt wird.* Altona 1766, S. 66.

[312] Ehlers, *Gedanken*, Vorrede

[313] Vgl. Kelle, *Ehlers*, S. 2. Vgl. auch: Jürgen Overhoff, Martin Ehlers, in: *Hamburgische Biografie*, Bd. 3, hg. v. Franklin Kopitzsch und Dirk Brietzke. Hamburg 2004 [im Druck].

[314] Hans-Jürgen Lorenz, *Von der Höheren Bürgerschule zum Herbartgymnasium.* Oldenburg 2000, S. 33.

[315] Vgl. ebd.

auch Reimarus als Mitglied der Lateinischen Gesellschaft zu Jena erhoben und so nimmt es nicht wunder, daß auch der Göttinger Professor in den 1740er Jahren zum Ehrenmitglied dieser Jenenser Gelehrtengesellschaft kooptiert wurde.[316] Interessant ist in diesem Zusammenhang auch, daß Reimarus schon am 21. Juli 1714 in der Jenenser Disputation Gesners dessen Korrespondent war.[317]

Ehlers wurde also ganz offensichtlich von Gesners Ideen zur Reform des altsprachlichen Unterrichts in genau der gleichen Weise beeinflußt, wie zuvor auch Basedow durch Reimarus' Vorschläge zur Reform des Lateinunterrichts geprägt worden war. Beide empfingen den motivierenden Impuls zur eigenen pädagogischen Arbeit also zuerst von bedeutenden Sprachreformern.[318] Und genau so, wie Reimarus seine Zufriedenheit mit der Entwicklung Basedows zum Ausdruck brachte, würdigte auch Gesner die Leistungen und Talente seines Schülers ganz nachdrücklich. In Ehlers' Göttinger Abschlußzeugnis vom Sommer 1758 bezeichnete Gesner ihn nicht nur als einen höchst gelehrten jungen Mann, sondern auch als einen Menschen, der sich durch seine „diligenti[a], modesti[a]" und „humanita[s]" vor seinen Kommilitonen in besonderer Weise auszeichne.[319]

Ob Ehlers nun auf Gesners Empfehlung nach Segeberg kam und ob er zwischen 1758 und 1759 noch eine andere Stellung innehatte, läßt sich heute nicht mehr ermitteln.[320] Jedenfalls stellte er sich bereits am 29. Januar 1759 einem Examen des Segeberger Konsistoriums, das er auch mit Erfolg bestand, so daß er noch am selben Tag zum ersten Rektor der Segeberger Schule gewählt wurde. Da sich neben Ehlers übrigens noch zwei weitere Mitbewerber prüfen ließen, hatten die Kirchenvisitatoren sogar aus mehreren Bewerbern den ihrer Ansicht nach Fähigsten auswählen können.[321] Ehlers trat sein neues Amt jedoch nicht unmittelbar nach seiner Wahl an und mußte immerhin noch ein Jahr zuwarten, bis ihm am 4. Fe-

---

[316] Index Membrorum Societatis Latinae Honorarium, in: Hallbauer, *Exercitationes*, Bd. 1, Index.

[317] Vgl. Schmidt-Biggemann, *Hermann Samuel Reimarus*, S. 13.

[318] Nach dem Vorbild der Gottschedschen Gesellschaft zu Leipzig gründete und leitete Gesner übrigens auch die Deutsche Gesellschaft zu Göttingen, die es sich zur Aufgabe machte, die deutsche Sprache und die zeitgenössische Literatur zu fördern. Auf den kausalen Zusammenhang zwischen Reimarus' und Gesners Ideen zur Reform des altsprachlichen Unterrichts und den Anfängen der philanthropischen Pädagogik hat erstmals Karl Pöhnert hingewiesen: Karl Pöhnert, *Johann Matthias Gesner und sein Verhältnis zum Philanthropinismus und Neuhumanismus*. Diss. Leipzig 1898.

[319] LAS, Deutsche Kanzlei, Abt. 65.2, Nr. 604, Zeugnis für Martin Ehlers ausgestellt von Jo. Matthias Gesner in Göttingen am 10. Juni 1758 (zeitgenössische Abschrift).

[320] In seinen *Gedanken vom Vocabellernen beym Unterricht in Sprachen* von 1770 berichtet Ehlers allerdings im Vorwort, S. XIII, daß er bereits „10 Jahr ein Schulmann" sei. Demnach wäre er also vor 1760 nicht als Lehrer tätig gewesen.

[321] LAS, Deutsche Kanzlei, Abt. 65.2, Nr. 4510, Extractus Protocolli Actum Segeberg, 29. Januar 1759.

bruar 1760 seine Bestallungsurkunde ausgehändigt wurde.[322] Der Grund für diese Verzögerung ist heute nicht mehr ersichtlich.

Neben den ersten pädagogischen Erfahrungen, die er im Umgang mit Gesner in Göttingen gesammelt hatte, und die er nun auch in Segeberg umzusetzen gedachte, hatte Ehlers aber vor allem auch bestimmte Vorgaben zu erfüllen, die ihm in seiner Bestallungsurkunde ausdrücklich zur Auflage gemacht wurden. Ihm war dort nicht nur aufgegeben, dem „Rectorat bey der Segeberger Stadt= und Kirchspiel=schule treu und fleißig vorzustehen", sondern insbesondere auch „im Informiren der studierenden Jugend, und sonsten in denen ihm beykommenden Verrichtungen dem von Uns unterm 10ten Dec[ember] a.p. [d.h. 1759] ausgelassenen Schul-Reglement sich in allen gemäs [zu] bezeigen".[323] Was aber beinhaltete das nur zwei Monate vor Ehlers' Amtsantritt erlassenen Schulreglement für Segeberg und welche pädagogischen Ziele sollten mit seiner Befolgung erreicht werden?[324]

Zunächst einmal relativierte die Segeberger Schulordnung die traditionelle lateinische Bildung gegenüber anderen, nun wichtiger scheinenden Bildungs- und Erziehungsfunktionen. Einen herausgehobenen Rang nahmen in der neuen Schulordnung zum einen eine fundierte und zeitgemäße religiöse Bildung ein, mit deren Hilfe die Jugend vornehmlich „von Hertzen fromm" und „in dem Umgang mit anderen Menschen angenehm, das ist wohlgesittet und höflich"[325] gemacht werden sollte. Zum anderen sollten die Schüler aber auch zur „Erlernung nützlicher Wißenschaften zu allen Berufs=Geschäften dieses gegenwärtigen Lebens"[326] angehalten werden. Damit erhielt der allgemein formulierte Bildungsauftrag in Segeberg „eine dynamisch-statische Doppelfunktion: Die durch beruflich nutzbare Bildung im Handel, Handwerk oder im Gelehrtenwesen initiierte Mobilität sollte ihre Kontrolle und Selektion in einer religiösen und tugendhaften Erziehung finden."[327]

---

[322] LAS, Deutsche Kanzlei, Abt. 65.2, Nr. 4510, Königliche Bestallungsurkunde für Martin Ehlers als neuer Segeberger Rektor, Christiansburg (Kopenhagen) den 4. Februar 1760.

[323] Ebd.

[324] Die neue Schulordnung für Segeberg wurde zwischen 1758 und 1759 von den beiden Segeberger Kirchenvisitatoren, Propst Ulitsch und Amtmann von Wedell, in Zusammenarbeit mit dem Kopenhagener Minister Johann Hartwig Ernst von Bernstorff erarbeitet. Vgl. dazu Grube, *Schulwesen*, S. 144ff. Dort hebt Grube auch hervor, daß „eine reformierte Lateinschule in Segeberg auf landständischer Ebene eine ähnliche Funktion erüllen" sollte, wie das erst zwei Jahrzehnte zuvor gegründete Gymnasium academicum in Altona". Diese Interpretation der Motivation zur Lateinschulreform in Segeberg werde auch gestützt „durch das vehemente Interesse und Eingreifen der zentralstaatlichen Behörden in Kopenhagen. Die vom älteren Bernstorff geleitete Deutsche Kanzlei goutierte die von dem Propst und Magistrat angedachten Verbesserungsgrundsätze, forderte aber zusätzlich einen konkreten Entwurf zum Stadtschulreglement als Grundlage einer endgültigen, vom König genehmigten Schulordnung", Grube, *Schulwesen*, S. 147f.

[325] LAS, Deutsche Kanzlei, Abt. 65.2, Nr. 4509, Reglement für die Stadt- und Kirchspielschule zu Segeberg vom 10. Dezember 1759, § 5, im folgenden abgekürzt zitiert als RSSe.

[326] LAS, Deutsche Kanzlei, Abt. 65.2, Nr. 4509, RSSe, § 5.

[327] Grube, *Schulwesen*, S. 153.

Kenntnisse, die im gesellschaftlichen, beruflichen und häuslich-familiären Alltag anwendbar und nutzbringend sein konnten, sollten beispielsweise im Zusammenhang des Erlernens der „Anfangs=Gründ[e] der Historie und Geographie ange-
führet"[328] werden. Außerdem sollte die gewünschte Geschicklichkeit in gesellschaftlichen Angelegenheiten auch durch das Lesen von schnell daher geschriebenen Handschriften und Briefen erworben werden, damit die Kinder nicht nur an
Musterschriften gewöhnt würden. Desgleichen wurde ein Unterricht vom menschlichen Körper angemahnt, von „deßen Gesundheit, ihrer Erhaltung durch eine gute
Lebensart, und baldiger Wiederherstellung bey eintrefenden Krankheiten".[329]

Der Religionsunterricht, in dem die Kinder in der Hauptsache zum sittsamen
Betragen gegenüber ihren Mitmenschen erzogen werden sollten, war ganz wesentlich als Unterricht in religiöser Toleranz zu absolvieren.[330] Zudem sollten die
Schüler der Segeberger Schule bei der religiösen Unterweisung in erster Linie zum
selbständigen, eigenverantwortlichen und kindgerechten Nachdenken über Religionswahrheiten angeregt werden.[331] „[M]it dem Auswendiglernen" auch „etwa
ein[es] biblische[n] Spruch[s]" sollte hingegen „so sparsam, als immer möglich
ist", verfahren werden, da die Religion nicht sklavenmäßig, sondern auf eine „die
Jugend zum Denken reitzende Art behandelt werde[n]" sollte.[332] In diesem Zusammenhang wurde auch unterstrichen, daß die Lehrer die Prügelstrafe mit Stock
oder Rute einzuschränken hatten zugunsten von Ermahnungen, „Vorhaltungen der
Wahrheit und kluge[m] Betragen", von Appellen an das Gewissen und das Schuld-
bewußtsein der Zöglinge, damit sie ihr falsches Verhalten besser einsehen lernten.[333] Auf diese Weise sollten Züchtigungen gleichsam im Vorfeld vermieden
werden.

Daß Ehlers sich die Vorgaben des Segeberger Schulreglements vom Dezember
1759 in der Tat ganz weitgehend zu eigen machte, geht vor allem aus seiner wichtigsten pädagogischen Programmschrift der 1760er Jahre, den *Gedanken* von 1766,
hervor. Wie wir bereits im vorangegangenen Abschnitt gesehen haben, befand er
sich nämlich im völligen Einklang mit der Segeberger Schulordnung, als er
beispielsweise das Erwerben von umfassenden Kenntnissen in der Geographie und
der Menschheitsgeschichte sowie die Erziehung zur religiösen Toleranz als ganz
wesentliche Ziele des Unterrichts beschrieb. Wie sich die von Ehlers aufgegriffenen Erziehungsziele ganz konkret in der Organisation und Durchführung des Unterrichts äußerte, läßt sich allerdings aufgrund der dürftigen Quellenlage nicht
mehr ermitteln. Leider liegt ein *Tabellarischer Extract aus den wegen der Lateini-*

---

[328] LAS, Deutsche Kanzlei, Abt. 65.2, Nr. 4509, RSSe, § 7
[329] Ebd., § 23
[330] Ebd.
[331] Ebd., §§ 18 u. 19.
[332] Ebd., § 18.
[333] Ebd., § 21.

schen Schulen in den Herzogthümern eingegangenen Nachrichten, der auch mit Blick auf die Segeberger Verhältnisse einen diesbezüglichen Aufschluß geben könnte, erst für das Jahr 1777 vor.[334] Es ist jedoch aufgrund der Kongruenz von Ehlers' *Gedanken* mit den Zielvorstellungen des Schulreglements von 1759 davon auszugehen, daß der Segeberger Rektor die in diesen Texten definierten pädagogischen Prinzipien an seiner Schule zur Anwendung brachte.

Neben der erfolgreich betriebenen Reform des Lehrplans, reklamierte Ehlers in einer Nachbetrachtung seiner Segeberger Schulzeit für sich auch, dort einer größeren Anzahl von Kindern den Zugang zur gehobenen Bildung erleichtert zu haben. Demnach habe er öffentlichen Latein- und Privatunterricht nicht nur Kindern wohlhabender Eltern, sondern auch ökonomisch schlechter gestellten Schülern erteilt, wenn diese sich durch Fleiß und Vermögen dazu qualifiziert hatten.[335] Als Beleg dafür, daß Ehlers mit dieser Einschätzung die Segeberger Unterrichtssituation durchaus zutreffend beschrieben haben könnte, dient möglicherweise die Tatsache, daß Segeberg in den ersten beiden Jahrzehnten nach Erlaß der neuen Schulordnung stets über eine Anzahl von 14 bis 15 Lateinschülern verfügte, „die im Vergleich zur Lateinschule in Itzehoe 1786 den dortigen 18 Schülern in der Rektorklasse entsprachen".[336]

Für sein großes Engagement als Lehrer und Reformer wurde Ehlers nun nicht nur, wie bereits dargestellt, das Lob der Segeberger Elternschaft zuteil, auch der für die Aufsicht über das Segeberger Schulwesen zuständige Generalsuperintendent Adam Struensee hatte an Ehlers' Unterricht nichts zu beanstanden. So rapportierte er 1765 in einem Visitationsbericht über die Verhältnisse an der Segeberger Schule nach Kopenhagen, daß der Rektor Ehlers ein geschickter Lehrer sei, der die Kinder in besonders rechtschaffener Weise erziehe.[337] Anfeindungen wie sie Basedow in Altona erlebte, war Ehlers in Segeberg wegen seines modernen Religionsunterrichts zu keiner Zeit ausgesetzt.

Daß Ehlers sich deshalb in Segeberg durchaus wohl fühlte und auch noch Mitte der 1760er Jahre glaubte, von dort aus wichtige Anstöße zu pädagogischen Neuerungen geben zu können, wird auch dadurch dokumentiert, daß der Segeberger

---

[334] LAS, Deutsche Kanzlei, Abt. 65.2, Nr. 598/I, Tabellarischer Extract aus den wegen der Lateinischen Schulen in den Herzogthümern ad rescriptum Cancellariae vom 19. July 1777 eingegangenen Nachrichten.

[335] LAS, Deutsche Kanzlei, Abt. 65.2, Nr. 4510, Ehlers an die Segeberger Kirchenvisitatoren vom 29. Januar 1769.

[336] Grube, *Schulwesen*, S. 168. Zu den Segeberger Schülerzahlen vgl. LAS, Deutsche Kanzlei, Abt. 65.2, Nr. 4509, Verzeichnis der Knaben, welche die lateinische Sprache [in] der Segebergischen Stadtschule besuchen vom 14. August 1760 sowie Abt. 65.2, Nr. 598/I, Tabellarischer Extract vom 19. July 1777. Grube äußert sich in diesem Zusammenhang eher skeptisch, wenn er unterstellt, daß Ehlers versucht habe „seine pädagogischen Leistungen eventuell zu stilisieren" (Grube, *Schulwesen*, S. 168).

[337] Vgl. LAS, Abt. 11 (Konsistorium zu Segeberg), Nr. 35 I/II, General: Visitationsbericht aus der Probstey Segeberg de anno 1765, § 7.

194

Rektor es sich in dieser Zeit leisten konnte, einen sehr ehrenhaften Ruf nach Rußland auszuschlagen. In einem Schreiben an das Generalhofamt in Kopenhagen vom 17. März 1767 heißt es nämlich, an Ehlers sei „neulich" ein „besonders vortheilhafter Ruf zum Inspectorat an der neuen Schul-Anstalt in Petersburg" ergangen.[338] Offensichtlich war man in russischen Regierungskreisen unmittelbar nach der Veröffentlichung seiner *Gedanken* von 1766 auf den Segeberger Rektor aufmerksam geworden. Ehlers habe jedoch „aus Neigung und Liebe fürs Vaterland ausgeschlagen",[339] das angetragene Amt anzunehmen. Zudem sei man mit Ehlers übereingekommen, sein Segeberger Gehalt aufzustocken, zumal „gelehrte und geschickte Männer" wo immer möglich „dem Lande conservirt werden" sollten.[340] Ein Jahr später war Ehlers dann allerdings doch nicht mehr in Segeberg zu halten, als er vom Oberschulkollegium des Konsistoriums zu Oldenburg in Oldenburg berufen wurde, das Rektorat der altehrwürdigen Oldenburger Lateinschule zu übernehmen.

3.3. Oldenburg

Anders als die Berufung aus St. Petersburg war der Ruf, den Ehlers aus Oldenburg erhielt, aber keine Einladung zum Fortgang aus seinem geliebten dänischen ‚Vaterland'. Schon seit 1667, also seit dem Tod des ohne legitimen Erben gebliebenen Oldenburger Grafen Anton Günther, wurden die Grafschaften Oldenburg und Delmenhorst nämlich auf Grund alter dynastischer Voraussetzungen vom dänischen Königshaus als abgelegenes Kronland von Kopenhagen aus verwaltet und regiert.[341] Auch das Schulwesen der Stadt Oldenburg hatte somit zur Zeit von Ehlers' Berufung schon ein ganzes Jahrhundert lang unter dänischer Verwaltung gestanden. Drei der vier Oldenburger Schulen waren sogar erst zur Zeit der dänischen Herrschaft gegründet worden. Gerade die Regierung Friedrichs V. hatte erheblichen Anteil an dieser Entwicklung. Neben der bereits seit 1573 bestehenden Oldenburger Lateinschule waren mit den 1742 und 1746 gegründeten Elementarschulen vor dem Heiligengeisttor und dem Everstener Tor sowie der 1747 einge-

---

[338] LAS, Deutsche Kanzlei, Abt. 65.2, Nr. 4510, Bestallung für Martin Ehlers als Rectorem bey der Stadt- und Kirchspiels=Schule zu Segeberg, Akten von 1759–1772, Schreiben an das Kopenhagener Generalhofamt vom 17. März 1767.
[339] Ebd.
[340] Ebd.
[341] Vgl. ganz allgemein zur Oldenburger ‚Dänenzeit' die Darstellungen von Heinrich Schmidt, Oldenburg in der ‚Dänenzeit', in: *Geschichte der Stadt Oldenburg*, Bd. 1, Von den Anfängen bis 1830. Mit Beiträgen von Heinrich Schmidt und Ernst Hinrichs, hg. v. der Stadt Oldenburg. Oldenburg 1997 und Heinrich Schmidt, Die Grafschaften Oldenburg und Delmenhorst vom späten 16. Jahrhundert bis zum Ende der Dänenzeit, in: Albrecht Eckhardt / Heinrich Schmidt (Hg.), *Geschichte des Landes Oldenburg*. Ein Handbuch, 3. Aufl. Oldenburg 1989, S. 173– 228.

richteten Standesschule für Beamtenkinder gleich drei Oldenburger Schulen nur wenige Jahre vor Ehlers' Amtsantritt eingeweiht worden.[342]

Um das seit dem Regierungsantritt Friedrichs V. im Aufschwung begriffene Oldenburger Schulwesen[343] noch weiter voranzubringen, berief das Konsistorium mit Ehlers nun ganz bewußt einen Mann, den man für einen der besten Schulmänner seiner Zeit hielt. Bernstorff gegenüber begründeten die Mitglieder des Oldenburger Konsistoriums die Wahl von Ehlers damit, daß dieser sich in seinem Vaterland wie auch „außerhalb Landes" als „ein gelehrter Mann durch seine Schriften" bereits bekannt gemacht habe und auch „sonst als eines guten und geschickten Schul Rector angepriesen" werde.[344] Die Elterleute und Geschworenen der Stadt Oldenburg vereinbarten immerhin, dem neuen Rektor aus der Stadtkasse, „dem Stadts Aerario, die Summe von 66 2/3 Rt. und aus der Service Casse ein gleiches Quantum [zu] assignieren",[345] um ihm den Umzug von Segeberg nach Oldenburg finanzieren zu können. Das Konsistorium legte daraufhin nocheinmal denselben Betrag hinzu und rundete damit die Ehlers angebotene Summe auf 200 Reichstaler, „[u]nd so kam eine gemeinsame Leistung zu Tage, wie sie in den bisherigen Schulannalen noch nicht verzeichnet war".[346]

Damit der Berufungsvorgang möglichst schnell abgeschlossen werden konnte, wandte man sich sogar nach London, wo sich Bernstorff im Herbst 1768 mit dem dänischen König in diplomatischer Mission aufhielt. Am 22. September 1768 sandte Bernstorff dann aus England einen positiven Bescheid nach Oldenburg:

> Ich habe keinen Anstand genommen, den Inhalt Eur. Excellenz und Meiner Hoch. und Vielgeehrten Herren an mich unter dem 22ten letzt. Abgewichenen Monaths gerichteten Schreibens Ihro Königl. Mayt. vorzutragen. Allerhöchst. Dieselbe genehmigen in Gnaden den Vorschlag das zu Oldenburg erledigte Schul Rectorat durch den Rectorem Ehlers zu Segeberg wiederum zu besetzen.[347]

Als Ehlers dann im Oktober 1768 in Oldenburg eintraf, wurde er mit überschwenglichen Worten begrüßt, die die hochgespannten Erwartungen der Olden-

---

[342] Vgl. dazu: Jürgen Weichhardt (Hg.), *Von der Lateinschule zum Alten Gymnasium Oldenburg 1573–1973*. Oldenburg 1973, S. 159–160.

[343] Die Leistungen der dänischen Könige für das Oldenburger Schulwesen werden zusammengefaßt in: Karl Meinardus, *Geschichte des Grossherzoglichen Gymnasiums zu Oldenburg*. Oldenburg 1878, S. 62–63. Vgl. aber auch Schmidt, *Oldenburg in der ‚Dänenzeit'*, bes. S. 434–442. Allerdings findet das Wirken von Ehlers in Oldenburg in Schmidts Beitrag keinerlei Erwähnung!

[344] NSO, 160-1, Nr. 901 (Oberschulkollegium Consistorialis Gymnasium zu Oldenburg), Acta betreffend Oldenburgische Schulkollegen an der Lateinischen Schule, Bestallungen, Schreiben des Oldenburger Schulkollegiums an Johann Hartwig Ernst von Bernstorff vom 22. August 1768

[345] NSO, 160-1, Nr. 901, Vermerk vom 19. August 1768.

[346] Meinardus, *Geschichte*, S. 66.

[347] NSO, 160-1, Nr. 901, Johann Hartwig Ernst Bernstorff an das Oldenburgische Schulkollegium, 9. September 1768.

burger überaus deutlich werden ließen. „Der heutige Tag stillt uns endlich die mächtige, fast unglaubliche Sehnsucht, die wir nach dir, du trefflicher Mann! getragen haben; er erweckt in unserer Seele neue Hoffnung, neue Schaffenslust und verheißet uns reiche Ernte neuer Geistesfrüchte",[348] hieß es in der vom Oldenburger Generalsuperintendenten Johann Adam Flessa[349] gehaltenen Rede zur Amtseinführung des neuen Rektors. Die weitere Hebung des Ansehens der Schule und eine vortreffliche, den höchsten Ansprüchen genügende Ausbildung ihrer Schüler schien durch Ehlers gesichert zu sein.

Was aber versprach sich der neue Rektor selbst von seinem Wechsel nach Oldenburg? Wiewohl Ehlers in Segeberg offensichtlich gerne und mit Erfolg gearbeitet hatte, bot ihm Oldenburg als die weitaus größere Stadt und als Zentrum eines „kleinstaatlich-ländliche[n]"[350] Territoriums doch ganz andere Entfaltungsmöglichkeiten, gerade auch mit Blick auf die von ihm angestrebten pädagogischen Reformen. Denn „Reformen betrafen hier grundsätzlich das ganze Land, sie wurden zentral konzipiert, unter tätiger Mithilfe des Konsistoriums, das staatliche Behörde war, direkt in die Kirchspiele hineingetragen", und sie „führten wegen der Überschaubarkeit der Verhältnisse und des Fehlens eines namhaften Widerstands schon nach verhältnismäßig kurzer Zeit zu spürbaren Ergebnissen".[351] In einem Schreiben an das Oberschulkollegium des Oldenburger Konsistoriums begründete er seine Entscheidung für einen Wechsel nach Oldenburg außerdem noch damit, daß „der Ort überdas in Ansehung der Gesundheit, in Ansehung der Lage in einem der glücklichsten Theile der Königlichen Länder und in Ansehung eines vernünftigen und angenehmen Umgangs große Vorzüge"[352] aufweise.

Schon bald nach seiner Ankunft wurde Ehlers gewahr, daß eine seiner vordringlichsten Aufgaben die Erstellung einer neuen Schulordnung sein würde. Die bei seinem Amtsantritt noch immer gültige Schulordnung von 1703 war zwar bereits 1724 vom Oberlanddrost Christen Thomsen Sehested[353] als Statthalter des dänischen Königs kritisiert worden, weil sie eine durch den Lateinunterricht vorgegebene Klasseneinteilung festschrieb, was dazu führte, daß „profane Fächer wie

---

[348] Zit. nach Eduard Dickmann, *Aktenmäßige Beiträge zur Vorgeschichte der Städtischen Ober= Realschule und Vorschule zu Oldenburg.* Oldenburg 1894, S. 1.

[349] Eine Kurzbiographie Flessas, der von 1741 bis 1749 selbst als Rektor des Gymnasiums in Altona gewirkt hatte, findet sich in: Hans von Seggern, Johann Adam Flessa, in: Hans Friedl (Hg.), *Biographisches Handbuch zur Geschichte des Landes Oldenburg.* Oldenburg 1992, S. 196. Flessas Wirken als Generalsuperintendent in Oldenburg wird beschrieben in: Rolf Schäfer (Hg.), *Oldenburgische Kirchengeschichte.* Oldenburg 1999, S. 327–329.

[350] Ernst Hinrichs, Aufklärung in Niedersachsen. Zentren, Institutionen, Ausprägungen, in: Rudolf W. Keck (Hg.), *Spätaufklärung und Philanthropismus in Niedersachsen.* Hildesheim 1991, S. 32.

[351] Ebd.

[352] NSO, 160-1, Nr. 901, Martin Ehlers an das Oldenburger Konsistorium, 30. August 1768.

[353] Zu Sehesteds Wirken in Oldenburg vgl. Inger Gorny, Christen Thomsen Sehested, in: Friedl, *Biographisches Handbuch,* S. 664–666.

Geographie, Geschichte und Mathematik" oder moderne Sprachen wenn überhaupt „nur am Rande gelehrt wurden".[354] Doch bis in die 1750er Jahre war alles beim alten geblieben, hatten sich keine Änderung der Schulordnung oder Veränderungen im Fächerkanon ergeben. Erst als der Minister Bernstorff 1755 intervenierte, weil er an der „gehörigen Einrichtung" der Oldenburger Lateinschule zweifelte, und vom königlichen Statthalter Rochus Friedrich Graf von Lynar[355] forderte, „dass dero Sprachmeister vor ein billiges Salarium wöchentlich 8 Stunden in der öffentlichen Schule dociren dürfe",[356] wurde wenigstens der französische Sprachunterricht dauerhaft in den Lehrplan aufgenommen. Dennoch war Bernstorff mit der Gestalt der Schulordnung noch keineswegs zufrieden, verlangte weiterhin deren umfassende Revision, und so „übertrug man denn im Consistorium die Ausarbeitung dem G[eneral]sup[erintendenten] Flessa", der sich aber, wie Meinardus berichtet, „übrigens dagegen ‚sträubte'".[357] So war von der Reform der Schulordnung weitere 14 Jahre lang nichts mehr zu vernehmen.

Offen thematisiert wurde die unerledigte Aufgabe erst wieder, als Ehlers sich im Januar 1769 beim Oldenburger Konsistorium dafür entschuldigte, daß er den Entwurf einer neuen Schulordnung noch nicht vorlegen könne, da er darauf sehr viel Sorgfalt zu verwenden gedenke und erst noch andere Schulverordnungen im Vergleich sichten wolle. Über diese Absichtserklärung zeigte sich nun wieder der Generalsuperintendent Flessa höchst erstaunt, da, wie er behauptete, von Ehlers doch nur der Entwurf eines Lektionsplans verlangt worden sei, und dieser und eine Schulordnung „zwei entsetzlich weit verschiedene Dinge"[358] seien. Ganz im Gegenteil meinte Flessa sogar, daß die nach wie vor gültige Schulordnung von 1703 viel Gutes enthalte, was jedoch in der Unterrichtspraxis oftmals nur in ungenügender Weise umgesetzt worden sei.

Ehlers konzentrierte seine Reformbestrebungen also erst einmal auf die Erstellung eines neuen Lehrplans. Da er den Kanon der zu unterrichtenden Fächer erheblich erweitern wollte, kam es ihm zunächst darauf an, die Mitglieder des Konsistoriums davon zu überzeugen, daß die Einführung eines neuen Lehrplans nur mit einem zugleich eingeführten neuen Fachlehrersystem dauerhaft Erfolg haben könne. Schon in seinem ersten Promemoria „[a]n das hochlöbliche Oldenburgische

---

[354] Lorenz, *Von der Höheren Bürgerschule*, S. 31. Von Sehestedt erwartete „in den Historiis, der Geographie und besonders der Mathematic" gute Kenntnisse, weil „unsere Schule [...] in florissanten Stand gebracht werden soll", und „Stadt und Land daran gelegen [sei], daß ihre Kinder" in den genannten Fächern den bestmöglichen Unterricht erhielten, „sie mögen sich dem studiis widmen, oder sich auf die Kaufmannschaft oder die navigation legen, oder E.K. Maj. als officirs zu dienen entschlossen sein", zit. nach Schmidt, *Oldenburg*, S. 442.

[355] Zu Graf Lynars Wirken in Oldenburg vgl. Inger Gorny, Rochus Friedrich Graf von Lynar, in: Friedl, *Biographisches Handbuch*, S. 429–431.

[356] Vgl. Meinardus, *Geschichte*, S. 63.

[357] Ebd., S. 77.

[358] Zit. nach ebd.

Consistorium" vom 28. November 1768[359] betonte er, daß man „[b]ey einer Schule von fünf lateinischen Klassen, wie die hiesige ist", nicht von allen Lehrern „einerley Geschicklichkeit fordern" könne.[360] Also schlug er vor, statt Klassenlehrern Fachlehrer in die einzelnen Klassen zu schicken. Alle müßten „denkende Köpfe und des Lateinischen mächtig" sein, aber einer müßte sich

> eher vorzüglich auf die Orientalischen Sprachen und die Theologie, ein Zweiter auf die Philosophie, die Schönen Wissenschaften und auf die griechische und lateinische Sprache, ein Dritter auf das Französische und Englische, eine Vierter auf das Italiänische und die Musik und ein Fünfter auf die Mathematik und Physik geleget haben.[361]

Aus der Art dieser von Ehlers vorgeschlagenen Aufgabenverteilung geht deutlich hervor, daß der Sprachenunterricht für ihn in Oldenburg von überragender Bedeutung war. Als der neue Rektor dann endlich im Frühjahr 1769 seinen „Entwurf, wie in fünf Classen einer so genannten lateinischen Schule die Lectionen für Lehrende und Lernende aufs vortheilhafteste zu vertheilen wären"[362] vorlegte, spiegelte sich diese Vorliebe auch in der Verteilung der Fächer wider, hatte er doch nicht weniger als sieben Fremdsprachen in den Stundenplan aufgenommen. Neben den klassischen und biblischen Sprachen, also dem Lateinischen, Griechischen und Hebräischen, wollte er das Französische, Englische, Dänische und Italienische unterrichtet wissen, da er die Kenntnis dieser Sprachen für unverzichtbar und einer wahrhaft gebildeten Jugend gemäß erachtete.

Außer den zahlreichen Fremdsprachen, der deutschen Sprache, den Schönen Wissenschaften und der Philosophie, nahm er aber auch mit der Geschichte, der Geographie, der Mathematik und der Physik exakt diejenigen Fächer in den Lehrplan auf, die Bernstorff dort schon seit längerem vermißt hatte. Interessant ist zudem, daß Ehlers im Sinne einer von ihm schon in Segeberg angestrebten vernunftgemäßen Unterweisung in der Religion zusätzlich zur Theologie auch noch das Fach „Götterlehre" in den Stundenplan einbezog. In diesem Fach sollte den Schülern wohl ein sehr allgemein gehaltener Überblick über die neben dem Christentum noch bestehenden Religionsgemeinschaften erteilt werden. Befremden rief in diesem Zusammenhang übrigens Ehlers' Ankündigung hervor, im Winter nicht in die Kirche zu gehen, doch begründete der Rektor diese Entscheidung mit einem Hinweis auf seine Gesundheit:

> Damit nicht gedacht werde, als wenn ich im Grunde unsre verehrungswürdige Religion nicht für göttlich hielte, oder mir wenig daraus machte, ob ich durch Unterlassung des Kirchengehens andern und besonders meinen Schülern anstößig würde oder nicht: so muß ich sagen, daß

---

[359] NSO, 160-1, Nr. 901, Oberschulkollegium Consistorialis Gymnasium zu Oldenburg, Martin Ehlers, Promemoria vom 28. November 1768.
[360] Ebd.
[361] Ebd.
[362] NSO, 160-1, Nr. 901, Oberschulkollegium Consistorialis Gymnasium zu Oldenburg.

ich, besonders, wenn ich mir keine Bewegung machen kann, mich durchaus nicht der kalten Luft aussetzen darf, und daß ich einem zu genau beobachteten Kirchengehen die Veranlassung zum größten Theil meiner Schwächlichkeit zuzuschreiben habe [363]

Inwieweit Ehlers nun die Vorgaben seines Lehrplans im Unterricht umsetzte, ist schwer zu ersehen. Es scheint zumindest, als habe er seinen Entwurf vorerst nur als ein Ideal betrachtet. Denn nur wenige Monate nach Vorlage des Lehrplans, als er, wie die anderen Lehrer der Schule auch, zu einem Bericht über den im zurückliegenden Semester erteilten Unterricht aufgefordert wurde, erklärte Ehlers, er sei von dem bis jetzt üblichen so wenig abgewichen, als nach seinen Begriffen „von dem mehr oder weniger wichtigen es irgend thunlich gewesen".[364] Von „all den schönen neuen Sachen: Dänisch, Italiänisch, Französisch, Mathematik, Physik" findet sich in diesem Bericht jedoch „so gut wie nichts".[365]

Auch Ehlers' Vorschlag eines neu einzurichtenden Fachlehrer-Systems konnte zur Zeit seines Rektorats nicht in die Praxis umgesetzt werden.[366] Trotz dieses ernüchternden Befundes kann von einem grundsätzlichen Scheitern des neuen Oldenburger Rektors aber nicht die Rede sein. Immerhin fielen seine Reformideen doch bei seinen Schülern auf fruchtbaren Boden, wie sich zumindest anhand der selbstgewählten Themen der Abschiedsreden seiner Zöglinge zeigen läßt. So wurde in den Reden, welche die Oldenburger Schulabgänger anläßlich der jährlich stattfindenden Schulexamina zu halten hatten, erörtert, „welchen Vortheil die Wissenschaften von der Erlernung der Sprachen erhalten" und „worauf man bey Erlernung der Sprachen vorzüglich zu sehen habe".[367] Auch eine rationale und tugendhafte Grundhaltung in religiösen Fragen wurden von den Schülern thematisiert, wenn sie „die Vortheile, welche die Menschenliebe zur Folge hat" diskutierten oder „über Unglauben, Aberglauben, Heucheley und Religion" disputierten.[368]

Ehlers' Schüler waren es auch, die den Rektor baten, gemeinsam mit ihnen in Oldenburg Theateraufführungen einzustudieren.[369] Tatsächlich kam es im Jahr 1770 auch „den 16ten Februar des Nachmittags um 5 Uhr" dazu, daß die Eltern, Freunde, „Gönner und Gönnerinnen" der Oldenburger Schule", einer „von den Oldenburgischen Schülern der ersten Ordnung auf dem Rathause anzustellenden Aufführung einiger dramatischer Unterhaltungen" beiwohnen konnten.[370] Um bei

---

[363] Ebd., Martin Ehlers, Promemoria vom 28. November 1768.

[364] Zit. nach Meinardus, *Geschichte*, S. 79.

[365] Ebd.

[366] Vgl. dazu Weichardt, *Lateinschule*, S. 20.

[367] AGO, Schulprogramme der Jahre 1768–1771, Abschiedsreden zum 24. und 25. Schulexamen 1769 und 1770.

[368] AGO, Schulprogramme der Jahre 1768–1771, Abschiedsreden zum 25. Schulexamen 1770.

[369] Martin Ehlers, *Vom Nutzen und Schaden dramatischer Spiele*. Oldenburg 1770: „Viele meiner geliebten Schüler haben oft in mich gedrungen, ihnen die Aufführung irgend eines guten dramatischen Stücks zu verstatten", S. 4.

[370] Diese einladenden Worte finden sich auf dem Titelblatt von Ehlers, *Vom Nutzen und Schaden*. Die im Oldenburger Rathaus aufgeführten Stücke eines anonymen Verfassers waren „das erste:

etwaigen Bedenkenträgern die Sorgen bezüglich der Statthaftigkeit des Schultheaters aus dem Weg zu räumen, mußte Ehlers allerdings zu Beginn desselben Jahres in der Abhandlung *Vom Nutzen und Schaden dramatischer Spiele* darlegen, welche Stücke sich für solche Aufführungen am ehesten eigneten.

Zunächst einmal stellte Ehlers fest, daß der große pädagogische Nutzen des Theaters darin bestünde, im Schauspiel Beispiele der Tugend zur Darstellung zu bringen, „die zur Nachahmung mehr oder weniger mächtig reizen",[371] so daß der theatralische „Schauplatz ein wahrer Unterricht"[372] in moralischer und sittlicher Hinsicht sein könne. Seien die „Sitten und Manieren" der Akteure auf der Bühne nun „anständig und fein", so lerne jeder „unvermerkt sich selbst anständig und fein zu betragen".[373] Als höchst gelungenes Beispiel eines solchen Schauspiels glaubte Ehlers vor allem Lessings *Minna von Barnhelm* nennen zu dürfen, da es sich bei diesem Drama um ein Theaterstück „von der rührenden Art" handele.[374] Im Vorwort einer ebenfalls 1770 veröffentlichten Schrift, den *Gedanken vom Vocabellernen beym Unterricht in Sprachen*, hieß Ehlers dann die am Schultheater interessierten Schülern auch „dem in der Hinsicht tadelfreyen Gellert nachfolgen, und nach solchen Grundsätzen Theaterstücke" zu verfassen, denn „welche unsterblichen Verdienste würden so erworben werden können?"[375]

Hauptanliegen des Traktats *Vom Vocabellernen* war es jedoch, eine „veränderte Methode, wornach man Sprachen lehrt"[376] vorzustellen und anzupreisen, und zwar genau die Methode, mit der Ehlers nach eigenem Bekunden auch schon seine Schüler in Segeberg und Oldenburg zur guten Kenntnis moderner und klassischer Fremdsprachen gebracht hatte. Üblicherweise, so Ehlers, könne man ja „bis in die zwanzig Jahre hinein in die Schule gehen, ohne etwas mehr, als ziemlich gut Latein"[377] gelernt zu haben. Das sture Auswendiglernen von grammatischen Regeln und Vokabeln, wie es in der Schule traditionell gehandhabt werde, führe nämlich nicht zu einem schnellen Lernerfolg, sondern eher dazu, daß die Schüler – angeödet und frustriert – jegliches Interesse an den Fremdsprachen verlören. Um die-

---

Damon und Pythias; Das zweyte: Die Belagerung von Glocester; Das dritte: Die Gefahren der Verführung" (Ehlers, Vom Nutzen und Schaden, S. 16). Übrigens kam es auch noch zu einer zweiten Aufführung in Oldenburg: „Wegen des Mangels an Raum können angesehene Bürger und andere Personen von anständigen Sitten, nicht eingeladen, oder zugelassen werden. Für diese wird die Aufführung unsrer dramatischen Spiele den 19ten, nämlich am Montage der nächsten Woche, wiederholet werden. Unter selbigen steht denjenigen, welche die Vorstellung ernsthafter Stücke zu sehen geneigt sind, es frey, vorher Billets abholen zu lassen, solange als der Platz es erlaubt, selbige auszugeben", Ehlers, *Vom Nutzen und Schaden*, S. 16.

[371] Ehlers, *Vom Nutzen und Schaden*, S. 8.
[372] Ebd., S. 9.
[373] Ebd.
[374] Ebd., S. 14.
[375] Martin Ehlers, *Gedanken vom Vocabellernen beym Unterricht in Sprachen, nebst einer Zuschrift an seine Schüler*. Altona 1770, S. LIII.
[376] Ehlers, *Gedanken vom Vocabellernen*, S. 9.
[377] Ebd.

sem Mangel abzuhelfen, schlage er nun vor, zukünftig die von ihm bereits erprobte ‚Expliziermethode' beim Erlernen von Fremdsprachen anzuwenden. Da nämlich „[b]eym gewöhnlichen Vocabellernen" immer „jedes Wort einzeln da[stehe]" und von daher „nicht mit andern Wörtern in Verbindung" trete, „die eine Beziehung der Wortfügung darauf haben", könne der Vokabelschatz nur mühsam und auf eine verdrießliche Weise erweitert werden.[378] Diese Querverbindung jedoch finde man „beym Expliciren".[379] Die jeweils nacheinander gelernten Wörter stünden nämlich gemäß der ‚Expliziermethode' immer „untereinander in Verbindung".[380] Nur solche Vokabeln dürften also gelernt werden, deren Bedeutung mit Hilfe bereits erlernter Vokabeln dargestellt werden könne, da „die Vorstellung des einen" also „ganz natürlich die Vorstellung des andern mit sich" bringe.[381]

Auf diese Weise „explicirend" erlerne man die Vokabeln einer fremden Sprache nun „nicht nur mit Verhütung des Ekels, die diese Arbeit fast bey allen erweckt, sondern auch mit ungleich mehrerer Leichtigkeit".[382] Unbestreitbar sei aber, daß alles, „was mit Vergnügen gethan wird", weit „weniger schwer" wiege.[383] Der Erfolg dieser Methode liege also auf der Hand, denn es sei „in jeder von verschiedenen fremden Sprachen nach dieser Methode in drey bis vier Jahren mehr gethan, als andere in gleicher Zeit nach der gewöhnlichen Lehrart mit gleichem Fleiß und gleicher Fähigkeit, so gar bloß im Lateinischen, zu thun pflegen."[384] Außer auf die eigenen positiven Erfahrungen mit der Expliziermethode zu verweisen, könne er übrigens seinen berühmten Lehrer, den Altphilologen Gesner, als „Gewährsmann"[385] anführen. Auch dieser habe nämlich schon vor vielen Jahren gefordert, daß, noch „ehe die Grammatik das erste Mal durchlaufen worden", den „Kindern bey Gelegenheit des Lesens die Bedeutungen einzelner Wörter und kurzer Sätze" *im Zusammenhang* vorgesagt werde, und zwar genau wie beim Erwerb der Muttersprache, „auf die Art, wie wir täglich sehen, daß die Kinder und Erwachsene Französisch und Italiänisch von Frauenspersonen und aller Sprachkunst unerfahrnen Männern lernen".[386] Daß diese Methode auch der von Basedow erstmals 1752 vorgestellten lateinischen Sprachlehre glich, gab Ehlers dann auch in einigen im September 1771 veröffentlichten Anmerkungen zu seiner Expliziermethode zu erkennen.[387]

---

[378] Ebd., S. 27.
[379] Ebd.
[380] Ebd.
[381] Ebd.
[382] Ebd., S. 42.
[383] Ebd.
[384] Ebd.
[385] Ebd.
[386] Ebd., S. 94.
[387] Martin Ehlers, *Anmerkungen über die seine Abhandlung vom Vocabellernen betreffende Recension, welche sich im ein und zwanzigsten Stück von Herrn G. R. Klotzens deutscher Bibliothek der schönen Wissenschaften befindet.* Oldenburg 1771, S. 13 und S. 20.

Obwohl Ehlers, wie Kelle treffend beobachtet hat, „ein ganz besonderes Talent eigen gewesen sein" muß, insbesondere durch seinen modernen Sprachunterricht aber auch durch die Beförderung des Schultheaters „die Liebe seiner Schüler zu erringen" und seine Zöglinge mit Freude und Erfolg zu unterrichten, quittierte er nach nicht einmal dreijähriger Tätigkeit in Oldenburg seinen Dienst. Bereits in einem Brief vom 12. Juli 1771 an den Oldenburger Kanzleirat Anton Wilhelm von Halem deutete Ehlers an, „daß ich nach Altona versetzt werden soll".[388] Als er dann einen Monat später tatsächlich den Ruf erhalten hatte, betonte er jedoch in seinem Benachrichtigungsschreiben an das Oldenburger Konsistorium, daß er zwar „Michaelis nur erst drey Jahre"[389] in Oldenburg gewesen sei, man deswegen aber nicht schließen dürfe, daß er den Wechsel gewünscht habe.

Die Umstände des doch recht plötzlichen Wechsels nach Altona hat wohl wieder Kelle am zutreffendsten beschrieben, wenn er vermutet, daß es sowohl Ehlers wie auch dem Generalsuperintendent Flessa durchaus „erwünscht gekommen sein" wird, „als Altona im August 1771 dem Oldenburger Rektor einen ehrenvollen Ruf an die erledigte Stellung des Rektors und 3. Professors am Gymnasium Christianeum zugehen ließ".[390] In der Tat hatte Flessa ja, wie wir bereits gesehen haben, Ehlers schon mehrfach bei dem Versuch behindert, seine pädagogischen Reformvorstellungen zügig und umfassend zu verwirklichen. Sicher hat Meinardus übertrieben, als er Ehlers als „Revolutionär" beschrieb, dem Flessa als „Reactionär entgegen" getreten sei, und zwar als Reaktionär „von so reinem Wasser, wie er irgend in jenen gährenden Zeiten mag zu finden gewesen sein".[391] Richtig aber ist, daß Flessas Beharrungskräfte und Ehlers' Reformbestrebungen unüberbrückbare Gegensätze darstellten. Die hohen Erwartungen, die beide Männer aus ganz unterschiedlichen Gründen bei Ehlers' Amtseinführung geäußert hatten, waren aufgrund ihrer zu unterschiedlich ausgerichteten Interessen eben nicht zu erfüllen. Bezeichnenderweise betonte Ehlers dann auch in seiner Oldenburger Abschiedsrede, daß es seine „geliebten Schüler" und deren „nun schon nach Universitäten gegangenen Freunde" gewesen seien – also nicht seine Kollegen oder die Mitglieder des Konsistoriums –, die ihm „bey weiten den wichtigsten Theil der in Oldenburg genossenen Glückseligkeit geschenkt" hätten.[392]

---

[388] StO [als Depositum im Staatsarchiv], 261-1 A, (Akten der Stadtverwaltung, Kirchen und Schulsachen: Gymnasium) Nr. 4418, Martin Ehlers an den Kanzeleyrath von Halem, 12. Juli 1771.

[389] NSO, 160-1, Nr. 902, Oberschulkollegium, Acta betreffend Oldenburgische lateinische Schule und desselben Praeceptores, Martin Ehlers an das Oldenburger Konsistorium, Promemoria, 19. August 1771.

[390] Kelle, *Ehlers*, S. 7.

[391] Meinardus, *Geschichte*, S. 80.

[392] Martin Ehlers, *Abschiedsrede von den Vortheilen und Vergnügungen, welche Aeltern im Unterricht und in der Bildung der Jugend vor Schullehrern voraus haben, bey Niederlegung des Oldenburgischen Rectorats den 9ten September 1771 gehalten*. Altona 1771, S. 43.

4. Machtwechsel in Dänemark: Verwerfungen und neue Perspektiven

Als Ehlers im Herbst 1771 nach Altona ging, um dort als neuer Rektor möglichst viele derjenigen pädagogischen Prinzipien zu verwirklichen, die er in Oldenburg nur zum Teil im Lehrplan verankert hatte,[393] konnte er auf Basedows tätige Mithilfe nicht mehr zählen. Bereits im Spätsommer 1771 hatte Basedow das Christianeum verlassen und war einem Ruf des jungen Fürsten Leopold III. Friedrich Franz von Anhalt-Dessau in dessen Residenzstadt gefolgt, von wo aus der Altonaer Professor das anhaltische Schulwesen einer gründlichen Reform unterziehen sollte. Was aber hatte Basedow bewogen, sein ‚dänisches Vaterland' zu verlassen, dem er bis dahin doch nahezu zwei Jahrzehnte treue Dienste geleistet hatte und dessen Regierung seine pädagogischen Reformideen stets entscheidend befördert hatte?

Wiewohl Basedow die von ihm und Cramer zwischen 1758 und 1764 erarbeiteten Prinzipien eines neuartigen Religionsunterrichts bereits in Sörö und Altona – wenigstens im Ansatz – zur Anwendung gebracht hatte, blieb es Basedows wichtigstes Ziel, zumindest *eine* der im dänischen Gesamtstaat bestehenden öffentlichen Schulen *dauerhaft* und *in Gänze* zu einer Musterschule der Menschenfreundschaft umzuwandeln. Dies hatte er ja bereits 1763 Bernstorff in aller Ausführlichkeit vorgeschlagen, und auch in einem Brief an Moltke vom 2. Juli 1768 erörterte er dieses Ansinnen, da allein auf diese Weise – „nicht für eine Stadt oder für ein einziges Land, sondern für die ganze moralische Welt"[394] – ersichtlich werden würde, welche heilsamen Wirkungen eine Erziehung zur Menschenliebe und Toleranz haben könne.

Die Realisierung dieses Projekts gestaltete sich aber weitaus schwieriger als noch zu Beginn der 1760er Jahre erwartet und obwohl Basedow durchaus bereit

---

[393] Als Ehlers ans Christianeum kam, widmeten ihm die Gymnasiasten eine Ode, die deutlich die große Wertschätzung widerspiegelt, der er sich schon vor seiner Ankunft bei den Schülern erfreute: „Du lehrtest unser Vaterland/ Die Schulen wesentlich verbessern,/ Und so, durch Tugend und Verstand,/ Das bürgerliche Wohl vergrössern./ Sie sind, nach Deinem Plan genützt,/ Nicht Kerker, wo die Jugend schwitzt,/ Und fremde Wörter faßt, und Geist und Herz verliehret./ Sie sind die Bahn, wo Herz und Geist/ Sich auf Vollkommenheit befleißt,/ Und die zu ächter Würde führet./ /Du ehrest Rom, du ehrst Athen:/ Du kennst die Sprache, die sie redten./ Doch soll dein Lehrling mehr verstehn, Als ihre Worte nachzubeten./ Ihr großer Patriotentrieb,/ Ihr Geist, der für die Nachwelt schrieb,/ Soll seine Lernbegier, sein fühlend Herz erheben;/ Er soll sich edlen Künsten weihn,/ Und auch der Neuern Schüler seyn,/ Und seinem Vaterlande leben", *Dem Hochedelgebohrnen und Hochgelahrten Herrn Martin Ehlers nachdem Derselbe als öffentlicher Lehrer an dem Königl. Akademischen Gymnasio zu Altona würdigst eingeführt worden bezeugten bey einer Abendmusik ihre ehrerbiethige Hochachtung in dieser Ode nachstehende daselbst Studirende.* November 1771. Altona 1771, S. 3. Vorhanden ist diese Ode in der Bibliothek des Christianeums Q.p.25 I Volumen I vatii argumenti 1727–1809. Vgl. dazu auch Kopitzsch, *Grundzüge*, S. 728f.

[394] LAK, Bregentved Arkivet: A.G. Moltke (1710–1792), Brevskriverliste til I.A.3., Johann Bernhard Basedow an Adam Gottlob Moltke, 2. Juli 1768.

war, geduldig auf einen möglichst günstigen Augenblick für eine solche Schulgründung in Dänemark zu warten, verunsicherte ihn ein dramatisches politisches Ereignis des Jahres 1766 in dieser Angelegenheit zutiefst. Am Morgen des 14. Januar 1766 war König Friedrich V. ganz unerwartet nach kurzer, schwerer Krankheit „in den armen seines treuen Moltke"[395] verschieden. Der siebzehnjährige Sohn des verstorbenen Königs, der noch am Nachmittag des 14. Januar zum König Christian VII. ausgerufen wurde, schien zwar fürs erste mit den erprobten Ministern seines Vaters weiterregieren zu wollen, doch schon im Frühsommer 1766 wurde der altgediente Premierminister Moltke in Ungnade und ohne Pension entlassen und auf seine Güter nach Bregentved zurückbeordert.[396] Zur selben Zeit geriet auch Bernstorff in Bedrängnis. Seine Kritiker am Hof warfen ihm vor, Dänemark politisch zu eng an Rußland anbinden zu wollen und versuchten daher ihn aus seinem Amt zu drängen. „Mit Hilfe des von der russischen Regierung ausgeübten Drucks" gelang es Bernstorff zwar, „sich 1767 von den schlimmsten seiner politischen Kritiker"[397] zu befreien, und auch Moltke wurde im Mai 1767 wieder ins Conseil nach Kopenhagen zurückgerufen. Die Verläßlichkeit und Konstanz, mit der Dänemark seit 1746 regiert wurde, war jedoch mit der Thronbesteigung Christians VII. ganz offenkundig dahin.

Der neue dänische König war nicht nur jung und politisch unerfahren, er litt auch an einer Geisteskrankheit – die man heute zumeist als Schizophrenie deutet[398] –, welche sein Regierungshandeln launenhaft, sprunghaft und deshalb auch „unberechenbar"[399] werden ließ.[400] Zudem begann Christian VII. bereits unmittelbar nach Regierungsantritt die Regierungsgeschäfte unter Umgehung des Conseils gänzlich an sich zu reißen, wobei er wichtige politische Entscheidungen nur mit Hilfe einiger Kabinettssekretäre in seinem Arbeitszimmer traf. Der König hegte nämlich „gegen das Geheime Conseil einen tiefen Groll, weil er sich ihm hoffnungslos unterlegen und dadurch seiner Entscheidungsfreiheit beraubt fühlte".[401] Darüber berichtete 1772 Johann Friedrich Struensee, der den König seit April 1768 als Reise- und Leibarzt behandelte:

---

[395] ‚i sin trofaste Moltkes arme', Feldbæk, *Nærhed*, S. 165.

[396] Bech, *Adam Gottlob Moltke*, S. 17.

[397] ‚ved hjælp af pression fra den russiske regering frigjorde B[ernstorff] sig 1767 for de værste af sine politiske kritikere', Schoubye, *Bernstorff*, S. 41.

[398] Vgl. z.B. Svend Cedergreen Bech, Christian VII, in: *DBL*, Bd. 3, S. 316.

[399] ‚uberegneli[g]', Schoubye, *Bernstorff*, S. 40.

[400] Eine wissenschaftliche Biographie Christians VII. fehlt. Die umfassendsten Informationen zum Verständnis von Christians Regierungshandeln und seiner Psyche bieten die zeitgenössischen Erinnerungen Johann Friedrich Struensees und Elie Salomon François Reverdils: Elie Salomon François Reverdil, *Struensée et la cour de Copenhague 1760–1772*, hg. von Alexandre Roger. Paris 1858 und *Inkvisitionskommissionen af 20. Jan. 1772*, hg. v. Holger Hansen, I–V. Kopenhagen 1927–41 (Struensees memoirer om Kongens tilstand; II, 1930, S. 162–179).

[401] Kersten Krüger, Johann Friedrich Struensee und der Aufgeklärte Absolutismus, in: Hartmut Lehmann / Dieter Lohmeier (Hg.), *Aufklärung und Pietismus im dänischen Gesamtstaat 1770–1820*. Neumünster 1983, S. 17.

1) Die Minister zögen alles Ansehen der Regierung auf sich, und Ihnen [dem König] bliebe nichts als der Titel, und die Last der Repräsentation übrig. 2) Die Affairen in Dännemark wären so verworren und verdorben, und der Geldmangel so groß, daß niemals etwas grosses oder gutes heraus kommen könnte. 3) Der Einfluß der fremden Minister sey zu groß [...] 5) Es war dem Könige nichts embarassanter, als zweymal in der Woche dem Conseil beyzuwohnen, und [...] der Grund davon lag darinn: daß S.M. von Kindheit an einen gewissen Respect und Furcht vor dasselbe bekommen [...] Der König sagte zuweilen: wenn ich anderer Meynung als das Conseil bin, so bemerke ich gleich eine Unruhe in allen Gesichtern, es erfolgen feyerliche Vorstellungen, und ich muß schweigen.

Christians VII. gegen den Willen des Conseils getroffene Entscheidungen wurden deshalb in der Regel per Kabinettsorder durchgesetzt, weshalb man auch „für die Zeit nach dem Regierungsantritt Christians VII. 1766" von der „Ausbildung einer regelrechten Kabinettsregierung sprechen" kann.[402]

Der politische Einfluß Moltkes und Bernstorffs, der beiden langjährigen Förderer und Beschützer Basedows, war also seit Anfang des Jahres 1766 merkbar im Schwinden, ihre Stellung als Minister und Richtliniengeber der dänischen Politik nicht mehr unangreifbar. Welch eine Erschütterung diese Erkenntnis für Basedow bedeutete, wird bereits aus einem Ende Mai 1766 an Bernstorff geschriebenen Brief ersichtlich. Was er im Sommer 1764 – auf dem Höhepunkt der gegen ihn gerichteten Feindseligkeiten in Hamburg und Altona – niemals in Erwägung zog, wird nun, nach Christians VII. Machtübernahme in Dänemark, erstmals zum Thema: In eben dem Brief, in dem Basedow Bernstorff von seiner wieder zunehmenden Gesundheit berichtet und zu einer Zeit, als die Angriffe seiner Gegner an Schärfe einbüßen, deutet er dem Minister gegenüber an, daß er im Falle einer Verschlechterung der Verhältnisse in Dänemark ins Ausland abwandern würde. Allerdings, so Basedow, bestünden ernstzunehmende Schwierigkeiten bei der Verwirklichung eines Umzugs in diejenigen Länder oder Städte, die ihm als echte Alternativen zu Dänemark vor Augen standen: „Denn in Holland und Engelland hindern die Sprachen alle meine Thätigkeit" und auch „in B[erlin]" seien die Verhältnisse nicht so, daß er umgehend eine neue Anstellung erhalten könne.[403]

Basedows 1766 beginnende Suche nach alternativen Wirkungsstätten wird auch bei der Veröffentlichung seiner Schrift *Vorstellung an Menschenfreunde* im April 1768 eine nicht unerhebliche Rolle gespielt haben. Daß Basedow mit dieser Schrift nicht erstmals – wie immer wieder behauptet – zum pädagogischen ,Programmatiker' wurde, ist ja bereits durch die bisherigen Ausführungen hinlänglich erwiesen. Aber auch mit seiner in der *Vorstellung an Menschenfreunde* geäußerten Ansicht, daß unbedingt neue Schulbücher erforderlich seien, um eine Schulreform recht eigentlich zu ermöglichen sowie mit der Ankündigung, ein grundlegendes „Ele-

---

[402] *Inkvisitionskommissionen*, Bd. 1, S. 19.
[403] Johann Bernhard Basedow an Johann Hartwig Ernst von Bernstorff, 28. Mai 1766, in: Friis, *Bernstorffske Papirer*, Bd. 2, S. 46.

mentarbuch der menschlichen Erkenntnis"[404] selbst verfassen zu wollen, wiederholte Basedow lediglich Dinge, die er schon lange zuvor privat und öffentlich verkündet hatte. „Der Gedanke der Schulbibliothek", wußte schon Armin Basedow, „der sich im kleinen schon in der Dissertation findet (‚Schulbüchlein'), kehrt in der Praktischen Philosophie wieder, ist im Briefe vom 10. Juli 1761 schon seiner Verwirklichung nahe" und ist schon „im Briefe vom 9. November 1763" an Bernstorff „ganz klar ausgesprochen".[405] Doch während der konkrete Adressat seiner Wünsche und Forderungen bis dahin immer die dänische Regierung gewesen war, wandte sich Basedow mit seiner Schrift *Vorstellung an Menschenfreunde* erstmals ganz direkt an „vermögende Männer"[406] in ganz Europa, und in genau dieser rhetorischen Hinwendung an ein großes europäischen Publikum bestand die eigentliche Originalität der Schrift. Wer immer „[d]as Schulwesen in Europa"[407] zu beeinflussen vermochte, wer immer für den Lehrplan „in den italienischen" oder auch in den „schweizerischen, griechischen und siebenbürgischen großen Schulen"[408] verantwortlich war, sollte wissen, daß er, Basedow, gerne mit allen interessierten und „vernünftigen Patrioten des menschlichen Geschlechts und der Staaten"[409] Europas zusammenarbeiten würde.

Bezeichnenderweise setzte er seine pädagogischen Reformvorstellungen in der *Vorstellung an Menschenfreunde* auch als weithin bekannt voraus. So erinnerte er in nur wenigen Absätzen an seine schon früher unterbreiteten Vorschläge zur Reform des konventionellen lateinischen Sprachunterrichts, der, „wie man weiß", üblicherweise „eine unendliche Zeit, ohne Hauptabsicht auf Realitäten" verschlinge.[410] Auch seine bekannte Auffassung, daß die „*Geistlichen, die ohnedies sehr belästigt sind, von der gewöhnlichen Oberaufsicht über das Wesen der Erziehung, Schulen und Studien möchten befreit werden*"[411] sowie die Überzeugung, daß „in einem Lande, welches verschiedene Religionsverwandte hat" der „*Religion*

---

[404] Basedow, *Vorstellung*, Titel
[405] In diesem Brief an Bernstorff schreibt Basedow: „Ich werde nach und nach folgende Schriften anfangen: [...] 5. Eine Schulbibliothek, worinnen alle Erkenntnisse, die für die studierende Schul-Jugend gehören nach der allmäligen Entwickelung der menschlichen Seelen-Kräfte in der nöthigen Ordnung und Vermischung einander folgen. Dieses Buch wird andere in den Stand setzen, denjenigen Plan des Unterrichts, wozu ich anfangs selbst entschlossen war, in öffentlichen oder besonderen Schulen auszuüben. Denn ohne eine solche wohlgeordnete Schulbibliothek, in welcher nicht mehr Vokabeln, Phrases und Autores Classici die Hauptsache sein müssen, ist die wahre Verbesserung des Schulwesens nicht möglich" (Johann Bernhard Basedow an Johann Hartwig Ernst Bernstorff, 9. November 1763, in: Friis, *Bernstorffske Papierer*, Bd. 2, S. 30–31).
[406] Basedow, *Vorstellung*, Titel
[407] Ebd., § 45, S. 52.
[408] Ebd., § 38, S. 41.
[409] Ebd., § 3, S. 6.
[410] Ebd., § 43, S. 48f.
[411] Ebd., § 6, S. 9f.

Kirche halber keine Kinder von dem Genusse [öffentlicher Schulen] *ausgeschlossen werden"* dürften,[412] faßte er in wenigen, knappen Worten zusammen.

Ein ganz wesentlicher Punkt, den er in verschiedenen Abschnitten seiner *Vorstellung an Menschenfreunde* immer wieder zum Ausdruck brachte, war jedoch seine Forderung nach einer „*gänzliche[n] Umschaffung"* der in Europa bestehenden „*öffentlichen Schul- und Studienanstalten".*[413] Zum einen gebe es eben in Europa nun einmal keine Musteranstalten,[414] zum anderen reiche es aber auch nicht, Schulen nur *teilweise*, wenn auch mit den besten Absichten, zu verändern. Denn „auch an den Orten, wo es am besten [mit dem öffentlichen Unterricht] steht"[415] sei nach wie vor noch viel zu tun, bestehe noch „ein solches Gemische vom Guten und Bösen", daß dort bei allen stattgehabten Verbesserungen immer noch der „wahre Schaden den wahren Vorteil überwiegt".[416] Einzig in dieser Hinsicht, so Basedow, daß eine umfassende, also nicht nur punktuell vorgenommene Verbesserung des Unterrichts durchgeführt werden müsse, sei er im übrigen auch „*der Meinung des Herrn Rousseau*",[417] von dem er sich aber ansonsten deutlich unterschieden wisse.

Daß auf dem einzuschlagenden Weg zur vollkommenen Umwandlung einer bestehenden öffentlichen Lehranstalt in eine Schule der Menschenfreundschaft „[e]ine *große nordische Monarchie*",[418] also Dänemark, bisher am weitesten gekommen sei, wollte Basedow zwar nicht unerwähnt lassen. So sehe man auch schon ganz unzweifelhaft „erstaunliche Wirkungen ihrer Weisheit mit Augen".[419] Doch sei, orakelte er, von der dänischen Regierung noch sehr viel mehr zu erhoffen gewesen, „wenn in menschlichen Dingen nicht auch unvermutete Zufälle große Wirkungen hätten".[420] Was aber konnte Basedow mit dieser kryptischen Andeutung anderes gemeint haben, als die neuen politischen Wechselfälle, die Dänemark seit dem Regierungsantritt Christians VII. ereilt hatten.

Basedow wollte also eine Schule der Menschenfreundschaft *neu* gründen, weil ihm solch eine Schulgründung für die von ihm angestrebte Erziehungsreform unabdingbar zu sein schien. Zugleich ahnte er aber seit 1766, daß dieses Projekt in Dänemark auf absehbare Zeit nicht mehr umgesetzt werden würde, weshalb er sich fortan gezielt nach anderen Wirkungsmöglichkeiten in ganz Europa umsah. Es waren diese Überlegungen, die einen wichtigen und keinesfalls zu unterschätzenden Anlaß für die Drucklegung der *Vorstellung an Menschenfreunde* darstellten.

---

[412] Ebd., § 22, S. 23.
[413] Ebd., § 11, S. 14.
[414] Ebd., § 1, S. 5.
[415] Ebd., § 2, S. 6. Daß Basedow zu diesen Orten auch Segeberg gezählt haben wird, geht aus dem Lob hervor, das er dem Rektor Ehlers – als einzigem zeitgenössischen Schulmann! – in seiner „Vorstellung" zukommen läßt. Vgl. Basedow, *Vorstellung*, § 7, S. 11.
[416] Ebd., § 37, S. 39.
[417] Ebd.
[418] Ebd., § 38, S. 42.
[419] Ebd.
[420] Ebd.

Verstanden wurde dieses Anliegen Basedows zuerst in der Schweiz, von wo aus dem Altonaer Professor durch den Basler Ratsschreiber und Historiker Isaak Iselin[421] und den Zürcher Theologen Johann Caspar Lavater bereits im Sommer 1769 signalisiert wurde, daß er dort sehr willkommen wäre.

Wie sehr Basedows Gedanken, die er in der *Vorstellung an Menschenfreunde* geäußert hatte, in der Schweiz geschätzt und gehört wurden, geht schon aus der Liste der Beförderer seines geplanten *Elementarbuchs* hervor, die er seinem 1769 veröffentlichten Bericht über den *Anfang der Arbeit am Elementarbuche* als Anhang beifügte. Dort werden nämlich „[d]er Hochvermögende Stand zu Basel" sowie „[d]ie Bibliothek zu Bern" als früheste und zudem außerordentlich großzügige Geldgeber für sein kostspieliges Projekt angeführt.[422] Nach einem längeren Briefwechsel mit Lavater beabsichtigte Basedow dann auch „allen Ernstes Ende 1769, mit seiner ganzen Familie auf einige Jahre in die Schweiz überzusiedeln und sich da der Arbeit am Elementarwerke zu widmen".[423] Dies geht jedenfalls aus einem Schreiben an Iselin und Lavater vom 17. Dezember 1769 hervor.[424]

Schon hatte Basedow sein Gesuch um Erlaubnis des Umzugs in die Schweiz an Bernstorff eingereicht, als ihn Anfang des Jahres 1770 vollkommen unerwartet eine Einladung nach Rußland erreichte.[425] Bereits Ehlers war ja schon 1767 von Rußland aus gefragt worden, ob er als Schulinspektor der neuen Petersburger Schulanstalt amtieren wolle und so ist es nicht verwunderlich, daß der Petersburger Hof nach der Veröffentlichung der *Vorstellung an Menschenfreunde* auch auf Basedow aufmerksam wurde, zumal der Altonaer Professor in dieser Schrift die Leistungen des Rektors Ehlers in Segeberg besonders gewürdigt hatte. Tatsächlich schien Basedow geneigt zu sein, die Reise in die Schweiz aufzuschieben und stattdessen für einen längeren Zeitraum – wieder mit der ganzen Familie – nach Petersburg zu gehen.

In einem Brief an den Grafen Grigorij Grigorjewitsch Orlow, der als Günstling der Zarin Katharina II. einer der führenden russischen Politiker war und der die Einladung an Basedow ausgesprochen hatte, fragte der Altonaer Professor jedoch zunächst an, ob er erst noch außerhalb Rußlands seine Arbeit am *Elementarbuch* fortsetzen solle, oder ob er der Einlandung nach St. Petersburg „noch in diesem Sommer entgegeneilen dürfe".[426] Wenn aber „Ihre Kaiserl. Maj. es allergnädigst beföhlen", sei er geneigt,

---

[421] Zu der von Basedow in den 1760er Jahren zu Iselin unterhaltenen Beziehung vgl. Ulrich Im Hof, *Isaak Iselin und die Spätaufklärung.* Bern 1967, S. 171f.

[422] Johann Bernhard Basedow, *Anfang der Arbeit am Elementarbuche zur Verbesserung des Schulwesens.* Berlin 1769, S. 58.

[423] Armin Basedow, *Johann Bernhard Basedow,* S. 95.

[424] Vgl. ebd.

[425] Siehe Brief an Bernstorff vom 27. März 1770.

[426] Zit. nach Armin Basedow, *Johann Bernhard Basedow,* S. 96

durch meine Bekannte in St. Petersburg eine meiner Lebensart gemäße Wohnung auf ein halbes oder ganzes Jahr [zu] bestellen; und wegen der Beschwerlichkeit der Landreise lieber zur See, wegen meiner Familie und der Jahreszeit aber, am Ende des Julius, zur Erfüllung der Pflichten ab[zu]reisen, die solchen empfangnen Kaiserlichen Wohlthaten und solchen großmüthigen Absichten Ihrer Majestät gemäß sind.[427]

Obgleich Basedow schon vorsorglich im Vorlesungsverzeichnis des Christianeums für das Jahr 1770 ankündigen ließ, daß er, – „si deo ita visum fuerit" – nach St. Petersburg gehen werde, „quo Imperatoriis Catharinae II. beneficiis ad tempus avocatus",[428] wurde aber auch aus diesem Ansinnen nichts. Was Basedow an der Ausführung der Reise nach St. Petersburg gehindert hat, „ob Graf Bernstorff gemeint hat, daß es richtiger sei, erst das Elementarwerk zu vollenden, und erst nach dessen Vollendung", also, wie Basedow meinte, 1771 „nach Rußland zu reisen: oder ob man auch von Rußland aus nach Basedows Schreiben, für richtiger gehalten hat, die Reise bis 1771 aufzuschieben",[429] läßt sich heute nicht mehr ermitteln. Ein entsprechendes Antwortschreiben Orlows, das in dieser Hinsicht Aufschluß geben könnte, fehlt jedenfalls. Feststellen läßt sich jedoch, daß sich Basedow bereits im Sommer 1771 „in keiner Weise mehr durch ein dem Russischen Hofe gegebenes Versprechen gebunden"[430] wußte, auch eine Reise in die Schweiz nicht mehr in Betracht zog, als er eine dritte an ihn ergangene Einladung endlich annahm.

Im Sommer 1771 erhielt er nämlich aus Dessau den von ihm langersehnten Auftrag zur *Neu*gründung einer Schule nach eigenen Vorstellungen sowie zur gleichzeitigen Einrichtung eines entsprechenden Lehrerseminars.[431] Der Berufende, Leopold III. Friedrich Franz von Anhalt-Dessau, war ein noch junger und ehrgeiziger Fürst, der sich seit seinem Regierungsantritt im Jahr 1758 als moderner und aufgeklärter Fürst viele Sympathien unter den reformerisch denkenden Zeitgenossen erworben hatte, da er „[j]ung, wohl- und edeldenkend", wie Goethe später schrieb, „durch sein Beispiel den übrigen [Fürsten] vorleuchtete" und „Dienern und Untertanen ein goldnes Zeitalter versprach".[432] Leopold III. Friedrich Franz hatte Basedow bereits im März 1771 kennengelernt, als der Altonaer Professor, von der Leipziger Messe kommend, auf Verlangen des Fürsten nach Dessau gereist war. Ernst Wolfgang Behrisch, Hofmeister des illegitimen Sohnes des Fürsten in Dessau, war es, welcher den Landesherrn zuerst auf Basedow und „auf dessen Pläne, eine neue zukunftsorientierte Lehranstalt" zu begründen, „aufmerksam gemacht" hatte.[433] Schon zu diesem Zeitpunkt war es zu Verhandlungen gekom-

---

[427] Zit. nach ebd., S. 97.
[428] Index Praelectionum [...]. Altona 1770.
[429] Armin Basedow, *Johann Bernhard Basedow*, S. 97.
[430] Ebd., S. 98.
[431] Vgl. ebd., S. 97.
[432] Goethe, *Dichtung und Wahrheit*, 8. Buch, S. 328–329.
[433] Niedermeier, *Das Gartenreich*, S. 8.

men, welche Rolle Basedow möglicherweise bei einer anzustrebenden Schulreform in Anhalt-Dessau spielen könnte.[434] Als Basedow sich dann im Herbst des Jahres 1771 endgültig entschied, das dänische Altona zu verlassen, um dem Ruf des Fürsten nach Dessau zu folgen, war das ganz entscheidende Motiv für seinen Entschluß sicherlich die Aussicht, unter des Fürsten „Aufsicht und Einrichtung" ein von Grund auf neues pädagogisches „Institut zur Tätigkeit [zu bringen] und in Stand [zu setzen]".[435]

Im übrigen hätte der Zeitpunkt für den Wechsel nach Dessau nicht besser gewählt sein können. Am 15. September 1771 wurde Basedows langjähriger Förderer Bernstorff von Christian VII. nun doch von allen seinen politischen Ämtern entbunden, und nur drei Monate später endete auch Moltkes Laufbahn am dänischen Hof, als dieser am 10. Dezember – wieder ohne Pension – aus dem Conseil entlassen wurde. Die Ära Moltkes und Bernstorffs war damit unwiderruflich beendet. Auch wenn der neue faktische Machthaber Dänemarks, der ehemalige Leibarzt Christians VII. und nunmehr einzige Minister des Königs, Graf Struensee, zu seiner Altonaer Zeit auch Basedows Arzt und Freund gewesen war, mit ihm sogar „in endlosen Gesprächen"[436] pädagogische Fragen erörtert hatte, wog es für Basedow doch schwer, daß seine beiden zuverlässigsten Beschützer in Unehren entlassen worden waren. Von der Übersiedelung nach Dessau konnte den Altonaer Professor deshalb auch nicht mehr die Tatsache abhalten, daß Struensees engster Vertrauter, Graf Enevold Brandt, sich wohl auf Anraten des mächtigen Ministers noch im Herbst 1771 Basedows neuestes Buch über die Erziehung künftiger Regenten, den *Agathokrator*,[437] angeschafft hatte,[438] und daß Basedow gerade um diese Zeit auch als Lehrer des Kronprinzen von Dänemark im Gespräch war.[439]

Basedow zog also 1771 nach Dessau, um hier mit der Gründung einer „Schule der Menschenfreundschaft" eben jenes pädagogische Projekt zu verwirklichen, daß ihm im zurückliegenden Jahrzehnt wichtiger geworden war, als jede andere erzieherische Tätigkeit. Mit diesem Umzug und der seit Herbst 1771 einsetzenden Gründungsphase der neuen Dessauer Schule, dem dann im Dezember 1774 feier-

---

[434] In seiner Freistellung Basedows spricht Christian VII. gegenüber Leopold III. Friedrich Franz davon, daß Basedow sich in Dessau des „von Ihro Sich vorgesetzten rühmlichen Endzweckes der Verbeßerung der Schul-Anstalten in Dero Landen" annehmen wolle, Christian VII. an Leopold III. Friedrich Franz von Anhalt-Dessau, 8. August 1771, RK, Departementet for udenrigske Anliggender: Koncepter til Gehejme Registraturen, 1771 maj-aug., lb.nr. 292.

[435] Brief des Fürsten von Anhalt an den König von Dänemark vom 20. Juli 1771.

[436] Winkle, *Johann Friedrich Struensee*, S. 216.

[437] Johann Bernhard Basedow, *Agathokrator*: oder von Erziehung künftger Regenten. Leipzig 1771.

[438] Svend Cedergreen Bech, *Struensee og Hans Tid*. Kopenhagen 1972, S. 280: „Af [Brandts] efterladte bogsamling ser man, at han netop havde anskaffet *J.B. Basedows* bog om opdragelse af vordene konger".

[439] Vgl. Ditlev Reventlow an Bernstorff, 1. September 1771: „On mande de Copenhague que l'éveque Gunnerus et Basedou (deux hommes dont la facon de penser est très différente) y ont été mandés, et que le dernier est destiné à être précepteur du prince royal".

lich eröffneten „Philanthropinum", endete zugleich die Frühgeschichte der von Basedow, Cramer und Ehlers im dänischen Gesamtstaat entwickelten philanthropischen Pädagogik: Die theoretischen Grundlagen des Philanthropismus waren gelegt, erste Praxisfelder der neuen Pädagogik hatten deren fruchtbringenden Möglichkeiten deutlich aufgezeigt; nun würde es vielmehr darum gehen, das einmal erreichte dauerhaft zu etablieren und in der täglichen Schulpraxis, unter idealen Bedingungen, im Detail noch weiter zu verbessern.

5. Resümee

Auch wenn Basedow selbst glaubte, daß allein die *Neu*gründung einer ‚Schule der Menschenfreundschaft' den Erfolg seiner pädagogischen Prinzipien *langfristig* sichern würde, haben die bisherigen Ausführungen zur Frühwirkung und zu den ersten Praxisfeldern der philanthropischen Pädagogik doch *auch* gezeigt, daß die gegen Ende der 1750er Jahre von Basedow und Cramer entwickelte Erziehungslehre bereits in den 1760er Jahren an verschiedenen Schulen im dänischen Gesamtstaat erprobt werden konnte und dabei durchaus beachtliche Resultate erzielte. Immerhin konnten Basedow und Ehlers in Altona und Segeberg ein ganzes Jahrzehnt lang mehreren Schülerjahrgängen ganz gezielt die Bedeutung der religiösen Toleranz nahebringen, wobei Ehlers sich in dieser Hinsicht sogar mit den einschlägigen Forderungen der neuen, vom Minister Bernstorff mit auf den Weg gebrachten Segeberger Schulordnung von 1759 einig wußte. Ebenso gelang es Ehlers in Segeberg – und teilweise auch in Oldenburg – jene Verbesserungen in der Methode des Sprach- und Sachunterrichts zur Geltung zu bringen, die Basedow schon zu Beginn der 1750er Jahre propagiert hatte. Im Unterschied zu Basedow reichte es Ehlers im übrigen zunächst auch aus, die gewünschten Erziehungsreformen ganz allmählich und stückweise an verschiedenen Schulen voranzutreiben. Nur aus diesem Grund ist es zudem erklärlich, daß der Oldenburger Rektor im Herbst 1771 den Ruf an eben jenes Erziehungsinstitut in Altona annahm, welches Basedow bis dahin ein Jahrzehnt lang vergeblich zu einer runderneuerten Musterschule hatte machen wollen, und das er deshalb ja schließlich auch in Richtung Dessau verließ.

Den eindrucksvollsten Nachweis darüber, daß bereits die philanthropische Schulpraxis der 1760er Jahre sowie Basedows und Ehlers' darüber Auskunft gebende Schriften der neuen Erziehungslehre zum Durchbruch verhalfen – also nicht erst die 1774 erfolgte Gründung des Dessauer Philanthropins –, liefern jedoch die enthusiastischen Reaktionen einer jungen, nachwachsenden Generation, welche die beiden königlich dänischen Professoren schon um 1770 als Vorbilder feierte, denen es nachzueifern galt.

Im *Journal meiner Reise im Jahr 1769*, einem auf seiner Seereise von Riga nach Nantes konzipierten Tagebuch, würdigte der zu diesem Zeitpunkt erst 25-jährige

Johann Gottfried Herder die Schulmänner Basedow und Ehlers als entscheidende Vordenker und Stichwortgeber seiner eigenen pädagogischen Bemühungen.[440] „[E]uch eifre ich nach; ich will euch lesen, durchdenken", schrieb er, „und wenn Redlichkeit, Eifer und Feuer hilft, so werde ich euch nutzen und ein Werk stiften, das Ewigkeiten daure, und Jahrhunderte und eine Provinz bilde".[441] Tatsächlich knüpfen alle wesentlichen pädagogischen Reformideen, die Herder, der seit 1764 an der Rigaer Domschule als junger Kollaborator tätig gewesen war, in seinem *Reisejournal* von 1769 aufzeichnete, an Basedows und Ehlers' Vorarbeiten an – sei es die Auffassung, daß aller Unterricht und insbesondere der Lateinunterricht lebendig sein müsse oder die Vorstellung, daß Erziehung vor allem zur Einübung von religiöser Toleranz dienen solle.[442] Diese frühe Beeinflussung durch Basedow und Ehlers sollte Herder dauerhaft prägen, denn „[i]n Herders [späterer] Weimarer Schulreform glich die Einstellung zu Lateinunterricht und Realschule grundsätzlich den Plänen des *Reisejournals*".[443]

Nachgerade als Erweckungserlebnis erfuhr Johann Peter Hundeiker, ein von dem Braunschweiger Hofmediziner Carl Gottlieb Wagler angeleiteter niedersächsischer Autodidakt, die Lektüre von Basedows theologischen und pädagogischen Schriften. „Um 1770 herum, auf dem Höhepunkt seiner autodidaktischen Bildungsanstrengungen",[444] las Hundeiker nämlich „in der Hamburger Zeitung eine von Hrn. Melchior Göetze in Hamburg verfaßte Rezension einer Basedowschen Schrift. Der Rez. Sagte darin: Basedow sey ein von Altona ausgesandter Philosoph, der bemüht sey, das Christenthum umzustürzen".[445] Pikanter- und ironischerweise aber dienten „Hundeiker die ‚Philalethie' und Basedows ‚Methodischer Unterricht'", die der damals knapp zwanzigjährige zunächst verunsichert, dann aber mit wachsender Begeisterung las, eher zur „Beruhigung durch die christliche Religion".[446] Beim Studium der vermeintlichen Ketzerschriften fand er „eine mit triftigen Vernunftgründen durchgeführte Vertheidigung der geläuterten Christuslehre" und „das Lesen der Basedowschen Schriften verschaffte ihm seine verlohrne Ruhe wieder: denn er lernte nun erst Christenthum von Kirchenthum unterschei-

---

[440] Johann Gottfried Herder, *Journal meiner Reise im Jahr 1769.* Historisch-kritische Ausgabe, hg. v. Katharina Mommsen. Stuttgart 1976. Herder lobt Ehlers' Leistungen auf pädagogischem Gebiet ganz allgemein, während er sich bei seiner Würdigung Basedows vor allem auf dessen *Methodischen Unterricht der Jugend in der Religion und Sittenlehre* von 1764 bezieht (vgl. S. 39 und S. 43).
[441] Herder, *Reisejournal*, S. 39.
[442] So stellte Herder fest, daß die lateinische Sprache niemals gut gelernt werde, „wo sie nicht wie eine lebendige Sprache gelernt wird" und daß im Religionsunterricht neben der Vermittlung von „Liebe zur Protestantischen Religion" auch „Lehren für Toleranz" eine wichtige Rolle spielen sollten (Herder, *Reisejournal*, S. 37 und S. 60).
[443] Katharina Mommsen, Nachwort zu Herders Reisejournal, in: Herder, *Reisejournal*, S. 213.
[444] Feige, *Philanthropische Reformpraxis*, S. 89.
[445] F. G. Becker, *Die Erziehungsanstalt in Vechelde oder Nachricht von der Entstehung dem Fortgange und der gegenwärtigen Verfassung dieser Anstalt.* Gotha 1806, S. 44.
[446] Feige, *Philanthropische Reformpraxis*, S. 90f.

den, und er ward Basedows heißer und dankbarer Verehrer".[447] Hundeikers Dankbarkeit für die Klärung dieses Sachverhaltes, „die ihn endlich aus dem inneren Widerstreit zwischen den selbsterarbeiteten Ansichten und den Lehren der Kirche befreit[e], veranlaßt[e] ihn, 1776 einen emphatischen Brief, verbunden mit einer beachtlichen Geldspende, an Basedow zu schreiben".[448] 1783 gründete Hundeiker dann in seinem Heimatort Groß Lafferde eine philanthropische Schule, in der er Basedows religiöse und pädagogische Lehren in die Praxis zu überführen suchte und erregte mit diesem realistisch-pragmatisch geführten Philanthropin schließlich die Aufmerksamkeit des Braunschweiger Herzogs Karl Wilhelm Ferdinand, der ihn 1804 als Edukationsrat in sein Land holte.

Auch der märkische Freiherr Friedrich Eberhard von Rochow war bereits in den späten 1760er Jahren auf Basedows Schriften und Unterricht aufmerksam geworden. Zwar hatte Rochow schon als 23-jähriger Offizier in Leipzig Gellert kennengelernt, welcher ihm 1763 anriet, „auf meine Bitte Ihr [Geld]" zu nehmen, um es „zur Erziehung armer Kinder" anzuwenden,[449] doch fand er erst durch seine Bekanntschaft mit Basedow zu seiner eigentlichen pädagogischen Berufung. 1772 legte Rochow die Leitlinien eines neuen pädagogischen Programms vor, den *Versuch eines Schulbuches für Kinder der Landleute oder zum Gebrauch in Dorfschulen*.[450] Diese Schrift folgte „in der Grundaussage dem zunächst von Gellert vorgegebenen und dann von Basedow aufgegriffenen Ideal einer theologisch fundierten Erziehung zur Menschenfreundschaft und religiösen Toleranz".[451] In seiner 1773 auf den eigenen Besitzungen im brandenburgischen Reckahn gegründeten Dorfschule ließ Rochow dann sogar noch vor Basedows Schulgründung in Dessau einen Unterricht durchführen, der vollständig an philanthropischen Prinzipien orientiert war. Gerade Rochows Reckahner Schulgründung zeigt also einmal mehr, daß sich die philanthropische Erziehungsbewegung bereits vor der Gründung des Dessauer Philanthropins durchgesetzt, ja etabliert hatte.

---

[447] Becker, *Erziehungsanstalt*, S. 44f.
[448] Feige, *Philanthropische Reformpraxis*, S. 92. Vgl. dazu auch Meiers, *Religionsunterricht*, S. 43.
[449] Christian Fürchtegott Gellert an Friedrich Eberhard von Rochow, 26. November 1763, in: Gellert, *Briefwechsel*, Bd. 3, S. 362.
[450] Friedrich Eberhard von Rochow, *Versuch eines Schulbuchs für Kinder der Landleute oder zum Gebrauch in Dorfschulen*, in: Fritz Jonas / Friedrich Wienecke (Hg.), *Friedrich Eberhard von Rochows sämtliche pädagogische Schriften*, Bd. 1. Berlin 1907.
[451] Overhoff, *Erziehung zur Menschenfreundschaft*, S. 137.

V. Schluß

1. Der ‚Philanthropismus vor dem Philanthropismus'

Ziel der vorliegenden Studie war es, die erstmals Ende des 19. Jahrhunderts von den beiden Begründern der modernen Philanthropismusforschung, Friedrich Max-Müller und Auguste Pinloche, formulierte Forderung nach einem unparteiischen und unvoreingenommenen „historical treatment"[1] der philanthropischen Erziehungslehre *neu aufzunehmen*, um den Philanthropismus, dieses pädagogische „mouvement considérable"[2] des Zeitalters der Aufklärung einer *zeitgemäßen und aktualisierten Deutung* zuzuführen. Mittels einer solchen Neudeutung der philanthropischen Pädagogik sollte zugleich ein wichtiger *Beitrag zur Erforschung des Schul- und Erziehungswesens der Frühen Neuzeit* geleistet werden, und zwar unter besonderer Berücksichtigung der jüngst von Wolfgang Neugebauer an die Geschichtswissenschaft gerichteten, wichtigen Aufforderung, insbesondere „die Frage nach den *Kausalitäten* der neuzeitlichen Bildungsentwicklung neu und schärfer"[3] zu stellen. Unerläßliche Voraussetzung für die erfolgreiche Bewältigung dieses Forschungsvorhabens war zudem die *Auswertung eines umfangreichen Quellenmaterials* zur Frühphase und ersten Unterrichtspraxis der philanthropischen Pädagogik, das bislang von der historischen Bildungsforschung noch gar nicht oder nur unzureichend in den Blick genommen worden ist und das sich in verschiedenen Universitäts-, Staats- und Schularchiven in *Kopenhagen, Schleswig, Kiel, Hamburg und Oldenburg* befindet.[4]

Tatsächlich ist nun im Zuge der unter diesen Voraussetzungen betriebenen Nachforschungen zur Frühgeschichte des Philanthropismus deutlich erkennbar geworden, daß einige wichtige Annahmen Max-Müllers und Pinloches, die das Koordinatensystem, in dem sich die moderne Philanthropismusforschung bis heute bewegt hat, ganz wesentlich bestimmt haben, gründlich *revidiert* werden müssen.

Im Gegensatz zu den geläufigsten Thesen der bisherigen Philanthropismusforschung ist zunächst festzuhalten, daß, wie im Kapitel 3 dieser Studie gezeigt werden konnte, schon seit Ende der 1750er Jahre, also lange *vor* der von Johann Bernhard Basedow im Jahr 1768 vorgenommenen Veröffentlichung seiner Schrift *Vorstellung an Menschenfreunde*, ein ausgereiftes pädagogisches Programm und

---

[1] Friedrich Max-Müller an Auguste Pinloche, 10. März 1888, in: Pinloche, *La réforme*, S. 414.
[2] Pinloche, *La réforme*, S. VII.
[3] Neugebauer, *Stand und Aufgaben*, S. 234.
[4] Vgl. dazu das im Anhang der Arbeit angeführte Quellenverzeichnis.

„vollständige[s] System der Erziehung und des Unterrichts"[5] existierte, das in allen wesentlichen Punkten der – allerdings erst ab 1774 so bezeichneten – ‚philanthropischen' Pädagogik entsprach. Somit ist erwiesen, daß die philanthropische Pädagogik *schon lange vor* und deshalb auch eindeutig *unbeeinflußt von Jean-Jacques Rousseaus Emil* konzipiert wurde. Im übrigen wurde Rousseau nach der Veröffentlichung des „Emil" im Jahr 1762 von den Befürwortern der philanthropischen Pädagogik auch weitaus häufiger kritisiert als gewürdigt: Christian Fürchtegott Gellert fand die philanthropische Pädagogik sehr viel nützlicher als die nur „feierlich" vorgetragenen Erziehungsratschläge Rousseaus, Martin Ehlers hielt die Pädagogik des *Emil* für „ungereimt" und auch Basedow betonte, daß er sein pädagogisches Programm von den pädagogischen Maßnahmen Rousseaus durchaus unterschieden wissen wollte.[6] Literarische Gründungsdokumente dieser neuen, Rousseaus Reformbestrebungen zeitlich vorausgehenden philanthropischen Pädagogik – dies hat vor allem Kapitel 3 der vorliegenden Arbeit deutlich gezeigt – sind ganz unzweifelhaft die einschlägigen Texte zur Theorie des Unterrichts und der Erziehung, die in Basedows bereits 1758 in Kopenhagen erschienener *Practischer Philosophie für alle Stände* sowie in der ebenfalls ab 1758 in Kopenhagen von Johann Andreas Cramer herausgegebenen Wochenschrift *Der nordische Aufseher* veröffentlicht wurden.

Dieses philanthropische Erziehungsprogramm, das wohl am prägnantesten als pädagogisches System der Erziehung zur Menschenfreundschaft und religiösen Toleranz zu kennzeichnen ist,[7] war nun nicht nur von Basedow im Alleingang auf den Weg gebracht worden, sondern war als Produkt einer langjährigen und fruchtbaren *Zusammenarbeit* Basedows mit einer Vielzahl von gleichgesinnten Vordenkern, Mitstreitern und Mitarbeitern in Deutschland und Dänemark entstanden. Dabei war Basedow keineswegs auf die Rolle des originellen Anregers und Antreibers festgelegt. Immer wieder zeigte er nämlich die echte Bereitschaft, von sinnvollen pädagogischen Reformvorschlägen seiner Lehrer, Freunde und Kollegen zu lernen, um diese in sein in den 1750er Jahren entwickeltes pädagogisches System zu integrieren. Wie wir im zweiten Kapitel dieser Studie gesehen haben, verdankte er wichtige Aspekte seiner Methode des Unterrichts den Hamburger Lehrern Hermann Samuel Reimarus und Michael Richey, den von diesen Lehrern und den englischen Wochenschriften *Spectator* und *Guardian* vermittelten pädagogischen Ideen John Lockes sowie den einschlägigen Schriften der Lateinischen

---

[5] Basedow, *Ueberzeugende Methode*, Vorrede.
[6] Vgl. Gellert, *Briefwechsel*, Bd. 3, S. 253; Ehlers, *Gedanken*, S. 122; Basedow, *Vorstellung an Menschenfreunde*, § 37, S. 39.
[7] Daß auch die am Dessauer Philanthropin ab 1774 verwirklichte Pädagogik ihrem Wesen nach eine *Erziehung zur religiösen Toleranz* war, habe ich in folgendem Aufsatz dargelegt: Jürgen Overhoff, Immanuel Kant, die philanthropische Pädagogik und die Erziehung zur religiösen Toleranz, in: Dina Emundts (Hg.), *Immanuel Kant und die Berliner Aufklärung*. Wiesbaden 2000, S. 133–147.

Für die Übersendung von zwei Besprechungsbelegen zu Händen von Frau
Barbara Opel (Rezensionsabteilung) sind wir Ihnen dankbar.
Sollte die Veröffentlichung einer Rezension in angemessener Frist
nicht möglich sein, erbitten wir das Rezensionsexemplar zurück.
--> Infos zu unseren Neuerscheinungen ab 2000 unter www.niemeyer.de

Max Niemeyer Verlag GmbH · Pfrondorfer Straße 6 · D-72074 Tübingen · Registergericht Tübingen HRB 1892,
Geschäftsführer: Dr. h.c. Robert Harsch-Niemeyer, Birgitta Zeller-Ebert, Wolfgang Herbst, Nikolaus Steinberg

Max Niemeyer Verlag

Max Niemeyer Verlag
GmbH
Postfach 21 40
D-72011 Tübingen

E-mail   max@niemeyer.de
Zentrale   07071 / 98 94-0
Auslieferung   07071 / 98 94-94
Fax   07071 / 98 94-50
Durchwahl   07071 / 98 94-

Herrn Dr. Matthew Bell
YWMLS - The Year's Work ...
King's College
Dept. of German
Strand

London WC2R 2LS
GROSSBRITANNIEN

1. 2.05

Kundennr. 28002

Lieferschein Rezension Nr. 21187

Beiliegend erhalten Sie folgende/n Titel zur Besprechung.

        BESTELLUNG: 24. 8.04
    1 Ex. **HaBei 26: Overhoff**
        EUR 68.00 / SFR 114.00

(81026)

Gesellschaft zu Jena, während das von ihm so vehement verfochtene Erziehungs-ziel der religiösen Toleranz eindeutig auf diesbezügliche Anregungen Gellerts, des Leipziger Professors der Moral, zurückgeht. In gewisser Hinsicht war Basedow also lediglich Fortführer und Weiterentwickler eines bereits im Gange befindlichen pädagogischen Reformprozesses.

Weiterhin ist festzustellen, daß die neuen Erziehungsprinzipien schon in den 1750er und 1760er Jahren – also lange *vor* den 1773 und 1774 vorgenommenen Gründungen der ersten philanthropischen Musterschulen in Reckahn und Dessau – von Basedow und seinem Lehrerkollegen Ehlers *an verschiedenen Schulen* Däne-marks oder der zum dänischen Gesamtstaat gehörenden Gebiete Schleswig-Hol-steins und Oldenburg-Delmenhorsts in der Unterrichtspraxis *erprobt* werden konnten. Für Ehlers wie für Basedow war es nämlich evident, daß am Beginn der gewünschten durchgreifenden Reformen des Bildungswesens vor allem *die in der Schule durchgeführten Experimente bei der Erziehung* wichtigen Aufschluß über die Realisierbarkeit der eigenen Forderungen geben würden, da man eben nicht aus der Vernunft allein urteilen konnte, ob eine angestrebte pädagogische Neuerung gut oder nicht gut sein werde.[8] Gezeigt hat insbesondere die im Kapitel 4 der vor-liegenden Arbeit vorgenommene Auswertung der umfangreichen Quellen zur Schulwirklichkeit in Sorö, Segeberg, Altona und Oldenburg, daß zwischen 1753 und 1771 sehr viel mehr philanthropische Erziehungsziele im konkreten Unterricht verankert wurden, als die historische Bildungsforschung bisher angenommen hat. Somit sind auch die *Anfänge der philanthropischen Unterrichtspraxis* vorzudatie-ren und zwar auf *mehr als zehn Jahre früher als bisher angenommen*. Auch wenn Basedow und Ehlers bei ihren philanthropischen Unterrichtsversuchen mit mehr oder weniger starken Widerständen im jeweiligen Schulkollegium oder in der Elternschaft zu kämpfen hatten, zeitigten ihre Lehren in der Schülerschaft[9] doch stets positive Wirkung, von der die beiden Schulmänner in ihren Schriften auch erfreut berichteten.

---

[8] Zur Bedeutung dieser frühen schulischen Experimente der philanthropischen Pädagogik vgl. auch: Hanno Schmitt, Die philanthropischen Musterschulen der pädagogischen Aufklärung, in: Notker Hammerstein (Hg.), *Handbuch der deutschen Bildungsgeschichte*, Bd. 2 [in Vorberei-tung].

[9] Noch einmal sei an dieser Stelle ausdrücklich darauf hingewiesen, daß die Schüler, die Base-dow und seine philanthropisch gesinnten Kollegen im Zeitraum der hier vorgelegten Untersu-chung unterrichteten, zwar ausschließlich männlichen Geschlechts waren, daß die philanthropi-sche Pädagogik aber prinzipiell auch für Mädchen konzipiert war und diese keineswegs aus-schloß. Bezeichnenderweise ließ Basedow beim Großen Dessauer Schulexamen des Jahres 1776 ein Mädchen – namentlich seine Tochter Emilie – den öffentlichen Beweis erbringen, daß die philanthropische Unterrichtsmethode mit Erfolg angewandt werden konnte. Vgl. dazu Friedrich Eberhard von Rochow, Authentische Nachricht von der zu Dessau auf dem Philan-thropin den 13. bis 15. Mai 1776 angestellten öffentlichen Prüfung, in: Reble, *Basedow*, S. 225f.

Auch eine bedeutende *öffentliche Wirkung* derjenigen Schriften Basedows und Ehlers', die über die Ergebnisse der philanthropischen Schulpraxis der 1750er und 1760er Jahre Auskunft erteilten, machte sich – wie in den Kapiteln 3 und 4 gezeigt werden konnte – deutlich *vor* 1768 bemerkbar. So hinterließen die ab 1759 in den wichtigsten Wochenschriften Deutschlands und Dänemarks gedruckten, *ganz überwiegend positiven Besprechungen der neuen Pädagogik* einen gar nicht zu überschätzenden Eindruck in der aufgeklärten Öffentlichkeit beider Länder. Nicht zuletzt durch die Vermittlungstätigkeit von Zeitschriften wie *Mercure Danois, Neue Zeitungen von gelehrten Sachen, Bibliothek der schönen Wissenschaften und der freyen Künste, Göttingische Anzeigen von gelehrten Sachen, Der nordische Aufseher* und *Den patriotiske Tilskuer* wurde eine ganze Generation von jungen, an pädagogischen Fragen interessierten Aufklärern schon in den frühen 1760er Jahren in außerordentlich nachhaltiger Weise von philanthropischen Erziehungsgrundsätzen geprägt.

Aufgrund dieses eindeutigen Befundes ergibt sich nun der zwingende Schluß, daß man die von Pinloche begründete und bis heute übliche Fokussierung auf das Jahr 1768 zukünftig aufzugeben hat, weil dieses Datum nicht länger als entscheidende Zäsur in der Geschichte der philanthropischen Pädagogik gewertet werden kann. Stattdessen sollte anerkannt werden, daß ein theoretisches Programm des Philanthropismus sowie erste Praxisfelder und eine weitreichende Wirkung der philanthropischen Pädagogik bereits deutlich vor dem Jahr 1768 auszumachen sind. Es dürfte also angeraten sein, wie Hanno Schmitt unlängst vorgeschlagen hat, zukünftig von der Existenz eines ‚Philanthropismus vor dem Philanthropismus‘[10] zu sprechen.

2. Entsteht ein neues Bild der philanthropischen Erziehungsbewegung?

Nun ist allerdings zu fragen, worum es sich bei diesem ‚Philanthropismus vor dem Philanthropismus‘ eigentlich der Sache nach handelt? Was bedeutet es, wenn die Anfänge der philanthropischen Erziehungsbewegung vordatiert werden müssen? Ist die Vordatierung lediglich ein Zahlenspiel ohne substantiellen Erkenntnisgewinn oder entsteht aufgrund der Neudatierung nicht vielmehr ein ganz *neues Bild der philanthropischen Pädagogik*? Vieles spricht für eine Bejahung der zuletzt geäußerten Annahme, denn erst die Ergebnisse der vorliegenden Studie über die lange vernachlässigte *Früh*geschichte der philanthropischen Pädagogik haben erkennbar werden lassen, welcher Impuls und welche *Motivation* die neue Erziehungsbewegung zur Zeit ihrer Konstituierung recht eigentlich bestimmte und in ihrer charakteristischen Ausformung prägte: Nur wenn man, wie in der vorliegen-

---

[10] Vgl. Schmitt, *Der Philanthropismus* [im Druck].

den Studie geschehen, die ideengeschichtliche Herleitung des Philanthropismus nachvollzieht und damit seiner eigentlichen *Triebfeder* auf die Spur kommt, lassen sich die Schriften und Unterrichtsversuche Basedows und seiner Mitstreiter adäquat deuten, lassen sich Erfolge und Leistungen der neuen Pädagogik treffend einschätzen und würdigen, lassen sich die – wie Neugebauer formulierte – ‚Kausalitäten' dieser bemerkenswerten frühneuzeitlichen Erziehungsreform erst wirklich verstehen.

Gerade die Analyse der ideengeschichtlichen Ursprünge der philanthropischen Pädagogik hat nun aber gezeigt, daß das erzieherische Reformprogramm des Philanthropismus in seinen Anfängen und in seinem Kern ganz entscheidend *religiös motiviert* gewesen ist, denn sowohl Basedow als auch Cramer haben sich in ihren ersten Entwürfen einer philanthropischen Pädagogik seit Mitte der 1750er Jahre ganz dezidiert von einem *religiösen Impuls* leiten lassen, den sie in dieser Zeit von ihrem Lehrer und Freund Gellert empfangen hatten. Wie Gellert glaubten Basedow und Cramer nämlich, daß die von ihnen angestrebte Verbesserung der Sitten und die in diesem Zusammenhang gewünschte Erziehung der heranwachsenden Generation zur Menschenliebe und Menschenfreundschaft, zu gemeinnützigem Handeln und Bürgersinn, nur dann verwirklicht werden könne, wenn dieses hohe gesellschaftliche Ziel auch in seiner religiösen Dimension und Verankerung kenntlich gemacht werden würde.

Wie vor allem Kapitel 2 dieser Studie vorgeführt hat, glaubten Gellert, Basedow und Cramer zum einen, daß allein eine auf göttlicher Offenbarung, also *auf göttlichem Zuspruch basierende Sittenlehre*, den Menschen jene gewaltigen *Antriebskräfte* verleihe – und zugleich jene umfassenden *Tröstungen* verheiße – die für ein wirklich opferbereites und uneigennütziges Leben im Dienst an einer menschenfreundlichen Gesellschaft dringend benötigt würden. Die zentrale religiöse Botschaft Gellerts, Basedows und Cramers war demnach die Lehre, daß alle Menschen geliebte Kinder Gottes seien, die einander in brüderlicher Liebe zugetan sein sollten, um in diesem Geist – je nach Talent und Vermögen – einen Beitrag zum Aufbau einer friedlichen und aufgeklärten Gesellschaft zu leisten.

Aus diesem Grunde waren sich die drei Männer nun aber zum anderen auch darin einig, die Unmittelbarkeit des religiös-moralischen Zuschnitts ihrer Sittenlehre auf das *Praktische statt auf das Dogmatische* zu lenken. Deshalb war Basedow dann auch bestrebt, jegliche religiöse Unterweisung als überkonfessionellen Unterricht anzulegen. Denn wiewohl die religiöse Sittenlehre der Menschenfreundschaft zwar einerseits mit der wesentlichen Botschaft des Christentums übereinstimme, so Basedow, würde sie doch keinesfalls nur von Christen gepredigt. Auch alle anderen friedfertigen Religionen, die sich zu einem gemeinsamen Schöpfergott bekannten, würden diese religiöse Lehre nämlich mittragen. Deshalb sei es geboten, daß man auch diese anderen Religionen – wie beispielsweise das Judentum oder den Islam, ja sogar die indischen und chinesischen Religionen – grundsätzlich anerkenne. Aus diesem Grunde sollten schon die Kinder in der Schule, und zwar vom frühesten Alter an, zum Respekt und zur Achtung fremdgläubiger Mitmenschen erzogen werden. Denn nur ein konzertiertes und harmonisches Miteinander der verschiedenen Konfessionen könne eine Gesellschaft oder einen Staat dauerhaft zu einem gemeinnützigen und aufgeklärten Gemeinwesen machen. Deshalb war die von Basedow und Cramer konzipierte philanthropische Pädagogik auch und vor allen Dingen – ja ihrem innersten Wesen nach – eine *religiös motivierte Erziehung zur Toleranz.*[11]

Dieser Aufruf der philanthropischen Pädagogen zur Beherzigung religiöser Toleranz, der bei Basedow mit einer nachdrücklichen Forderung nach einer umfassenden bürgerlichen Gleichstellung der Juden einherging,[12] war, wie an dieser Stelle mit Nachdruck zu unterstreichen ist, ein bemerkenswert frühes Beispiel der Toleranzidee in der deutschsprachigen Literatur des 18. Jahrhunderts, das als solches bisher noch kaum gewürdigt worden ist.[13] Vor Basedows im Jahr 1758 veröffentlichter *Practischer Philosophie* hatten allein Gellerts Roman *Das Leben der schwedischen Gräfin von G**** von 1747 und Lessings Toleranz einforderndes Schauspiel *Die Juden*, das 1749 verfaßt und 1754 veröffentlicht worden war, das Porträt eines edlen Juden zu zeichnen gewagt. Lessing selber erkannte Basedows bedeutsame Beförderung der Toleranzidee dann später in seinem *Anti-Goeze* von 1778 auch respektvoll und vorbehaltlos an.[14] Wie groß Basedows Verdienste als Vorkämpfer der religiösen Toleranz und der Judenemanzipation waren wird aber überdies vor allem auch durch Stellungnahmen von Mitgliedern der jüdischen Gemeinde zu Berlin deutlich, die den Pädagogen bereits in den 1760er Jahren als einen redlichen Streiter für ihre Sache schätzten.[15] Insbesondere Moses Mendelssohn war Basedow freundschaftlich verbunden, seit ihm dieser 1768 von Altona aus einen Brief zukommen ließ, in dem es hieß, daß er sich als philanthropischer

---

[11] Auch wenn Basedow, wie ich an anderer Stelle bereits betont habe, immer wieder vor der zunehmenden Freigeisterei und einem damit einhergehenden Erstarken des Atheismus in der zeitgenössischen Gesellschaft warnte, verlangte er jedoch, wie im Kapitel 4.3.1 gezeigt, auch Toleranz gegenüber Ungläubigen – jedenfalls solange diese sich nicht friedensstörerisch, also ‚politisch gut' verhielten.

[12] Vgl. Basedow, *Practische Philosophie*, S. 742 und 798.

[13] Vgl. aber Schreiner, *Toleranz*, S. 639 und demnächst auch Thorsten Wagner, Johann Bernhard Basedows Aufruf zur bürgerlichen Gleichstellung der Juden und die Situation der jüdischen Gemeinde in Kopenhagen im Jahr 1758, in: Franklin Kopitzsch / Jürgen Overhoff / Hanno Schmitt (Hg.), *Der deutsch-dänische Kulturaustausch* [im Druck].

[14] Lessing, *Anti-Goeze*, S. 1021.

[15] Vgl. Hanno Schmitt, Philanthropismus und Toleranz gegenüber Juden in der Spätaufklärung, in: Willi Jasper und Joachim H. Knoll (Hg.), *Preußens Himmel breitet seine Sterne ...* Beiträge zur Kultur-, Politik- und Geistesgeschichte der Neuzeit. Festschrift zum 60. Geburtstag von Julius H. Schoeps, Bd. 1. Hildesheim 2002, S. 277f. und Ernst A. Simon, Der pädagogische Philanthropinismus und die jüdische Erziehung, in: Britta L. Behm, Uta Lohmann, Ingrid Lohmann (Hg.), *Jüdische Erziehung und aufklärerische Schulreform.* Analysen zum späten 18. und frühen 19. Jahrhundert. Münster 2002, S. 25.

Pädagoge vor allem auch „um ihre [die jüdische, J.O.] Nation verdient machen"[16] wolle.

Nur wenn man die religiöse Toleranz als Leitmotiv der philanthropischen Pädagogik begreift, versteht man auch die Streitigkeiten um Basedows pädagogisches Wirken in den 1760er Jahren in Sorö, Hamburg und Altona. Insbesondere die in Kapitel 4 dieser Arbeit vorgenommene Analyse von Goezes Verfemung der philanthropischen Pädagogik, die im Jahr 1764 einen Höhepunkt erreichte, hat deutlich gemacht, daß es bei dem Konflikt zwischen dem orthodoxen Hauptpastor und dem aufgeklärten Schulmann nicht allein um die Methodik des philanthropischen Religionsunterrichts *qua Methodik* ging, sondern vor allem um das von Basedow angestrebte Ziel der Erziehung zur religiösen Toleranz, dem die von Basedow vorgeschlagene neue Methode des Unterrichts verpflichtet war. Daß es Basedow mit seiner Reform des Religionsunterrichts und den in diesem Zusammenhang neu eingeführten Unterrichtsmethoden des spielerischen Lernens, des fröhlichen Lehrgesprächs, des Anschauungsunterrichts sowie des Verzichts auf Zwangsmittel wie Stock und Rute letzlich eben nicht um eine Zerstörung des Glaubens zu tun war, sondern, wie er selbst immer wieder betonte, um eine Befreiung der lauteren religiösen Sittenlehre von allen nebensächlichen Zusätzen, war Goeze und allen anderen orthodoxen Kritikern der philanthropischen Pädagogik zu keinem Zeitpunkt bewußt.

Doch nicht nur Ursache und Kern der orthodoxen *Kritik* an der philanthropischen Pädagogik sind durch die vorliegende Studie zur Frühgeschichte des Philanthropismus deutlicher erkennbar geworden. Auch die Tatsache, daß es bereits in den 1750er und 1760er Jahren bedeutende *Förderer* der philanthropischen Pädagogik gab, die Basedow gerade *wegen* und nicht etwa trotz seiner religiösen Anschauungen unterstützten, ist durch die Untersuchung der – als ‚Kausalitäten'

---

[16] Johann Bernhard Basedow an Moses Mendelssohn, 1768, in: Moses Mendelssohn, *Gesammelte Schriften*. Jubiläumsausgabe, begonnen von Ismar Elbogen, Julius Guthmann, Eugen Mittwoch, fortgesetzt von Alexander Altmann und Eva Engel, Bd. 12.1, S. 158. Die Freundschaft zwischen Mendelssohn und Basedow währte bis zum Tod des jüdischen Philosophen im Jahr 1786. Die einzige grundsätzliche Kritik, die Mendelssohn jemals an Basedows Schriften vornahm, betraf im übrigen den Begriff der Glaubenspflicht, den der Pädagoge in einem Kapitel über die natürliche Theologie in seinem *Theoretischen System der gesunden Vernunft* von 1765 gebraucht hatte (Basedow, *Theoretisches System*, S. 122). Mendelssohn wandte gegen Basedows Ausführungen ein, daß man Religiosität, Frömmigkeit oder Glauben nicht einmal im Rahmen einer Erörterung der natürlichen Theologie als philosophische ‚Pflicht' beschreiben könne, da wir jeglichem „für wahr Erkannten nicht Beyfall [geben], weil wir wollen oder sollen; sondern weil wir schlechterdings nicht anders können" (Moses Mendelssohn, *Morgenstunden oder Vorlesungen über das Daseyn Gottes* [Berlin 1785], hg. von Dominique Bourel. Stuttgart 1979, S. 80). Jedoch könne das „Principium der Glaubenspflicht" des „Herrn Basedow [...] indessen zugelassen werden, wenn wir von dem Daseyn eines höchstgütigen Wesens, und das seine Vorsehung über das Schicksal der Menschen waltet, vorher aus anderen Gründen überführt worden sind (Mendelssohn, *Morgenstunden*, S. 81).

verstandenen – *Konstitutionsbedingungen* des Philanthropismus erst wirklich ans Licht gekommen.

Wie wir in den Kapiteln 3 und 4 der vorliegenden Studie gesehen haben, hat vor allem die vom Premierminister Adam Gottlob von Moltke und vom Außenminister Johann Hartwig Ernst von Bernstorff geführte *dänische Regierung unter König Friedrich V.* sowohl Basedow als auch Ehlers nach Kräften dabei geholfen, die neue, philanthropische Pädagogik an Schulen in Sorö, Altona, Segeberg und Oldenburg in der Schulpraxis zu verwirklichen. Ehlers konnte sich bei seinem Segeberger Versuch, eine neue Schülergeneration mit dem Gedanken der religiösen Toleranz vertraut zu machen, sogar auf eine Schulordnung berufen, die Bernstorff mit auf den Weg gebracht hatte und die die Erziehung zur Toleranz eindeutig als Unterrichtsziel definierte. Daß sich die dänische Staatsführung somit vorbehielt, auch den Religionsunterricht zu beaufsichtigen und zu reformieren, entsprach der „philanthropischen Frontstellung gegen die kirchliche Orthodoxie und hatte die Ablösung der kirchlichen Schulaufsicht zum Ziel".[17]

Ohne die großzüge Patronage Moltkes und Bernstorffs und ohne das von den beiden Ministern geschaffene Netzwerk von Institutionen und Personen, die Basedow, Cramer und Ehlers den nötigen Freiraum für ihre pädagogischen Experimente gaben, wäre deren pädagogische Pionierleistung gar nicht möglich gewesen, was in besonderer Weise den konkreten politischen Kontext philanthropischer Schulreform im aufgeklärten Absolutismus erkennbar werden läßt. Somit hatte die dänische Regierung der 1750er und 1760er Jahre einen entscheidenden Anteil an der Grundlegung der philanthropischen Erziehungstheorie und an ihrer – zumindest ansatzweise vorgenommenen – ersten praktischen Umsetzung in der Schule.

Allein schon wegen dieser von der dänischen Regierung betriebenen, zielgerichteten Förderung der philanthropischen Pädagogik sollte man die zeitgenössischen Stellungnahmen, die sich gegen die philanthropische Pädagogik aussprachen, nicht überbewerten. Jedenfalls sollten sie in der historischen Forschung immer ins rechte Verhältnis zu denjenigen Stimmen gesetzt werden, die den Philanthropismus bereits zur Zeit seiner Konstituierung mit Nachdruck unterstützten. „Das ältere, bis heute nachwirkende Bild vom Philanthropismus in Überblicksdarstellungen", das „durch charakterliche und politische Zensierungen und Vorurteile gegenüber einzelnen Repräsentanten wie Johann Bernhard Basedow" bestimmt ist,[18] erfährt deswegen durch die Ergebnisse der vorliegenden Arbeit eine – wie zu hoffen ist – bleibende Korrektur.

---

[17] Hanno Schmitt, Pädagogen im Zeitalter der Aufklärung – Die Philanthropen: Johann Bernhard Basedow, Friedrich Eberhard von Rochow, Joachim Heinrich Campe, Christian Gotthilf Salzmann, in: Heinz Elmar Tenorth (Hg.), *Klassiker der Pädagogik*, Bd. 1. Von Erasmus bis Helene Lange. München 2003, S. 121.

[18] Schmitt, *Philanthropismus*, S. 273.

Abschließend ist in diesem Zusammenhang noch anzuerkennen, daß Basedow gerade in den 1760er Jahren – trotz der umfassenden Unterstützung durch die dänische Regierung – immer noch eines gehörigen *Mutes* bedurfte, um an seinem pädagogischen Reformprogramm festhalten zu können. Wie schon Basedows erster Biograph, Heinrich Rathmann, im Jahr 1791 hervorhob, war es nämlich ein Zeichen besonderer Standhaftigkeit, daß der Altonaer Schulmann in den 1760er Jahren *öffentlich* an dem Ziel der Erziehung zur Toleranz festhielt, als „dergleichen Wahrheiten noch wenig im Umlaufe" waren, „weil man sie ohne Verketzerung nicht laut sagen durfte".[19] Basedow aber „brach auch hier die Bahn".[20] Mit diesem Wissen sollte es der historischen Bildungsforschung zukünftig möglich sein, Max-Müllers bereits 1875 geäußerten Ruf nach Anerkennung der Leistungen Basedows und seiner philanthropischen Mitstreiter „im Kampf für Menschenrechte und Menschenwürde, für Wahrheitstreue und Geistesfreiheit"[21] und für eine grundlegende Erziehungsreform neu zu hören und besser zu verstehen.

---

[19] Rathmann, *Beyträge*, S. 29.
[20] Ebd.
[21] Max-Müller, *Basedow*, S. 113.

Quellen- und Literaturverzeichnis

Aufgenommen wurden nur für diese Arbeit grundlegende und zitierte gedruckte Quellen und Literatur. Wurden größere Archivbestände benutzt, so finden sich genaue Nachweise in den Anmerkungen, die auch alle weiteren Quellen- und Literaturangaben enthalten.

1. Hilfsmittel und Nachschlagewerke

Allgemeine Deutsche Biographie, 56 Bde. Leipzig 1875–1912.
Biographisches Handbuch zur Geschichte des Landes Oldenburg, hg. v. Hans Friedl. Oldenburg 1992.
Dansk Biografisk Leksikon, 3. Ausg., 16 Bde. Kopenhagen 1979–1984.
Dictionary of Scandinavian History, hg. v. Byron J. Nordstrom. Westport, Connecticut 1986.
Forfatterlexikon, omfattende Danmark, Norge og Island indtil 1814, hg. v. H. Ehrencron-Müller, 12 Bde. Kopenhagen 1924–1935.
Geschichte des Landes Oldenburg. Ein Handbuch, hg. v. Albrecht Eckhardt / Heinrich Schmidt, 3. Aufl. Oldenburg 1989.
Gundlach, Franz (Hg.), Das Album der Christian-Albrechts-Universität zu Kiel 1665–1865. Kiel 1915.
Hamburgische Biografie, bisher 3 Bde., hg. v. Franklin Kopitzsch / Dirk Brietzke. Hamburg 2001–2004.
Handbuch zur Kinder- und Jugendliteratur. Von 1750 bis 1800, hg. v. Theodor Brüggemann / Hans-Heino Ewers. Stuttgart 1982.
Neue Deutsche Biographie, bisher 21 Bde. (A–Rohlfs). Berlin 1953–2003.
Lebensläufe zwischen Elbe und Weser. Ein biographisches Lexikon, hg. v. Brage bei der Wieden / Jan Lokers, bisher Bd. 1. Stade 2002.
Lexikon der hamburgischen Schriftsteller bis zur Gegenwart, 8 Bde. Hamburg 1851–1883.
Literaturlexikon. Autoren und Werke deutscher Sprache, hg. v. Walther Killy, 15 Bde. Gütersloh 1988–1993.
Puttfarken, Werner (Hg.), Album Johannei. 2 Bde. Hamburg 1929–1933.
Schmidt-Biggemann, Wilhelm, Hermann Samuel Reimarus. Handschriftenverzeichnis und Bibliographie. Register von Ingrid Nutz. Göttingen 1979.
Sillem, Carl Hieronymus Wilhelm (Hg.), Die Matrikel des Akademischen Gymnasiums in Hamburg 1613–1883. Hamburg 1891.
Theologische Realenzyklopädie, bisher 33 Bde., hg. v. Gerhard Müller. Berlin / New York 1977–2002.

2. Ungedruckte Quellen

2.1. Reichsarchiv (Rigsarkivet), Kopenhagen

Danske Kancelli D 18, Sjællandske Registre 1753–1754, Nr. 25.
Danske Kancelli, Koncepter og Indlæg til Sjællandske Tegnelser 1757.
Danske Kancelli, Sjællandske Tegnelser 1757, Nr. 454, Nr. 455.
Departementet for udenrigske Anliggender: Koncepter til Gehejme Registraturen, 1771 maj–aug., lb.nr. 292.

Partikulærkammer Regnskaber 1753, Nr. 1477.
Privatarchiv 5129, Bernstorff-Wotersen.
Sorø Academies Oeconomie Regnskab 1760–1761.

2.2. Landesarchiv für Seeland, Lolland-Falster und Bornholm (Landsarkivet for Sjælland, Lolland-Falster og Bornholm), Kopenhagen

Bregentved-Arkivet: A. G. Moltke (1710–1792): Mikrofilm: LAK 9.201, 1–2, I.A.1.–I.A.3.
Sorø Akademi og Skole, Examinations-Protocoll 1754–1780.
Sorø Akademi og Skole, Lektions-Protocoll 1760–1778.

2.3. Königliche Bibliothek (Det Kongelige Bibliotek), Kopenhagen

KB Arkiv E68.
KB Arkiv E69.
NKS 254.
Palsbos Saml. AC.
Sam. Ledreborg 525.
Handschriftensammlung Johann Albert Fabricius, Nr. 61 (Fol.), Journal der Teutsch-übenden;
    Vom Jahr 1716, 1717.

2.4. Landesarchiv Schleswig-Holstein, Schleswig

Abt. 8.1 (Regierungs-Conseil zu Kiel), Nr. 276.
Abt. 11 (Konsistorium zu Segeberg), Nr. 35.
Abt. 11 (Konsistorium zu Segeberg), Nr. 35I.
Abt. 65.2 (Deutsche Kanzlei), Nr. 4509.
Abt. 65.2 (Deutsche Kanzlei), Nr. 4510 Stadtschule Segeberg.
Abt. 65.2 (Deutsche Kanzlei), Nr. 598 I [E I 4387].
Abt. 65.2 (Deutsche Kanzlei), Nr. 603, Schulsachen – Gelehrtenschulen – Altonaer Gymnasium
    [603: Lehrer am Gymnasio bis 1772 (Convolut 1)].
Abt. 65.2 (Deutsche Kanzlei), Nr. 603 II.
Abt. 65.2 (Deutsche Kanzlei), Nr. 604 [Lehrer am Pädagogio bis 1772 (Convolut 2)].
Abt. 399.1191 Nr. 13 Adelige Familien.

2.5. Universitätsbibliothek Kiel

Hds. SH 106 B.

2.6. Staatsarchiv der Freien und Hansestadt Hamburg

362-1 Akademisches Gymnasium, B2 Acta et Documenta Gymnasii Hamburgensis.
511-1 Bd. 1 Ministerium (Ministerial-Archiv) III A 1 v.
511-1 Bd. 4 Ministerium.
Familie Reimarus, Hermann Samuel Reimarus A23 Bd. 1, Briefe an H. S. Reimarus A–P, Unter-
    akte: Briefe von J. B. Basedow in Borghorst und Sorö 1751–1758.

2.7. Staats- und Universitätsbibliothek Hamburg

Cod. hist. litt. 2 bis 4b in 2°, Journale und Acta der Teutsch-übenden Gesellschaft.
CS8: Basedow.

226

Sup. ep. 113, 124–125.
Sup. ep. 113, 126.
Sup. ep. 113, 128.
Sup. ep. 113, 130–132.

2.8. Archiv des Christianeums, Hamburg

M 7 Basedow.
M 36.
R 37.

2.9. Archiv der Gelehrtenschule des Johanneums, Hamburg

Catalogus Praelectionum et Exercitationum, quae in Gymnasio Hamburgensi .. publice et privatim fuerunt habitae .. 1741–1745.

2.10. Niedersächsisches Staatsarchiv Oldenburg

160-1 Nr. 901, 902 (Oberschulkollegium Consistorialis Gymnasium zu Oldenburg).
262-1 Ab 3092, 3093, 3094.
Bestand 73 Nr. 1642.

2.11. Stadtarchiv, Oldenburg

262-1 A (Akten der Stadtverwaltung, Kirchen und Schulsachen Gymnasium), Nr. 4415, Nr. 4417, Nr. 4418, Nr. 4418a.

2.12. Archiv des Alten Gymnasiums zu Oldenburg

Schulprogramme der Jahre 1768–1771, Abschiedsreden zum 24. und 25. Schulexamen 1769 und 1770.

2.13. Thüringer Universitäts- und Landesbibliothek, Jena

Ms. Prov. f. 71 Monumenta rerum in Soc. Lat. Gestarum Fasc. I, Briefe von auswärtigen Mitgliedern.

2.14. Sächsische Landesbibliothek Dresden

Nachlaß Christian Heinrich Wolke, Mcsr Dresden e 166.

3. Gedruckte Quellen

Allgemeine Revision des gesammten Schul- und Erziehungswesens von einer Gesellschaft praktischer Erzieher, hg. v. Joachim Heinrich Campe, 16 Bde., Bde. 1–5. Hamburg 1785; Bde. 6–7. Wolfenbüttel 1786–1787; Bde. 8–9. Wien / Wolfenbüttel 1787; Bde. 10–16. Wien / Braunschweig 1788–1792. Reprint, hg. v. Ulrich Herrmann. Vaduz 1979 [AR, 1–16].

[Anonym] Copenhagensche Beurtheilung Des von Hn. Joh. Bernhard Basedow Königl. Dän. Prof. herausgegebenen doppelten methodischen Unterrichts, Wie solche in den Copenhagenschen neuen Zeitungen von gelehrten Sachen dieses Jahres in dem 24. und 25. Stück enthalten ist. Aus dem dänischen Übersetzt. Altona 1764.

[Anonym] Nekrolog auf Christian August Crusius, in: Acta historico-ecclesiastica nostri temporis, oder Gesammelte Nachrichten und Urkunden zu der Kirchengeschichte unserer Zeit, XVII. Weimar 1776, S. 970–993.

Aristoteles, Poetik, griechisch / deutsch, übers. und hg. v. Manfred Fuhrmann. Stuttgart 1982.

Basedow, Johann Bernhard, Agathokrator: oder von Erziehung künftiger Regenten. Leipzig 1771.

– Anfang der Arbeit am Elementarbuche zur Verbesserung des Schulwesens. Berlin 1769.

– Ausgewählte pädagogische Schriften, hg. v. Albert Reble. Paderborn 1965.

– Ausgewählte Schriften. Mit Basedow's Biographie, Einleitungen und Anmerkungen, hg. v. Hugo Göring. Langensalza 1880.

– Betrachtungen über die wahre Rechtgläubigkeit und die im Staate und in der Kirche nothwendige Toleranz. Altona 1766.

– Elementarwerk mit den Kupfertafeln Chodowieckis u. a. (1774). Krit. bearb. in 3 Bdn., hg. v. Theodor Fritzsch. Leipzig 1909.

– Epistolae ad Michaelem Richeium II. Jo. Bern. Basedovi. Additis pueri nobilis octavum annum agentis epistolis III. non emendatis. Hamburg 1750.

– Haupt=Probe der Zeiten in Ansehung der Religion, Wahrheitsliebe und Toleranz. Berlin und Altona 1767.

– Inusitata et optima honestioris iuventutis erudiendae methodus. Kiel 1752.

– Kurze Nachricht, in wie ferne die Lehrart des Privat=Unterrichts, welche in meiner Disputation unter dem Titel: Inusitata [..] methodus, vorgeschlagen worden, wirklich ausgeübet sey, und was sie gewirket habe. Hamburg 1752.

– Lehrbuch prosaischer und poetischer Wohlredenheit in verschiedenen Schreibarten und Werken zu academischen Vorlesungen eingerichtet. Kopenhagen 1756.

– Neue Lehrart und Übung in der Regelmäßigkeit der Teutschen Sprache. Kopenhagen 1759.

– Die Nothwendigkeit der Geschichts=Kunde. Hamburg 1746.

– Das Methodenbuch für Väter und Mütter der Familien und Völker. Altona / Bremen 1770.

– Das Methodenbuch für Väter und Mütter der Familien und Völker (1770), mit Einleitung, Anmerkungen und Register, hg. v. Theodor Fritzsch. Leipzig 1913.

– Methodischer Unterricht der Jugend in der Religion und Sittenlehre der Vernunft, 2 Bde. Altona 1764.

– Oratio auspicalis, de variis gravissimis circa axiomata moralia quaestionibus. Altona [1761].

– Philalethie. Neue Aussichten in die Wahrheiten und Religion der Vernunft bis in die Grenzen der glaubwürdigen Offenbarung, 2 Bde. Altona 1764.

– Philosophiske Pligter for dem, som vilde indgaa Ægteskab. Kopenhagen 1758.

– Practische Philosophie für alle Stände. Kopenhagen / Leipzig 1758.

– Rede, über den frühzeitigen Tod des Freyherrn von Rosenkranz, in: Basedow, Reden, S. 130–155.

– Reden über die glückselige Regierung Friedrich des Fünften Königs in Dänemark und Norwegen. Nebst anden Reden theils gehalten, theils übersetzt von Johann Bernhard Basedow Professor. Kopenhagen / Leipzig 1761.

– Theoretische Philosophie [unvollständiger Druck]. Sorö 1760.

– Theoretisches System des gesunden Vernunft, ein akademisches Lehrbuch. Altona 1765.

– Ueberzeugende Methode der auf das bürgerliche Leben angewendeten Arithmetik zum Vergnügen der Nachdenkenden und zur Beförderung des guten Unterrichts in den Schulen. Altona 1763.

– Vom Unterrichte in der Theologie auf Ritterakademien gehalten an statt der ersten theologischen Vorlesung, in: ders., Reden, S. 100–124.

– Vergleichung der Lehren und Schreibart des Nordischen Aufsehers, und besonders des Herrn Hofprediger Cramers, mit den merkwürdigen Beschuldigungen gegen dieselben, in den Briefen die neueste Literatur betreffend. Sorö 1760.

– Versuch für die Wahrheit des Christenthums als der besten Religion. Berlin und Altona 1766.

– Versuch, wie fern die Philosophie zur Freygeisterei verführe. Kopenhagen 1753.
– Vierteljährliche Unterhandlungen mit Menschenfreunden über moralische und dennoch un-
   kirchliche Verbesserungen der Erziehung und Studien. Altona / Bremen 1768/1769.
– Vita (1752), in: Armin Basedow, Johann Bernhard Basedow, S. 7–9.
– Vorstellung an Menschenfreunde und vermögende Männer über Schulen und Studien und ihren
   Einfluß in die öffentliche Wohlfahrt (1768), in: Basedow, Ausgewählte pädagogische Schrif-
   ten, S. 5–80.
Becker, Ferdinand G., Die Erziehungsanstalt in Vechelde oder Nachricht von der Entstehung dem
   Fortgange und der gegenwärtigen Verfassung dieser Anstalt. Gotha 1806.
Benzler, Friedrich August, Die merkwürdigsten Umstände aus meinem Leben zur Nachricht für
   meine Familie. Aufgesetzt im August und September 1807, fortgesetzt 1809. Diesdorf 1890.
Belustigungen des Verstandes und Witzes. Leipzig 1741–1745.
Bernisches Freytags-Blätlein. in welchem die Sitten unser Zeiten von der Neuen Gesellschaft
   untersucht und beschrieben werden. Bern 1722–1724.
Bibliothek der schönen Wissenschaften und freyen Künste. Berlin 1757–1765.
Borkenstein, Hinrich, Der Bookesbeutel, Lustspiel (1742), hg. v. Franz Ferdinand Heitmüller.
   Leipzig 1896.
Briefe, die neueste Literatur betreffend (Berlin 1759–1765), in: Lessing, Gotthold Ephraim, Wer-
   ke, Bd. 2, nach den Augaben letzter Hand. Mit entstehungsgeschichtlichen Kommentaren und
   Otto Manns revidierten Anmerkungen hg. von Peter-André Alt. München 1995, S. 711–991.
Campe, Joachim Heinrich, Briefe von und an Joachim Heinrich Campe, Bd. 1 (1766–1788), hg. v.
   Hanno Schmitt. Wiesbaden 1996.
Catalogus Lectionum et Exercitationum, quae in Johanneo Hamburgens. [..] habitae, publicoque
   Examini Anno MDCCXLI, Mensis April. Diebus XXV & XXVI, Rector Joannes Samuel
   Muller.
Claudius, Matthias, Sämtliche Werke. Textredaktion Jost Perfahl. Mit einem Nachwort und einer
   Zeittafel von Wolfgang Pfeiffer-Belli sowie Anmerkungen und Bibliographie von Hansjörg
   Platschek. München 1968.
Cramer, Carl Friedrich: Klopstock, Er; und über ihn, Th. 1: 1724–1747, Hamburg 1780; Th. 2:
   1748–1750, Dessau 1781; Th. 3: 1751–1754, Dessau 1782; Th. 4: 1755, Leipzig / Altona 1790;
   Th. 5: 1755, Leipzig / Altona 1792.
Cramer, Johann Andreas, Christian Fürchtegott Gellerts Leben. Leipzig 1774.
– Eine christliche Sittenlehre für Kinder. Kiel 1788.
– Vermischte Uebungen des Witzes und Nachdenkens für Kinder, ihnen nützliche Kenntnisse zu
   geben oder sie daran zu erinnern. Kiel 1788.
Crusius, Christian August, Anleitung über natürliche Begebenheiten ordentlich und vorsichtig
   Nachzudencken. Leipzig 1749.
– Anweisung vernünftig zu leben. Leipzig 1744.
– Weg zur Gewißheit und Zuverlässigkeit der menschlichen Erkenntnis. Leipzig 1747.
Danneskiold-Samsøe, Frederik, Eingabe an König Christian VII., Oktober 1767, in: Armin Base-
   dow, Johann Bernhard Basedow, S. 74–77.
Die Discourse der Mahlern. Zürich 1721–1722.
Ehlers, Martin, Abschiedsrede von den Vortheilen und Vergnügungen, welche Aeltern im Unter-
   richt und in der Bildung der Jugend vor Schullehrern voraus haben, bey Niederlegung des Ol-
   denburgischen Rectorats den 9ten September 1771 gehalten. Altona 1771.
– Anmerkungen über die seine Abhandlung vom Vocabellernen betreffende Recension, welche
   sich im ein und zwanzigsten Stück von Herrn G. R. Klotzens deutscher Bibliothek der schönen
   Wissenschaften befindet. Oldenburg 1771.
– Gedanken von den zur Verbesserung der Schulen nothwendigen Erfordernissen. Altona und
   Lübeck 1766.
– Gedanken vom Vocabellernen beym Unterricht in Sprachen, nebst einer Zuschrift an seine
   Schüler. Altona 1770.
– Vom Nutzen und Schaden dramatischer Spiele. Oldenburg 1770.

– Ob es ein sicheres Merkmaal von der guten und rechtschaffenen Amtsführung eines Schulmannes sey, wenn er an seinem Ort allgemein geliebt und gelobt wird. Einladungsschrift zu einer den 3ten September 1766 in Segeberg angestellten Redeübung. Segeberg 1766.

– Die Vorzüge einer unumschränkten monarchischen Regierung vor andern Regierungsformen. Eine Seiner königlichen Majestät unsers allergnädigsten Erbkönigs Königs Friederichs des Fünften allerhuldreichstem Befehl zu Folge des 17. October 1760 gehaltenen Jubelrede. Altona 1761.

– Die bey Zulassung und Beförderung der Jugend zum Studiren nöthige Behutsamkeit. Einladungsschrift Segeberg. Altona 1764.

Friedrich V. von Dänemark, Handbriefe von dem König Friederich dem 5ten, in: Historisk Tidsskrift, 4. række, bind 2, 1873, S. 295–331.

Friese (Frisius), Martin, Dissertatio theologica Friedericiana, qua [Dokimasian] exhortationis irenicae ad unionem inter evangelicos et reformatos procurandam hodie factae instituit. Kiel 1722.

– Oratio secularis in memoriam Augustanae Confessionis. Kiel 1730.

Gellert, Christian Fürchtegott, Abhandlung für das rührende Lustspiel. Übersetzt von Gotthold Ephraim Lessing (1751/1754), in: ders., Die zärtlichen Schwestern. Ein Lustspiel von drei Aufzügen, hg. v. Horst Steinmetz. Stuttgart 1998, S. 117–137.

– Die Betschwester. Ein Lustspiel in drei Aufzügen (1745), in: ders., Lustspiele, S. 61–111.

– Briefe, nebst einer praktischen Abhandlung von dem guten Geschmacke in Briefen. Leipzig 1751.

– Briefwechsel. Kritische Gesamtausgabe, hg. v. John F. Reynolds, Bd. 1ff., Berlin / New York 1983ff.

– Einige Nachrichten von meinem Leben, in: ders., Die Fahrt, S. 255–261.

– Die Fahrt auf der Landkutsche. Dichtungen, Schriften, Lebenszeugnisse, hg. v. Karl Wolfgang Becker. Berlin 1985.

– Gesammelte Schriften. Kritische, kommentierte Ausgabe, hg. v. Bernd Witte, Bd. 1ff. Berlin / New York 1988ff.

– Leben der Schwedischen Gräfinn von G*** (1747/1748), in: ders., Roman, Briefsteller, hg. v. Bernd Witte. Berlin / New York 1989 (Gesammelte Schriften 4), S. 1–96.

– Das Loos in der Lotterie (1747), in: ders., Lustspiele, S. 113–194.

– Lustspiele, hg. v. Bernd Witte u.a. Berlin / New York 1988 (Gesammelte Schriften 3).

– Menschenliebe (1743), in: ders., Die Fahrt, S. 13–18.

– Moralische Vorlesungen. Moralische Charaktere, hg. v. Sibylle Späth. Berlin / New York 1992 (Gesammelte Schriften 6).

– Moralische Vorlesungen, 2 Bde., hg. v. J. A. Schlegel und G. L. Heyer. Leipzig 1770.

– Vorrede, in: C. F. Gellerts Lustspiele. Leipzig 1747.

Goethe, Johann Wolfgang von, Aus meinem Leben. Dichtung und Wahrheit (1811–1833), in: ders., Werke, Bde. 9–10, 12. durchges. Aufl., hg. v. Erich Trunz. München 1994.

– Briefe der Jahre 1786–1805, in: Goethes Briefe, Bd. 2, hg. v. Karl Robert Mandelkow. Hamburg 1964.

– (Hg.), Winckelmann und sein Jahrhundert, in: ders., Sämtliche Werke, Bd. 6.2, hg. v. Karl Richter. München 1988, S. 195–401.

Göttingische Anzeigen von gelehrten Sachen. Göttingen 1753–1801.

Hagedorn, Friedrich von, Briefe, 2 Bde, hg. v. Horst Gronemeyer. Berlin / New York 1997.

Hallbauer, Friedrich Andreas (Hg.), Exercitationes Societatis Latinae quae Ienae est, Bd. 1 (1741); Bd. 2 (1743). Leipzig / Halle.

Hamburgische Auszüge aus neuen Büchern und Nachrichten aus allerhand zur Gelehrsamkeit gehörigen Sachen. Hamburg 1728–1729.

Hamburgische Bibliotheca Historica, der studierenden Jugend zum Besten Zusammengetragen. Leipzig 1715–1729.

Herbart, Johann Friedrich, Bericht über ein nach Pestalozzis Grundsätzen geleitetes Waisenhaus in Königsberg, 1813, in: ders., Sämtliche Werke, Bd. 15, hg. v. Karl Kehrbach / Otto Flügel / Theodor Fritzsch. Langensalza 1907.

Herder, Johann Gottfried, Journal meiner Reise aus dem Jahr 1769. Historisch-kritische Ausgabe, hg. v. Katharina Mommsen. Stuttgart 1976.

230

Hübner, Johann, Zwey mal zwey und funnfzig Auserlesene Biblische Historien aus dem Alten und Neuen Testamente. Leipzig 1714.

Hutcheson, Francis, An Inquiry into the Original of our Ideas of Beauty and Virtue, in Two Treatises. London 1725.

– Philosophiae Moralis Institutio Compendaria, Libris III, Ethices et Jurisprudentiae Naturalis Elementa continens. Glasgow 1742.

– A System of Moral Philosophy. London 1755.

Index Praelectionum quae in Christianeo Academico [..] publice privatimque instituentur 1760–1771, in: Armin Basedow, Johann Bernhard Basedow, S. 82–84.

Indices Lectionum Kilonensium, Bd. 2, 1714–1750. Kiel 1655–1801.

Inkvisitionskommissionen af 20 Jan. 1772, hg. v. Holger Hansen, 5 Bde. Kopenhagen 1927–1941.

Der Jüngling. Leipzig 1747–1748.

Klefeker, Johann, Sammlung der Hamburgischen Gesetze und Verfassungen in Bürger- und Kirchlichen, auch Cammer-, Handlungs- und übrigen Policey-Angelegenheiten und Geschäften samt historischen Einleitungen, 12 Bde. Hamburg 1765–1773. Dazu: Register über die sämmtlichen 12 Theile. Nebst einer Betrachtung über den Inhalt des ganzen Werks von Gottfried Schütze. Hamburg 1774.

Klopstock, Friedrich Gottlieb, Arbeitstagebuch, hg. v. Klaus Hurlebusch. Berlin / New York 1977.

– Der Messias, Gesang I–III, Text des Erstdrucks von 1748, Studienausgabe, hg. v. Elisabeth Höpker-Herberg. Stuttgart 1986.

– Oden, hg. v. Karl Ludwig Schneider. Stuttgart 1966.

– Werke und Briefe. Historisch-kritische Ausgabe, hg. v. Horst Gronemeyer, Elisabeth Höpker-Herberg, Klaus Hurlebusch und Rose-Maria Hurlebusch, Bd. 1 ff. Berlin / New York 1974 ff.

Klopstock, Meta, Briefwechsel mit Klopstock, ihren Verwandten und Freunden, hg. und mit Erläuterungen versehen von Hermann Tiemann, 3 Bde. Hamburg 1956.

Lessing, Gotthold Ephraim, Anti-Goeze, in: ders., Werke, S. 1010–1071.

– Die Erziehung des Menschengeschlechts, in: ders., Werke, S. 1110–1132.

– Die Juden. Ein Lustspiel in einem Aufzuge. Verfertiget im Jahr 1749. Mit Dokumenten zur Entstehung und Wirkung, hg. v. Wilhelm Grosse. Stuttgart 1996.

– Werke in drei Bänden. Nach den Ausgaben letzter Hand. Mit Einführung, Anmerkungen und Zeittafel von Peter-André Alt, 3. Aufl. München 1995.

Lettres sur le Dannemarc. Kopenhagen 1757–1763.

Litterarische Pamphlete. Aus der Schweiz. Nebst Briefen an Bodmer. Zürich 1781.

Locke, John, Some thoughts concerning education (1693), hg. v. John W. Yolton / Jean S. Yolton, Oxford 1989.

– Herrn Johann Locks Unterricht von Erziehung der Kinder, aus dem Englischen [..] Nebst Herrn von Fenelon [..] Gedancken von Erziehung der Töchter, aus dem Französischen übersetzet. Mit einigen Anmerkungen und einer Vorrede. Leipzig 1708.

Mendelssohn, Moses, Gesammelte Schriften. Jubiläumsausgabe. Begonnen v. Ismar Elbogen / Julius Guttmann / Eugen Mittwoch. Fortges. v. Alexander Altmann / Eva J. Engel. Stuttgart-Bad Cannstatt 1972 ff.

– Morgenstunden oder Vorlesungen über das Daseyn Gottes (1785), hg. v. Dominique Bourel. Stuttgart 1979.

Mercure Danois. Kopenhagen 1753–1760.

Minerva, oder zufällige Gedanken, Betrachtungen und Anmerkungen. Göttingen 1741.

Moltke, Adam Gottlob von, Kurtze Beschreibung derer in meinem Leben mit mir vorgefallenen Veränderung, in: ders., Grev Adam Gottlob Moltkes efterladte Mindeskrifter, hg. v. C. F. Wegener, in: Historisk Tidskrift, 4. række, bind 2, 1873, S. 247–294.

– Plan for Frederik den femtes Regering, in: Historisk Tidskrift, 4. række, bind 2, 1873, S. 43–64.

Monumentum Funebre viro Magnifico et summe venerando Martino Frisio. Kiel 1750.

Müller, Johann Martin, Beytrag zur Geschichte des Johannei. Hamburg 1779.

Neue Beyträge zum Vergnügen des Verstandes und Witzes [Bremer Beiträge]. Leipzig / Bremen 1744–1751/1759.

Neue Zeitungen von gelehrten Sachen. Leipzig 1715–1784.

Niethammer, Friedrich Immanuel, Der Streit des Philanthropinismus und Humanismus in der Theorie des Erziehungs-Unterrichts unsrer Zeit, Jena 1808, in: ders., Philanthropinismus – Humanismus. Texte zur Schulreform, hg. v. Werner Hillebrecht. Weinheim 1968, S. 79–445.

Der Nordische Aufseher. Kopenhagen 1758–1761.

Der Patriot, nach der Originalausgabe Hamburg 1724–26 in drei Textbänden und einem Kommentarband kritisch hg. v. Wolfgang Martens. Berlin 1969–1970 und 1984.

Der patriotische Zuschauer [Den patriotiske Tilskuer], aus dem dänischen des sel. Herrn Jens Schielderup Sneedorffs ins Deutsche übers. Flensburg 1769–1772.

Pope, Alexander, An essay on Man. London 1732–1734.

Qualen, Josias von, Beschreibung eines Adelichen Guths in Holstein nebst einigen Betrachtungen, o.O. 1760, in: Degn, Christian / Lohmeier, Dieter (Hg.), Staatsdienst und Menschlichkeit. Studien zur Adelskultur des späten 18. Jahrhunderts in Schleswig-Holstein und Dänemark. Neumünster 1980, S. 307–384.

Rathmann, Heinrich, Beyträge zur Lebensgeschichte Joh. Bernhard Basedows aus seinen Schriften und andern ächten Quellen gesammlet. Magdeburg 1791.

Reimarus, Hermann Samuel, Apologie oder Schutzschrift für die vernünftigen Verehrer Gottes, hg. v. Gerhard Alexander. 2 Bde. Frankfurt a.M. 1972.

– De optima ratione discendi docendique elementa linguae latinae Dissertatio (1743), in: ders., Kleine gelehrte Schriften, S. 351–369.

– Kleine gelehrte Schriften. Vorstufen zur Apologie oder Schutzschrift für die vernünftigen Verehrer Gottes, hg. v. Wilhelm Schmidt-Biggemann. Göttingen 1994.

Reverdil, Elie Salomon François, Struensée et la cour de Copenhague 1760–1772, hg. v. Alexandre Roger. Paris 1858.

Richardson, Samuel, Pamela; oder die belohnte Tugend, übers. und hg. v. Johann Mattheson. Frankfurt / Leipzig 1742.

– Pamela: or, Virtue rewarded. London 1740.

Richey, Martin, Idioticon Hamburgense oder Wörter=Buch. Zur Erklärung der eigenen, in und um Hamburg gebräuchlichen, Nieder=Sächsischen Mund=Art, 2. Aufl. Hamburg 1755.

– Zuschrift, in: Der Patriot. Neue und verbesserte Ausgabe mit vollständigem Register, Bd. 3. Hamburg 1729, S. I–VI.

Rochow, Friedrich Eberhard von, Authentische Nachricht von der zu Dessau auf dem Philanthropin den 13. bis 15. Mai 1776 angestellten öffentlichen Prüfung, in: Basedow, Ausgewählte pädagogische Schriften, S. 224–228.

– Versuch eines Schulbuchs für Kinder der Landleute oder zum Gebrauch in Dorfschulen (1772), in: Jonas, Fritz / Wienecke, Friedrich (Hg.), Friedrich Eberhard von Rochows sämtliche pädagogische Schriften, Bd. 1. Berlin 1907.

Saurin, Jacques, Kurzer Begriff der christlichen Glaubens- und Sittenlehre, in Form eines Catechismus, aus dem französischen übersetzt von Christian Fürchtegott Gellert. Leipzig / Chemnitz 1749.

Schatz, Johann Jakob, De recta iuventutis institutione, eorumque moribus excolendis. Straßburg 1730.

– Dissertatio philologica de Latina Lingua ex sola cum Latine loquentibus consuetudine Discenda, in: Hallbauer, Exercitationes, Bd. 1, S. 102–120.

– Kurtze und vernunft-mäßige Anweisung zur Beredsamkeit. Jena 1734.

Schlegel, Johann Elias, Canut (1746), hg. v. Horst Steinmetz. Stuttgart 1989.

– Gedanken zur Aufnahme des dänischen Theaters (1747), in: ders., Canut, S. 75–111.

Schütz, Gottfried, Vorrede, in: Michael Richey: Deutsche und lateinische Gedichte, hg. v. Gottfried Schütz, 3 Teile. Hamburg 1764–1766.

Sneedorff, Jens Schelderup, Babues Svar. Sorö 1759.

Societatis Latinae [quae Ienae est] Leges (1733), in: Hallbauer, Exercitationes, Bd. 1 [abgedruckt im Anschluß an das Vorwort].

The Spectator (1711–1712), hg., eingel. und mit Anmerkungen vers. v. Donald F. Bond, 5 Bde. Oxford 1965.

Treschow, Herman, Bidrag til Hr. General Admiral Lieutenant Greve Frederik Danneskiold-Samsøes levnets beskrivelse. Kopenhagen 1796.

Der Vernünfftler. Das ist: Ein teutscher Auszug/ aus den Engeländischen Moral-Schrifften des Tatler und Spectator/ vormahls verfertiget/ mit etlichen Zugaben versehen/ und auf Ort und Zeit gerichtet von Joanne Mattheson. Hamburg 1721 [1713–1714].

Voltaire, Traité sur la tolerance (1763), hg. v. René Pomeau. Paris 1989.

Weichmann, Christian Friedrich (Hg.), Poesie der Niedersachsen, 2 Bde. Hamburg 1721–1738.

Winckler, Johann Dietrich, Johann Dietrich Wincklers Briefe an Johann Christian Bartholomäi und Christian Wilhelm Schneider. Ein Beitrag zur Geistesgeschichte Hamburgs in der Aufklärungszeit, hg. v. Theodor Wotschke, in: Zeitschrift des Vereins für Hamburgische Geschichte 37 (1938), S. 35–99.

Wolf, Friedrich August, Dritter Aufsatz der ‚Skizzen zu einer Schilderung Winckelmanns‘ (1805), in: Goethe, Johann Wolfgang von, Sämtliche Werke, Münchner Ausgabe, Bd. 6.2. München 1988, S. 389–400.

Wynne, Richard (Hg.), Essays on Education by Milton, Locke, and the Authors of the Spectator. London 1761, Reprint Bristol 1995.

4. Literatur

Ahrbeck-Wothge, Rosemarie, Die Erziehung zur allseitig entwickelten Persönlichkeit als Zentrum von J. B. Basedows Pädagogik, in: dies. (Hg.), Studien über den Philanthropismus und die Dessauer Aufklärung. Halle a. d. Saale 1970, S. 55–80.

Aschner, Siegfried, Basedow und seine Freunde, in: Zeitschrift für Geschichte der Erziehung und des Unterrichts 8/9 (1918–1919), S. 131–141.

Bach, Adolf (Hg.), Goethes Rheinreise mit Lavater und Basedow im Sommer 1774. Dokumente. Zürich 1922.

Basedow, Armin, Johann Bernhard Basedow (1724–1790), Neue Beiträge, Ergänzungen und Berichtigungen zu seiner Lebensgeschichte. Langensalza 1924.

Basedow, Bernhard, Die Entwicklung des philanthropischen Erziehungsinstituts zu Dessau im Spiegel der Lehrer- und Schülerbewegung, in: Jahrbuch für Erziehungs- und Schulgeschichte 14 (1974), S. 219–238.

– Joachim Heinrich Campe und das philanthropische Erziehungsinstitut in Dessau, Diss. (Masch.). Jena 1945.

– Untersuchungen über die Entwicklung des Dessauer Philanthropinums und des Dessauer Erziehungsinstituts, in: Jahrbuch für Erziehungs- und Schulgeschichte 23 (1983), S. 30–61.

Bech, Svend Cedergreen, Adam Gottlob Moltke, in: DBL, Bd. 10, S. 15–18.

– Christian VII., in: DBL, Bd. 3, S. 316–318.

– Johann Andreas Cramer, in: DBL, Bd. 3, S. 491f.

– Oplysning og Tolerance 1721–1784, Gyldendal og Politikens Danmarks Historie, Bd. 9. Kopenhagen 1970.

– Struensee og hans tid. Kopenhagen 1972.

Beck, Lewis White, Kant on Education, in: ders., Essays on Kant and Hume. New Haven / London 1978, S. 188–204.

Bessler, Johann Ferdinand, Unterricht und Übung in der Religion am Philanthropinum zu Dessau. Niederlössnitz 1900.

Blankertz, Herwig, Berufsbildung und Utilitarismus. Problemgeschichtliche Untersuchungen. Düsseldorf 1963.

– Bildung und Brauchbarkeit. Texte von Joachim Heinrich Campe und Peter Villaume zur Theorie utilitärer Erziehung. Braunschweig 1965.

Blaschke, Karlheinz, Die kursächsische Politik und Leipzig im 18. Jahrhundert, in: Martens, Leipzig, S. 23–38.

Boehart, William, Politik und Religion. Studien zum Fragmentenstreit (Reimarus, Goeze, Lessing). Schwarzenbek 1988.

Bohnen, Klaus / Jørgensen, Sven-Aage (Hg.), Der dänische Gesamtstaat. Kopenhagen – Kiel – Altona. Tübingen 1992.

233

Bohnen, Klaus, Der Kopenhagener Kreis und der ,Nordische Aufseher', in: ders. / Jørgensen, Der dänische Gesamtstaat, S. 161–179.

Brandt, Peter, Von der Adelsmonarchie zur königlichen ,Eingewalt'. Der Umbau der Ständegesellschaft in der Vorbereitungs- und Frühphase des dänischen Absolutismus, in: Historische Zeitschrift 250 (1990), S. 33–72.

Brandt, Reinhard, John Locke, in: Schobinger, Jean Pierre (Hg.), Grundriss der Geschichte der Philosophie, Bd. 3,2: Die Philosophie des 17. Jahrhunderts, England. Basel 1988, S. 607–713.

Bregnsbo, Michael, Samfundsorden og statsmagt set fra prædikestolen. Udviklingen i præsternes syn på samfundsorden og statsmagt i Danmark 1750–1848, belyst ved trykte prædikener. Kopenhagen 1997.

Brunken, Otto, Basedows Methodischer Unterricht, in: Brüggemann, Theodor / Ewers, Hans-Heino (Hg.), Handbuch zur Kinder- und Jugendliteratur. Von 1750 bis 1800. Stuttgart 1982, S. 694–707.

Calmberg, Ernst Philipp Ludwig, Geschichte des Johanneums zu Hamburg. Hamburg 1829.

Carlsen, Olaf, Über Basedow und seine Bedeutung für Dänemark. Ein dänischer Forschungsbericht, in: Zeitschrift für Geschichte der Erziehung und des Unterrichts 25 (1935), S. 211–213.

– Über J. B. Basedows Entlassung von der Ritterakademie zu Sorö. Kopenhagen 1937.

Detering, Heinrich (Hg.), Grenzgänge. Skandinavisch-deutsche Nachbarschaften. Göttingen 1996.

Dickmann, Eduard, Aktenmäßige Beiträge zur Vorgeschichte der Städtischen Ober=Realschule und Vorschule zu Oldenburg. Oldenburg 1894.

Duprat, Cathrine, Le temps des philanthropes: la philanthropie parisienne des Lumières à la monarchie de Juillet. Paris 1993.

Dülmen, Richard von, Die Gesellschaft der Aufklärer. Zur bürgerlichen Emanzipation und aufklärerischen Kultur in Deutschland. Frankfurt a. M. 1986 [2. Aufl. 1996].

Eaton, John Wallace, The German Influence in Danish Literature in the Eighteenth Century. The German Circle in Copenhagen 1750–1770. Cambridge 1929.

Ehrenpreis, Stefan, Sozialdisziplinierung durch Schulzucht? Bildungsnachfrage, konkurrierende Bildungssysteme und der ,deutsche Schulstaat' des siebzehnten Jahrhunderts, in: Schilling, Heinz (Hg.), Institutionen, Instrumente und Akteure sozialer Kontrolle und Disziplinierung im frühneuzeitlichen Europa. Frankfurt a.M. 1999, S. 167–185.

Eibach, Joachim / Lottes, Günther (Hg.), Kompass der Geschichtswissenschaft. Ein Handbuch. Göttingen 2002.

Engbers, Jan, Der ,Moral Sense' bei Gellert, Lessing und Wieland. Zur Rezeption von Shaftesbury und Hutcheson in Deutschland. Heidelberg 2001.

Eysell, Maria, Wohlfahrt und Etatismus. Studien zum dänischen Absolutismus und zur Bauernbefreiung 1787/88. Neumünster 1979.

Feige, Bernd, Philanthropische Reformpraxis in Niedersachsen. Johann Peter Hundeikers pädagogisches Wirken um 1800. Köln / Weimar / Wien 1997.

Feldbæk, Ole, Aufklärung und Absolutismus. Die dänische Kulturpolitik Friedrichs V., in: Text & Kontext. Zeitschrift für Germanistische Literaturforschung in Skandinavien 33 (1994), S. 26–37.

– Den lange fred (1700–1800), Gyldendal og Politikens Danmarkshistorie, Bd. 9. Kopenhagen 1990.

– Nærhed og adskillelse 1720–1814, Danmark-Norge, Bd. IV. Kopenhagen 1998.

Fertig, Ludwig, Campes politische Erziehung. Eine Einführung in die Pädagogik der Aufklärung. Darmstadt 1977.

Friis, Aage, Bernstorfferne og Danmark. Bidrag til den danske Stats politiske og kulturelle udvidlings-historie 1750–1835. 2 Bde. Kopenhagen 1903–1919 [deutsch: Die Bernstorffs und Dänemark. Ein Beitrag zur politischen und kulturellen Entwicklungsgeschichte des dänischen Staates 1750–1835, 2 Bde. Bentheim 1970].

– (Hg.), Bernstoffske Papirer. Udvalgte breve og optegnelser vedrørende Familien Bernstorff i tiden fra 1732 til 1835, 2. Bd. Kopenhagen 1904.

Freimark, Peter, Die Dreigemeinde Hamburg – Altona – Wandsbek im 18. Jahrhundert als jüdisches Zentrum in Deutschland, in: Kopitzsch, Spuren, S. 59–70.

Fritzsch, Theodor, Philanthropismus und Gegenwart. Leipzig 1910.

234

Garber, Jörn (Hg.), Die Stammutter aller guten Schulen – Studien zum deutschen Philanthropismus [in Vorbereitung].

Gerken, Anne Barbara, Die sprachtheoretische Differenz zwischen Gottsched und Gellert. Frankfurt a.M. 1990.

Goldenbaum, Ursula, Lessing contra Cramer zum Verhältnis von Glauben und Vernunft. Die Grundsatzdebatte zwischen den Literaturbriefen und dem *Nordischen Aufseher*, in: dies., *Die öffentliche Debatte in der deutschen Aufklärung 1687-1796*. Mit Beiträgen von Frank Grunert u.a. Berlin 2004, S. 653–728.

Grimminger, Rolf (Hg.), Hansers Sozialgeschichte der deutschen Literatur vom 16. Jahrhundert bis zur Gegenwart, Bd. 3: Deutsche Aufklärung bis zur Französischen Revolution 1680–1789. München 1980.

Grube, Norbert, Das niedere und mittlere Schulwesen in den Propsteien Stormarn, Segeberg und Plön 1733 bis 1830. Realisierung von Sozialdisziplin? Frankfurt a. M. 1999.

Hardtwig, Wolfgang, Genossenschaft, Sekte, Verein in Deutschland, Bd. 1: Vom Spätmittelalter bis zur Französischen Revolution. München 1997.

Haynel, Woldemar, Gellerts pädagogische Wirksamkeit, in: Neue Jahrbücher für das Klassische Altertum, Geschichte und Deutsche Literatur und für Pädagogik, 1899, II. Abteilung, S. 221–235 u. 241–255.

Heimsoeth, Heinz, Metaphysik und Kritik bei Chr. A. Crusius. Ein Beitrag zur ontologischen Vorgeschichte der Kritik der reinen Vernunft im 18. Jahrhundert. Berlin 1926.

Herrmann, Ulrich, Ernst Christian Trapp: Versuch einer Pädagogik, mit einem Nachwort: Person und Werk. Paderborn 1977.

– Die Pädagogik der Philanthropen, in: Scheuerl, Hans (Hg.), Klassiker der Pädagogik. Von Erasmus von Rotterdam bis Herbert Spencer, 2. überarb. Aufl. München 1991, S. 135–158.

Herzig, Arno (Hg.) in Zusammenarbeit mit Saskia Rohde, Die Juden in Hamburg 1590 bis 1990. Wissenschaftliche Beiträge der Universität Hamburg zur Ausstellung ‚Vierhundert Jahre Juden in Hamburg‘. Hamburg 1991.

Heß, Georg, Übersicht über die Geschichte des königlichen Gymnasiums zu Altona, Festschrift zur Feier des 150-jährigen Bestehens der Anstalt. Altona 1888.

Hinrichs, Ernst, Aufklärung in Niedersachsen. Zentren, Institutionen, Ausprägungen, in: Keck, Spätaufklärung, S. 19–46.

Hirsch, Emanuel, Geschichte der neueren evangelischen Theologie, Bd. 4,1. Gütersloh 1952.

Hirsch, Erhard, Halberstadt und Dessau. Zwei Kulturkreise der Goethezeit in ihren Wechselbeziehungen, in: Gleimhaus und Museum der Stadt Halberstadt, Festschrift zur 250. Wiederkehr der Geburtstage von Johann Wilhelm Ludwig Gleim und Magnus Gottfried Lichtwer. Beiträge zur deutschen Literatur des 18. Jahrhunderts. Halberstadt 1969, S. 123–155.

– ‚Zierde und Inbegriff des XVIII. Jahrhundert‘. Der Dessauer Kulturkreis im Spiegel der zeitgenössischen Urteile, in: Ahrbeck-Wothge, Studien, S. 100–149.

– Dessau-Wörlitz: Aufklärung und Frühklassik, 2. Aufl. Leipzig 1987.

– Die Dessau-Wörlitzer Reformbewegung im Zeitalter der Aufklärung. Personen – Strukturen – Wirkungen. Tübingen 2003 (Hallesche Beiträge zur Europäischen Aufklärung 18).

Hirschfeld, Peter, Herrenhäuser und Schlösser in Schleswig-Holstein, 5. verb. Aufl. München / Berlin 1980.

Höpker-Herberg, Elisabeth, Nachwort zu Friedrich Gottlieb Klopstock, in: Höpker-Herberg, Elisabeth (Hg.), Der Messias, Gesang I–III, Text des Erstdrucks von 1748, Studienausgabe. Stuttgart 1986, S. 232–248.

Hoffmann, F[riedrich] L[orenz], Hamburgische Bibliophilen, Bibliographen und Litterarhistoriker XV. Michael Richey, in: Serapeum 24 (1863), S. 381–396, 25 (1864), S. 17–27.

Im Hof, Ulrich, Isaak Iselin und die Spätaufklärung. Bern 1967.

Jansen, Frederik Julius Billeskov, Universität Kopenhagen und Ritterakademie Sorø, in: Bohnen, Der dänische Gesamtstaat, S. 49–67.

Jørgensen, Harald, Carl Juel, in: DBL, Bd. 7, S. 459.

Kaiser, Gerhard, Klopstock. Religion und Dichtung, 2. Aufl. Kronberg/Taunus 1975.

Kirchner, Joachim, Der Hamburger ‚Patriot‘. Eine Untersuchung zur Frühgeschichte der Zeitschrift, in: Publizistik 2 (1957), S. 143–156.

Keck, Rudolf W. (Hg.), Spätaufklärung und Philanthropismus in Niedersachsen. Ergebnisse eines Symposions. Hildesheim 1993.

Kelle, Felix, Martin Ehlers' pädagogische Reformbestrebungen. Ein Beitrag zur Geschichte der Pädagogik im achtzehnten Jahrhundert. Diss. Leipzig 1907.

Kelter, Edmund, Hamburg und sein Johanneum im Wandel der Jahrhunderte 1529–1929. Ein Beitrag zur Geschichte unserer Vaterstadt. Hamburg 1928.

Kersting, Christa, Die Genese der Pädagogik im 18. Jahrhundert. Campes ‚Allgemeine Revision' im Kontext der neuzeitlichen Wissenschaft. Weinheim 1992.

Koch, Friedrich, Christian Fürchtegott Gellert, Poet und Pädagoge der Aufklärung. Weinheim 1992.

Kopitzsch, Franklin, Altona – ein Zentrum der Aufklärung am Rande des dänischen Gesamtstaats, in: Bohnen, Der dänische Gesamtstaat, S. 91–118.

– Hermann Samuel Reimarus als Gelehrter und Aufklärer in Hamburg, in: Walter, Hermann Samuel Reimarus, S. 14–22.

– Johann Samuel Müller. Ein Rektor des Johanneums im Zeitalter der Aufklärung, in: 450 Jahre Gelehrtenschule des Johanneums zu Hamburg. Hamburg 1979, S. 31–34.

– Grundzüge einer Sozialgeschichte der Aufklärung in Hamburg und Altona. Hamburg 1982 [2. ergänzte Aufl. 1990].

– Politische Orthodoxie. Johan Melchior Goeze 1717–1786, in: Graf, Friedrich Wilhelm, Profile des neuzeitlichen Protestantismus, Bd. 1, Aufklärung, Idealismus, Vormärz. Gütersloh 1990, S. 72–85.

– Reformversuche und Reformen der Gymnasien und Lateinschulen in Schleswig-Holstein im Zeitalter der Aufklärung, in: ders. (Hg.), Erziehungs- und Bildungsgeschichte Schleswig-Holsteins von der Aufklärung bis zum Kaiserreich. Neumünster 1981, S. 61–88.

– u. Freimark, Peter (Hg.), Spuren der Vergangenheit sichtbar machen. Beiträge zur Geschichte der Juden in Hamburg. Hamburg 1991.

Krause, Rudolf A. Th., Die Teutsch-übende Gesellschaft in Hamburg, in: Niedersachsen 12 (1906/07), S. 186–188.

Krüger, Kersten, Absolutismus in Dänemark – Ein Modell für Begriffsbildung und Typologie, in: Zeitschrift der Gesellschaft für Schleswig-Holsteinische Geschichte 104 (1979), S. 171–206.

– Johann Friedrich Struensee und der Aufgeklärte Absolutismus, in: Lohmeier, Aufklärung, S. 11–36.

Kühlmann, Wilhelm, Nationalliteratur und Latinität. Zum Problem der Zweisprachigkeit in der frühneuzeitlichen Literaturbewegung Deutschlands, in: Garber, Klaus (Hg.), Nation und Literatur im Europa der Frühen Neuzeit. Akten des I. Internationalen Osnabrücker Kongresses zur Kulturgeschichte der Frühen Neuzeit. Tübingen 1989, S. 164–206.

Kuropka, Joachim / Schäfer, Rolf (Hg.), Oldenburgische Kirchengeschichte. Oldenburg 1999.

Lauring, Palle, Geschichte Dänemarks. Neumünster 1964.

Leidhold, Wolfgang, Ethik und Politik bei Francis Hutcheson. Freiburg / München 1985.

Lohmeier, Dieter, Kopenhagen als deutsches Kulturzentrum des 18. Jahrhunderts, in: Dietrich Jöns / Dieter Lohmeier (Hg.), Festschrift für Erich Trunz zum 90. Geburtstag. Vierzehn Beiträge zur deutschen Literaturgeschichte. Neumünster 1998, S. 167–198.

– Vorbemerkungen zu Josias von Qualens Beschreibung eines Adelichen Guths in Holstein, in: ders. / Degn, Christian (Hg.), Staatsdienst und Menschlichkeit. Studien zur Adelskultur des späten 18. Jahrhunderts in Schleswig-Holstein und Dänemark. Neumünster 1980, S. 299–306.

– u. Lehmann, Hartmut (Hg.), Aufklärung und Pietismus im dänischen Gesamtstaat 1770–1820. Neumünster 1983.

Lorenz, Hans-Jürgen, Von der Höheren Bürgerschule zum Herbartgymnasium. Oldenburg 2000.

Losfeld, Christophe, Philanthropisme, Libéralisme et Révolution. Le ‚Braunschweigisches Journal' et le ‚Schleswigsches Journal' (1788–1793). Tübingen 2002 (Hallesche Beiträge zur Europäischen Aufklärung 17).

Lottes, Günther, Neue Ideengeschichte, in: Eibach, Kompass, S. 261–269.

Lüth, Erich, Aus der Geschichte der Hamburger Juden, in: Kopitzsch, Spuren, S. 51–58.

Magon, Leopold, Ein Jahrhundert geistiger und literarischer Beziehungen zwischen Deutschland und Skandinavien 1750–1850. Bd. 1: Die Klopstockzeit in Dänemark. Dortmund 1926.

236

Markussen, Ingrid, Friedrich Eberhard von Rochows Einfluss in Dänemark, in: Schmitt, Vernunft fürs Volk, S. 221–229.
- Til Skaberens Ære, Statens Tjeneste og Vor Egen Nytte. Pietistiske og kameralistiske idéer bag fremvæksten af en offentlig skole i landdistrikterne i 1700–tallet. Odense 1995.
Martens, Wolfgang, Die Botschaft der Tugend. Die Aufklärung im Spiegel der deutschen Moralischen Wochenschriften. Stuttgart 1968.
- (Hg.), Zentren der Aufklärung, Bd. 3, Leipzig. Aufklärung und Bürgerlichkeit. Heidelberg 1989.
- Zur Einführung: Das Bild Leipzigs bei den Zeitgenossen, in: ders., Leipzig, S. 13–22.
- Zur Figur des edlen Juden im Aufklärungsroman vor Gotthold Ephraim Lessing, in: Der Deutschunterricht 36/4 (1984), S. 48–58.
Martus, Steffen, Friedrich von Hagedorn – Konstellationen der Aufklärung. Berlin / New York 1997.
Marwinski, Felicitas, Johann Andreas Fabricius und die Jenaer gelehrten Gesellschaften des 18. Jahrhunderts. Jena 1989.
Max-Müller, Friedrich, Johann Bernhard Basedow, in: ADB, Bd. 2, S. 113–124.
Meiers, Kurt, Der Religionsunterricht bei Johann Bernhard Basedow. Seine Bedeutung für die Gegenwart. Saarbrücken 1969.
Meinardus, Karl, Geschichte des Grossherzoglichen Gymnasiums zu Oldenburg. Oldenburg 1878.
Mommsen, Katharina, Nachwort zu Herders Reisejournal, in: Herder, Johann Gottfried, Journal meiner Reise im Jahr 1769. Historisch-kritische Ausgabe, hg. von Katharina Mommsen. Stuttgart 1976. S. 187–268.
Mühlpfordt, Günter, Gelehrtenrepublik Leipzig. Wegweiser- und Mittlerrolle der Leipziger Aufklärung in der Wissenschaft, in: Martens, Leipzig, S. 39–101.
Muncker, Friedrich, Friedrich Gottlieb Klopstock. Geschichte seines Lebens und seiner Schriften. Berlin 1888.
Münster, Reinhold, Friedrich von Hagedorn. Dichter und Philosoph der fröhlichen Aufklärung. München 1999.
Neugebauer, Wolfgang, Zu Stand und Aufgaben moderner europäischer Bildungsgeschichte, in: Zeitschrift für Historische Forschung 22 (1995), S. 225–236.
Neumann, Friedrich, Gottsched und die Leipziger Deutsche Gesellschaft, in: Archiv für Kulturgeschichte 18 (1928), S. 194–212.
Niedermeier, Michael, Campe als Direktor des Dessauer Philanthropins, in: Schmitt, Visionäre Lebensklugheit, S. 45–65.
- Das Gartenreich Dessau-Wörlitz als kulturelles und literarisches Zentrum um 1780. Dessau 1995.
Oakley, S. P., Bernstorff, in: Nordstrom, Byron J. (Hg.), Dictionary of Scandinavian History. Westport, Connecticut 1986, S. 30–34.
Otto, Karl F., Die Sprachgesellschaften des 17. Jahrhunderts. Stuttgart 1972.
Overhoff, Jürgen, Die Anfänge der philanthropischen Bildungsreform in Dänemark im Spannungsfeld lutherischer Aufklärungstheologie und lutherischer Orthodoxie (1746–1768), in: Schilling, Heinz / Stefan Ehrenpreis (Hg.), Erziehung und Schulwesen zwischen Konfessionalisierung und Säkularisierung: Forschungsperspektiven, europäische Fallbeispiele und Hilfsmittel. Münster 2003, S. 153-173
- Johann Bernhard Basedow, in: Hamburgische Biografie, Bd. 1, hg. von Franklin Kopitzsch und Dirk Brietzke. Hamburg 2001, S. 36–38.
- Martin Ehlers, in: Hamburgische Biografie, Bd. 3, hg. von Franklin Kopitzsch und Dirk Brietzke. Hamburg 2004 [im Druck].
- Erziehung zur Menschenfreundschaft und Toleranz. Rochows Beziehungen zu Gellert und Basedow, in: Schmitt, Vernunft fürs Volk, S. 129–137.
- Franklin's Philadelphia Academy and Basedow's Dessau Philanthropine: Two models of non-denominational schooling in eighteenth century America and Germany [erscheint demnächst in: Stewart, Philip / Wells, Byron (Hg.), Transnational Reading. Intercultural Discourse in the Eighteenth Century].

237

- Immanuel Kant, die philanthropische Pädagogik und die Erziehung zur religiösen Toleranz, in: Dina Emundts (Hg.), Immanuel Kant und die Berliner Aufklärung. Wiesbaden 2000, S. 133–147.
- Johann Bernhard Basedows Frühschriften und die Anfänge der philanthropischen Pädagogik in Sorö (1753–1758), in: Garber, Die Stammmutter [in Vorbereitung].
- Johann Bernhard Basedow als Hauslehrer auf Borghorst. Sein Erziehungsprogramm von 1752 im Licht neuer Quellenfunde, in: Jahrbuch für Historische Bildungsforschung 8 (2002), S. 159–180.
- Das lutherische Schulwesen Dänemarks im 17. und 18. Jahrhundert, in: Zeitschrift für historische Forschung, Beihefte 2004 [im Druck].
- ,Zum Besten der Wissenschaften, der Jugend und der Menschheit'. Eine Erinnerung an Johann Stuve, den preußischen Schulreformer, der vor 250 Jahren in Lippstadt geboren wurde, in: Lippstädter Heimatblätter 82 (2002), S. 169–176.
- u. Kopitzsch, Franklin, Der deutsch-dänische Kulturaustausch im Bildungswesen 1746–1800, in: Das achtzehnte Jahrhundert 25,2 (2001), S. 184–196.
- u. Kopitzsch, Franklin / Schmitt, Hanno (Hg.), Der deutsch-dänische Kulturaustausch im Bildungswesen 1746–1771. Das Beispiel des Philanthropismus, Münster [im Druck].
Peter, Emanuel, Geselligkeiten, Literatur, Gruppenbildung und kultureller Wandel im 18. Jahrhundert. Tübingen 1999.
Petersen, Christian, Die Teutsch-übende Gesellschaft in Hamburg, in: Zeitschrift des Vereins für hamburgische Geschichte 2 (1847), S. 533–564.
Pinloche, Auguste, La réforme de l'éducation en Allemagne au dix-huitième siècle. Basedow et le Philanthropisme. Paris 1889 [deutsch: Geschichte des Philanthropinismus. Leipzig 1896; 2. Aufl. 1914].
Plesner, K. F., Jens Schielderup Sneedorff. Kopenhagen 1930.
- Jens Schelderup Sneedorff, in: DBL, Bd. 13, S. 539–540.
Pöhnert, Karl, Johann Matthias Gesner und sein Verhältnis zum Philanthropinismus und Neuhumanismus. Diss. Leipzig 1898.
Py, Gilbert, Rousseau et les éducateurs. Etude sur la fortune des idées pédagogiques de Jean-Jacques Rousseau en France et en Europe au XVIIIe siècle. Oxford 1993.
Qualen, Hans Hellmuth, Geschichte der Familien Qualen und von Qualen. Kiel 1978.
Rammelt, Johannes, Johann Bernhard Basedow, der Philanthropismus und das Dessauer Philanthropin. Dessau 1929.
Reble, Albert, Leben und Werk Johann Bernhard Basedows, in: Basedow, Johann Bernhard, Ausgewählte pädagogische Schriften, hg. von Albert Reble. Paderborn 1965, S. 253–264.
Reinitzer, Heimo (Hg.), Johann Melchior Goeze 1717–1786. Abhandlungen und Vorträge, mit Beiträgen von Hans-Otto Wölber, Peter Stolt, Bernhard Lohse, Georg Syamken, Rose-Marie Hurlebusch. Hamburg 1986.
Riedel, Emil, Schuldrama und Theater. Ein Beitrag zur Theatergeschichte, in: Koppmann, Karl (Hg.), Aus Hamburgs Vergangenheit. Kulturhistorische Bilder aus verschiedenen Jahrhunderten. Hamburg / Leipzig 1885.
Röpe, Georg Heinrich, Johan Melchior Goeze. Eine Rettung. Hamburg 1860.
Röwenstrunk, Gert, Christian August Crusius, in: TRE, Bd. 8, S. 242–244.
Scharff, Alexander, Verfall und Wiederaufstieg der Christian-Albrechts-Universität im 18. Jahrhundert. Kiel 1967.
Scheibe, Jörg, Der ,Patriot' (1724–1726) und sein Publikum. Untersuchungen über die Verfasserschaft und die Leserschaft einer Zeitschrift der frühen Aufklärung. Göppingen 1973.
Schmale, Wolfgang, Die Schule in Deutschland im 18. und frühen 19. Jahrhundert, in: ders. / Dodde, Nan L. (Hg.), Revolution des Wissens? Europa und seine Schulen im Zeitalter der Aufklärung (1750–1825). Bochum 1991, S. 627–767.
Schmid, Karl Adolf, Der Philanthropinismus, in: ders. (Hg.), Geschichte der Erziehung vom Anfang an bis auf unsere Zeit, Bd. 4,2. Stuttgart 1898, S. 27–445.
Schmidt, Heinrich, Die Grafschaften Oldenburg und Delmenhorst vom späten 16. Jahrhundert bis zum Ende der Dänenzeit, in: Eckhardt, Albrecht / Schmidt, Heinrich (Hg.), Geschichte des Landes Oldenburg. Ein Handbuch, 3. Aufl. Oldenburg 1989, S. 173–228.

– Oldenburg in der ‚Dänenzeit‘, in: Geschichte der Stadt Oldenburg, Bd. 1, Von den Anfängen bis 1830. Mit Beiträgen von Heinrich Schmidt und Ernst Hinrichs. Oldenburg 1997, S. 434–442.

Schmidt-Biggemann, Wilhelm, Hermann Samuel Reimarus, in: Killy, Walther (Hg.), Literaturlexikon. Autoren und Werke deutscher Sprache, Bd. 9. Gütersloh 1991, S. 351-352.

Schmidt-Temple, Amadeus, Studien zur Hamburger Lyrik am Anfang des 18. Jahrhunderts. Diss. Müchen 1898.

Schmitt, Hanno, Basedow, in: Biographisches Lexikon zur Geschichte der demokratischen und liberalen Bewegung in Mitteleuropa, Bd. 1 (1770–1800). Frankfurt a. M. 1992, S. 7– 9.

– Johann Stuve, Kleine Schriften gemeinnützigen Inhalts. Unveränderter Neudruck der Ausgabe Braunschweig 1794. Mit einer Einleitung von Hanno Schmitt. Vaduz 1982.

– Pädagogen im Zeitalter der Aufklärung – die Philanthropen: Johann Bernhard Basedow, Friedrich Eberhard von Rochow, Joachim Heinrich Campe, Christian Gotthilf Salzmann, in: Tenorth, Heinz-Elmar (Hg.), Klassiker der Pädagogik, Bd. 1, Von Erasmus bis Helene Lange. München 2003.

– Die Philanthropine – Musterschulen der pädagogischen Aufklärung, in: Hammerstein, Notker (Hg.), Handbuch der deutschen Bildungsgeschichte, Bd. 2 [im Druck].

– Philanthropismus und Toleranz gegenüber Juden in der Spätaufklärung, in: Jasper, Willi / Knoll, Joachim H. (Hg.), Preußens Himmel breitet seine Sterne ... Beiträge zur Kultur-, Politik- und Geistesgeschichte der Neuzeit. Festschrift zum 60. Geburtstag von Julius H. Schoeps, Bd. 1. Hildesheim 2002, S. 273–285.

– Der ‚Philanthropismus vor dem Philanthropismus‘. Entsteht ein neues Bild der philanthropischen Erziehungsbewegung?, in: ders. / Overhoff / Kopitzsch, Der deutsch-dänische Kulturaustausch [im Druck].

– Philanthropismus und Volksaufklärung, in: Rudolf Vierhaus (Hg.), Das Volk als Objekt obrigkeitlichen Handelns. Tübingen 1992, S. 171–195.

– Schulreform im aufgeklärten Absolutismus. Leistungen, Widersprüche und Grenzen philanthropischer Reformpraxis im Herzogtum Braunschweig-Wolfenbüttel 1785–1790. Frankfurt a. M. 1979.

– (Hg.), Visionäre Lebensklugheit. Joachim Heinrich Campe in seiner Zeit (1746–1818). Wiesbaden 1996.

– u. Garber, Jörn, Affektkontrolle und Sozialdisziplinierung: Protestantische Wirtschaftsethik und Philanthropismus bei Carl Friedrich Bahrdt, in: Sauder, Gerhard / Weiss, Christoph (Hg), Carl Friedrich Bahrdt (1740–1792). St. Ingbert 1992, S. 127–156.

– u. Tosch, Frank (Hg.), Vernunft fürs Volk. Friedrich Eberhard von Rochow (1734–1805) im Aufbruch Preußens. Berlin 2001.

Schöler, Walter, Der fortschrittliche Einfluß des Philanthropismus auf das niedere Schulwesen im Fürstentum Anhalt-Dessau 1785–1800. Diss. Greifswald 1955.

Schoeps, Julius H., Moses Mendelssohn. Königstein/Taunus 1979.

Schorn-Schütte, Luise, Neue Geistesgeschichte, in: Eibach, Kompass, S. 270–280.

Schoubye, Jørgen, Johann Hartvig Ernst Bernstorff, in: DBL, Bd. 2, S. 35–42.

Schreiner, Klaus, Toleranz, in: Brunner, Otto / Conze, Werner / Koselleck, Reinhart (Hg.), Geschichtliche Grundbegriffe. Historisches Lexikon zur politisch-sozialen Sprache in Deutschland, Bd. 6. Stuttgart 1990, S. 524–605.

Schröder, Heinz (Hg.), 200 Jahre Christianeum zu Altona 1738–1938. Festschrift zur Zweihundertjahrfeier des Christianeums in Hamburg-Altona. Hamburg 1938.

Schuller, Moritz Hermann, Über Gellerts erzieherischen Einfluß, in: Neue Jahrbücher in Philologie u. Pädagogik, 121./122. Bd., 2./3. Heft. Leipzig 1880, S. 87–102.

Simon, Ernst A., Der pädagogische Philanthropinismus und die jüdische Erziehung, in: Behm, Britta L. / Lohmann, Uta / Lohmann, Ingrid (Hg.), Jüdische Erziehung und aufklärerische Schulreform. Analysen zum späten 18. und frühen 19. Jahrhundert. Münster 2002, S. 13–65.

Späth, Sibylle, Kommentar zu Christian Fürchtegott Gellerts Moral, in: Gellert, Christian Fürchtegott, Moralische Vorlesungen, Moralische Charaktere, hg. von Sibylle Späth. Berlin / New York 1992, S. 311–526.

Stern, David, Johann Bernhard Basedow und seine philosophischen und theologischen Ansichten. Königsberg 1912.

Stierling, Hubert, Leben und Bildnis Friedrichs von Hagedorn. Hamburg 1911.

Stoltenberg, Gustav, Johann Andreas Cramer, seine Persönlichkeit und seine Theologie, Schriften des Vereins für Schlewig-Holsteinische Kirchengeschichte, 2. Reihe, Bd. 9, 4 (1935), S. 385–452.

Tiemer, Helmut, Das Gut Borghorst mit den Familien Qualen und Hamann als Besitzern, in: Jahrbuch der Heimatgemeinschaft des Kreises Eckernförde 27 (1969), S. 124–138.

Tonelli, Giorgio, Der Streit über die mathematische Methode in der ersten Hälfte des XVIII. Jahrhunderts, in: Archiv für Philosophie 9 (1959), S. 23.

–   Einleitung in Leben und Werk des Christian August Crusius, in: Crusius, Christian August, Anweisung vernünftig zu leben (1744), Nachdruck der ersten Ausgabe. Hildesheim 1969, S. VII–LXV.

Topsøe-Jensen, Th., Frederik Danneskiold-Samsøe, in: DBL, Bd. 3, S. 581–583.

Tully, James (Hg.), Meaning and Context. Quentin Skinner and his critics. Cambridge 1988.

Ulbricht, Günter, Das Spiel in der Pädagogik der Philanthropisten – ein Beitrag zur Untersuchung des pädagogischen Erbes. Diss. Berlin 1953.

–   Der Philanthropismus – eine fortschrittliche Reformbewegung der deutschen Aufklärung, in: Pädagogik 10 (1955), S. 750–764.

Vedel, Poul, Den ældre grev Bernstorffs ministerium. Kopenhagen 1882.

Vetter, Theodor, Der ‚Spectator‘ als Quelle der ‚Discourse der Mahlern‘. Frauenfeld 1887.

Vorbrodt, Walter, Basedows Leben und Werke. Halle a. d. S. 1920.

Wagner, Thorsten, Johann Bernhard Basedows Aufruf zur bürgerlichen Gleichstellung der Juden und die Situation der jüdischen Gemeinde in Kopenhagen im Jahr 1758, in: Kopitzsch / Overhoff / Schmitt, Der deutsch-dänische Kulturaustausch [im Druck].

Walter, Wolfgang (Hg.), Hermann Samuel Reimarus 1694–1768. Beiträge zur Reimarus-Renaissance als Gelehrter und Aufklärer in der Gegenwart. Göttingen 1998.

Weichhardt, Jürgen (Hg.), Von der Lateinschule zum Alten Gymnasium Oldenburg 1573–1973. Oldenburg 1973.

Winkle, Stefan, Johann Friedrich Struensee. Arzt, Aufklärer und Staatsmann. Beitrag zur Kultur-, Medizin- und Seuchengeschichte der Aufklärungszeit. Stuttgart 1983.

Zaunstöck, Holger, Sozietätslandschaft und Mitgliederstrukturen. Die mitteldeutschen Aufklärungsgesellschaften im 18. Jahrhundert. Tübingen 1999 (= Hallesche Beiträge zur Europäischen Aufklärung 9).

Sach- und Ortsregister

Personenregister

Addison, Joseph 30, 47, 58
Alberti, Julius Gustav 165f., 180
Anton Günther, Graf zu Oldenburg-
Delmenhorst 195
Arien, Bernhard Christoph d' 42
Aristoteles 53

Bach, Carl Philipp Emanuel 40
Bahrdt, Carl Friedrich 4
Bartholomäi, Johann Christian 164
Basedow, Anna Emilie 96
Basedow, Christiane Henriette Louise 172
Basedow, Emilie 11, 217
Basedow, Friedrich 97
Basedow, Gjertrud Elisabeth 96
Basedow, Johann Bernhard 1–13, 15–19,
42f., 45–50, 71–76, 78–83, 85–90, 95–
100, 107–124, 126, 133–172, 174f.,
179–191, 202, 204, 206–223
Behrisch, Ernst Wolfgang 210
Behrmann, Georg 44
Benzler, Friedrich August 78
Bernstorff, Andreas Peter von 182
Bernstorff, Johann Hartwig Ernst von 90–
93, 99–104, 107, 125, 136, 157–161,
167–171, 175, 182f., 189, 192, 196,
198f., 204–207, 210–213, 222
Bodmer, Johann Jakob 25,
Bohn, Carl 44
Borchers, David 42
Borkenstein, Hinrich 45
Bossuet, Jacques-Bénigne 111
Brandt, Enevold 211
Brockes, Barthold Heinrich 10, 20f., 23–
26, 44f., 47, 59, 180
Brühl, Hans Moritz von 136

Calmberg, Ernst Philipp Ludwig 40
Campe, Joachim Heinrich 4f.
Carpser, Peter 44
Christian IV., König von Dänemark 106
Christian VI., König von Dänemark 100–
102, 158
Christian VII., König von Dänemark 100,
182, 196, 205f., 208, 211
Cicero 50
Claudius, Matthias 182
Cramer, Carl Friedrich 90, 98

Cramer, Johann Andreas 4, 8–10, 12, 16f.,
47, 50, 56, 60f., 72, 78, 90, 98, 124–
150, 161, 165, 169f., 172, 178f., 204,
212, 216, 219f., 222
Crusius, Christian August 51–54, 73, 108f.

Danneskiold-Samsöe, Frederik, 12, 101,
150–159, 171f.

Ebert, Johann Arnold 42, 45–47, 50, 54–
56, 60f., 72, 87, 91, 94
Ehlers, Martin 4, 8f., 13, 175–177, 179f.,
182, 190–194, 196–200, 202–204,
208f., 212f., 216–218, 222

Fabricius, Johann Albert 20, 24, 26
Feder, Johann Georg Heinrich 139
Fénelon, Francois de Salignac de la
Mothe 27, 111
Fielbaum, Samuel 188f.
Flessa, Johann Adam 197f., 203
Franklin, Benjamin 117
Friedrich II., König von Preußen 100, 150
Friedrich V., König von Dänemark 91–94,
99–107, 111, 122, 124, 133f., 142, 159,
172, 195f., 205, 222
Friese (Frisius), Martin 74–76

Gärtner, Karl Christian 56, 60, 72
Gellert, Christian Fürchtegott 47, 50, 55–
61, 63–73, 87f., 98, 106, 111, 135–137,
140, 178f., 201, 214, 216f., 219f.
Gesner, Johann Matthias 190–192, 202
Giseke, Nikolaus Dietrich 42, 45–48, 50,
54–56, 60f., 72, 87, 94f.
Gleim, Johann Wilhelm Ludwig 91
Goethe, Johann Wolfgang von 66, 86f., 96,
210
Goeze, Johan Melchior 12, 163–167, 171,
183, 213, 221
Gottsched, Johann Christoph 45, 56
Grotius, Hugo 106, 110, 114, 123, 160,
184, 186f.

Hagedorn, Friedrich von 10, 42–48, 50, 55,
61, 64, 72, 140, 180
Halem, Anton Wilhelm von 203
Hallbauer, Friedrich Andreas 34, 36

243